浙江省普通高校“十三五”新形态教材

普通高等学校会计应用型规划教材
国家级一流本科专业
国家级特色专业

FINANCIAL
MANAGEMENT

财务管理学

（第二版）

张惠忠 李郁明 主编

东北财经大学出版社 大连
Dongbei University of Finance & Economics Press

图书在版编目（CIP）数据

财务管理学 / 张惠忠，李郁明主编. —2版. —大连：东北财经大学出版社，2024.8
（普通高等学校会计应用型规划教材）
ISBN 978-7-5654-5205-5

Ⅰ.财… Ⅱ.①张… ②李… Ⅲ.企业管理-财务管理-教材 Ⅳ.F275

中国国家版本馆CIP数据核字（2024）第062511号

东北财经大学出版社出版
（大连市黑石礁尖山街217号 邮政编码 116025）
网 址：http://www.dufep.cn
读者信箱：dufep@dufe.edu.cn
大连东泰彩印技术开发有限公司印刷 东北财经大学出版社发行

幅面尺寸：185mm×260mm 字数：427千字 印张：19.25 插页：1
2024年8月第2版 2024年8月第1次印刷

责任编辑：王 丽 曲以欢 责任校对：那 欣
封面设计：原 皓 版式设计：原 皓

定价：48.00元

教学支持 售后服务 联系电话：（0411）84710309

如有印装质量问题，请联系营销部：（0411）84710711

国家级一流本科专业 国家级特色专业
普通高等学校会计应用型规划教材编委会

序　言

党的二十大报告指出，“实施科教兴国战略，强化现代化建设人才支撑”，强调要坚持教育优先发展、科技自立自强、人才引领驱动，加快建设教育强国、科技强国、人才强国，坚持为党育人、为国育才，全面提高人才自主培养质量，着力造就拔尖创新人才，聚天下英才而用之。建设教育强国是中华民族伟大复兴的基础工程，必须把教育事业放在优先位置。建设中国式现代化，中国教育必须给予全面应答，基础教育、职业教育、高等教育都要承担起相应的责任，学科专业、教育教学、课程教材、评价体系等都要作出相应的调整。

在“大智移云物区”的时代背景下，企业的工作环境、高校教育的情境都发生了变化，大学生获取信息、知识的方法和途径也发生了质的变化。传统的教学方式难以适应时代的发展，出现了“教师不会教、学生不想学、企业不愿招”的人才培养困境。2016年，嘉兴大学（原名为嘉兴学院）被遴选为全国本科院校“互联网+会计教学一体化改革”首席试点单位，实施“互联网+”线上线下一体化混合教学改革，建设教改平台，丰富平台共享资源。“互联网+会计教学一体化改革”进展顺利，成效显著。在2018年教育部审核评估中，“互联网+会计教学一体化改革”得到专家的好评，作为优质案例入选《中国会计教育改革与发展蓝皮书（2020）》，“中级财务会计学”课程获教育部优秀教学案例和浙江省一流课程。“互联网+会计教学一体化改革”成果已覆盖全国30余所高校，众多高校前来学习交流“互联网+会计教学一体化改革”的经验和成果。

根据浙江省高等教育学会教材建设专业委员会发布的《关于开展浙江省高校“十三五”第二批新形态教材建设项目申报工作的通知》，嘉兴大学7门核心主干课程被列入浙江省“互联网+会计学新形态系列教材”建设项目。为了更好地实施和推广“互联网+会计教学一体化改革”，我们在总结“互联网+”教学改革经验的基础上，根据新形态教材的建设要求，组织教学一线教师编写适应“互联网+会计教学一体化改革”的核心课程教材，包括《会计学原理》《中级财务会计学》《高级财务会计学》《审计学》《成本会计学》《管理会计学》《财务报表分析》《财务管理学》。教材内容体现“业财融合”和重能力、重素质的培养要求，对于企业的具体业务可以通过扫描二维码观看视频实现企业具体业务的情景再现，教材还包括重要知识点的视频讲解、随堂测和章节测试，其中每一章节都设有头脑风暴和分组任务等开放性问题，并配有解答提示，为广大教师更好地实施教学提供参考。本系列教材适合应用型本科院校的会计学、审计学、财务管理等相关专业的学生使用，高职院校的相关专业也可选择使用。

潘煜双

2024年5月

第二版前言

随着我国社会主义市场经济的发展，如何在日益激烈的竞争中提升企业经营管理能力，让企业保持发展的活力、动力、持续力，提升企业发展综合实力，已成为当代企业管理者迫切需要解决的重大课题。在当前的数字化浪潮中，企业财务管理所面临的外部宏观环境和企业内部环境均发生了天翻地覆的变化，企业财务管理的内容大为丰富，筹资渠道多样化、资金投向多元化、利益分配关系复杂化、财务风险公开化、企业管理信息化、生产经营集团化和跨国化等趋势越来越明显。长期被认为位于大后方的财务部门的转型迫在眉睫，也面临着巨大的挑战。企业作为市场主体，以独立经济实体和利益主体的身份在瞬息万变的市场竞争中求生存、图发展，资金和现金流成为企业的血液和血脉，资金运动的管理水平成为决定其生死存亡和发展壮大的关键因素之一。企业自身的财务管理能力直接影响着企业财务的正常运转，良好的财务管理能力能够为企业谋划更科学的发展路径。加强财务管理已经成为我国各类企业的迫切要求和自觉行动，企业从高速发展向高质量发展转变的过程中，迫切需要高素质的财务管理专业人才作为支撑。财务管理专业人才和拥有财务管理知识技能的经济管理人才的培养成为实现企业这一愿望的依托。

改革开放之后，尤其是建立社会主义市场经济体制之后，我国财务管理从会计学学科中分立出来，企业财务管理教材也层出不穷，但这些教材的内容大多针对上市公司，针对普通企业的内容较少，适应当前企业数字化转型、业财一体化、财务共享化的需要，能充分利用各种课程资源，做到课前练习、课中精讲、课后拓展、线上线下教学相结合的教材相对更少。更为重要的是，贯彻落实习近平新时代中国特色社会主义思想和党的二十大精神为做好企业财务管理工作提供了强大动力，也提出了新的要求。因此，迫切需要编写符合我国企业尤其是中小企业财务管理的实际情况、契合当前大力推行的“互联网+”时代应用型人才培养目标的财务管理教材，以更好地适应新时代企业财务管理要求，推动企业高质量发展。为了满足高校各经济管理类专业财务管理课程的教学需要，尤其是为了适应“大智移云”等现代信息技术的发展对“互联网+会计教学一体化改革”的需要，我们编写了这本《财务管理学》新形态教材。

本教材系统地阐述了企业财务管理的基础理论和基本方法。全书共分九章：第一章介绍企业财务管理基本理论；第二章介绍财务管理基本价值观念，即财务管理基础常识；第三章介绍企业财务分析的基本理论和方法；第四章至第九章主要从财务预测、财务决策角度介绍企业筹资、投资和利润分配管理的内容。各章除正文之外均有学习目标、导入案例、素养提升、视频微课、教学案例、头脑风暴、分组任务、拓展阅读和内容小结，并附有配套的思考题和练习题（包括随堂测、本章测评），以及教学用PPT。

本教材的主要特色有：(1) 将习近平新时代中国特色社会主义思想和党的二十大精神有机融入教材，并且每章都设有“素养提升”内容；(2) 注重财务管理基本知识的介绍和基本技能的培养，力求做到结构合理、理论联系实际、通俗易懂；(3) 在介绍上市公司财务管理知识的同时，结合我国资本市场的实际，特别注重普通企业财务管理知识的介绍；(4) 对国外公司财务管理经典理论都有介绍，对国内企业财务管理的特色经验也有所涉猎；(5) 注重与中级会计专业技术资格考试和注册会计师考试财务管理知识内容的接轨；(6) 适应“互联网+”时代应用型人才培养的教学需要；(7) 所附教学资源较为丰富。

本教材除可以作为高校各经济管理类专业本科学生学习企业财务管理课程用书外，还可以作为大中专院校、成人高校和函授学校学生学习财务管理课程的教学用书，也适用于企业经济管理干部财务管理知识的培训。

嘉兴大学商学院会计学专业于1978年升级为大专专业，设置“财务管理”课程，1994年又创办了财务管理专业。在本书出版以前由本校的徐中行、陈铁峰、张惠忠等老师相继编写出版过5部财务管理教材，主要供本校学生教学使用，效果良好。本教材由嘉兴大学商学院财务管理系的教师参与编撰，由张惠忠教授、李郁明教授担任主编，负责制定本教材编写大纲，并对全书进行总纂统稿。董淑兰教授对本教材的编写提出不少有益建议。各章编写分工如下：第一章、第三章、第四章由张惠忠教授、李郁明教授共同编写；第二章、第八章由沈逸萌老师编写；第五章、第六章由杨行翀副教授编写；第七章由丁庭栋博士编写；第九章由温春林老师编写。

本教材的编撰融入了我们在长期的财务管理教学实践中对财务管理相关问题的一些看法，也参阅、借鉴了许多文献和教材，这些材料对本教材的形成功不可没。我们已在书后参考文献中尽可能详细地列出了这些文献，但仍难免有遗漏，在此对未能列入参考文献的作者表示歉意，并对所有引用文献的作者表示衷心的感谢。

自2017年开始，嘉兴大学商学院在会计学专业率先进行“互联网+会计教学一体化改革”并取得良好效果。本教材就是该项目的阶段性成果之一，被列入浙江省普通高校“十三五”第二批新形态教材建设项目。本教材的出版得到了东北财经大学出版社、嘉兴大学教务处和嘉兴大学商学院的大力支持，在此一并表示感谢。

尽管我们在编撰过程中尽了心力，但是由于经验欠缺、水平有限，书中难免存在疏漏之处，敬请读者批评指正，以备我们修订时参考。

编　者

2024年5月

目　录

第一章　财务管理基本理论 / 1
第一节　财务管理的概念和内容 / 3
第二节　财务管理目标 / 11
第三节　财务管理规范 / 14
第四节　财务管理基本方法体系 / 18

第二章　财务管理基本价值观念 / 29
第一节　利率 / 30
第二节　资金时间价值观念 / 34
第三节　风险与收益的均衡观念 / 43
第四节　资金成本观念 / 51

第三章　财务分析 / 61
第一节　财务分析概述 / 62
第二节　财务分析的方法 / 65
第三节　基本财务比率分析 / 69
第四节　财务综合分析 / 90

第四章　长期项目投资和长期资产管理 / 95
第一节　长期项目投资概述 / 97
第二节　对内长期项目投资现金流量的估算 / 101
第三节　对内长期项目投资决策评价指标（方法） / 105
第四节　长期资产管理 / 119

第五章　企业筹资管理（上） / 127
第一节　企业筹资概述 / 129
第二节　权益资金的筹集 / 134
第三节　长期负债资金的筹集 / 146

第六章 企业筹资管理（下）/ 162
第一节 企业资金需要量的预测 / 164
第二节 杠杆原理 / 169
第三节 资金结构 / 180

第七章 营运资金管理 / 196
第一节 筹资组合和资产组合 / 198
第二节 现金管理 / 205
第三节 应收账款管理 / 213
第四节 存货资金管理 / 222
第五节 短期负债资金的筹集 / 230

第八章 证券投资管理 / 236
第一节 证券投资概述 / 238
第二节 证券投资决策 / 245
第三节 证券投资组合 / 254

第九章 利润分配管理 / 258
第一节 利润分配概述 / 260
第二节 股利政策 / 263

参考文献 / 276

附录一 财会专业思想和职业道德案例 / 278
弘扬奋斗精神，做优秀财会专业人才 / 279

附录二 复利终值系数表 / 283

附录三 复利现值系数表 / 287

附录四 年金终值系数表 / 291

附录五 年金现值系数表 / 295

第一章

财务管理基本理论

学习目标： 1. 掌握财务和财务管理的相关概念、内容；
2. 掌握财务管理的基本原则；
3. 熟悉财务管理的基本目标和财务管理的基本方法；
4. 了解财务管理的产生与发展、财务管理与会计的关系、财务管理的特点、代理理论；
5. 了解财务主体和财务管理主体的基本概念；
6. 了解财务管理学科体系；
7. 了解财务管理的具体规范。

导入案例

关联交易与实际理财目标——1998年至2009年的五粮液

使股东财富最大化、为股东创造价值应该是上市公司的经营理财目标，但在我国资本市场制度和公司治理结构尚不完善的背景下，这种理财目标往往会异化为实际控制人（包括公司自身，甚至地方政府）利益最大化。本案例从1998年至2009年五粮液股份有限公司（以下简称五粮液）的巨额关联交易入手，揭示五粮液通过关联交易向五粮液集团有限公司（以下简称五粮液集团）输送利益，损害中小股东等其他利益相关者利益的行为，说明五粮液的实际理财目标是“实际控制人利益最大化”。这种异化的理财目标不仅使中小股东的利益受到严重损害，对我国证券市场的健康发展也是有害的。

五粮液是著名的白酒类上市公司，然而，在五粮液的经营财务管理中，出现了不少匪夷所思的现象：一是上市公司将本已供不应求的五粮液酒的主要销售权（包括内销和出口）让渡给了五粮液集团下的进出口公司；二是尽管五粮液每年均有较丰厚的盈利，但是其股东却很少能够从中获得分红，其成为高产能低回报的“铁公鸡”，即使在股东大会上小股东强烈要求分红，五粮液仍不为所动。

五粮液是1997年8月19日经四川省政府批准，采取募集方式设立的股份有限公司，并于1998年4月在深圳证券交易所上市。宜宾市国资委在将五粮液酒厂的部分核心资产拿出来上市，组建上市公司五粮液后，将五粮液酒厂的其他周边产业于1998年8月组建了五粮液集团，后来五粮液被划拨给了宜宾国资经营公司（国资委全资子公司）。因此，五粮液集团和五粮液并非母公司与子公司的关系，而是拥有共同控制人的关联企业。

在五粮液酒厂分拆上市的方案中，将白酒生产业务放在五粮液，而将其他业务均剥离到五粮液集团，这就使五粮液主要管“产”这一块，而“供”和“销”仍主要依赖五粮液集团，集团下设子公司五粮液进出口公司（主要负责五粮液酒的销售），还有为酒类生产企业提供塑胶瓶盖、瓶子、商标，玻璃酒瓶，包装物品，原辅材料生产，物流运输和后勤保障服务等配套产品和服务的整个产业链。

尽管五粮液与五粮液集团并无股权关系，但由于地方政府已将五粮液托管给了五粮液集团，因此五粮液集团取得了对五粮液的实际控制权。这种控制权主要表现在五粮液集团对五粮液的人事控制上，两个公司的管理层系同一个领导班子。因此，五粮液将实际控制人（五粮液集团）利益最大化作为理财目标，其表现形式是利用五粮液与五粮液集团之间的巨额关联交易进行利益输送。

据了解，五粮液通过原材料采购和产品销售、商标使用费及资产置换等方式，从1998年到2003年，共向五粮液集团支付了97.17亿元的现金（平均每年超过16亿元），远远超过了五粮液上市以来累计实现的净利润（41亿元）及累计从资本市场募集到的现金（18.1亿元）。尽管从1999年到2009年五粮液年报业绩优良，拥有充足的现金流量，却一直吝于分红，严重损害了中小股东的利益。另外，未持有五粮液股权的五粮液集团却通过管理层之手实际直接控制着五粮液的全部货币资金的使用权。

十多年的关联交易利益输送一直备受诟病。早些年，五粮液的光芒也曾一度让茅台失色，而2005年成为两酒之争的转折点。2017年10月，五粮液总市值竟不足茅台的三分之一。到2024年2月，五粮液总市值更不足茅台的四分之一。目前无论是业绩、市值还是股价，茅台都是当今的“酒王”，五粮液苦苦追赶但与其差距仍然很大且不断扩大，其中的原因值得探究。

资料来源：1.裘益政，柴斌锋．财务管理案例［M］．4版．大连：东北财经大学出版社，2022.

2.佚名．五粮液最大关联交易问题解决了？［EB/OL］．［2009-07-14］．https：//business.sohu.com/20090714/n265193548.shtml.

3.王简，徐艳霞．五粮液进行利益输送行为浅析［J］．财务与会计，2007（17）．

4.佚名．五粮液十年沦落记：苦苦追赶 越追和茅台差距越大［EB/OL］．［2017-10-18］．https：//www.sohu.com/a/198656642_120702.

案例详细资料和提示

要求：

1.五粮液的实际理财目标是什么？有何依据？

2.五粮液的实际理财目标是通过哪些理财行为实现的？

3.中国上市公司的理财目标应该是什么？

第一节　财务管理的概念和内容

一、财务管理的产生与发展

广义地讲，财务就是有关财富的事务。只要社会有了剩余财富，就会产生财务，就需要进行财务管理。因此，财务作为一种客观存在的经济活动，由来已久。随着商品经济的不断发展，财务和财务管理实践也在不断发展着。然而，将公司财务管理作为一门独立学科进行研究，至今不过百余年的时间，并且在企业财务管理学的发展过程中，我国与西方国家之间存在较大的差异。

（一）西方国家公司财务管理的发展

从西方国家的公司财务管理实践来看，不同时期由于受当时环境的影响，财务管理的重点内容有所区别且不断变化，依次经历了四个阶段。

1.19世纪末至20世纪初

早在15世纪，商业发达的地中海沿岸城市就出现了以社会公众入股的城市商业组织，要求企业做好资金筹集、股息分派和股本管理等财务管理工作，但尚未在企业中正式形成财务管理部门或机构。19世纪末至20世纪初，随着欧洲工业革命的完成，股份公司的大量涌现，资本市场的不断完善，企业规模的不断扩大，独立的财务活动应运而生，各公司纷纷成立管理资金的财务部门。这一期间财务管理的重点是如何为企业扩张和生产经营筹取资金，即筹资财务。各种金融机构（如投资银行、保险公司、商业银行及信托投资公司）的出现和金融工具（如普通股、债券和其他证券）的使用，越来越复杂的公司财务管理实践，迫切需要理论总结和指导。1897年，美国学者托马斯·格林纳（Thomas L. Greene）出版了最早的一本财务学著作《公司财务》，使公司理财学逐渐从微观经济学中分离出来，成为一门独立的学科。此后，米德（Mead）、亚瑟·斯通（Arthur Stone）等又陆续出版了一些财务学著作，迈伦·戈登（Myron Gordon）和约翰·林特纳（John Lintner）提出了股利相关论，吉布森（Gibson）初步描述了市场有效性，路易斯·巴舍利耶（Louis Bachelier）提出了随机游走假说。现代意义上的公司财务管理学初步形成。

2.第一次世界大战至20世纪40年代末

这一时期由于战争和经济危机，企业的生存环境变得恶劣，西方各国政府加强了对证券市场的法制管理，企业财务管理的重点由为企业扩展服务转变到为企业生存服务，财务管理的重点是如何维持合理的资本结构，以确保企业的偿债能力，如何处理与破产、清偿、合并、重组有关的财务问题，以及政府对证券的管制、企业与外部市场之间的财务关系处理等一系列问题。这一时期，戴维（David）、里昂（Lyon）等出版了一些关于传统资本结构理论的著作，形成了以研究公司融资为中心的传统型公司财务理论学派。

3.20世纪50年代初至20世纪70年代初

20世纪50年代是财务管理划时代的分界线，财务管理进入了资产管理和投资财务管理时期。随着管理科学中数量管理学派的出现，财务管理也迅速朝着严谨的数量分析方向发展。以现代资本结构理论、投资组合理论、资本资产定价理论、有效资本市场假设和套利定价理论等为代表的各种研究筹资、投资及其深化问题的复杂的数学模型和理论应运而生。以提高企业资本报酬率、实现公司价值最大化为目标，以时间价值和风险价值为基础，以预算管理、现金流量规划与控制、资产价值分析和财务决策为内容的一整套财务管理方法体系初步形成，并使财务管理中的投资决策、筹资决策、资本结构和股利政策决策均建立在可靠的实证理论上。财务管理在企业决策管理中的作用和地位日渐重要。

4.20世纪70年代以后

随着科学技术的进步和经济的迅速发展、利率的多变、企业集团和跨国公司的涌现，市场竞争更趋激烈。一方面，财务管理在资本结构和投资组合等基础方法上进一步发展，使公司财务管理学与现代金融学、投资经济学逐步融为一体；另一方面，国际财务管理逐渐兴起。20世纪80年代至今，随着计算机和网络技术的广泛应用，通货膨胀财务、企业并购财务、税收筹划、财务风险管理、网络财务等成为热点，财务管理朝着国际化、精确化、电算化、网络化方向发展，代理理论、信息不对称理论、新资本结构理论、新股利理论等财务理论不断发展。

经过一百多年的飞跃性发展，西方国家最终形成了现代资本结构理论、股利理论、有效市场假说、投资组合理论、资本资产定价理论、套利定价理论、期权定价理论等一整套指导财务管理实践的理论体系，以及以上述理论体系为指导，以财务决策为核心，以公司价值（主要包括筹资、投资、股利分配和日常财务营运管理等内容）最大化为目标，侧重证券上市公司在完善的资金市场上进行财务运作的逻辑严密的公司财务管理方法体系。

（二）我国企业财务管理的发展

新中国成立初期，我国企业的财务管理借鉴和仿效的是苏联模式。20世纪40至50年代，苏联把企业和部门财务纳入国家财政体系之中。在计划经济时代，我国企业（主要是国营企业）的资金运动实际上是国家财政资金运动的延伸，企业的经营管理权、资金调度权在很大程度上集中在国家手中，企业财务管理的内容很少。那时的企业会计人员具有双重身份，既要代表国家，又要代表企业，既要做会计工作，又要做财务管理工作，不仅要提供会计信息，而且要直接参与企业管理，因此把会计与财务管理视为一体的观点（如主张会计是一种管理活动的“管理活动论”、主张会计包括财务管理的“大会计观”、主张财务管理包括会计的“大财务观”等）一直在我国的会计和财务理论中占据主流地位，这些理论观点也确实更能体现计划经济体制下会计和财务管理的本质，更符合当时企业会计和财务管理实践的实际。

改革开放之后，西方财务管理的内容被逐渐介绍到我国，尤其是实行社会主义市场经济体制之后，我国企业财务管理的理论和方法体系与西方接轨，基本上是借鉴西方的理论。然而，由于社会经济环境的差异，结合在借鉴和吸收西方财务管理中业经证实是行之有效的理论和方法，继承与发展我国在财务管理方面已有的好的经验和做法，建立起一套适合我国国情的企业财务管理理论和方法体系仍是当务之急。

在市场经济条件下的互联网时代，各种新经济、新产业、新业态、新模式层出不穷，企业财务管理所面临的政治、经济、金融、法律、科教、社会文化等宏观环境和企业的组织形式、规模、管理水平、财务意识等微观环境与计划经济时代相比，都发生了天翻地覆的变化，企业经营自主权、理财自主权已经落实，财务管理主体已经明确，企业财务管理的内容也大为丰富，筹资渠道多样化，资金投向多元化，利益分配关系复杂化，财务风险公开化，以及企业经营集团化、国际化、信息化、网络化等趋势越来越明显。财务管理在企业管理中的重要性日益突出。企业会计部门和会计人员再也无力也无法担负企业财务管理的重任了。企业作为市场的主体，以独立经济实体和利益主体的身份在瞬息万变的市场竞争中求生存、图发展，财务管理水平的高低成为了决定企业生死存亡和发展壮大的关键因素之一。

在市场经济条件下，财务和财务管理只有微观性。宏观资金的管理属于财政和金融管理的内容。一般而言，微观财务的主体主要有企业、事业单位和家庭，相应的财务管理可分为企业财务管理、事业单位财务管理和家庭（私人）理财。本书所述的财务管理主要是指企业财务管理中的工商业公司的财务管理。

二、财务的本质和财务管理的内容

财务管理的对象和内容就是“财务”。要了解什么是财务管理，必须先了解“财务是什么”，对这一问题的回答也就是财务的本质。在市场经济条件下，企业财务的本质既体现为财务活动，也体现为财务关系。因此，我们首先必须知晓财务活动和财务关系这两个方面的组成内容。

（一）财务活动（资金运动）

一般而言，企业是依法设立、以营利为目的、从事生产经营活动、独立核算和自主经营的社会经济组织。在企业的生产经营过程中，一方面，实物商品不断地运动形成“物流”，在这个过程中，劳动者将生产中所消耗的生产资料和劳动对象的价值转移到产品中去，并且创造出新的价值，通过商品的出售，使转移的价值和新创造的价值得以实现；另一方面，随着实物商品的不断运动，实物商品的价值形态也不断发生变化，由一种形态转化为另一种形态，周而复始，不断循环，形成了资金运动（即资金流）。企业资金是企业再生产过程中各种财产物资的货币表现。资金的实质是再生产过程中运动着的价值。企业的资金运动体现的是企业再生产过程的价值方面，它用价值形式综合地反映了企业的再生产过程（货币资金→储备资金→生产资金→成品资金→新的货币资金）。因此，企业的资金运动构成了企业经济活动的一个独立方面，具有自己的运动规律，这就是企业的财务活动，也是企业财务管理的主要内容。

从动态的角度来看，企业资金运动包括资金进入企业、资金在企业内部循环周转和资金退出企业这样一个过程；从静态的角度来看，资金运动表现为企业某一时点的资产、负债和所有者权益的数额，资产是企业某一时点的投资额，负债和所有者权益是企业某一时点的筹资额。

从广义的角度来看，企业的财务活动（资金运动）包括资金筹集、资金投放、资金耗费、资金收回、资金分配五个方面。

1.资金筹集

企业要组织生产经营活动，必须以占有或能够支配一定数额的资金为前提。也就是说，企业从各种渠道以各种方式筹集资金，是资金运动的起点。企业筹资有两种不同性质的来源：一是自有资金，也称主权资金或权益资金。企业的权益资金可以通过向投资者（包括国家、法人和个人等）吸收直接投资、发行股票、内部收益留存等方式取得。二是债务资金，也称负债资金。企业的负债资金可以通过从银行等金融机构借款、发行债券、利用商业信用等方式取得。企业筹集资金，表现为资金的流入；企业偿还借款，支付利息、股息、红利及支付各种筹资费用等，表现为资金流出。这种因筹资而产生的资金收支，便是由企业筹资而引起的财务活动，是企业财务活动的主要方面。

2.资金投放

企业取得资金后，必须将资金投入使用，以谋求经济利益；否则，筹资就失去了目的和效用。企业的投资包括内部投资和外部投资两个方面。内部投资主要用于生产经营所必需的长期资产（如固定资产、无形资产等）和流动资产等；外部投资则主要用于购买其他企业的股票、债券或以各种资产与其他企业进行合资联营等。无论企业投资内部所需资产，还是进行对外投资，都需要支付资金；而当企业变卖各种资产或收回对外投资时，则会产生资金的收入。这种因企业投资而产生的资金收支，便是由投资引起的财务活动，也是企业财务活动的主要方面。

3.资金耗费

企业的资金耗费主要是指由资产的消耗所产生的各种成本和费用，是企业财务活动的重要方面。

4.资金收回

企业的资金收回主要是通过销售收入等营业收入形式取得，是企业再生产过程顺利进行的前提，也是企业财务活动的重要方面。

5.资金分配

企业通过销售收入等形式收回的资金，首先要用来补偿成本费用、税金及附加等支出，剩余的就是利润。利润中一部分以股息、红利的形式分配给投资者（所有者），另一部分则是企业的留存收益。整个资金的分配过程也是企业财务活动的组成部分。

从狭义的角度来看，财务活动主要包括筹资、投资和净利润分配三个方面。

目前，西方国家和我国的大部分“财务管理”课程，有关企业财务活动内容的阐述主要包括筹资、投资、净利润分配三个方面。这是因为对资金耗费、资金收回和资金分配（除净利润分配以外的内容）的管理都在相关的“成本会计”“管理会计”“纳税筹划”等课程中阐述了。本书也依通例，主要从狭义的财务活动角度进行阐述。

（二）财务关系

企业的资金运动包括资金筹集、投放、耗费、收回、分配的每一个方面。从表面上来看，资金运动是人、财、物等各种资源的价值的增减变动，其实在各种资源价值的增减变动中却体现着企业与相关各方的经济利益关系。因此，企业财务关系是指企业在组织财务活动过程中与相关各方所发生的经济利益关系。科学合理地协调处理好这些财务关系也是企业财务管理的重要内容。企业财务关系的具体内容可以概括为：

1. 企业与政府之间的财务关系

政府作为社会管理者，为了履行其职能，必须以税收形式无偿参与企业的利益分配，因此企业与政府（主要是税收部门）之间的财务关系主要体现为一种强制和无偿的分配关系。

2. 企业与投资者（所有者）之间的财务关系

这种关系主要是指投资者（所有者）向企业投入资金，形成企业的资本，企业向投资者支付投资报酬所形成的经济利益关系。企业与投资者（所有者）之间的财务关系体现为一种所有权性质的利益分配关系。

3. 企业与债权人之间的财务关系

这种关系主要是指企业向债权人借入资金，并按合约规定按时支付利息和归还本金所形成的经济利益关系。企业的债权人主要有企业债券的持有人、贷款机构、商业信用提供者、其他出借资金给企业的单位和个人。企业与债权人之间的财务关系在性质上属于债务与债权的关系。

4. 企业与被投资者之间的财务关系

这种关系主要是指企业以购买股票或直接投资的形式向其他单位投资而形成的经济利益关系。企业向其他单位投资应按约定履行出资义务，并依据其出资份额参与被投资单位的经营管理和利润分配。企业与被投资者之间的财务关系体现为所有权性质的投资与受资关系。

5. 企业与债务人之间的财务关系

这种关系主要是指企业将其资金以购买债券、提供借款或商业信用等形式出借给其他单位所形成的经济利益关系。企业与债务人之间的财务关系体现为债权与债务的关系。

6. 企业内部各单位之间的财务关系

这种关系主要是指企业内部各单位之间在生产经营各环节中相互提供产品或服务所形成的经济利益关系。企业在实行内部经济核算制和内部经营责任制的条件下，其内部各个经营部门以及各生产单位之间相互提供的产品和服务都要按内部转移价格进行计价结算。这种在企业内部形成的资金结算关系，体现了企业内部各单位之间的经济利益关系。

7.企业与职工之间的财务关系

这种关系主要是指在职工向企业提供劳动、企业向职工支付劳动报酬中所形成的经济利益关系。企业与职工之间的财务关系体现了职工个人和集体在劳动成果上的分配关系。

【素养提升】

请同学们认真思考在企业与各利益相关者的财务关系中，哪些方面最能体现我国作为社会主义国家必须做到的正确处理国家、集体（这里主要指企业）、劳动者个人的利益关系的思想？为什么说我国的税收能体现“取之于民用之于民”的原则？正确处理企业与各相关方的经济利益关系与实现共同富裕是怎样一种关系？

本课程的课程思政教学教育可采用老师引导、课堂（或分组或个人）讨论及学生（或分组或个人）课后提交学习与思考后的报告，老师再进行分析总结的形式，也可以采用其他灵活有效的方式以达到满意的教学效果。

随堂测1

综上所述，企业财务是指企业在再生产过程中客观存在的资金运动（财务活动）及其所体现的经济利益关系（财务关系）。因此，企业财务管理的内容包括财务活动和财务关系两个方面。由于企业的财务关系通常蕴含在财务活动（资金运动）之中，因此财务管理的对象或内容又可以概括为财务活动或资金运动。

三、财务管理的概念和特点

企业财务管理是企业根据相关财经法规政策和制度规章，按照财务管理的原则，组织财务活动、处理财务关系的一项经济管理工作，是企业管理的一个重要组成部分。

财务管理与企业中的其他经营管理工作相比，具有自身的特点。概括起来，财务管理主要有以下特点：

视频微课

财务管理是做什么的?

1.综合性强

财务管理主要是应用价值形式对企业的生产经营活动进行管理，是为生产经营活动提供资金服务的。价值管理的一个最显著特点就是比其他管理形式更具综合性。财务管理是企业的一项综合性经济管理工作。

2.涉及面广

财务管理管的是资金，企业中一切涉及资金收支的活动都与财务管理有关。事实上，企业内部与资金不发生任何联系的部门和个人是没有的。每个部门都会通过资金的收支与财务部门发生广泛联系，其资金收支行为又都受到财务部门的指导和监督。因此，财务管理的触角常常伸向企业生产经营和管理的每个角落。

拓展阅读1

财务管理学科体系

3.灵敏度高

在企业管理中，战略是否科学、决策是否得当、经营是否合理、技术是否先进、产销是否顺畅、资源是否适配等，都可以通过各种财务指标迅速地反映和体现出来。

四、财务管理和会计的关系

目前，财务管理与会计学学科的分立已成为现实，企业中财务管理和会计部门的分立也已成为趋势。从实践上来看，虽然财务管理与会计联系十分紧密，但是两者在其产生的历史、性质属性、理论基础、对象内容、目标职能、基本前提、所处地位、工作方式、程序方法、规范原则等很多方面都有明显区别，已经成为现代企业中两种不同性质的工作。财务管理工作的对象是企业资金运动本身（资金流），会计工作的对象则是企业资金运动所体现的信息（信息流）。所以，企业应明确财务管理和会计工作各自的职责和重点，并相互配合、密切协作、协调一致地为实现企业总体目标而发挥各自的作用。

财务管理机构是指财务主体内部为组织、领导和直接从事财务管理工作而专设的职能部门。建立和健全财务机构，是加强财务管理工作、保证财务管理工作顺利进行的重要前提条件。

拓展阅读2

正确处理财务管理与会计的关系

在现代公司制下，科学地设置企业财务管理机构十分重要。目前，我国的市场经济体制已得到充分发展，现代企业制度已基本建立，企业财务管理的内容大为丰富，财务管理的重要性日益突出，一些先进企业已经开始将财务管理和会计部门分立开来，更多企业对理财和会计的专业职能做了明确划分，都取得了很好的效果。

根据目前的客观环境要求，以及理财和会计工作的职能划分，在充分考虑企业实际和未来理财及会计工作发展趋势的基础上，现代企业财会机构的设置如图1-1所示：

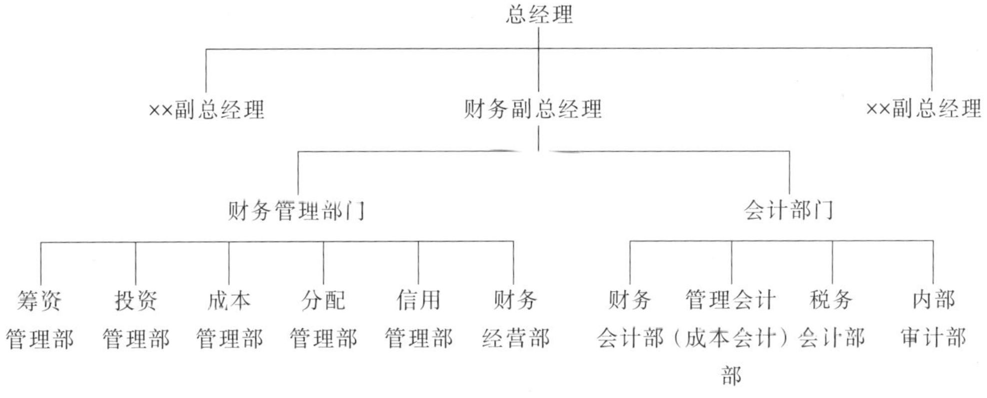

图1-1　现代企业财会机构的设置

1.财务管理部门

在财务副总经理（财务总监或总会计师）的统一领导下，财务管理部门根据有关财经法规和财务管理原则，通过预测、决策、计划、控制、分析等方法进行资金运动管理。

（1）筹资管理部。筹资管理部主要负责预测资金需要量，筹集资金，保证生产经营的资金需要，进行资金结构决策和筹资风险管理，维持最佳资金结构，正确处理企业与投资者、债权人的关系。

（2）投资管理部。投资管理部主要负责做好投资项目的财务可行性分析和日常投资决策，维持企业良好的资产结构和内外投资比例结构，加强现金管理和投资风险管理，正确处理企业与被投资单位的经济利益关系。

（3）成本管理部。成本管理部主要负责企业成本费用的预测、决策、计划、控制、考评、分析等成本费用管理工作，努力降低成本费用。

（4）分配管理部。分配管理部主要负责协助董事会、财务总监制定企业股利政策，进行利润分配管理，处理好企业与政府、投资者等的分配关系和其他关系，制定和实行企业内部转移价格，必要时还可以行使企业内部的资金融通职能。对于这方面业务较少的企业，可以将此部门并入筹资管理部。

（5）信用管理部。信用管理部主要负责对客户资信的调查、评估和追踪检查，制定信用政策，进行信用条件决策，与销售部门合作催收拖欠的应收账款，处理好与债务人的经济利益关系。

（6）财务经营部。财务经营部主要负责在资金市场上直接进行金融商品的买卖，进行独立的金融商品投资经营，进行决策和风险管理。随着资本市场的发展和完善，财务管理的内容越来越丰富，财务经营部的作用将越来越大。可以说，财务管理部门中的前五个下属部门均是为企业的生产经营活动服务的资金运动管理部门，都是“参与赚钱”的部门，而财务经营部则是一个“独立赚钱”的部门。

一般企业的财务管理部门按其层次可分为主管层、分管层和基础层。主管层是企业理财的领导层，肩负着确定企业财务机构的设置、财务总体目标的确定、财务战略决策的制定、内部财务管理体制的设计、财务调控的组织和财务考核与奖惩的实施等职责；分管层是指企业生产、采购、营销、设备动力、人力资源等职能部门和下属分支机构，其主要职责是分管财务目标的决定和分管财务收支的监控；基础层是指具体进行生产经营活动的基层单位和个人，如车间、营业部、班组、工段、职工，其主要职责是对理财具体行为的落实、执行和实施。

2.会计部门

（1）财务会计部。财务会计部主要负责按照会计准则、会计程序和方法，组织记账、算账并及时向外部信息需要者提供有关财务报告。

（2）管理会计（成本会计）部。管理会计部主要负责收集和整理与企业管理有关的各种经济信息，编制和整理内部报告，提供给企业管理者，以便其决策和控制；参与拟订生产经营活动中的各项预算，通过会计核算找出实际与预算的差异，分析产生差异的原因，为控制企业生产经营活动提供参考；评价财政、金融、物价等经济政策方面的变化情况，及其对企业的影响，供企业管理者参考。

（3）税务会计部。税务会计部主要负责按照国家税收法规进行企业纳税计算和核算，以及配合财务会计部开展企业税务筹划工作。随着市场经济体制的发展和税收法规的完善，税务会计部与财务会计部的分立很有必要。

（4）内部审计部。内部审计部主要负责内部审计工作，保护企业财产的安全、完整，促使企业经济效益的提高。随着现代企业制度的完善，内部审计部的工作必须加强。为了提高内部审计的独立性，有条件的企业的内部审计部也可以隶属于董事会下的审计委员会，在审计委员会的领导下工作，充分发挥审计的独立性和权威性。

财务管理部门和会计部门应分别设置，明确规定职责范围，分别制定应遵循的内部理财制度和内部会计制度，明确企业理财工作和会计工作各自的主攻方向，各司其职，不能混淆不清或顾此失彼、削弱任何一方的工作。财务管理部门和会计部门分别设置后，两者之间及其各下属部门之间还应相互配合，密切协作，互相支持，协调一致，为实现企业的总体目标而发挥各自的作用。

当然，对规模较小、管理层次较少、管理较易的中小微企业，不用强求将财务管理部门和会计部门分立，但财务管理和会计的专业范围仍必须分清、明确。

视频微课

谈谈财务管理与会计的关系

在企业集团中，集团公司即企业集团的母公司（或核心企业、控股企业），从集团整体的角度，充当管理总部的作用；在管理的基本定位上，主要着眼于实现集团整体框架下资源的整合效应与管理的协同效应，着眼于集团整体及其成员企业未来发展的总体思路、基本方向的战略规划，对集团整体及其成员企业提出应当遵循的管理政策和基本管理制度。

企业集团财务决策管理过程通常涉及四个不同层面的决策主体或组织机构：母公司董事会、集团财务总部、财务中心或财务公司、子公司财务部。在设有中间层事业部的企业集团里，集团财务总部往往还设有财务派出机构——事业部财务机构。

拓展阅读3

企业集团财务机构的设置

【头脑风暴】讨论财务管理与会计的联系和区别。

第二节　财务管理目标

一、财务管理目标的概念

财务管理目标是在特定的理财环境中，通过组织财务活动、处理财务关系所要达到的目的。它是企业理财活动所希望实现的结果，也是评价企业理财活动是否合理的基本标准。由系统论可知，确立正确的目标是系统良性循环的前提条件，企业财务管理目标的确立对企业财务管理系统的运行也具有同样的意义。从理论上来看，财务管理目标是财务管理理论体系中的基本要素，有人甚至认为它是研究财务管理理论体系的逻辑起点；在实践中，财务管理目标直接反映了财务管理环境的变化，并根据理财环境的变化进行动态的调整，它制约着财务运行的基本特征和发展方向，是财务运行的驱动力量和行为导向，是财务决策的出发点和归宿。科学定位财务管理目标，对企业确立科学的财务运行机制，优化理财行为，实现财务管理良性循环，具有重要意义。

财务管理是企业管理的一个方面，从根本上来看，财务管理目标应当取决于企业目标，受企业目标制约，应该与企业目标保持一致性，但财务管理毕竟仅是企业经营管理的一个方面，是价值管理，有其特殊性，因此财务管理目标不是对企业目标的简单重复。

二、财务管理目标的特征

财务管理目标的主要特征有：

1.可变性

从不同时期来看，财务管理目标的定位由当时的理财环境所决定。随着理财环境的变化，财务管理目标也会发生变化。例如，西方企业的财务管理基本目标就曾经历过从“筹资数量最大化”“利润最大化”“净现值最大化”到“资本成本最小化”“每股盈余最大化”“股东财富最大化”“公司价值最大化”的变化。我国在从计划经济体制向市场经济体制转变的过程中，企业财务目标也发生了一系列变化，如从“总产值最大化”到“利润最大化”“经济效益最大化”“企业财富最大化”等。但是，在一定时期或特定条件下，财务管理目标是相对稳定的。

2.多元性

从同一时期的不同企业来看，财务管理目标不是单一的，而是多元化的。这是因为企业的所有制性质、组织形式、所处行业、规模大小、所处生命周期阶段等方面各不相同，不同企业可以，也应该有不同的财务管理基本目标。

3.层次性

从某一具体企业来看，财务管理目标是由不同层次的系列目标所组成的目标体系。财务管理目标之所以具有层次性，主要是因为财务管理的具体内容可以划分为若干层次。财务管理内容的这种层次性和细分化，使财务管理目标成为一个由基本目标、分部目标和具体目标构成的多层次目标体系。

（1）基本目标，也称整体目标，是指企业进行财务管理所要达到的总目标。它决定着财务管理的分部目标和具体目标。

（2）分部目标，是指在基本目标的制约下，进行某一部分财务管理活动所要达到的目标。由于财务管理的基本内容可以划分为筹资管理、投资管理、利润分配管理等，因此分部目标一般包括筹资管理目标（注重资金成本和筹资风险的平衡）、投资管理目标（注重投资收益和投资风险的平衡）、利润分配管理目标（注重各方利益分配关系的合理性）等。

（3）具体目标，是指在基本目标和分部目标的制约下，从事某项具体的财务管理活动所要达到的目标。比如，企业某次发行债券要达到的目标，或者企业进行某次证券投资要达到的目标等。具体目标是财务管理目标层次体系中的基础层次，即具体的指标。

财务管理目标的层次性要求我们把财务整体管理的共性与财务具体内容管理的个性结合起来，以基本目标为中心，做好各项具体财务管理工作。

三、现代企业财务管理基本目标定位

根据现代企业财务管理的理论与实践，当前最具有代表性的财务管理基本目标定位主要有以下观点：

1.利润最大化

企业财务管理行为以追求利润最大化为目标。企业从事生产经营活动的直接目的是获得利润，只有经济效益好的企业，才能在竞争激烈的资金市场上获得更多的资金以壮大企业，而且只有每个企业都讲求经济核算、加强管理、改进技术、提高生产经营效率、努力降低成本，最大限度地获得利润，整个社会的财富才可能实现最大化。因此，以利润最大化作为企业财务管理目标是有一定道理的。

但是，利润最大化目标在财务管理实践中存在以下难以解决的问题：

（1）这里的利润概念有点模糊，因为企业的利润概念有多种，如营业利润、税前利润、净利润等。

（2）没有考虑利润实现的时间和资金时间价值。

（3）没有考虑风险因素，高额利润往往要承担较大的风险。

（4）这一目标体现的是一个绝对数，没有反映创造利润与投入资本之间的关系。因此，不利于不同投资规模的企业或同一企业不同时期之间的比较。

（5）片面追求当期利润最大化，可能导致企业的短期行为。

2.资本利润率或每股利润最大化

资本利润率（即权益资金税后利润率、净资产收益率）是企业净利润与所有者投入的权益资金的比率；每股利润（即每股收益、每股盈余）是上市公司普通股股东所获净利润与发行在外的普通股股数的比值。因此，这两项指标最能体现企业所有者自身的投入与净产出的对比关系，体现股东财富和利益最大化目标。企业所有者（股东）建立企业的直接目的是，创造尽可能多的归属于自身的财富和利益，即净利润。这个目标的理论基础是，企业是所有者（股东）的，可用相对数表示，其优点是能够站在企业所有者（股东）的角度说明企业的盈利水平，可以在不同资本规模的企业或同一企业不同时期之间进行比较，揭示其权益资金盈利水平的差异。但是，这一目标反映的主要是企业所有者的利益，对其他利益相关者的利益重视不够，且仍然没有考虑资金时间价值和风险因素，也不能避免企业的短期行为。

3.企业价值最大化

这里的企业价值不是企业账面资产的总价值，而是指企业所有者权益和债权人权益的市场价值。投资者评价企业价值时，是以投资者预期的投资时间为起点，将未来投资存续期内企业的预期收益（现金净流入）按照自己要求的投资报酬率进行折现来计算的，因此企业价值（现值）的大小主要取决于未来预期收益（现金流量）的多少和投资者要求的投资报酬率的高低。这里的未来预期收益反映了企业潜在的获利能力；而在要求的投资报酬率中投资者考虑了资金时间价值和风险价值因素。在投资者要求的投资报酬率一定的情况下，企业未来取得的收益（现金流量）越多，收益的时间越长，则企业的价值越大。企业价值越大，企业各利益相关者（包括股东、政府、债权人、经营者和员工等）的获益就越大。

以企业价值最大化作为财务管理基本目标的优点是，该目标考虑了资金的时间价值和投资的风险价值，有利于企业统筹安排长、短期规划，克服经营管理上的片面性和短期行为，促进企业有效筹措资金，合理选择投资方案，科学制定股利政策，保障企业各利益相关者的利益最大化，也有利于企业资本的保值、增值，从而有利于社会资源的合理配置和实现社会效益最大化。以企业价值最大化作为财务管理基本目标存在的主要问题是，企业价值的确定存在难度，因而目标过于理论化、不易操作，具体表现为：

（1）对于股票上市企业，虽然可通过股票价格（每股市价、市值）来揭示企业价值，但是股价是受多种因素影响的结果，特别是在即期市场上的股价不一定能够直接体现企业的长期获利能力，只有长期市场趋势才能做到这一点，尤其是在我国目前的证券市场还不十分完善和理性的情况下，上市公司的企业价值更加无法通过股价加以衡量；

拓展阅读4

财务管理的职能

（2）对于非股票上市企业，只有对企业进行专门的评估才能确定其价值，而评估不可能经常进行，又很难做到客观和准确，从而导致企业价值很难被准确地确定。

因此，现阶段不同类型的企业应当选择不同的适合本企业实际的财务管理基本目标作为自身财务管理工作的导向。

另外，在市场经济条件下，企业在生产经营过程中必须履行对员工、债权人、政府、供应商和客户、消费者、社会公益、环境和资源等方面的社会责任，因此财务管理目标应该是在强调企业承担应尽的社会责任的前提下追求企业利润最大化、资本利润率或每股利润最大化和企业价值最大化。

随堂测2

【素养提升】

请同学们认真学习新时代企业的社会责任的具体内容，思考企业履行社会责任与企业发展的关系，回答为什么企业追求和实现其财务管理目标必须建立在企业全面承担和履行相关社会责任的前提下。

【分组任务】

辩题：利润最大化、股东财富最大化和企业价值最大化哪一个更适合作为企业财务管理的目标？

活动内容：请四组学生分别事先（上课前）准备，其中三组各推选一名学生作介绍，介绍时间各5分钟，第四组推选三名学生作点评，点评时间各5分钟。

第三节　财务管理规范

财务管理工作与其他管理工作一样，必须要有自己的规范体系，具体包括财务管理必须遵守的相关法律法规、制度规章（如企业内部财务管理制度等）等刚性规范和必须遵循的基本假设、基本价值观念、基本原则、财务惯例、职业道德等柔性规范。这些规范既是从事财务管理工作的行为准则，也是做好财务管理工作的质量标准。所有财务管理工作者都必须熟知、遵守这些规范，并为建立和完善这些规范而努力。

财务管理基本假设是指进行财务管理的基本条件，包括财务主体假设、持续经营假设、有效市场假设等。财务主体假设是指能独立从事财务活动的一个空间范围，如企业、事业单位、家庭等。持续经营假设是指假设财务主体是能保持持续经营的，否则一切财务活动将无法正常开展。这里的有效市场假设是指当企业需要筹资时能在资金市场上筹到，企业需要投资时能在资金市场上投出。

财务管理基本价值观念将在本书第二章中阐述。

一、财务管理原则

财务管理原则是企业财务管理工作必须遵循的基本准则，是从长期的企业理财实践中抽象出来，并在实践中被证明是正确的行为规范，反映了财务管理活动的内在要求。财务管理的基本原则一般包括：

1.系统原则

系统是由若干个相互作用、相互依存的部分结合而成的有机整体。无论是财务活动还是财务管理活动，都是由相互联系、相互作用、相互依存的部分组成的有机整体，都具有系统的性质，即具有目的性、整体性、层次性和环境适应性的特征。作为一个系统，财务管理可以从不同角度分解成不同的子系统，各个子系统又由若干个分系统组成。例如，按管理的内容可将财务管理系统分解为筹资子系统、投资子系统、利润分配子系统等，其中投资子系统又可分为流动资产投资、长期资产投资、证券投资等若干个分系统。为此，要做好财务管理工作，必须从财务管理系统的内部和外部环境的协调和联系出发，从财务管理系统内部各个子系统、分系统的协调和统一出发，用联系、全面、统一的观点来看待和解决问题，不能顾此失彼，这就是财务管理的系统原则。

党的二十大报告指出："必须坚持系统观念。万事万物是相互联系、相互依存的。只有用普遍联系的、全面系统的、发展变化的观点观察事物，才能把握事物发展规律。"系统原则是财务管理的一项基本原则。在财务管理实践中，归口分级管理、目标利润管理、投资项目的可行性分析、杜邦财务分析体系等都是体现这一原则的典型例子。

2.平衡原则

财务管理管的是企业的资金收支活动。在财务管理中，要力求使资金的收支在数量和时间上达到动态的协调平衡，这就是财务管理的平衡原则。从静态的角度来看，要做到资金来源数额等于或大于资金运用数额，是不难的，但是财务管理不仅要追求资金运动的这种静态数量上的平衡，而且要追求资金收支在时间上保持动态的协调平衡，即无论在任何时刻都要保持资金收入等于或略大于资金支出，保证资金周转的顺畅。资金收支在每一时点上的协调平衡，是资金循环过程得以周而复始顺畅进行的条件；否则，企业资金的周转就会出现中断或停滞现象，严重时甚至会导致企业财务危机。因此，财务管理的日常工作就是要保持资金收支（尤其是现金流量）的动态平衡，实现收支相抵，略有结余。

平衡原则是日常财务管理中必须坚持的一项最基本的原则。日常财务管理的过程就是追求资金运动动态平衡的过程，即资金的调度。如果企业的资金运动不需要平衡，也就不需要财务管理了。在财务管理实践中，现金收支预算的编制、企业短期证券投资的决策、企业筹资数量和时间的具体规划等都是这一原则的具体体现。

3.弹性原则

在论述平衡原则时曾提到，财务管理应努力实现资金收支平衡，略有结余。这里的"略有结余"就是留有一定的弹性。在财务管理中，必须在追求资金收支准确和节约的同时，留有合理的伸缩余地，这就是财务管理的弹性原则。

在财务管理中，之所以要保持合理的资金弹性，主要是因为：

（1）财务管理的环境是复杂多变的，企业缺乏完全的控制能力；

（2）企业财务管理人员不可能做到料事如神，在管理中不出现任何失误；

（3）在财务上的预测、决策、预算本来就是对未来的一种大致估算和规划，不可能完全准确。

为此，就要求在资金管理的各个方面和各个环节保留一定的可调节余地。

贯彻财务管理弹性原则的关键是防止弹性的过大或过小，因为弹性过大会造成资金浪费，而弹性过小则会带来较大的风险。确定合理的弹性必须考虑以下问题：

（1）企业适应财务环境的能力；

（2）不利事件出现的可能性；

（3）企业愿意承担的风险程度。

弹性原则也是财务管理中必须遵循的一项原则。在财务管理中，只有允许各资金子系统、分系统都保持一定的弹性，才能保证财务管理系统的整体具有确定性。在财务管理实践中，对现金和存货留有一定的保险储备、在编制财务预算时留有余地等都是弹性原则的具体应用。

4. 比例原则

财务管理除了对总体绝对量进行规划和控制外，还必须通过总体中各构成部分之间的比例关系来发现管理中存在的问题，采取相应的措施，使有关比例（结构）趋于合理和优化，这便是财务管理的比例原则。

财务管理中的大量指标都表现为一定的比例（结构）关系，如流动比率说明的是流动资产和流动负债之间的比例关系；资产负债率说明的是负债总额与资产总额的比例关系。各种比例关系一般都有一个公认的比较合理的标准，但是由于财务活动十分复杂，影响比例关系的因素很多，企业财务管理中的一些比例关系可能会经常出现不合理的情况。因此，正确地贯彻比例原则，就是要使不合理的比例关系逐渐减少，不断优化，使合理的比例关系得以保持，以顺利实现财务管理的目标。

比例原则是财务管理的一项重要原则。只有各种比例（结构）关系都比较合理时，企业的资金周转才能顺利地进行。在财务管理实践中，财务分析中的比率分析、企业筹资中的资金结构决策、企业投资中的资产配置结构决策、企业利润分配比例的确定等都必须贯彻这一原则。

【素养提升】

党的二十大报告指出："我们坚持以马克思主义为指导，是要运用其科学的世界观和方法论解决中国的问题。"请同学们认真学习马克思主义方法论，尤其是系统论方法、实事求是方法、全面看问题的方法、矛盾分析方法和辩证思维的方法，了解马克思主义方法论与财务管理基本原则的关系，分析如何将马克思主义方法论贯彻应用到企业财务管理的实践中。

二、财务管理的具体规范

企业财务管理的具体规范是管理和规范企业财务管理工作的有关法律、法规和宏观、微观财务规章制度等刚性规范和财务惯例以及财务职业道德等柔性规范的统称。

财务管理规范是指导和制约财务管理行为和工作的保证，是评价财务管理工作的依据和标准，也是引导财务管理工作向特定方向发展的行为机制。每一位财务管理人员都必须熟悉财务管理规范体系的内容，并在财务管理实践中遵守这些具体规范。

（一）企业财务管理具体规范的种类

财务管理的具体规范按其制约方式不同可分为：

1. 由财务管理相关法规和制度构成的强制性规范

这主要包括《中华人民共和国公司法》《中华人民共和国证券法》《中华人民共和国会计法》《中华人民共和国民法典》和各种税法等相关法律；《企业财务通则》、上市公司各种工作指引、企业内部控制规范等相关法规；企业内部财务管理制度等财务规章制度。

2. 由各种财务惯例和技术标准构成的技术性规范

财务惯例是指在财务管理实践中形成的，为财务管理从业人员所约定俗成和社会所公认的，虽然不是成文的强制规定，但在一定时间和一定范围内可以作为处理财务事项的习惯规则的一种规范。例如，财务管理的基本价值观念、基本假设和基本原则等。技术标准包括国内外同行中进行财务预测、财务决策、财务控制、财务预算和财务分析评价的数据标准等。

3. 由传统和习惯构成的职业道德规范

财务管理职业道德是指与财务管理的社会地位、功能、权利与义务相一致的，用来引导、制约财务管理行为，调整财务管理人员与社会不同利益主体关系的一种社会规范，也是一种自律与他律相结合的规范。财务管理职业道德的内容包括财务职业理想、财务工作态度、财务职业责任、财务工作纪律、财务工作作风等。财务管理职业道德具备一般道德和职业道德的基本特征，以善与恶作为价值取向标准，以社会评价（荣誉）和个人评价（良心）为主要制约手段。财务管理职业道德能深入到财务管理人员的职业生活、职业信念等深层结构，因此对财务管理人员来说，财务管理职业道德的作用无处不在。

拓展阅读5

企业财务管理人员及其素质要求

在上述三个层面的财务管理具体规范中，第一个层面是对财务管理工作具有强制性约束力的刚性规范，后两个层面是对财务管理工作没有强制性约束力的柔性规范，是对前者的补充，与前者相辅相成。

（二）我国的财务管理强制规范体系

1. 相关法律法规

这主要包括《中华人民共和国公司法》《中华人民共和国证券法》《中华人民共和国会计法》《中华人民共和国民法典》（以下简称《民法典》）和各种税法等相关法律，以及内部控制等法规。

2.《企业财务通则》

《企业财务通则》全文共分10章、78条，分别为总则、企业财务管理体制、资金筹集、资产营运、成本控制、收益分配、重组清算、信息管理、财务监督和附则。

从管理内容来看，围绕企业财务管理环节，《企业财务通则》明确了资金筹集、资产营运、成本控制、收益分配、信息管理、财务监督六大财务管理要素，并结合不同财务管理要素，对财务管理方法和政策要求作出了规范。

3. 企业内部财务管理制度

企业内部财务管理制度是由企业管理者制定的用来规范企业财务管理行为、处理企业财务关系的具体规则。企业内部财务管理制度使企业内部所有经济行为人对自己的行为产生合理稳定的预期，为实现相互合作创造了条件，保障了合作的顺利进行，也提供了持续的制度化激励机制，使企业所有财务活动和所有财务管理行为都有章可循，是对财务管理人员的理财行为最为实际、最为直接的规范，因此企业内部财务管理制度对做好企业财务管理工作是极为重要的。

对不同企业而言，企业内部财务管理制度的内容可以是不相同的，但以下内容肯定是必备的：

（1）财务管理机构的设置、内部管理岗位的划分、相应管理责任的明确；

（2）明确企业内部各级财务主体的具体范围与各自的及相互间的责权利关系；

（3）各个方面财务管理具体内容的管理方法的选择原则；

（4）规定财务预测、财务决策、财务计划、财务控制和财务分析评价的制度和程序。

企业内部财务管理制度的内容是多方面的，按不同标准可划分为不同体系的财务管理制度。

（1）按财务管理环节划分，企业内部财务管理制度可分为财务预测与决策制度、财务预算与计划制度、财务控制与分析制度、财务考核与评价制度、财务监督与检查制度等。

（2）按财务管理的对象和内容划分，企业内部财务管理制度可分为财务管理体制制度、资金筹集管理制度、投资和资产管理制度、成本费用管理制度、收入利润及其分配管理制度、内部结算制度、财务报告与评价制度等。

第四节　财务管理基本方法体系

一、财务管理的基本方法

党的二十大报告指出："我们必须坚持解放思想、实事求是、与时俱进、求真务实，一切从实际出发，着眼解决新时代改革开放和社会主义现代化建设的实际问题。"财务管理方法的应用也要这样。财务管理的方法是为了实现财务管理目标，完成财务管理任务，在进行理财活动时所采用的各种技术和手段。

财务管理的方法有很多，可按多种标准进行分类：

（1）根据财务管理的具体内容，可分为筹资管理方法、投资管理方法、利润分配管理方法。

（2）根据财务管理的环节，可分为财务预测方法、财务决策方法、财务预算方法、财务控制方法和财务分析方法。财务预测、财务决策、财务预算、财务控制和财务分析也都是财务管理的基本环节，它们构成了财务管理的循环。因此，它们之间有一种顺序关系，不能倒错。其中，财务预测、财务决策和财务预算一般属于事前管理，财务控制一般属于事中管理，财务分析一般属于事后管理。

（3）根据财务管理方法的特点，可分为定性财务管理方法和定量财务管理方法。

财务管理方法和财务管理内容的关系是，任何财务管理的内容都要用各种财务管理方法来进行管理，任何财务管理的方法都应该运用到各种财务管理内容的管理之中。

现以财务管理环节为标准，对财务管理的基本方法说明如下：

（一）财务预测

财务预测是财务预测人员根据历史资料，考虑现实的要求和条件，运用特定的方法对企业未来财务活动的状况、发展趋势及结果所作出的科学预计和测算。

财务预测是财务决策的基础，是编制财务预算的前提，也是组织日常财务活动的必要条件。

财务预测的对象包括了企业整个财务活动的内容，即筹资、投资、收入和成本费用、利润分配等方面。

1.根据四项原理进行财务预测

（1）连续性原理。我们一般可以假设在周围环境不发生重大改变的情况下，原本的活动将会持续下去，因此可以把未来视为历史的延伸。财务活动也不例外。

（2）相关性原理。在财务活动中，企业的某项资金运动与其主要影响因素之间往往存在相互依存、相互制约的因果关系，即相关性，因此可以利用这种因果关系进行财务预测。

（3）相似性原理。在财务活动中，有些财务变量所遵循的发展规律，有时具有惊人的相似性，据此可以根据某一财务活动或某一财务指标的发展变化规律，推出其他财务活动或财务指标的发展规律。

（4）统计规律性原理。在财务活动中，对某个变量所做的多次观察的结果具有某种统计规律性。财务变量的这种统计规律性，是我们运用概率论及数理统计方法进行财务预测的基础。

2.财务预测工作的主要步骤

（1）明确预测的对象和目的。

（2）收集和整理相关信息资料。

（3）选用合适的预测方法，建立预测模型。

（4）进行实际预测，对预测结论进行分析后确定预测结果。

3.财务预测中常用的预测方法

（1）定性预测法。定性预测法主要是利用直观资料，依靠有经验的财务预测人员的主观判断和综合分析能力，对未来财务活动的状况、趋势、结果作出预测的方法。例如，意见汇集法、专家小组法、特尔菲法等。这类方法一般在企业缺乏完备、准确的定量预测依据的情况下采用。

（2）定量预测法。定量预测法是根据变量之间存在的数量关系（如时间关系、因果关系）建立数学模型来进行预测的方法。定量预测法又可分为趋势外推预测法和因果关系预测法。趋势外推预测法，又称时间序列预测法，是按时间顺序排列历史资料，根据事物发展的连续性和相似性来进行预测的方法。趋势外推预测法又可细分为算术平均法、加权平均法、指数平滑法、回归分析法等。因果关系预测法是根据历史资料，运用相关性和相似性原则，通过足够的分析，找出需要预测的指标与其他因素之间的因果关系，建立数学模型来进行预测的方法。只有合理地找出变量之间的因果关系，才能科学地进行预测。例如，筹资需要量预测中的销售百分比法。

定性预测法和定量预测法各有优缺点，在实际预测工作中可以将两者结合起来，预测分析效果会更好。

（二）财务决策

党的二十大报告指出："我们始终从国情出发想问题、作决策、办事情，既不好高骛远，也不因循守旧，保持历史耐心，坚持稳中求进、循序渐进、持续推进。"企业财务决策也要这样。财务决策是指财务决策人员在财务目标的总体要求下，从若干个可以选择的财务活动方案中选择最优方案的过程。当然，在财务活动的预期方案只有一个时，决定是否采用这个方案也属于决策问题。

企业财务管理的核心是财务决策，决策科学与否关系到企业的兴衰成败。财务预测是为财务决策服务的，财务预算是财务决策的具体化。筹资、投资、利润分配等整个资金运动的各个方面都需要财务决策。

1.财务决策根据不同标准分类

（1）按财务决策能否程序化，可分为程序化决策和非程序化决策。

（2）按财务决策对企业未来发展的影响程度，可分为战略决策和战术决策。

（3）按财务决策影响时间的长短，可分为中长期决策和短期决策。

（4）按财务决策所涉及的风险程度，可分为确定型决策（无风险决策）、风险型决策和不确定型决策。

确定型决策是指未来结果确定不变或已知的决策，如投资者购买收益确定的国债的决策。风险型决策是指未来结果有多种情况，不完全确定，但各种结果发生的可能性（概率）可以知道的决策。不确定型决策是指未来结果不确定，各种情况发生的可能性也不清楚，只能通过估计"主观概率"的办法，把它转化为风险型决策后才能决策的那类决策。

一般情况下，财务决策系统必须包括决策者、决策对象、决策依据、决策理论与方法、决策结果五个要素。

财务决策一般要遵循的原则主要有系统原则、多方案选择原则、可行性原则、满意原则和反馈原则。

2.财务决策的主要步骤

（1）确定决策目标。

（2）根据财务预测的信息资料提出解决问题的备选方案。

（3）拟定择优标准。

（4）分析、评价、对比各备选方案。

（5）选择最佳方案。

3.财务决策的方法

财务决策的方法有很多，因此要根据决策类型的不同合理选择。一般而言，对于确定型决策，可以采用优选对比法、数学微分法、线性规划法等；对于风险型决策，常选用概率决策法；对于不确定型决策，只能选用损益决策法。

（1）优选对比法，是指把各种不同方案排列在一起，按其收益的好坏进行优选对比，进而作出决策。按对比方式不同，优选对比法又可分为总量对比法、差量对比法和指标对比法。总量对比法，是指将不同方案的总收入、总成本或总利润进行对比，以确定最佳方案的一种方法。差量对比法，是指将不同方案的预期收入之间的差额与预期成本之间的差额进行比较，求出差量利润，进而作出决策的一种方法。指标对比法，是指把反映不同方案收益的指标进行对比，以确定最优方案的一种方法。例如，在长期项目的投资决策中，可对不同投资方案的投资回收期、净现值、内含报酬率等指标进行对比，从而选择出最优方案。

（2）数学微分法，是指根据边际分析原理，运用数学上的微分方法，对具有曲线联系的极值问题求解，进而确定最优方案的一种决策方法。在用数学微分法进行决策时，凡以成本为判别标准的，一般求其极小值；凡以收入或利润为判别标准时，一般求其极大值。在财务决策中，最优资本结构决策、现金最佳余额决策、存货的经济批量决策都可以采用数学微分法。

（3）线性规划法，是指根据运筹学原理，对具有线性关系的极值问题求解，进而确定最优方案的一种决策方法。在有若干个约束条件（如资金供应量、人工工时数、产品销售数量等）的情况下，这种方法能够帮助管理人员对如何合理组织人力、物力、财力等作出最优决策。

（4）概率决策法，是进行风险型决策的一种主要方法。风险型决策，是指一项财务活动产生的结果不是一个而是多个，但每个结果出现的概率都是可以预知的决策。采用这种方法进行决策时，必须计算各个方案的期望值和标准离差或标准离差率，进而计算风险报酬率和投资报酬率，再根据风险与收益的关系进行决策。

（5）损益决策法，是适用于不确定型决策的一种决策方法。不确定型决策，是指在未来情况很不明朗的情况下，只能预测有关因素可能出现的状况，但其概率也是不可预知（只能确定主观概率）的决策。在这种情况下，财务管理人员进行决策相当困难。在财务管理中，常用最大最小收益值法（也称小中取大法、悲观准则法）、最小最大后悔值法（也称大中取小法）等方法来进行决策，统称为损益决策法。最大最小收益值法是把各个方案的最小收益值都计算出来，然后取其最大者；最小最大后悔值法是把各个方案的最大损失值（后悔值）都计算出来，然后取其最小者。

（三）财务预算

财务预算是财务控制的依据和标准，因此这两个环节密不可分，可以合称为财务预算控制，它是现代企业全面预算控制的重要组成部分，在控制过程中财务预算控制总是与整个生产经营活动的其他预算控制结合在一起进行的。与主要起防护性作用的指令性计划控制和制度控制相比，较为成熟的预算控制不仅是一种控制方法，更是一种具有战略性的、全员参与的控制机制，具有全面控制的能力和资源综合配置、战略支持、管理协调等功能，以及明确工作目标、协调各部门关系、控制日常活动、考核业绩标准等作用。

财务预算是一系列以价值形式反映企业在未来一定预算期内资金来源和运用情况、财务成果及其分配情况、现金收支情况的各种预算的总称。财务预算的具体成果是以一套预计财务报告的形式体现出来的，包括现金预算、预计利润表和预计资产负债表及其说明等内容。财务预算是以财务决策确立的方案和财务预测提供的信息为基础来编制的，是财务决策的具体化，是控制财务活动的依据和标准。

企业全面预算体系包括日常业务预算、特种决策预算和财务预算三大类内容。

（1）日常业务预算是指与企业日常生产经营活动直接相关的生产经营业务预算，具体包括销售预算、生产预算、直接材料消耗及采购预算（直接材料预算）、直接工资及其他直接支出预算（直接人工预算）、制造费用预算、产品生产成本预算、销售及管理费用预算等。这些预算前后衔接，相互钩稽，既有实物量指标，又有价值量和时间量指标。

（2）特种决策预算是企业不经常发生的、一次性的重要决策预算，最能体现直接决策的结果，是对企业特种决策中方案的进一步规划，包括经营决策预算和资本性支出预算等。

（3）财务预算是全面预算体系中的最后环节，是对企业包括日常业务预算和特种决策预算等整个全面预算的价值总结，从价值方面总括地反映了全面预算的结果，因此也称其为总预算（其他预算则相应地称为辅助预算或分预算）。财务预算在全面预算体系中占有举足轻重的地位。财务预算的编制必须以日常业务预算和特种决策预算为基础。

财务预算与其他预算编制的方法一样，常见的方法主要有固定预算和弹性预算、增量预算和零基预算、定期预算和滚动预算。这三对方法中前者均属于传统的预算方法，后者都属于比较现代的方法，是为克服前者的缺陷而创立的。但是，传统方法并非完全过时，现代方法也并非十全十美，实际上一般企业还是较多地使用传统方法。

企业全面预算（含财务预算）的编制过程如图1-2所示。

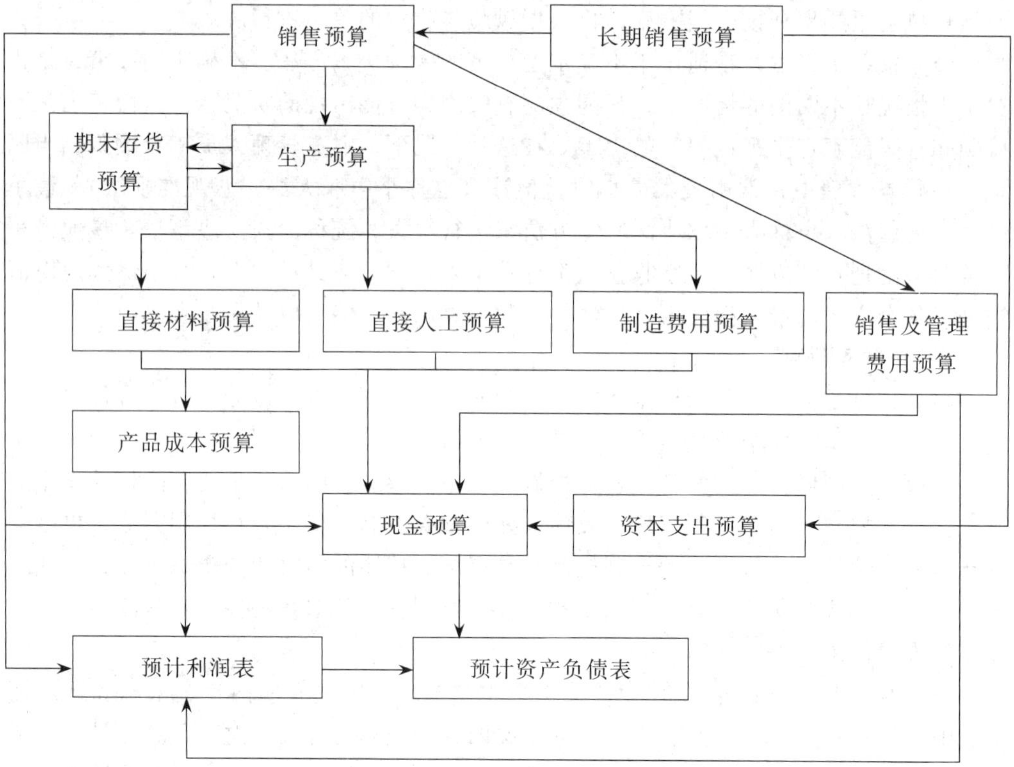

图1-2 企业全面预算（含财务预算）的编制过程

（四）财务控制

财务控制是在财务活动进行的过程中，利用有关信息和特定手段，对企业财务活动施加影响或进行调节，以实现财务预算所规定的财务指标的过程。实施财务控制是落实预算任务、保证预算目标实现的有效措施，是日常财务管理的主要手段之一。

财务控制是财务管理循环中的重要环节，它对实现财务管理目标具有关键作用。从一定意义上来说，财务预测、财务决策、财务预算是为财务控制提出目标、指明方向、进行规划、提供依据和措施，而财务控制是对这些决策目标和规划任务加以落实。如果没有控制，任何预测、决策和预算都是徒劳无益的。由于财务控制是借助价值手段对经营活动和财务活动实施的控制，因此在企业的整个经济控制系统中财务控制是最具连续性、系统性和综合性的子系统。财务控制具有以下特征：以价值控制为手段；以综合经济业务（即资金收支）为控制对象；以现金流量控制为日常控制的主要内容。

要实施财务控制，必须具备以下基础条件：

（1）组织保证。就控制主体而言，应围绕财务控制建立有效的组织保证，即预算管理组织，如确定财务预算的预算编制机构、组织实施日常财务控制的监督协调仲裁机构、进行内部结算的内部结算组织、考评预算执行结果的考评机构等。在实践中，这些机构的职能可以进行归并，也可以合并到企业常设机构中。就被控制对象而言，应本着有利于将预算分解落实到企业内部各部门、各层次和各岗位的原则，建立各种执行预算的责任中心（如成本中心、利润中心、投资中心等），使各责任中心对分解的预算指标既能控制，又能承担完全责任。

（2）制度保证。围绕预算的执行，企业必须建立相应的保证制度或措施，包括企业内部所有关于预算编制、协调、执行、监控、反馈的制度措施，如相关的人事制度、考评制度、奖罚制度等。

（3）预算目标。面向整个企业的财务预算是进行财务控制的依据和标准。财务预算目标必须分解落实到各个责任中心，成为控制各个责任中心经济活动的责任预算指标；否则，财务控制无从谈起。

（4）会计信息。任何控制都离不开真实、准确的信息，财务控制也必须以会计信息为前提。财务预算总目标的执行情况必须通过企业的汇总会计核算资料予以反映。各个责任中心的责任预算指标的执行情况必须通过各自的责任会计核算资料（责任报告）予以反映。只有这样，才能据以分析预算执行情况，找出差异及其原因，提出相应的纠偏措施，并进行业绩考核评价，实施奖罚。

（5）信息反馈系统。财务控制是一个动态的过程，要确保财务预算的贯彻落实，必须对各个责任中心预算的执行情况进行跟踪监控，不断调整执行偏差。为此，企业必须建立一个反应灵敏的信息反馈系统。

企业财务控制的过程主要是通过分解落实责任预算、实施责任会计核算和编制责任报告、进行业绩考核与评价来完成的。

（1）分解落实责任预算。将企业全面预算分解落实到各个责任中心，成为各个责任中心的责任预算，是将全面预算具体化的过程。将企业全面预算（包括财务预算）真正落实到具体的责任单位后，预算的实现便有了可靠的组织保证。这也意味着，企业的全面预算（包括财务预算）被分解到了具体的项目上，使预算的实施有了客观的依据。

（2）实施责任会计核算和编制责任报告。责任会计是以责任中心为会计主体，以责任预算为基础，对责任预算的执行情况进行系统核算和反映，以实际完成情况同责任预算目标（指标）对比，可以评价和考核各个责任中心的工作成果。责任中心的定期业绩考核评价主要通过编制责任报告来完成。责任报告也称业绩报告、绩效报告，是根据责任会计记录编制的反映各个责任中心责任预算实际执行情况，揭示责任预算与实际执行差异的内部会计报告。根据责任报告，可进一步对责任预算执行差异的原因和责任进行具体分析和辨析，以充分发挥反馈作用，以使上层责任中心和本责任中心对有关生产经营活动实行有效控制和调节，促使各个责任中心根据自身特点，卓有成效地开展有关活动以实现责任预算，最终完成财务控制的目标。

（3）进行业绩考核与评价。业绩考评是以责任报告为依据，分析、评价各个责任中心责任预算的实际执行情况，找出差距，查明原因，借以考核各责任中心工作成果，实施奖惩，促使各个责任中心积极纠正行为偏差，完成责任预算的过程。一般来说，成本中心只考核评价其责任成本；对利润中心进行考核时，应以销售收入、边际贡献（人为利润中心）和息税前利润（自然利润中心）为重点进行分析、评价；投资中心的业绩考评内容和指标涉及各个方面，是一种较为全面的考评，除收入、成本和利润指标外，考核重点应放在投资利润率和剩余收益两项指标上。

（五）财务分析

随堂测3

财务分析是根据核算资料和其他资料，运用特定的方法，对企业财务活动过程及其结果进行分析和评价的一项工作。通过财务分析可以实现总结过去、评价现在、预测未来的目的。因此，财务分析在财务管理循环中起着承上启下的重要作用。

本书将结合筹资、投资和利润分配等财务管理的主要内容阐明财务预测、决策方法的具体应用，并说明财务分析这种财务管理的基本方法。

二、代理理论

（一）代理理论及其内容

正如本章第一节中所介绍的，经过一百多年的飞跃性发展，西方国家最终形成了现代资本结构理论、股利理论、有效市场假说、投资组合理论、资本资产定价理论、套利定价理论、期权定价理论等一整套指导财务管理实践的理论和方法体系，也形成了代理理论这样应用到更广泛领域的经济理论模型。这里仅就代理理论的方法模型对财务管理的影响和应用进行介绍。上述其他理论模型将结合企业筹资、投资、利润分配等管理进行介绍。

委托代理理论（Principal-agent Theory）建立在非对称信息博弈论的基础上，是契约理论的主要内容之一，主要研究一个或多个行为主体根据一种明示或隐含的契约，指定、雇用另一些行为主体为其服务，同时授予后者一定的决策权利，并根据后者提供的服务数量和质量对其支付相应的报酬。授权者就是委托人，被授权者就是代理人。

1932年，美国经济学家伯利（A.A.Burley）和米恩斯（G.C.Means）因发现企业所有者兼任经营者的做法存在极大的弊端而提出了委托代理理论，倡导所有权和经营权分离，企业所有者保留剩余索取权，而将经营权让渡给经营者。委托代理理论从而成为现代公司治理的逻辑起点。

20世纪60年代末70年代初，代理理论（Agency Theory）是从一些经济学家深入研究企业内部信息不对称和激励问题而发展起来的。该理论的中心任务是研究在利益相冲突和信息不对称环境下，委托人如何设计最优契约激励约束代理人。

詹森（Jensen）和梅克林（Meckling）于1976年第一次对代理理论作出了详细的理论阐述。代理理论的首要假设就是委托人和代理人的目标有冲突，另一个重要假设是委托人想要检验、核实受托人的行为是困难的，且成本很高。这一理论后来发展成为契约成本理论。契约成本理论的假定是，企业由一系列契约组成，包括资本的提供者（如股东和债权人等）与资本的经营者、企业与供货方、企业与顾客、企业与员工等的契约关系。

代理理论主要涉及企业资源的提供者与资源的使用者之间的契约关系。按照代理理论，经济资源的所有者是委托人，而负责使用以及控制这些资源的经理人员是代理人。代理理论认为，当经理人员本身就是企业资源的所有者时，他们拥有企业全部的剩余索取权，经理人员会努力地为他自己工作，这种场景下，就不存在什么代理问题。但是，当企业通过发行股票方式，从外部吸取新的经济资源，管理人员就有动机去提高在职消费，并降低工作强度。显然，如果企业的经营管理者是一个理性经济人，他的行为与原先自己拥有企业全部股权时将有显著的差别。如果企业不是通过发行股票，而是通过举债方式取得资本，同样存在代理问题，只不过表现形式略有不同。这就形成了詹森和梅克林所说的代理问题。

詹森和梅克林将“代理成本”定义为：为设计、监督和约束利益冲突的代理人之间的一组契约所必须付出的成本，加上执行契约时成本超过利益所造成的剩余损失，从而将代理成本区分为监督成本、约束成本和剩余损失。其中：

（1）监督成本是指委托人为了激励和监控代理人（企业管理者）的过度消费或自我放松（磨洋工）等道德风险，以使后者为前者利益尽力而耗费的成本。

（2）约束成本是指代理人为了取得委托人的信任而发生的自我约束支出，如定期向委托人报告经营情况、聘请外部独立审计人员等。

（3）剩余损失是指委托人和代理人的利益不一致导致的其他损失，即代理人的决策与委托人的利益最大化的决策之间存在偏差（代理人决策和委托人在假定具有与代理人相同信息和才能的情况下自身效用最大化决策之间的差异），而导致的委托人利益的损失。

显然，监督成本和约束成本是制定、实施和管理契约的实际成本，剩余损失是在契约最优但又不被完全遵守、执行时的机会成本。

为了保证在契约程序上最大化各自的利益，委托人和代理人都会发生契约成本。一方面，为了降低代理人“磨洋工”的风险，委托人将支付监督费用，如财务报表经过外部审计的成本；另一方面，代理人会发生约束成本，如为了向委托人（业主）证明他们有效、诚实地履行了代理职责，代理人需要发生相应费用。让股东充分了解经理人员的行为和努力程度，使股东对经理人员更加信任，这可以帮助代理人巩固他们在公司中的地位，从而维持他们现有的薪资水平。

代理理论还认为，代理人拥有的信息比委托人多，并且这种信息的不对称会逆向影响委托人有效监控代理人是否适当地为委托人的利益服务。代理理论还假定委托人和代理人都是理性的，他们将利用签订代理契约的方式最大化各自的财富。而代理人出于自我寻利的动机，将会利用各种可能的机会（逆向选择），增加自己的财富。其中，一些行为可能会损害所有者的利益。例如，为自己修建豪华办公室、购置高级轿车、去著名旅游区做与企业经营联系不大的商务旅行等。在委托人（业主）和代理人（经理）之间的契约关系中，当没有一方能以损害他人的财富为代价来增加自己的财富时，即达到了“帕雷托最优化”状态。也就是说，在有效的市场环境中，那些被市场证明采用机会主义行为损害他人利益的人或集团，最终要承担其行为的后果。比如，一个信用等级不高的借款者，将难以借到款项或必须以更高的成本取得借款；一个声望不佳的经理，将很难在有效的经理市场上取得一个好的职位；在会计服务市场上，一家被证监会通报批评的会计师事务所，在很短的时间内会丢失大量客户。

在代理理论之下，股东监管公司管理层以及帮助其解决代理冲突的直接方式包括：作为所有者，股东可以在年度股东大会上行使表决权来影响公司的运营方式；与股东表决权相关的接管机制；通过股东决议来协调其与管理层之间的利益，即所有的股东针对他们不满意的问题共同开展院外活动。

（二）代理理论在企业财务管理中的应用

代理理论对现代企业财务管理产生了重大影响。其实际运用主要有以下方面：

1.财务计划

财务计划包括利润规划和预算编制等方面。通常认为，在预算制定的过程中实行“参与制”，即代理人和委托人以预期效用最大化的姿态一起参与预算编制工作，有利于降低代理成本。由于委托人对代理人的努力不能直接进行观察和监督，只能依靠会计信息系统的资料对其业绩进行评价。代理人追求自身利益最大化，可能导致“预算松弛”，即预算编制标准较低，代理人很容易就能完成预算。避免“预算松弛”唯一有效的办法就是委托人应尽可能多地掌握信息，将预算编制确定在一个合理的基础上，从而有效评价代理人的业绩。

2.财务控制

代理理论运用于财务控制比较成熟的两个领域是差异分析调查和业绩评价。差异分析调查是指对预算执行结果同预算之间的差异进行分析。如果差异大，就得作具体调查，找出产生差异的原因。代理理论提供了管理层对差异调查模型的行为反应，说明管理者在什么情况下需要进行差异调查。对代理人的业绩评价，即使委托人能对代理人的努力进行直接的观察和监督，但如果只根据代理人的可控因素进行业绩评价，那么代理人就会同他决策中的风险相脱离，必然不能使委托人的效用最大化。因此，代理人应分担一些与未来结果有关的风险，这可以通过将代理人的报酬同实际成果挂钩来实现。

3.筹资决策

筹资决策是财务管理中最重要的内容之一。企业的资本构成有两个部分，即债务资本和权益资本。最佳资本结构就是使企业总价值最高、资本成本最低的资本结构。资本结构理论认为，企业的价值先是随负债比率的增加而增加，因为债务利息费用在税前列支，负债给企业带来了税额庇护利益。随着负债比率的继续增加，企业破产的可能性（破产成本）也会增加。同时，负债比率的增加使企业融资变得复杂，为了保证投资者、债权人和管理者之间的协议能够有效执行，发生的代理成本也会增加。代理理论运用于资本结构决策，就是通过建立委托人的目标函数找到最佳资本结构。这个函数包括税额庇护利益、破产成本和代理成本，这三个因素都是负债比率的函数。

4.股利决策

股利决策的核心问题是股利支付率的确定，即公司把盈利的多少用来派发股利或作为留存收益。股利决策往往对公司的股票价格（企业价值）产生重大影响。公司中的股东、债权人、经理人员等诸多利益相关者的目标并非完全一致，在追求自身利益最大化的过程中有可能会以牺牲另一方的利益为代价，这种利益冲突关系在公司股利分配决策过程中表现为不同形式的代理成本。例如，公司股东在进行投资与融资决策时，有可能为增加自身的财富而选择了加大债权人风险的政策（如股东通过发行债务支付股利或为发放股利而拒绝净现值为正的投资项目，而债权人为保护自身利益，希望公司采取低股利支付率的政策）。又如，当公司拥有较多的自由现金流量时，公司管理层就有可能把资金投资于低回报项目，或可能产生取得个人私利（如追求额外津贴及在职消费等）的冲动，因此实施高股利支付率的股利政策就有利于降低因管理层与股东之间的代理冲突而引发的这种自由现金流的代理成本。再如，所有权集中使控股股东有可能也有能力通过各种手段侵害中小股东的利益，尤其在相关的法规制度不完善时，外部中小投资者受保护程度较低，控股股东就可能忽视基于所有权的正常股利分配，甚至因过多的利益侵占而缺乏可供分配的现金。因此，中小股东就会要求公司采用多分配少留存的股利政策，以防止控股股东的利益被侵害。

拓展阅读6

代理理论在企业股利分配决策中的应用

综上所述，代理理论无论是对财务管理的理论体系还是实践活动，都具有重大的影响。虽然它更多的是进行定性化分析，但是对我们理解财务管理问题的焦点和作出正确的财务决策都具有现实意义

本章测评

教学案例

罚没91亿元：长生生物领巨额罚单　多部委同时大动作

本章小结

财务管理是企业根据相关财经法规制度，按照财务管理的原则，组织财务活动、处理财务关系的一项经济管理工作，是企业管理的一个重要组成部分。1897年，托马斯·格林纳（Thomas L. Greene）的《公司财务》一书的出版，标志着财务管理成为一门独立的学科。实行市场经济体制之后，我国正在建立一套适合目前国情的财务管理理论和方法体系。虽然财务管理与会计联系十分紧密，但两者也有明显的区别。财务管理工作的对象是企业资金运动本身，会计工作的对象则是企业资金运动所体现的信息。它们是现代企业中两种不同性质的工作。在市场经济条件下，财务管理按财务主体划分，可分为企业财务管理、事业单位财务管理和家庭（个人）理财。本书所述的财务管理是指企业财务管理，尤其是指工商业公司的财务管理。

企业财务管理的对象是财务，财务包括财务活动和财务关系两个方面。由于企业财务关系通常蕴含在企业的财务活动（资金运动）之中，因此财务管理的内容又可以概括为财务活动或资金运动。从广义的角度来看，企业的财务活动（资金运动）包括资金筹集、资金投放、资金耗费、资金收回、资金分配五个方面。从狭义的角度来

看，财务活动主要包括筹资、投资和净利润分配三个方面。企业财务关系是指企业在组织财务活动过程中与有关各方所发生的经济利益关系。

财务管理目标取决于企业目标，但不是对企业目标的简单重复。目前，现代企业财务管理基本目标最有代表性的观点有利润最大化、资本利润率或每股利润最大化、企业价值最大化三种，它们各有利弊，因此现阶段各类企业应当选择不同的适合本企业实际的财务管理基本目标作为自身财务管理工作的导向。

财务管理原则是企业财务管理工作必须遵循的基本准则和行为规范，是财务管理工作规范体系的一个重要方面。财务管理原则一般包括系统原则、平衡原则、弹性原则和比例原则。

财务管理的方法有很多，根据财务管理的环节，可分为财务预测方法、财务决策方法、财务预算方法、财务控制方法和财务分析方法。财务预测、财务决策、财务预算、财务控制和财务分析都是财务管理的基本环节，它们构成了财务管理循环。财务决策是企业财务管理的核心。

代理理论是一种广泛应用于财务管理的理论和方法模型。

思考题

1. 财务管理的具体内容主要有哪些?
2. 你认为在市场经济条件下现代企业的财务管理基本目标应该如何定位?
3. 财务管理必须遵守的基本原则有哪些?
4. 财务管理循环包括哪些内容？它们之间的关系如何?

第二章

财务管理基本价值观念

学习目标： 1. 掌握利率及其组成内容，理解资金时间价值、风险价值和资金成本的关系；

2. 掌握资金时间价值的概念及其在财务管理中的意义，以及资金时间价值的计算；

3. 掌握风险和风险价值的概念，以及风险的衡量和风险报酬的计算、风险与收益的均衡观念；

4. 掌握资金成本的意义及测算；

5. 熟悉资金市场；

6. 了解财务管理环境及其与财务管理的关系、理财环境各因素。

导入案例

田纳西镇的巨额账单

如果你突然收到一张事先不知道的1 260亿美元的账单，一定会大吃一惊。而这样的事件却发生在瑞士的田纳西镇的居民身上。纽约布鲁克林法院判决田纳西镇应向美国投资者支付这笔钱。最初，田纳西镇的居民以为这是一件小事，但当他们收到账单时，他们被这张巨额账单惊呆了。他们的律师指出，若高级法院支持这一判决，为偿还债务，所有田纳西镇的居民在其余生中不得不靠吃麦当劳等廉价快餐度日。

田纳西镇的问题源于1966年的一笔存款。斯兰黑不动产公司在内部交换银行（田纳西镇的一个银行）存入一笔6亿美元的存款。存款协议要求银行按每周1%的利率（复利）付息。1994年，纽约布鲁克林法院作出判决：从存款日到田纳西镇对该银行进行清算的7年中，这笔存款应按每周1%的复利计息，而在银行清算后的21年中，每年按8.54%的复利计息。

资料来源：王化成. 财务管理案例［M］. 北京：中国人民大学出版社，2001.

案例详细资料和提示

要求：

1. 请用你所学的知识说明1 260亿美元是如何计算出来的？

2. 如利率为每周1%，按复利计算，6亿美元增加到12亿美元需要多长时间？若6亿美元增加到1 000亿美元又需要多长时间？

3. 本案例对你有何启示？

观念是进入人们头脑并指导人们行动的思想意识。科学的财务管理观念一旦在财务管理人员头脑中树立，就可以用来指导他们科学有效地从事财务管理活动。在市场经济条件下，从事企业经济管理工作的人们必须树立市场观念、竞争观念、效益观念、创新观念和风险观念等普遍观念。作为从事价值管理工作的企业财务管理者必须树立三项基本的价值观念，即站在投资者角度，必须树立资金时间价值观念、风险与收益均衡观念；站在筹资者角度，必须树立资金成本观念。这三项基本价值观念对财务管理工作极其重要。

第一节 利率

一、财务管理环境及其与财务管理的关系

财务管理环境简称理财环境，是指存在于财务管理系统之外，对企业财务活动和财务管理产生影响的企业内外各种条件的统称。

企业财务活动和财务管理活动在相当程度上都是受理财环境制约的，理财环境对财务管理有着重大影响，甚至起着决定性作用。企业只有在各种理财环境因素的作用下实现财务活动的协调平衡，才能生存和发展。因此，企业进行财务管理必须以理财环境为依据，努力适应环境的变化，正确制定相关的理财策略。

如果企业财务管理人员善于研究理财环境，科学地预测环境的变化，从而采取有效应对理财环境的措施，也会对财务管理环境起到积极的影响，企业财务管理水平的普遍提高有利于理财环境的改善。

拓展阅读1

企业财务管理环境因素及其对财务管理的影响

按财务管理环境涉及的影响范围，可分为宏观理财环境和微观理财环境。宏观理财环境是指在宏观范围内普遍作用于各类企业财务活动和财务管理的各种条件，这类环境因素存在于企业外部，包括政治、经济、法律、社会文化、科技教育、金融等方面。微观理财环境又称企业环境，是指在某一特定范围内对某类企业或某个企业财务活动和财务管理产生重要影响的各种条件，决定、影响着某类企业或某个企业的财务活动和财务管理问题。一般而言，微观理财环境通常存在于企业所处的行业和生命周期阶段、企业组织形式、企业规模、企业管理水平、企业财务管理意识等方面。

二、资金市场

金融环境是经济环境的一部分，是指影响企业财务活动和财务管理的各种金融因素。党的二十大报告提出："深化金融体制改革，建设现代中央银行制度，加强和完善现代金融监管，强化金融稳定保障体系，依法将各类金融活动全部纳入监管，守住不发生系统性风险底线。"2023年10月召开的中央金融工作会议强调，坚定不移走中国特色金融发展之路，并提出了加快建设金融强国的战略目标。金融环境是影响企业财务活动和财务管理的最为主要、最为直接的宏观经济环境因素。而资金市场又是金融环境中最重要的一部分。企业筹资、投资等财务活动的运作离不开资金市场。

（一）金融市场简介

金融市场是指资金供应者和资金需求者双方通过一定的金融工具进行交易进而融通资金的市场，即实现货币借贷和资金融通、办理各种票据和进行有价证券交易活动的市场。金融工具主要有货币、票据、债券、股票、外汇、保单等基本金融工具，以及各种远期合约、互换、掉期、金融期货、期权、资产支持证券等衍生金融工具，它们都具有期限性、流动性、风险性和收益性的特点。金融市场可以是一个有形的交易场所，如银行、证券交易所；也可以是无形的，如利用网络、电信等设施进行交易，而且可以跨越地区和国界，因此有地方性、全国性和国际性金融市场。金融市场的主要功能就是将各个单位和个人的剩余资金有条件地转让给缺乏资金的单位和个人，从而融通资金，在实现财尽其用的同时让投资者和筹资者对风险进行合理配置，并实现价格发现、调节经济、节约信息成本等附带功能，促进社会经济发展。

从财务管理的角度来看，金融市场作为资金融通和风险配置的场所，不仅是企业向社会筹资、投资必不可少的基础条件，而且可以帮助企业实现长短期资金转换、引导资金流动，提高资金转移效率。因为利率、时间、安全性等条件有时无法使供需双方都十分满意，于是就出现了金融机构和金融市场从中协调，使其各得其所，所以资金从资金供应者手中转移到资金需求者手中，有时是直接转移，有时是以金融机构为中介进行间接转移，筹资和投资也相应地分为直接筹资、间接筹资和直接投资、间接投资。

金融机构主要包括银行金融机构（如商业银行和政策性银行等）和非银行金融机构（如保险公司、信托投资公司、证券公司、财务公司、金融资产管理公司、金融租赁公司、典当行、担保公司、小额信贷公司、信用合作社、各类基金公司等）。

（二）金融市场的类型

金融市场的主要类型有外汇市场、资金市场和黄金市场。资金市场又可分为货币市场（短期资金市场）和资本市场（长期资金市场）。

货币市场是指以期限在1年以内的金融工具为媒介，进行短期资金融通的市场，包括短期证券市场和短期借贷市场，如同业拆借市场、票据承兑和贴现市场、可转让大额定期存单市场、短期债券市场等。货币市场的主要功能是调节短期资金融通，主要特点是融资期限短（一般为3～6个月，最长不超过1年）、解决短期资金周转（资金来源主要是资金供应者暂时闲置的资金，资金需求者融通资金的用途一般是弥补短期资金的不足）、货币市场上的金融工具有较强的“货币性”（即流动性强、价格平稳、风险较小）。

资本市场是指以期限在1年以上的金融工具为媒介，进行长期资金交易活动的市场，包括长期证券市场、长期借贷市场、融资租赁市场等。长期证券市场又可分为一级市场（发行市场）和二级市场（流通市场）。资本市场的主要功能是实现长期资金融通，主要特点是融资期限长（1年以上，最长可达10年，甚至10年以上）、解决长期投资性资金需要（用于补充长期资本、扩大生产能力等）、资金交易量大、收益较高但风险也较大。

（三）资金市场要素

资金市场其实与普通商品市场类似，也是交换商品的场所，因此资金市场必须要具备三个基本要素：交易的双方、交易的商品和交易的价格。

第一，交易的双方——资金供应者和资金需求者（使用者）（当然有时还需要银行等中间机构介入）；

第二，交易的商品——资金（往往依托一定的金融工具为媒介，且大多交易的只是其使用权）；

第三，交易的价格——利率（资金这种商品的交易价格）。

【分组任务】

辩题：证券市场的涨跌对企业财务管理有何影响？

活动内容：请四组学生分别事先（上课前）准备，其中三组各推选一名学生作介绍，介绍时间各5分钟，第四组推选三名学生作点评，点评时间各5分钟。

三、利率及其构成

（一）利率的概念

从资金的交易关系来看，利率是一定时期内资金的供应者和需求者在资金市场上融通资金这一资源的交易价格。资金在资金市场上从资金的供应者手中转移给资金的需求者，资金的需求者要向资金的供应者支付交易价格，这一交易价格就是利率。资金作为一种特殊商品，以利率为价格标准的融通，实质上是资源通过利率实现的再分配，资金总是向效益更好的企业流动，因此利率在资金分配及企业的财务决策中起着十分重要的作用。利率是企业进行筹资、投资等财务决策的基本依据，利率原理是财务管理的一项最重要的基本原理，是贯穿企业财务活动的一条主线。

（二）利率的决定因素

在市场经济条件下，任何商品的价格都是由供需双方来决定的，资金这种特殊商品的价格——利率，也主要是由资金的供求关系来决定的。在资金市场上，当资金供过于求时，利率就会下降；当资金供不应求时，利率就会上升。除此之外，经济周期、通货膨胀或紧缩、政府金融政策、国际经济关系、国家利率管制制度等因素，对利率的变动均有不同程度的影响。因此，宏观利率水平最终是由各种因素的综合影响所决定的，它也成为政府用来调控经济的一种重要工具。

（三）利率的分类

1.宏观利率及其构成

从整个资金市场的宏观角度来看，作为资金市场上资金交易价格的利率，主要由纯利率、风险贴补率、通货膨胀贴补率三部分组成。其用公式表示为：

利率=纯利率+风险贴补率+通货膨胀贴补率

纯利率是指资金市场在没有风险和没有通货膨胀的情况下供需均衡点的利率。风险贴补率是指资金供应者因冒险投资而要求超过纯利率的那部分额外利率，一般包括违约风险贴补率、流动性风险贴补率和期限风险贴补率。通货膨胀贴补率是指由于持续的通货膨胀会不断降低货币的实际购买力，为补偿资金供应者的购买力损失而要求提高的额外利率，实际上这也是一种风险贴补率，贴补的是购买力风险损失。存在通货膨胀的情况下，不考虑通货膨胀贴补率的利率，称为实际利率；而考虑了通货膨胀贴补率的利率，则称为名义利率。

2.微观利率及其构成

从资金市场交易双方的微观角度来看，利率是双方一对一交易资金时的交易价格。资金供应者（投资者）将资金提供给资金需求者（筹资者）使用，无论是作为所有者（股东）以资本金形式提供，还是作为债权人以债权形式提供，筹资者都要向投资者支付利率。因此，对投资者而言，利率就是其所要求或预期能获得的投资报酬率；对筹资者而言，利率就是其预计所要付出的资金成本（率）。如果交易能够达成，投资者要求或预期能获得的投资报酬率和筹资者预计付出的资金成本（率）虽然性质不同（一方为收取，另一方为付出），但数额相等。从投资者的角度来看，其要求或预期能获得的利率（即要求或预期的投资报酬率）又可分为三个组成部分：无风险报酬率（资金时间价值）、要求或预期的风险报酬率（风险价值）和通货膨胀贴补率。虽然我们在此还没有学到资金时间价值、风险价值和资金成本的概念，但是仍可以看出资金时间价值、风险价值、资金成本是在资金市场较为发达、资金所有者和资金使用者普遍分离的条件下出现的客观财务概念，没有资金市场就不可能有这些概念，它们都是资金市场上资金这种商品的交易价格——利率的具体化，都是财务管理中极其重要的概念。它们之间的性质关系和数量关系如图2-1所示。

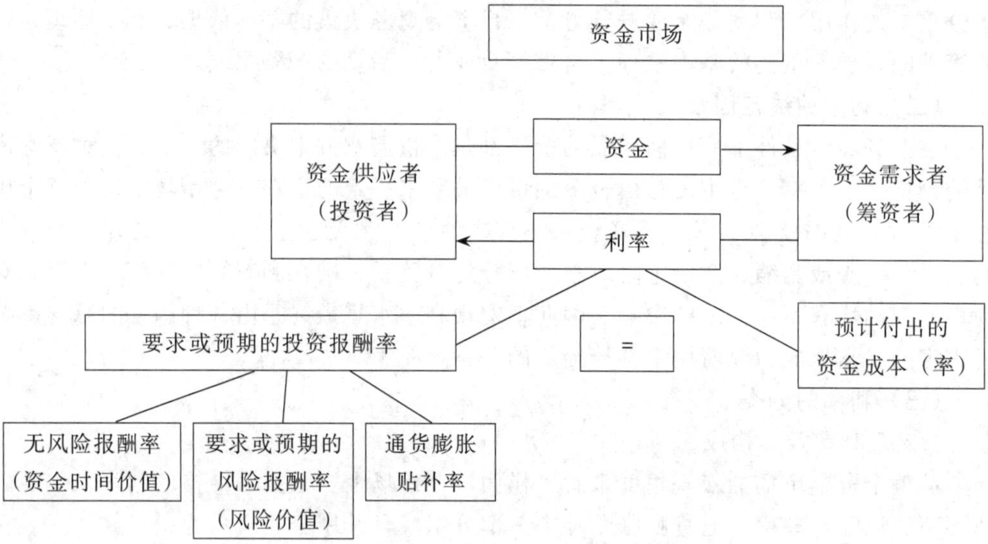

图2-1 微观利率及其构成

第二节 资金时间价值观念

一、资金时间价值及其启示

（一）资金时间价值的实质

资金时间价值，又称货币时间价值，是指资金在其周转使用过程中，随着时间的推移而形成的增值。在资金投入社会再生产运动的条件下，即使不存在通货膨胀和风险，等量的资金在不同时点上的价值量也不相等，今天的1元钱比未来的1元钱具有更高价值。比如，银行存款的年利率为10%，将今天的1元钱存入银行，1年后就会是1.10元。可见，经过1年时间的投资，这1元钱发生了0.10元的增值，今天的1元与1年后的1.10元等值。如果假设银行存款这种投资没有风险，这1年中也没有发生任何通货膨胀，那么0.10元就是这1元经过1年投资后产生的资金时间价值。

需要特别强调的是，资金只有在投入周转使用过程中随着时间的推移才有时间价值，因此它是劳动等生产要素创造的利润的一部分，这是资金时间价值的实质。资金在投入周转使用的过程中所获得的所有增值也并非都是时间价值。通常情况下，只有不考虑风险和通货膨胀的投资报酬率，才是资金时间价值。对投资者而言，资金时间价值是投资所要求或预期能获得的投资报酬率（利率）的一部分，也可称其为无风险报酬率。在资金市场上，资金时间价值相当于在没有风险和通货膨胀条件下的市场平均资金利润率（利率），也称纯利率。一般情况下，常用短期国债的利率近似地代替无风险报酬率。

【素养提升】

请同学们认真思考并回答，马克思的劳动价值理论与资金时间价值有关吗？怎样理解资金时间价值的实质是由劳动等生产要素创造的利润的一部分，而并不是由“时间”创造的这一理论思想。

（二）资金时间价值的表示方式

在财务管理中，因为特别重视预测和决策，所以资金时间价值往往是一个要求或预期的概念，而不是指实际数。资金时间价值可以用绝对数（如元、万元等金额）和相对数（如百分率）来表示。一般情况下，常用的是相对数。

例如，某投资者准备用10 000元投资某项目，投资报酬率为10%。如果1年后该项目取得的投资收益为1 000元，且这1年中没有发生通货膨胀，该项目也没有冒任何风险，那么1 000元的投资收益就是这10 000元投资资金在1年时间中取得的时间价值的绝对数表现形式。投资报酬率为10%，则可以看作投资资金在这1年时间中取得的时间价值的相对数表现形式。

（三）资金时间价值观念的启示

资金时间价值是现代企业财务管理中的重要价值观念，正确认识和计算资金时间价值，对客观公正地分析和评价企业投资效果、科学合理地进行各种财务决策具有重要的意义。资金时间价值告诉我们这样的原理：

第一，由于资金有时间价值，因此企业的资金收入越是提前，资金支出越是延后，对企业越有利。

第二，由于等量资金在不同的时间具有不同的价值，因此不同时间产生的资金收入和资金支出不宜直接进行比较，需要把它们换算到相同的时点，才能进行价值的比较和比率的计算。

二、资金时间价值的计算

在计算资金时间价值时，首先要明确以下概念：单利和复利、现值和终值。

在单利方式下，每期都按投资的初始本金计算投资收益，当期收益既不取出也不计入下期本金，计算投资收益的基础始终不变。在复利方式下，以当期期末的本利和为计算收益的基础计算下期投资收益，即逐期滚算，利上加利，俗称“利滚利”。在财务管理中，一般用复利方式计算资金时间价值。

终值，又称将来值，是现在一定量的资金在未来某一时点上的价值，俗称本利和。现值，又称本金，是未来某一时点上的一定量资金折合到现在的价值。例如，某投资者投资100元，年利率为10%，经过1年后一次性可以取得的本利和为110元。这里的本利和就是100元本金1年后的终值，1年后的110元折合到现在的价值是100元，这100元即现值。

（一）一次性收付款项终值与现值的计算

一次性收付款项是指在某一特定时点上一次性支付（或收取），经过一段时间后再相应地收取（或支付）的款项。这种性质的款项在日常经济活动中最为常见。

1.单利终值和现值的计算

为了计算方便，先设定符号标识：I为投资收益（利润或利息）；P为现值；F为终值；i为每一计利期的利率（折现率），资金时间价值是i中的一部分；n为计利期数。

按照单利的计算法则，投资收益的计算公式为：

$$I=P\cdot i\cdot n \quad (2.2.1式)$$

在财务管理中，除非特别说明，在计算投资收益时，用%表示的利率均为年利率，1年按360天折算。

【例2-1】福意公司持有一张带息票据，面额为2 000元，票面利率为5%，出票日期为8月12日，到期日为11月10日（共计90天）。该公司到期可获得的收益（利息）为：

$I=P\cdot i\cdot n=2\,000\times5\%\times90\div360=25$（元）

（1）单利终值（本利和）的计算。

单利终值的计算公式为：

$$F=P+I=P+P\cdot i\cdot n=P(1+i\cdot n) \tag{2.2.2式}$$

【例2-2】福运公司投资60万元，期限5年，利率为5%。该公司5年后的单利终值为：

$F=P(1+i\cdot n)=60\times(1+5\%\times5)=75$（万元）

（2）单利现值的计算。

单利现值的计算同单利终值的计算是互逆的，由终值计算现值称为折现。由单利终值计算公式2.2.2式，可得单利现值的计算公式为：

$$P=\frac{F}{1+i\cdot n} \tag{2.2.3式}$$

【例2-3】福善公司若想在5年后得到本利和1 000万元，用于支付一笔款项，则在利率为5%、单利方式计算投资收益的条件下，该公司现在应投资的资金为：

$P=\dfrac{1\,000}{1+5\%\times5}=800$（万元）

在上述单利终值和现值的计算中，资金时间价值是i中的一部分。

2.复利终值和现值的计算

（1）复利终值的计算（已知现值P，求终值F）。

一般情况下，资金时间价值按复利方式进行计算。复利不同于单利，是指在一定期间按一定利率将本金所生收益（利润或利息）加入本金再计收益，即通常所说的“利滚利”。

复利终值，是指一定量的本金按复利计算的若干期后的本利和。其计算公式为：

$$F=P(1+i)^n \tag{2.2.4式}$$

从2.2.4式可知，i、n越大，计算出来的F值越大。式中$(1+i)^n$通常被称为“一次性收付款项终值系数”，简称“复利终值系数”，记作（F/P，i，n），表示利率为i、n期复利终值的系数。复利终值系数可以通过查阅“复利终值系数表”（见附录二）直接获得。2.2.4式也可以写作：F=P（F/P，i，n）。

【例2-4】福正公司现在投资1 000万元，期限5年，利率为10%。该公司5年后可获得的复利终值为：

$F=1\,000\times(1+10\%)^5=1\,610.51$（万元）

（2）复利现值的计算（已知终值F，求现值P）。

复利现值是复利终值的逆运算，它是指今后某一特定时间收到或付出的一笔款项，按折现率（i）所计算的现在时点价值。由复利终值计算公式2.2.4式，可得复利现值计算公式为：

$$P=F(1+i)^{-n} \tag{2.2.5式}$$

从2.2.5式可知，i、n越大，计算出来的P值越小。式中（$1+i)^{-n}$通常被称为“一次性收付款项现值系数”，简称“复利现值系数”，记作（P/F，i，n），表示利率为i、n期复利现值的系数。复利现值系数可以通过查阅“复利现值系数表”（见附录三）直接获得。2.2.5式也可以写作：P=F（P/F，i，n）。

【例2-5】福本公司的某投资项目预计6年后可获得收益800万元，按利率（折现率）12%折算。该公司这笔收益的复利现值为：

$P=800\times(1+12\%)^{-6}=800\times(P/F，12\%，6)=800\times0.507=405.6$（万元）

在上述一次性收付款项复利终值和现值的计算中，资金时间价值是i中的一部分。

（二）年金终值与现值的计算

上面介绍了一次性收付款项终值和现值的计算，除此之外，在现实经济活动中，还存在一定时期内多次收付的款项，即系列收付款项。如果每次收付的金额相等、间隔时间相同，则这样的系列收付款项被称为年金。也就是说，年金是指一定时期内每次等额收付的系列款项，通常记作A。

年金的形式多种多样，如直线法提取的折旧、租金、保险费、等额分期收付款以及零存整取或整存零取储蓄等。

年金按其每次收付发生的时点不同，可分为普通年金、先付年金、递延年金和永续年金。

1.普通年金终值和现值的计算

（1）普通年金终值的计算（已知年金A，求年金终值F）。

普通年金，是指一定时期内每期期末等额收付的系列款项，也称后付年金。这种年金在现实经济活动中最为常见。不加说明时，年金即指普通年金。

普通年金终值，是指一定时期内每期期末等额收付款项的复利终值之和。其计算公式为：

$$F=A+A(1+i)+A(1+i)^2+\cdots+A(1+i)^{n-1}=A\frac{(1+i)^n-1}{i} \quad (2.2.6式)$$

式中$\frac{(1+i)^n-1}{i}$的数值通常被称为“普通年金终值系数”，记作（F/A，i，n），可查阅“年金终值系数表”（见附录四）直接获得。2.2.6式也可以写作：F=A（F/A，i，n）。

【例2-6】福共公司的某项目在3年建设期内每年年末向银行借款2 000万元，利率为4%，该项目竣工时应付银行本息总额为：

$F=2\,000\times(F/A，4\%，3)=2\,000\times3.122=6\,244$（万元）

上述普通年金终值计算的图解如图2-2所示：

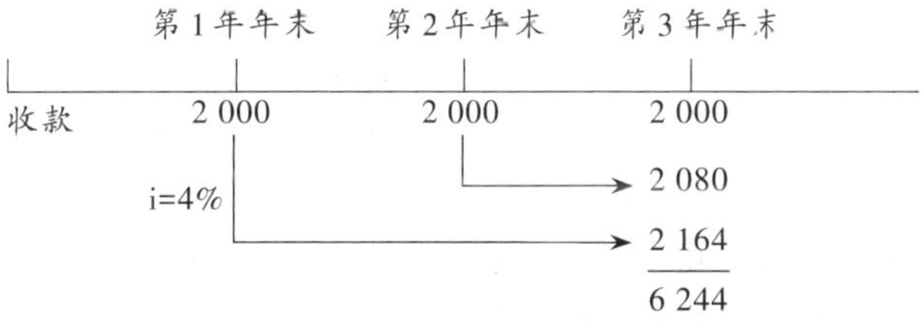

图2-2　普通年金终值计算的图解（单位：万元）

（2）年偿债基金的计算。

年偿债基金是指为了在约定的未来某一时点清偿某笔债务或积聚一定数额的资金而必须分次等额准备的款项。也就是说，为使年金终值达到既定金额的年金数额，即已知终值F，求年金A，这个A就是年偿债基金。A可以根据普通年金终值公式解出，即：

$$A = \frac{F}{(F/A,\ i,\ n)}$$

【例2-7】某人需在5年后攒够10万元，因此从现在起他要在每年年末等额投资一笔款项。假设投资报酬率为10%，在复利条件下，此人每年年末需要投入的资金为：

$$A=\frac{100\ 000}{(F/A,\ 10\%,\ 5)}=100\ 000\div6.105=16\ 380\text{（元）}$$

（3）普通年金现值的计算（已知年金A，求年金现值P）。

普通年金现值，是指一定时期内每期期末等额收付款项的复利现值之和。其计算公式为：

$$P = \frac{A}{(1+i)} + \frac{A}{(1+i)^2} + \cdots + \frac{A}{(1+i)^n}$$

$$= A\frac{1-(1+i)^{-n}}{i} \qquad \text{（2.2.7式）}$$

式中$\frac{1-(1+i)^{-n}}{i}$的数值通常被称为“普通年金现值系数”，记作（P/A，i，n），可查阅“年金现值系数表”（见附录五）直接获得。2.2.7式也可以写作：P=A（P/A，i，n）。

【例2-8】福平公司的某投资项目从今年起，连续3年每年年末可获得收益2 000元，按年复利率4%计算，各年收益的总现值为：

$P=2\ 000\times[1-(1+4\%)^{-3}]\div4\%$

$=2\ 000\times(P/A,\ 4\%,\ 3)$

$=2\ 000\times2.775$

=5 550（元）

上述普通年金现值计算的图解如图2-3所示：

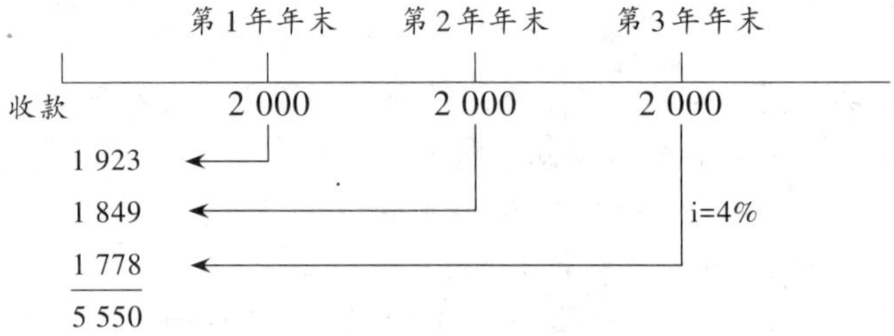

图2-3　普通年金现值计算的图解（单位：元）

【例2-9】福图机械加工厂准备从银行贷款20万元购买一条生产线，可使用5年，期满后无残值，估计使用该项设备每年年末可获得收益5万元。该款项从银行借款，年利率为8%。试问福图机械加工厂向银行贷款购买该生产线的方案是否可行？

5年的5万元年金，按利率8%折算的现值为：

$P=5\times(P/A，8\%，5)=5\times3.993=19.965$（万元）

现值小于生产线的购价20万元（银行贷款额），说明在利率8%的条件下5年的投资收益价值小于投资额（银行贷款额），所以此项投资方案不可行。

（4）年资本回收额的计算。

年资本回收额是指在约定年限内等额回收初始投资额或清偿所欠债务的金额。年资本回收额是一个考虑了资金时间价值的年平均额，是财务管理中很有用的概念。年资本回收额的计算是年金现值的逆运算（即已知现值P，求年金A）。其计算公式为：

$$A=\frac{P}{(P/A，i，n)} \qquad (2.2.8式)$$

【例2-10】福中公司现借得10万元贷款，拟在5年内以利率10%等额还清，试问该公司每年年末应偿还的金额是多少？

5年内每年年末偿还同样金额，是普通年金，其5年现值之和应等于10万元。因此，该公司每年年末应偿还的金额为：

$$A=\frac{10}{(P/A，10\%，5)}=\frac{10}{3.791}=2.638（万元）$$

2.先付年金终值和现值的计算

先付年金，是指一定时期内每期期初等额收付的系列款项，也称即付年金、预付年金。先付年金与普通年金的区别仅在于每次收付款时点的不同，一个在期初，一个在期末。

（1）先付年金终值的计算。

先付年金的终值是其最后一期期末时的本利和。它与普通年金终值的比较，如图2-4所示。

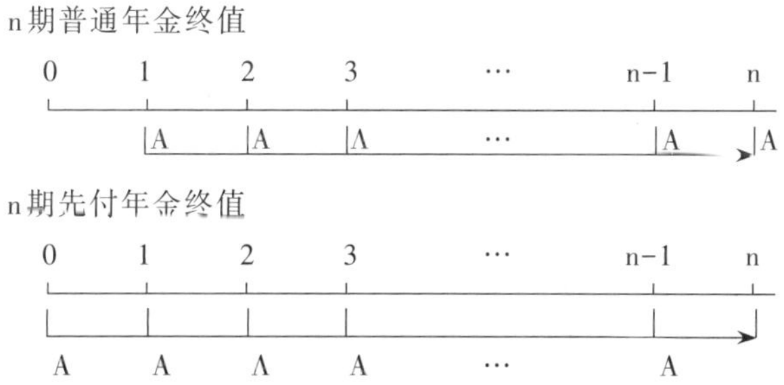

图2-4　先付年金终值与普通年金终值的比较

由图2-4可知，n期先付年金与n期普通年金的收付款次数相同，但由于收付款时间的不同，n期先付年金终值比n期普通年金终值的每一期都要多计算一期收益（利润或利息）。因此，可以先依2.2.6式求出n期普通年金终值，然后再乘以（1+i）便可得出n期先付年金终值，即：

$$F=A(F/A，i，n)(1+i) \qquad (2.2.9式)$$

或：$$F=A\left[\frac{(1+i)^{n+1}-1}{i}-1\right] \qquad (2.2.10式)$$

由2.2.10式可知，与普通年金终值系数$\frac{(1+i)^n-1}{i}$相比，先付年金终值系数

$\frac{(1+i)^{n+1}-1}{i}-1$是在普通年金终值系数的基础上期数加1、系数减1所得的结果，通常记作[(F/A，i，n + 1) - 1]。这时可用公式F = A[(F/A，i，n + 1) - 1]计算先付年金终值。

【例2-11】福圆公司每年年初投资1 000元，年复利率为8%，到第10年年末的本利和为：

F = 1 000 × (F/A，8%，10) × (1 + 8%) = 1 000 × 14.487 × 1.08 = 15 646（元）

或：F = 1 000 × [(F/A，8%，11) - 1] = 1 000 × (16.645 - 1) = 15 645(元)

（2）先付年金现值的计算。

n期先付年金现值与n期普通年金现值的收付款次数相同，但由于n期普通年金是期末收付款，n期先付年金是期初收付款，因此在计算现值时，n期先付年金现值比n期普通年金现值每期都要少折现一期。为此，可先求出n期普通年金现值，然后再乘以（1+i)，便可得出n期先付年金现值，即：

$$P = A(P/A,\ i,\ n)(1+i) \qquad (2.2.11式)$$

或：$$P = A\frac{1-(1+i)^{-n}}{i}(1+i) = A\left[\frac{1-(1+i)^{-(n-1)}}{i}+1\right] \qquad (2.2.12式)$$

式中$\frac{1-(1+i)^{-(n-1)}}{i}+1$的数值通常被称为“先付年金现值系数”，是在普通年金现值系数的基础上期数减1、系数加1所得的结果，通常记作［（P/A，i，n-1）+1］。这时可用公式P=A［（P/A，i，n-1）+1］计算先付年金现值。

【例2-12】福存公司租用一台机器10年，每年年初要支付租金5 000元，年复利率为8%，这些租金的现值为：

P=5 000×（P/A，8%，10）×（1+8%）=5 000×6.710×1.08=36 234（元）

或：P=5 000×［（P/A，8%，9）+1］=5 000×（6.247+1）=36 235（元）

3.递延年金现值的计算

递延年金，也称延期年金，是指第一次收付款项发生时间不在第一期期末，而是间隔若干期后才开始发生的等额系列收付款项。凡不是从第一期期末开始的普通年金都是递延年金，是普通年金的特殊形式。

递延年金的终值与递延期无关，其计算方法与普通年金终值完全相同。递延年金的现值是自若干间隔期后开始发生的每期期末收付款项的现值之和。假设最初有m期期末未收付款项，后面n期的每期期末发生年金A，则该递延年金现值的计算方法有两种，其公式分别为：

$$P=A[(P/A,\ i,\ m+n)-(P/A,\ i,\ m)] \qquad (2.2.13式)$$

$$P=A(P/A,\ i,\ n)(P/F,\ i,\ m) \qquad (2.2.14式)$$

上述第一种方法是先计算出m+n期的普通年金现值，然后减去前m期的普通年金现值，即得递延年金的现值；第二种方法是先将此递延年金视为n期普通年金，求出在第m+1期期初（即m期期末）的现值，然后将这个现值视为一次性收付款项的终值，再折现到第一期期初。

【例2-13】福有公司向银行借入一笔款项，年利率为8%，银行规定前10年不用还本付息，但从第11年至第20年每年年末偿还本息10 000元，这笔款项的现值为：

P=10 000×［（P/A，8%，20）－（P/A，8%，10）］=10 000×（9.818−6.710）=31 080（元）

或：P=10 000×（P/A，8%，10）×（P/F，8%，10）=10 000×6.710×0.463=31 067（元）

4.永续年金现值的计算

永续年金，也称永久年金或无限期年金，是指无限期的期末等额收付年金，可视为普通年金的特殊形式，如存本取息的利息、无限期附息债券的利息等。

永续年金没有终止的时间，因此没有终值，只有现值。通过普通年金现值的计算公式$P = A(P/A,\ i,\ n) = A\frac{1-(1+i)^{-n}}{i}$，可推导出永续年金现值的计算公式，即：

$$P = A(P/A,\ i,\ \infty) = A\frac{1-(1+i)^{-\infty}}{i}$$

或：$P = \frac{A}{i}$　　（2.2.15式）

【例2-14】福渊公司想投资一种每年年末股利为800元的优先股股票，若该公司想长期持有，在其要求的投资报酬率为8%的情况下，则该股票的投资价值为：

$$P=\frac{800}{8\%}=10\ 000\text{（元）}$$

又如，一位企业家在其母校设立了一项永久性奖学金，奖学金在每年年末发放一次，每次2万元，该奖学金的基金存在银行。如果银行1年的定期存款利率为2%，那么这位企业家一开始要拿出多少资金来建立这项奖学金？

$$P = \frac{2}{2\%} = 100\text{（万元）}$$

在上述各种年金复利终值和现值的计算中，资金时间价值是利率（i）中的一部分。

5.资金时间价值计算中要注意的问题

（1）计利期短于1年的终值和现值计算。

在上述一次性收付款项终值、现值和年金终值、现值的计算中，都把计利期设为1年，但在实际经济活动中，各种项目的计利期并不一定都是以1年为单位的，有的可能是半年一次，有的可能是一季度、一月一次。

以一次性收付款项的复利终值的计算为例，某企业于年初投资10万元，在年利率10%、半年复利一次的情况下，到第10年年末，该企业能得到多少投资本利和？

$$F = 10 \times (1 + \frac{10\%}{2})^{2\times 10} = 10 \times (F/P,\ 5\%,\ 20) = 26.53\text{（万元）}$$

比较一年复利一次的情况：$F=10\times(1+10\%)^{10}=10\times(F/P,\ 10\%,\ 10)=25.94$（万元），可见同样时间段内，计利期越短，计算出来的终值越大。

在这样的情况下，一次性收付款项的复利现值、年金的复利终值和现值均可以参照同样方式计算出来。

（2）报价利率和有效年利率计算。

报价利率，是指票面利率。有效年利率，是指投资者得到收益回报的真实利率。如果以“年”为基本计利期，每年计算一次复利，在这种情况下有效年利率等于报价利率；如果按照短于1年的计利期计算复利，在这种情况下有效年利率高于报价利率。报价利率与有效年利率的换算关系为：

$$i=(1+\frac{r}{m})^m-1 \quad (2.2.16式)$$

式中：i为有效年利率；

r为报价利率；

m为每年复利计利次数。

例如，年利率为12%，按季复利计算，有效年利率为：

$$i=(1+\frac{r}{m})^m-1=(1+\frac{12\%}{4})^4-1=1.1255-1=12.55\%$$

（3）通货膨胀情况下的名义利率与实际利率计算。

名义利率，是指未调整通货膨胀因素的利率，即包括补偿通货膨胀（或紧缩）风险的利率。实际利率，是指剔除通货膨胀（或紧缩）率后投资者得到收益回报的真实利率。名义利率与实际利率之间的关系为：

1+名义利率=（1+实际利率）×（1+通货膨胀率）

$$实际利率=\frac{1+名义利率}{1+通货膨胀率}-1$$

例如，20×2年我国商业银行1年期存款年利率为3%，假设当年通货膨胀率为2%，则储户的实际利率为：

$$实际利率=\frac{1+3\%}{1+2\%}-1=0.98\%$$

（三）折现率的推算

折现率是指上述计算终值和现值时用到的利率i。资金时间价值其实就是折现率i中的一部分。从投资者的角度来看，折现率就是投资者要求的投资报酬率（也称必要投资报酬率或期望投资报酬率）。若没有折现率，则终值和现值都无法计算出来。而接下来我们要推算的折现率是指在项目的其他情况（如P或F、A、n等）都已知的条件下的折现率，即项目投资后可望实现的实际报酬率，即项目的预期投资报酬率，也称内含报酬率。投资者进行投资决策时，一般根据项目的预期投资报酬率能否大于或至少等于他们要求的投资报酬率来加以判断，因此折现率（即项目的预期投资报酬率）的推算对以后学习投资管理的内容非常重要。

（1）对于一次性收付款项，根据其复利终值（或现值）的计算公式，可得折现率的计算公式为：

$$i=\left(\frac{F}{P}\right)^{\frac{1}{n}}-1 \quad (2.2.17式)$$

因此，若已知F、P、n，不用查系数表也可直接计算出一次性收付款项的折现率（利率）i。

（2）永续年金折现率（利率）的计算也很方便。若P、A已知，则由公式$P=\frac{A}{i}$推导出i的计算公式，即：

$$i=\frac{A}{P}$$

（3）普通年金折现率（利率）的推算比较复杂，无法直接套用公式，而必须利用有关的系数表，有时还会牵涉到内插法的应用。下面重点对此加以介绍。

根据普通年金终值和现值的计算公式，可以推导出：

F/A=（F/A，i，n）

P/A=（P/A，i，n）

从这两个式子可以看出，两式右边分别为普通年金终值系数和普通年金现值系数。若F、A、n已知，则可利用F/A=（F/A，i，n）这个式子，查普通年金终值系数表，找出系数值为F/A的对应的i即可；若P、A、n已知，则可利用P/A=（P/A，i，n）这个式子，查普通年金现值系数表，找出系数值为P/A的对应的i即可；若找不到完全对应的i，则可按照比例原理，采用内插法求得对应的i。内插法的计算公式为：

$$i = i_1 + \frac{B - B_1}{B_2 - B_1}(i_2 - i_1)$$

式中：i为所求利率；

i对应的终值（或现值）系数为B；

B_1和B_2为终值（或现值）系数表中B相邻的系数；

i_1和i_2为B_1、B_2对应的利率。

现以P/A=（P/A，i，n）这个式子为例，已知P、A、n，说明求i的基本方法。

【例2-15】福津公司于第1年年初投资20 000元，每年年末收到投资的本利和均为4 000元，并能连续9年收取。该项投资可望实现的实际报酬率（即预期报酬率或内含报酬率）是多少？

根据题意，已知P=20 000，A=4 000，n=9，则：

$$P/A=\frac{20\ 000}{4\ 000}=5=（P/A，i，9）$$

查普通年金现值系数表，在n=9一行上无法找到恰好等于5的系数值。于是，找大于5和小于5的临界系数值，分别为B_1=5.132、B_2=4.946。同时，找出它们对应的临界利率，分别为i_1=13%、i_2-14%。根据比例原理，用内插法（也称插值法）求i，则：

随堂测 1

$$i=13\%+\frac{5-5.132}{4.946-5.132}\times（14\%-13\%）=13.71\%$$

同理，只要知道其他因素的数值，也可以推算出相应的期间n。对于先付年金折现率（利率）的推算，同样可遵照上述方法。

第三节　风险与收益的均衡观念

一、风险的概念和分类

风险是现代企业财务管理环境的一个重要特征。在市场经济条件下，几乎所有财务活动都有风险，财务管理的每一个环节都不可避免地要面对大小不同的风险。当然在财务管理中冒险，是为了获得额外收益。

（一）风险的概念

一般认为，风险是指某一行动的结果具有变动性，即某种行动的结果具有多种可能而不确定。人们只能事先确定采取某种行动可能形成的结果，以及每种结果出现的可能性程度（概率），而行动的最终结果究竟会怎样，人们不得而知，这就叫风险。如向上抛一枚硬币，落下后的结果有两种：正面和反面，可能性各占一半，但究竟是朝上还是朝下，谁也确定不了。相应的决策问题叫风险型决策。

如果某种行动的结果十分肯定，就叫无风险，也称确定性。相应的决策则称确定型决策。

与风险相联系的另一个概念是不确定性，即人们事先只知道采取某种行动可能形成的多种结果，但不知道它们出现的概率，或者两者皆不知。对于后一种情况的不确定性，由于人们不能对未来出现的各种可能结果作出预测，因此无法决策；对于前一种情况的不确定性，人们可以通过估计“主观概率”的办法将它转化为风险问题进行决策。相应的决策称为不确定型决策。因此，前一种情况的不确定性和风险只不过是程度不同而已，在实践中很难对它们加以严格区别，因为对风险问题的概率往往也只能估计和测算，而不能确切知道。

从财务管理的角度来看，风险就是企业在各项财务活动中由于各种难以预料或无法控制的因素作用，企业的实际收益与预期收益发生背离，从而存在不确定结果的可能性。所以，风险是指收益的不确定性，只要实际收益不等于预期收益，就存在风险。由于人们对风险存在反感心理，因此一提到风险，人们总是将它与损失联系在一起，其实风险不能等同于危险，其本身未必就一定是超出预期的损失，它同样也可能带来超出预期的收益，有正反两面（机会或损失），危险与机会并存。因此，对企业和财务管理者而言，风险与希望并存，富有开拓精神的企业家和财务管理者应根据实际情况，为获取较高的收益而接受一些策略性的风险。但是，目前在一般的财务管理教材中，风险仍主要指无法达到预期收益，从而蒙受经济损失的可能性。

（二）风险的分类

在财务管理中，按不同的标准和条件，可将风险划分为若干类别，主要分类有：

1.按风险能否被分散，可分为系统性风险和非系统性风险

（1）系统性风险，是指那些由于客观存在的系统性宏观因素（如战争、自然灾害、经济衰退、通货膨胀、宏观政策等）而引发的影响资金市场上所有企业收益的风险。由于系统性风险会影响资金市场上的所有企业，因此也称之为“市场风险”。虽然系统性风险对每个企业及其资产的影响程度不同，但是由于这类风险涉及资金市场上的所有企业，对单个企业而言没有有效的方法可消除，因此又称之为“不可分散风险”。

（2）非系统性风险，是指发生于个别企业的特有事件所造成的风险。这种风险是个别企业或个别资产所特有的，如罢工、诉讼失败、失去销售市场、成本费用上升、融资不利或得到重要合同、开发出新产品、发现新矿藏等，所以也称之为“企业风险或公司特有风险”。这类风险可以通过多样化投资来分散，所以也称之为“可分散风险”。

2.按产生风险的因素划分，可分为经营风险和财务风险

（1）经营风险是指企业因生产经营方面的原因而导致收益的不稳定。例如，材料供应情况的变动、新材料的出现等给材料成本带来的影响；生产组织方面的原因而造成生产成本的变动；销售管理和销售市场方面的原因而导致销售价格和销售量的波动

等。这些企业生产经营方面的因素均会造成企业息税前利润的不稳定，因此均属于经营风险。

（2）财务风险有广义和狭义之分，一般意义上的财务风险往往是指狭义的财务风险，又称筹资风险，是指企业由于利用了具有固定性财务费用的资金（如计息负债和优先股）而给企业所有者的收益（净利润）带来的不确定性。以计息负债为例，由于负债利息是固定的，企业负债会引起两个方面的结果：

①当企业运用全部资金创造的息税前利润率（即总资产息税前利润率）高于负债的利息率时，使用负债资金给企业带来的收益除了补偿负债利息外还有剩余，从而可以提高企业权益资金税后利润率；

②当企业总资产息税前利润率低于负债的利息率时，使用负债资金获得的利润还不够支付利息，就要用权益资金获得的部分利润去支付利息，从而减少了企业净利润，降低了权益资金税后利润率，导致企业财务状况恶化，严重时甚至会发生破产的危险。

这种风险与负债在企业筹资结构中所占的比重有关，占比越大，风险就越大，因此企业必须保持一个合理的资金结构。

本节所讲的风险主要是指站在投资者角度的投资风险。与收益相关的风险才是财务管理中所说的风险。投资对象的风险具有客观性，是不以投资者的意志为转移的，因此我们才可以用客观的尺度来计量投资对象的风险。但是，一个投资者可以投资一项资产，也可以投资多项资产（组合），而投资分散化可以降低风险，因此投资者是否去冒风险及冒多大风险，是可以选择的，是由主观决定的。在什么时间、投资于什么样的资产、各投资多少，其风险是不一样的。

二、风险价值（风险报酬）

为了简化决策分析工作，在短期财务决策中可以不考虑风险因素，而在长期财务决策中，则不能不考虑风险因素，计量风险程度和风险价值。

任何投资者都宁愿要确定的某一投资报酬率，而不愿意要不确定的同一报酬率，这种现象被称为风险反感。在风险反感普遍存在的情况下，诱使投资者进行风险投资的，是超过资金时间价值的那部分额外收益。

风险价值（也称风险报酬、风险收益、风险溢价、风险贴补率、风险贴水），是指投资者冒着风险进行投资所要求获得的超过资金时间价值（无风险报酬率）的那部分额外收益。风险价值是对投资者甘冒风险的一种价值补偿。与资金时间价值一样，风险价值是投资者所要求的投资报酬率（期望报酬率或必要报酬率）的一部分。风险价值取决于两个因素：一是所冒风险的大小；二是投资者对风险的偏好。因此，风险价值与所冒投资风险的大小成正比。

与时间价值一样，在财务管理中风险价值是一个要求或预期的概念，而不是指实际数。风险价值的表示方式有两种：一是绝对数，即风险报酬额；二是相对数，即风险报酬率。在财务管理中，常用相对数表示风险价值。

风险价值的概念揭示了风险和收益之间的关系，是财务投资决策的基本依据，即投资决策考虑的主要是投资的预期收益（预期报酬率）和风险程度是否达到自己要求的必要水平。如果投资可实现的预期报酬率（内含报酬率）能够大于或等于投资者所要求的投资报酬率，那么投资者可以投资；否则，不能投资。投资者所要求的风险报酬率与其投资风险成正比，而投资者所要求（期望）的投资报酬率在没有通货膨胀的情况下由无风险报酬率（资金时间价值）和要求的风险报酬率组成，因此投资者要确定必要（期望）的投资报酬率，必须先确定必要的风险报酬率，要确定必要的风险报酬率必须先确定投资风险究竟有多大。因此，下面先讲述风险大小与必要的风险价值的计量问题。

三、风险和风险价值的计量

（一）风险的计量

特定投资对象的风险是客观的，它是由事物本身的不确定性决定的。风险是对可能结果的描述，即决策者一般能预测各种可能出现的结果，并且能够估测每种结果出现的概率，因此风险的大小是能用数学方法来度量的。

在财务管理实践中，风险的大小可以采用概率分布法、杠杆系数法、β系数法等进行计量。这里我们先结合实例介绍概率分布法。

概率分布法是利用统计学中的概率分布、期望值、标准差、标准离差率等指标来计算与衡量风险大小的一种方法，也是最为常见的一种衡量风险的方法。

概率分布法计量风险的步骤是：

1.确定概率分布

在经济活动中，某一事件在相同的条件下可能发生，也可能不发生，这类事件称为随机事件。概率就是用来表示随机事件发生可能性大小的数值。概率越大，表示该事件发生的可能性越大。通常把必然发生事件的概率定为1，把不可能发生事件的概率定为0，而一般随机事件的概率介于0与1之间，所有可能结果的概率之和等于1，即$\sum_{i=1}^{n} P_i = 1$，式中n表示可能结果出现的个数。

概率分布有离散型概率分布和连续型概率分布两种。离散型概率分布也称不连续的概率分布，其特点是概率分布在各个特定的点上；连续型概率分布的特点是概率分布在连续图形的两点之间的区间上。两者的区别在于：离散型概率分布中随机变量（如报酬率）只取有限个值，其概率是可数的；而在实际经济活动中往往有无数可能的情况会出现，如果对每种情况都赋予一个概率，那么只能用连续型概率分布来描述，所以连续型概率分布中的概率是不可数的。

在实际经济活动中，并非所有问题都是正态分布（连续型正态分布其曲线为对称的钟形）的，但根据统计学的理论，不论总体分布是正态的还是非正态的，当样本很大时，其样本平均数都呈正态分布，所以正态分布在统计上被广泛使用。

【例2-16】福保公司甲产品投产后预计收益情况与市场销售有关，可用表2-1描述各种可能的收益概率分布。

表2-1中的50万元、20万元、-5万元是在不同市场状况下企业生产经营的可能结果，即随机变量X_i。概率P_i是各个随机变量可能发生的程度，一般可用小数或百分数表示。例如，企业在销量很好的情况下取得年收益50万元的概率为0.2。

表 2-1　　未来销售状况及概率

市场情况	年收益 X_i（万元）	概率 P_i
销量很好	50	0.2
销量一般	20	0.5
销量很差	-5	0.3

2.计算期望值

期望值是对随机变量的各种可能结果的集中趋势的量度，是一个概率分布中所有可能的结果，以各自相应的概率为权数计算的加权平均值，即加权平均的中心值。如果企业的投资有多种收益的可能性，那么在预计收益时应该用期望值来表示，代表投资者对收益的合理预期。其计算公式为：

$$\bar{x} = \sum_{i=1}^{n} P_i x_i \qquad (2.3.1式)$$

【例 2-17】福多公司现有两个投资方案，其投资报酬率及其概率分布见表 2-2。

表 2-2　　投资方案收益情况

经济情况	概率（P）	投资报酬率（%）	
		A 方案	B 方案
繁荣	0.25	17	23
一般	0.50	15	15
较差	0.25	13	7

根据 2.3.1 式，计算 A、B 两个方案的投资报酬率的期望值分别为：

$\bar{x}_A = 0.25\times17\%+0.5\times15\%+0.25\times13\% =15\%$

$\bar{x}_B = 0.25\times23\%+0.5\times15\%+0.25\times7\% =15\%$

从计算结果可以看出，两个方案的投资报酬率的期望值都是 15%。但是，是否可以就此认为两个方案的投资价值是等同的呢？期望值反映的仅是随机变量（投资报酬率）的平均化（均值），只体现了投资价值的一个方面，即收益情况，没有体现两个方案的投资风险程度，因此我们还需要通过计算概率分布的离散程度来了解两个方案的投资风险程度，即计算标准离差和标准离差率。

3.计算标准离差

离散程度是用于衡量风险大小的统计指标。一般来说，离散程度越大，风险越大；离散程度越小，风险越小。反映随机变量离散程度的指标包括平均差、方差、标准离差、标准离差率和全距等。下面主要介绍标准离差、标准离差率两项指标。

标准离差，也称均方差或标准差，是方差的平方根，是用来表示随机变量与期望值之间的离散程度的一个指标。在这里，标准离差反映的是投资项目的各种可能结果与其期望值的离散程度。其计算公式为：

$$\sigma = \sqrt{\sum_{i=1}^{n} P_i\left(x_i - \bar{x}\right)^2} \qquad (2.3.2式)$$

依据【例2-17】的资料，根据2.3.2式，计算A、B两个方案的投资报酬率的标准离差，分别为：

$$\sigma_A=\sqrt{0.25\times(17\%-15\%)^2+0.50\times(15\%-15\%)^2+0.25\times(13\%-15\%)^2}=1.414\%$$

$$\sigma_B=\sqrt{0.25\times(23\%-15\%)^2+0.50\times(15\%-15\%)^2+0.25\times(7\%-15\%)^2}=5.657\%$$

虽然两个方案的投资报酬率的期望值相同（均为15%），但是$\sigma_A<\sigma_B$，说明A方案的投资风险比B方案的小，而且两者风险程度的差异也通过标准离差的数值体现了出来。

对于一个决策方案，标准离差越大，说明其风险越大。对于两个或两个以上的决策方案，若各个方案的期望值相等，标准离差越大，风险越大；反之，标准离差越小，风险越小；若各个方案的期望值不等，标准离差的大小并不能直接说明各个方案风险程度，因为标准离差以绝对数衡量投资方案的风险，只适用于比较期望值相同的投资方案的风险程度，而不能用于比较期望值不同的投资方案的风险程度。因此，期望值不同的投资方案的风险程度，只能用标准离差率这个相对数指标来进行比较。

4.计算标准离差率

标准离差率，也称变异系数或离散系数，是标准离差与期望值之比，通常用符号V表示。其计算公式为：

$$V=\frac{\sigma}{\bar{x}} \qquad (2.3.3式)$$

依据【例2-17】的资料，根据2.3.3式，计算A、B两个方案的投资报酬率的标准离差率，分别为：

$$V_A=\frac{\sigma_A}{\bar{x}_A}=\frac{1.414\%}{15\%}=9.43\%$$

$$V_B=\frac{\sigma_B}{\bar{x}_B}=\frac{5.657\%}{15\%}=37.71\%$$

标准离差率是一个相对数，是从相对角度来观察差异和离散程度。因此在期望值不同的情况下，标准离差率越大，风险越大；反之，标准离差率越小，风险越小。从计算结果可知，用标准离差率衡量两个方案的风险程度的结果与标准离差一致，这是因为两个方案的期望值相同。与标准离差指标相比，标准离差率既可用于期望值相同的方案之间风险程度的比较，也可用于期望值不同的方案之间风险程度的比较。

需要说明的是，尽管投资的风险可以用历史数据去估算，但是由于投资风险受其投资的资产特性的影响较大，还由于环境因素的多变、管理人员估测技术的限制等，都会造成估算结果不够可靠、不够准确。因此，在估测某项投资的风险程度时，通常会综合采用各种定量方法，并结合管理人员的经验等判断得出。

（二）风险价值的计量

1.要求的风险报酬率的测算

投资者投资决策的标准有：一是比较投资价值与投资价格，投资价值需要用投资者要求的投资报酬率作为折现率进行折现；二是比较投资后的预期报酬率与投资者要求的投资报酬率。因此，无论采用哪一种决策标准，投资者都必须先确定其要求的投资报酬率（期望报酬率或必要报酬率）来科学地进行投资决策，而要求的投资报酬率=无风险报酬率+要求的风险报酬率+通货膨胀贴补率，因此就需要先把要求的风险报酬率（风险价值）计算出来。风险报酬率应与投资风险成正比，因此要求的风险报酬率应与反映投资风险程度的标准离差率呈正比例关系。但是，标准离差率V还不是报酬率指标，不能直接用来确定投资者所要求的风险报酬率R。为了确定要求的风险报酬率，需要导入一个参数——风险价值系数b。

风险价值系数，也称风险报酬系数或风险价值斜率，是一个大于零的正数。对不同风险的投资方案而言，有些方案的风险价值系数较大，而有些方案的风险价值系数较小，这取决于投资者对待风险的态度。如果资金市场上的投资者都比较敢于承担风险，则风险价值系数较小，冒同样风险所要求的风险报酬率就较低；如果资金市场上的投资者普遍比较保守稳健，则风险价值系数较大，冒同样风险所要求的风险报酬率就较高。在西方国家，风险价值系数一般由专门的投资服务机构计算并公布，供投资者参考。我国有关部门也在进行这方面的尝试。如果投资方案没有风险价值系数的参考数据，企业可以组织有关专家、财务人员自行测定。风险报酬率、风险价值系数和标准离差率之间的关系可用以下公式表示：

要求的风险报酬率=风险价值系数×风险程度（标准离差率）

$R=bV$ （2.3.4式）

风险报酬额=投资额×风险报酬率

依据【例2-17】的资料，假如A、B两个方案的投资额均为200万元，无风险报酬率为6%。经测算两个方案的风险价值系数均为8%。这两个方案所要求的风险报酬率和风险报酬额分别为：

$R_A=b_AV_A=8\%\times9.43\%=0.75\%$

$R_B=b_BV_B=8\%\times37.71\%=3.02\%$

A方案的风险报酬额=200×0.75%=1.5（万元）

B方案的风险报酬额=200×3.02%=6.04（万元）

2.要求的投资报酬率的计算

在不考虑通货膨胀的情况下，投资者要求（期望、必要）的投资报酬率包括资金时间价值（无风险报酬率）和风险价值（要求的风险报酬率）两个部分。其计算公式为：

要求的投资报酬率=无风险报酬率+要求的风险报酬率 （2.3.5式）

期望报酬额=无风险报酬额+风险报酬额 （2.3.6式）

依据【例2-17】的资料，计算A、B两个方案要求的投资报酬率和期望报酬额，分别为：

A方案要求的投资报酬率=6%+0.75%=6.75%

B方案要求的投资报酬率=6%+3.02%=9.02%

A方案期望报酬额=200×6%+1.50=200×6.75%=13.50（万元）

B方案期望报酬额=200×6%+6.04=200×9.02%=18.04（万元）

随堂测2

四、风险与收益均衡观念

（一）风险与收益均衡观念的含义

风险与收益的均衡，是指风险和收益之间存在一种均衡关系，即投资者冒一定风险应当取得与所承受风险相对等的收益。风险与收益的基本关系决定了财务管理者必须树立风险与收益的均衡观念。

在不考虑通货膨胀的前提下，投资者要求的投资报酬率=无风险报酬率+要求的风险报酬率。由此可见，风险与要求的风险报酬率成正比，与投资者要求的投资报酬率呈正向的关系。在市场经济条件下，投资者冒的风险越大，要求的收益就越多，要求的投资报酬率和预期报酬率也就越高；而投资者冒的风险越小，要求的收益就越少，要求的投资报酬率和预期报酬率也相对较低。风险与收益的这种均衡关系可用资本资产定价模型（CAPM）来量化描述。风险与收益的均衡观念对现实财务决策的意义在于：企业要取得较高的收益，就要承担与之相适应的风险；反之，如果想避免风险，就只能得到较低的收益。低风险下的高收益或者高风险下的低收益的经济现象，在一定程度上都是违背市场规律的。在市场完善有效的前提下，从长期趋势来看，风险与收益的均衡是必然的，即实际中承担了较大风险的投资者往往能够得到较高的收益，而不敢冒风险的投资者往往只能得到较低的收益。

成功的财务管理者，总是能在风险与收益的相互协调中进行权衡，在风险一定的条件下使收益达到较高水平，或者在收益一定的情况下使风险维持在较低水平，以期取得较满意的收益。树立风险与收益的均衡观念，就是要求决策者依据财务活动所面临的风险与预期取得的收益选择合适的方案。因此，财务管理人员在进行财务决策时，必须极其慎重地在风险和收益之间进行权衡，既不能害怕风险，坐失有利的投资机会，又不能不顾风险，盲目决策而给企业造成损失。

（二）风险型决策的决策标准

通过上述方法将决策方案的风险加以量化之后，决策者便可据此作出决策。

对单个方案而言，在保证要求的投资报酬率能够实现的情况下，决策者可根据其标准离差或标准离差率的大小，将其与设定的可接受的此项指标最高限值对比，看前者是否低于后者，然后作出取舍。

对多个方案而言，决策者的行动准则应是选择低风险高收益的方案。然而，高收益往往伴有高风险，低收益方案的风险程度往往也较低，究竟选择何种方案，就要权衡预期收益与风险，而且还要视决策者对风险的态度而定。对风险比较反感的投资者可能会选择预期收益较低、风险也较低的方案；喜欢冒风险的投资者则可能选择风险虽高但收益也高的方案。

【分组任务】

主题：人们对风险的态度。

活动内容：按照对风险的态度，可以将投资者分为风险中性者、风险厌恶者、喜欢冒险者。大部分人属于哪一类呢？我们通过游戏来检测一下。

活动环节：1.介绍方案并进行选择。

方案1：直接给您10 000元；方案2：抛硬币，正面给您20 000元，反面不给您钱。这两个方案您选择哪一个？如果把直接给您的钱改成9 000元（或8 000元、7 000元），你又会怎么选择呢？

2.猜测结果：大部分人是风险厌恶者。

视频微课

财务管理者如何正确对待风险？

第四节　资金成本观念

一、资金成本的概念和作用

（一）资金成本的概念

1.资金成本的含义

资金成本，是指企业为筹集和使用资金而必须付出的各种成本费用。在市场经济条件下，企业筹集和使用资金都必须付出代价，所以企业必须树立资金成本观念，讲求筹资效率，节约使用资金，提高资金的使用效率。

在企业筹资实践中，一般将资金分为短期资金和长期资金，长期资金按资金来源性质又可分为权益资金（自有资金）和长期负债。长期资金的资金成本一般被称为资本成本。

企业所付出的资金成本从数量上来看实际上就是资金供应者（所有者和债权人）所要求的投资报酬。因此，资金成本也是利率的表现形式之一。在财务管理中，资金成本与资金时间价值和风险价值一样，往往是一个预计的概念，是指预计成本，而不是指实际成本。

资金成本主要有个别资金成本、分类资金成本、综合资金成本和边际资金成本等种类。

2.资金成本的构成

资金成本包括用资成本和筹资费用两个部分。用资成本，也称用资费用，是指企业为使用资金而支付的各种代价，如使用债务资金所支付的利息和使用权益资金所支付的股利、红利等。用资成本往往随资金占用数量和资金使用时间长短的变动而变动，属于变动性资金成本，是资金成本的主要内容。筹资费用，是指企业在筹集资金的过程中为了取得资金而支付的各种费用。例如，企业向银行借款支付的手续费，或因发行股票和债券而支付的各种发行费用等。与用资成本不同，筹资费用通常是在筹资时一次性支付的，而在用资过程中不再发生，属于固定性的资金成本，可视为对筹资额的一项扣除。

3.资金成本的表示方式

资金成本可以用绝对数表示，即资金成本额，也可以用相对数表示，即资金成本率。因为绝对数不利于不同资金规模企业或项目之间的比较，所以在财务管理实践中，一般采用相对数表示。资金成本率是用资成本与实际筹得资金（即筹资数额扣除筹资费用后的差额）的比率。其通用的计算公式为：

$$\text{资金成本（率）}=\frac{\text{年用资成本}}{\text{筹资总额}-\text{筹资费用}}=\frac{\text{年用资成本}}{\text{筹资总额}\times(1-\text{筹资费用率})}$$

从上述测算资金成本的公式中可以看出，资金成本率取决于三个因素，即年用资成本、筹资费用和筹资总额。

从资金市场的角度来看，筹资者预计要付出的资金成本就是投资者（所有者、债权人）要求或预期的投资报酬率，是资金交易价格（利率）的表现。影响资金成本高低的因素不仅取决于筹资者和投资者针对利率这一资金交易价格讨价还价的技巧和能力，更取决于宏观经济环境、资金市场的效率和风险、企业经营状况和融资状况、企业筹资规模和时限等因素。因此，企业要降低资金成本的关键是提升经济效益，做大做强，从而降低风险，在与资金供应者进行讨价还价时能够站在强势的一方。

（二）资金成本的作用

资金成本是企业财务管理中最重要的概念之一。只有投资项目的投资报酬率高于资金成本时，才是有利的、可行的，因此国际上将资金成本视为一项重要的“财务标准”。资金成本是企业筹资和投资决策的主要依据。

1.资金成本在筹资决策中的作用

资金成本是企业拟定筹资方案、选择资金来源和筹资方式、确定最优资本结构的依据，是企业筹资决策时考虑的首要问题。在企业筹资决策中，资金成本的作用有：

（1）资金成本是影响企业筹资总额的重要因素。随着筹资额的增加，资金成本不断变化，当资金的边际成本超过企业的承受能力时，企业便不能增加筹资额。

（2）资金成本是企业选择资金来源和筹资方式的基本标准。企业的资金可以从多个渠道筹集，筹资方式多种多样，究竟选用哪种来源渠道、采用何种筹资方式，首先要考虑的因素便是资金成本的高低。

（3）资金成本是确定企业最优资本结构的主要参数。在确定企业最佳资金结构时，考虑的主要因素是综合资金成本的高低。

2.资金成本在投资决策中的作用

资金成本是企业分析评价投资项目可行性、选择投资方案的主要标准。一般来说，资金成本被视为投资项目的最低报酬率，是投资项目可行的最低标准，是投资项目是否可行的“取舍率”。在利用净现值指标进行决策时，投资者常用资金成本作为折现率，净现值为正，投资项目才可行；在利用内含报酬率指标进行决策时，一般以资金成本作为基准收益率，只有当内含报酬率高于资金成本率时，投资项目才可行。可见资金成本在投资决策中有着非常重要的作用。

3.资金成本在评价企业整个经营业绩中的作用

企业的整个经营业绩可以用企业全部投资的报酬率（总资产净利率）来衡量，并可与企业全部资金的综合资金成本率比较，如果报酬率高于成本率，可以认为企业经营业绩良好；反之，则可以认为企业经营业绩不佳，需要改善经营管理。所以，资金成本不仅可以反映企业筹资管理的水平，还可以作为评价企业整个经营业绩的基准。

二、个别资金成本的测算

个别资金成本是指企业各种筹资方式中的每一种筹资方式的资金成本。企业所有者投入的权益资金和向债权人借入的负债资金这两类资金中的每种筹资方式的个别资金成本的测算，都是根据上述资金成本公式计算的。短期资金（即流动负债）也有资金成本，但比长期资金的资金成本要低。下面说明企业各种长期资金筹资方式下资金成本的测算方法。长期资金筹资方式的资金成本，又称资本成本。

（一）长期负债资金成本的测算

企业长期负债的筹资方式主要有发行长期债券、向银行等金融机构举借长期借款和融资租赁等。

1.长期债券资金成本

长期债券，也称公司债券，可以溢价发行、平价发行和折价发行，其资金成本包括债券利息和债券发行费用，利息在税前支付，与权益资金的资金成本（如股利）相比，利息支出具有抵免所得税的效果。为了与权益资金的资金成本具有可比性，所以在测算长期负债资金的资金成本时，在分子年利息成本上需要扣除所得税。发行债券的筹资费用一般较高，不能忽略不计。

债券成本的计算公式为：

$$K_b = \frac{I(1-T)}{B_0(1-f)} = \frac{B \cdot i(1-T)}{B_0(1-f)} \qquad (2.4.1式)$$

式中：K_b为长期债券的资金成本率；

I为每年支付的债券利息；

B为债券面值；

i为债券票面利率；

B_0为债券实际筹资额，按发行价格确定；

f为债券筹资费用率，即债券筹资费用与实际筹资额的比率；

T为所得税税率。

【例2-18】福实公司按面值等价发行一笔期限为10年的债券，面值为1 000万元，票面利率为12%，每年付息一次，发行费率为3%，所得税税率为25%。则该债券的资金成本为：

$$K_b = \frac{1\,000 \times 12\% \times (1-25\%)}{1\,000 \times (1-3\%)} = 9.28\%$$

2.长期借款资金成本

长期借款资金成本的测算基本与长期债券资本成本一致。其计算公式为：

$$K_l = \frac{I(1-T)}{L(1-f)} = \frac{L \cdot i(1-T)}{L(1-f)} \qquad (2.4.2式)$$

式中：K_l为长期借款资金成本率；

I为长期借款每年支付的利息；

L为长期借款筹资总额；

i为长期借款年利率；

f为长期借款筹资费用率，主要是借款手续费率；

T为所得税税率。

由于银行借款的手续费很低，式中的f常常可以忽略不计，则2.4.2式可简化为：

$$K_l = i(1-T) \qquad (2.4.3式)$$

一般而言，长期借款的资金成本要低于长期债券的资金成本。

3.融资租赁资金成本

在融资租赁的各期租金中，包含每期偿还的本金和各期手续费用（即租赁公司的各项业务费用、利润等），其资金成本率只能按折现模式计算。

【例2-19】福威公司于20×3年1月1日从租赁公司租入一套设备，价值60万元，租期6年，预计残值5万元，租赁期满设备归还租赁公司，年利率8%，租赁手续费率每年2%，租金每年年末支付一次。该公司的融资租赁资金成本为：

$$每期租金=\frac{600\,000-50\,000\times(P/F,\ 10\%,\ 6)}{(P/A,\ 10\%,\ 6)}=131\,283（元）$$

$$600\,000-50\,000\times（P/F,\ K,\ 6）=131\,283\times（P/A,\ K,\ 6）$$

得：融资租赁资金成本（K）=10%

上述测算的长期债券和长期借款的资金成本，均没有考虑资金时间价值。如果考虑资金时间价值，长期债券和长期借款所付出的每期利息的价值并不相等。因此，在测算资金成本时，考虑资金时间价值，用求折现率（即预期的投资报酬率，也称内含报酬率）的形式（折现模式）更为科学。投资者预期的投资报酬率=筹资者预计付出的资金成本率。

（二）权益资金成本率的测算

1.优先股资金成本

公司发行优先股，既要支付较高的筹资费用，又要定期支付股利。优先股没有固定的到期日，股利一般固定。不过，优先股的股利在税后利润中支付，是税后成本，不具有减税效应。股票可以平价发行，也可以溢价发行。优先股资金成本的计算公式为：

$$K_P=\frac{D}{P_0(1-f)} \qquad (2.4.4式)$$

式中：K_p为优先股资金成本率；

D为优先股每年的股利；

P_0为发行优先股的实际筹资总额，按发行价确定；

f为优先股筹资费用率。

【例2-20】福望公司按面值发行100万元的优先股，筹资费用率为4%，每年支付12%的股利。该优先股的资金成本为：

$$K_p=\frac{100\times12\%}{100\times(1-4\%)}=12.5\%$$

由于优先股股东所冒的投资风险要大于长期债券投资者，且优先股的股利从净利润中支付，因此优先股的资金成本通常要高于长期债券资金成本。

2.普通股资金成本

普通股资金成本的测算有多种方法，常见的主要有股利折现模型、资本资产定价模型和债券收益率风险调整模型。

（1）股利折现模型。

由于普通股的股利不稳定，很难预测，因此普通股资金成本的测算十分困难，只能按折现模式计算，主要方法为估价法。利用普通股票的价值估价公式 $V=\sum_{t=1}^{\infty}\frac{d_t}{(1+K)^t}$，求出公式中投资者预期的投资报酬率（内含报酬率）K，即普通股资金成本。其推导出的计算公式为：

$$V_0(1-f)=\sum_{t=1}^{\infty}\frac{D_t}{\left(1+K_s\right)^t} \quad (2.4.5式)$$

式中：K_s为普通股的预期报酬率，即普通股资金成本率；

D_t为普通股第t年的股利；

V_0为发行普通股的实际筹资总额，按发行价确定；

f为普通股筹资费用率。

①如果每年股利固定不变，则可视为永续年金，把筹资费用率考虑进去，2.4.5式可简化为：

$$K_s=\frac{D}{V_0(1-f)} \quad (2.4.6式)$$

式中：D为每年固定股利。

【例2-21】福贵公司拟发行一批普通股，每股发行价格12元，每股发行费用2元，预计每年分派现金股利每股1.5元。该普通股资金成本率为：

$$K_s=\frac{1.5}{12-2}=15\%$$

②股利增长模型。若股利每年以一个固定的年增长率增长，假设年增长率为g，则普通股资金成本率的计算公式为：

$$K_s=\frac{D_1}{V_0(1-f)}+g \quad (2.4.7式)$$

式中：D_1为第1年股利。

【例2-22】福富公司准备增发普通股，每股发行价15元，每股发行费用3元，预定第一年分派现金股利每股1.5元，以后每年股利增长5%。该公司的资金成本率为：

$$K_s=\frac{1.5}{15-3}+5\%=17.5\%$$

（2）资本资产定价模型。

资本资产定价模型是测算普通股资金成本的常用方法之一。按照资本资产定价模型，普通股资金成本率=无风险报酬率+风险报酬率。

$$K_s=R_f+\beta\times(R_m-R_f) \quad (2.4.8式)$$

式中：K_s为投资者投资普通股要求的投资报酬率，即企业发行普通股筹资预计付出的资金成本率；

β为该普通股的系统性风险系数；

R_f为无风险报酬率（由于普通股是长期证券，因此通常可以用10年期长期政府债券的利率来近似替代）；

R_m为证券市场普通股的平均投资报酬率。

【例2-23】福乐公司发行的普通股β值为1.2，当时证券市场的无风险报酬率为5%，普通股平均报酬率为14%。则该公司的普通股资金成本率为：

$$K_s=5\%+1.2\times(14\%-5\%)=15.8\%$$

（3）债券收益率风险调整模型。

普通股股东的投资风险大于债券投资者，因而会在债券投资者要求的投资报酬率的基础上再追加一定的风险报酬率。依照这一理论，普通股资金成本率的公式为：

$$K_s=R_{dt}+RP_c \quad (2.4.9式)$$

式中：R_{dt}为税后债券资金成本；

RP_c为普通股股东比债券投资者承担更大风险要求的风险报酬率。

风险报酬率是根据每个企业的具体情况凭经验估计的。一般认为，普通股股东要求的风险报酬率在3%~5%。

例如，对债券资金成本为10%、中等风险（假设风险报酬率为4%）的公司来讲，其普通股资金成本率为：

$$K_s=10\%+4\%=14\%$$

前面讲了几种测算普通股资金成本的方法，针对同一公司普通股的资金成本，这几种方法的计算结果经常会不一致。实际上，不存在一个公认的确定普通股真实成本的方法。因此，常见的做法是将每种方法计算出来的普通股资金成本进行算术平均。有时决策者会基于对某种方法所采用的数据更有信心，而注重此种方法。

3.留存收益资金成本

留存收益是企业的一种内部资金来源，由企业税后利润留用形成，属于权益资金范畴。从表面上来看，企业利用留存收益筹资没有如股利、利息这样的外显资金成本，但留存收益等于股东对企业进行追加投资，股东愿意将其留用于企业而不作为股利取出投资于别处，总是要求获得与前期企业的普通股本等价的报酬补偿。因此，留存收益也有资金成本，不过是一种机会成本。留存收益资金成本的测算方法与普通股成本基本相同，其区别仅仅在于留存收益的筹资费用、发行溢价都为零。若用K_e表示留存收益资金成本，则其计算公式为：

$$K_e=\frac{D}{V_0} \quad (2.4.10式)$$

股利不断增加的企业，其计算公式则为：

$$K_e=\frac{D}{V_0}+g \quad (2.4.11式)$$

普通股属于权益资金，股利税后支付，且支付不固定。如果企业清算，普通股的财产求偿权又处于最后，那么股东投资在普通股上的风险最大，因而普通股的投资收益要求也最高，因此普通股的资金成本也是各种筹资方式中最高的。留存收益的资金成本仿效普通股成本计算，只不过不用考虑筹资费用，因此留存收益的资金成本仅次于普通股资金成本，但应当比优先股资金成本要高。

综上所述，在企业的各种筹资方式中资金成本从低到高的排列顺序是：短期资金、长期借款、长期债券、融资租赁、优先股、留存收益、普通股。这是因为投资于短期资金的投资风险最小，投资者要求的投资收益最低，投资于普通股的投资风险最大，投资者要求的投资收益自然也要最高。投资者期望获得的投资收益就是筹资者预计付出的资金成本，这正好符合了风险与收益的均衡原理。各类资金成本与财务风险的比较见表2-3。

表2-3　　各类资金成本与财务风险的比较

资金类别	筹资者角度		投资者角度	
	资金成本	财务风险	投资收益	投资风险
短期资金	低	大	低	小
长期资金	高	小	高	大
权益资金	高	小	高	大
负债资金	低	大	低	小

非股份制企业吸收直接投资的筹资额是可以确定的，但其每年的用资成本（股息红利等）、留存收益的筹资额却是较难预测的。如果在投资协议中约定了固定的利润分配额（类似于优先股股率），在这样的条件下吸收直接投资和留存收益的资金成本，可按优先股资金成本的测算方法予以测算。如果每年的用资成本（股息红利等）、留存收益的筹资额不确定，那么只能仿效上述普通股和留存收益的资金成本测算方法进行测算。

三、综合资金成本（加权平均资金成本）的测算

企业的资金来源和筹资方式多种多样，构成了企业的整个筹资结构。综合资金成本是企业全部资金构成的整个资金来源结构的资金成本，是以各种资金在总资金中所占的比重为权数，对各种个别资金成本进行加权平均测算出来的，因此又称加权平均资金成本。在个别资金成本一定的情况下，综合资金成本的高低是由各种资金所占的比例（即资金来源结构）来决定的。

综合资金成本率（加权平均资金成本率）的计算公式为：

$$K_w=\sum_{i=1}^{n}W_iK_i \qquad (2.4.12式)$$

式中：K_w为综合资金成本率或加权平均资金成本率；

K_i为第i种资金的个别资金成本率；

n为筹资方式的种类数；

W_i为第i种资金在全部资金中所占的比重（权重或权数）。

在计算权重W_i时，各种资金的价值可以按账面价值计算，也可以按当前市场价值或未来预计价值计算。按账面价值计算的，称为账面价值权数法；按当前市场价值计算的，称为市场价值权数法；按未来预计的账面价值或市场价值计算的，称为目标价值权数法。使用账面价值确定各种资金比例的优点是易于从资产负债表中取得这些数据，容易计算；其主要缺陷是资金（尤其是股票资金）的账面价值可能不符合市场价值，如果资金的市场价值已经严重脱离账面价值，则此时仍以账面价值作为基础来确定资金比例就会失去客观性，从而不利于综合资金成本的准确测算和资金结构管理的科学决策。在计算各种资金权重时究竟采用何种方法，应该由计算综合资金成本的目的而定：了解过去的综合资金成本，宜采用账面价值权数法；计算目前的综合资金成本，宜采用市场价值权数法；进行新的筹资决策分析，反映期望的资金结构，宜采

用目标价值权数法。但在测算综合资金成本时，不少企业更愿意采用账面价值权数法，主要是因为账面价值最易于取得，而现行市价处于经常变动之中，目标价值的确定又难免具有主观性。

【例 2-24】福荣公司现有长期资金总额 10 000 万元，其中长期借款 2 000 万元，长期债券 3 500 万元，优先股 1 000 万元，普通股 3 000 万元，留存收益 500 万元；上述各种长期资金的个别资金成本率分别为 4%、6%、10%、14% 和 13%。该公司目前长期资金结构的综合资金成本可以计算如下：

第一步：计算各种长期资金在资金总额中的比例。

长期借款资金所占比例=2 000÷10 000×100%=20%

长期债券资金所占比例=3 500÷10 000×100%=35%

优先股资金所占比例=1 000÷10 000×100%=10%

普通股资金所占比例=3 000÷10 000×100%=30%

留存收益资金所占比例=500÷10 000×100%=5%

第二步：计算长期资金综合资金成本率。

$K_w=4\%\times20\%+6\%\times35\%+10\%\times10\%+14\%\times30\%+13\%\times5\%=8.75\%$

综合资金成本额=10 000×8.75%=875（万元）

上述计算过程也可列表进行，见表 2-4。

表 2-4 综合资金成本计算表

资金种类	资金价值（万元）	资金比例（%）	个别资金成本率（%）	综合资金成本率（%）
长期借款	2 000	20	4	0.80
长期债券	3 500	35	6	2.10
优先股	1 000	10	10	1.00
普通股	3 000	30	14	4.20
留存收益	500	5	13	0.65
合计	10 000	100	—	8.75

随堂测 3

四、边际资金成本

边际资金成本是企业追加筹资的成本，即资金每增加一个单位筹资额而增加的资金成本。它是企业进行追加筹资时必须加以考虑的问题。

随着时间的推移或筹资条件的变化，企业各种筹资方式的个别资金成本是不断变化的，因此即使资金结构保持不变，各种资金形成的整个资金来源结构的综合资金成本也不是一成不变的。在筹资决策时，企业不仅要考虑目前所用资金的综合资金成本，还要考虑以后不断扩大筹资规模后逐步递增的综合资金成本，这就需要计算在不同筹资规模下资金的综合边际成本来进行决策。

资金的综合边际成本也需要采用加权平均法计算，但因为是面向未来，所以其权数不能使用账面价值权数，而应该使用市场价值权数，最好采用目标价值权数。

资金综合边际成本的计算过程是这样的：

第一步：确定公司最佳的资金结构。

第二步：确定各种筹资方式的资金成本。也就是说，在保持最佳资金结构的前提下，确定各种筹资方式在新的筹资数量范围内的个别资金成本情况。

第三步：根据最佳资金结构和各种筹资方式个别资金成本变化的资金分界点，计算公司筹资总额的分界点及各种追加筹资的总额范围。

第四步：测算各种新的筹资总额范围内的综合边际资金成本率，为企业进行追加筹资决策提供资金成本方面的依据。

下面举一个简单例子，但限于篇幅，本书只能简单介绍边际资金成本的概念，而无法详细说明资金综合边际成本的计算过程。

【例2-25】福大公司设定的目标资金结构（即最佳资金结构）为银行借款20%、公司债券15%、股东权益65%。现拟追加筹资300万元，按目标资金结构来筹资。个别资金成本分别为：银行借款7%、公司债券12%、股东权益15%。该公司追加筹资300万元的边际资金成本见表2-5。

表2-5　**边际资金成本计算表**

资金种类	目标资本结构	追加筹资额	个别资金成本	边际资金成本
银行借款	20%	60万元	7%	1.4%
公司债券	15%	45万元	12%	1.8%
股东权益	65%	195万元	15%	9.75%
合计	100%	300万元		12.95%

视频微课

三大财务管理基本价值观念的关系

本章测评

【素养提升】

推进供给侧结构性改革，要从生产端入手，重点是促进产能过剩有效化解，促进产业优化重组，降低企业成本，发展战略性新兴产业和现代服务业，增加公共产品和服务供给，提高供给结构对需求变化的适应性和灵活性。简言之，就是去产能、去库存、去杠杆、降成本、补短板（简称“三去一降一补”）工作。其中“降成本”可以说是企业永恒的主题，尤其是在近年来受各种因素影响经济下行的背景下，降成本对企业的重要性凸显了出来。财务成本（资金成本）属于成本费用的一个重要组成部分。请同学们利用所学的有关企业资金成本的知识和其他专业知识，学以致用，并结合当地当前的实际，组织研究和讨论，发散思维，为当地中小微企业或当地重点行业的企业的资金成本控制献计献策，发挥经济管理专业大学生为当地经济社会发展服务的作用，树立社会责任感。

本章小结

资金时间价值、风险价值和资金成本是公司财务管理中三个极其重要的概念。资金时间价值观念、风险与收益的均衡观念以及资金成本观念是市场经济条件下现代企业的财务管理者必须树立的三个基本价值观念，它们对财务管理者科学合理地从事各种财务管理工作具有重要的指导意义。

由于资金投入周转使用后随着时间的推移能够产生增值，因此不同时点的等量资金实际上是不等值的。资金收入越是提前，资金支出越是延后，对企业越有利；不同时间的资金收入和资金支出不宜直接进行比较，需要把它们换算到相同时点上，才能进行大小的比较和比率的计算。资金时间价值是投资者要求（期望、必要）的投资报酬率（利率）的一部分，即无风险报酬率。在财务管理中，资金时间价值一般用复利计算。一次性收付款项终值和现值的计算、各种年金终值和现值的计算、折现率（即预期投资报酬率、内含报酬率）的推算，都是财务管理学最基础的常识和财务管理最基本的工具。

风险的客观存在，使得投资收益具有不确定性。投资者愿意冒险投资是为了获得超过资金时间价值的那部分风险价值。要求（期望、必要）的投资报酬率=无风险报酬率+要求的风险报酬率，所以对风险大小的衡量和对风险价值的计量，都是测算投资者要求的投资报酬率的重要一环，是进行科学投资决策的基础之一。在市场有效的条件下，风险与收益的均衡关系从长期来看是一种规律。人们可以利用这种规律进行科学的财务管理活动。

在市场经济条件下，企业筹集和使用资金都必须付出代价，所以企业必须树立资金成本观念，讲求筹资效率，节约使用资金，提高资金的使用效率。企业所付出的资金成本从数量上来看实际上就是投资者所要求的投资报酬，所以资金成本也是利率的表现形式之一。在企业的各种筹资方式中，资金成本从低到高的依次排列应该是：短期资金、长期借款、长期债券、融资租赁、优先股、留存收益、普通股。这些筹资方式的投资风险和投资报酬率也相应地依次从低到高，这正好符合了风险与收益的均衡原理。

思考题

1. 资金时间价值的实质是什么？资金时间价值观念给我们什么启示？
2. 简述风险的类型。
3. 什么是风险与收益的均衡观念？
4. 什么是资金成本？资金成本在财务管理中有什么作用？
5. 试述资金时间价值、风险价值和资金成本三者的关系。

第三章

财务分析

学习目标： 1. 掌握分析企业偿债能力、资金营运能力和盈利能力的指标体系及应用；

2. 掌握企业经营理财情况综合分析；

3. 熟悉财务分析的意义、依据、方法和技巧；

4. 熟悉反映企业发展能力的指标。

导入案例

中国石油天然气股份有限公司财务分析

中国石油天然气股份有限公司（以下简称中石油）是在中国油气行业占主导地位的最大的油气生产和销售商，是中国销售收入最高的公司之一，也是世界最大的石油公司之一。中石油的主要业务包括原油及天然气的勘探、开发、生产和销售；原油及石油产品的炼制；基本及衍生化工产品、其他化工产品的生产和销售；炼油产品的销售和贸易业务；天然气、原油和成品油的输送及天然气的销售。中石油发行的美国存托证券、H股及A股于2000年4月6日、2000年4月7日和2007年11月5日分别在纽约证券交易所、香港联交所及上海证券交易所挂牌上市。

2020年，受新冠肺炎疫情的影响，世界经济深度衰退，除中国外全球主要经济体的经济均出现不同程度的下降；中国经济在第一季度因受疫情冲击出现下滑，随着国内疫情得到有效控制、复工复产稳步推进，自第二季度起经济重回增长轨道，全年国内生产总值（GDP）比上年增长2.3%；全球油气市场供需宽松局面进一步加剧，全年平均国际油价同比大幅下降。面对疫情叠加国际油价断崖式下跌等前所未有的严重冲击和挑战，中石油认真落实高质量发展要求，统筹推进疫情防控、复工复产、生产经营和改革创新，保持了生产经营平稳受控运行，深入推进提质增效，顺利完成管道资产重组，经营业绩好于预期。2020年，中石油实现营业收入19 338.36亿元，比上年同期下降23.2%，归属于母公司股东的净利润为190.06亿元，比上年同期下降58.4%，财务状况保持稳健，现金流状况良好，自由现金流持续为正。2021—2022年度，中石油实现的营业收入分别为26 143.49亿元和32 391.67亿元，比上年同期不断增长，归属于母公司股东的净利润分别为921.61亿元和1 493.75亿元，均比上年同期大幅增长，财务状况和现金流状况比2020年更好。2019—2022年四年中，公司净资产收益率分别为3.7%、1.6%、7.3%和10.9%。

案例详细资料和提示

资料来源：(1) 佚名. 中国石油天然气股份有限公司财务报表分析［EB/OL］.［2021-04-06］. https：//www.renrendoc.com/paper/120117147.html.

(2) 中国石油天然气股份有限公司2020—2022年年报.

要求：根据公司2020—2022年年报的有关资料，结合当时的经济形势等背景，对中石油的经营和财务状况进行评价。

第一节　财务分析概述

一、财务分析的意义

财务分析是进行财务管理的一种重要方法，其以企业财务报告及其他相关资料为主要依据，对企业的财务状况和经营成果进行评价和剖析，反映企业在营运过程中的利弊得失和发展趋势，从而为改进企业经营管理和优化相关分析主体的经济决策提供重要的财务信息。财务分析既能总结已完成的财务活动，又能说明企业目前的财务能力情况，更重要的是能为预测企业未来的财务情况提供重要依据，因此它在财务管理循环中起着承上启下的重要作用。

财务分析的作用概括地说就是总结过去、评价现在、预测未来。具体地说，做好财务分析工作具有以下重要意义：

1.财务分析是科学总结和认识企业经营理财得失的重要步骤

通过财务分析，将企业本期指标与同行业企业指标、本企业历史指标进行比较，可以了解企业盈利能力的高低、偿债能力的强弱、资金营运能力的大小及发展能力的强弱，认识企业筹资投资后的成本、收益水平和风险程度以及利润分配的影响后果等，发现本期企业经营理财中的得与失，总结经验与教训，充分认识未被利用的资源，寻找利用不当的部分及其原因，以便从各方面揭露矛盾、找出差距、寻求措施，从而为下一步优化企业筹资、投资、收入成本、利润分配的管理提供必要的参考。

2.财务分析是评价企业财务状况和衡量经营业绩的重要依据

通过对企业财务报表等核算资料进行分析，可以了解企业偿债能力、资金营运能力、盈利能力和发展能力现状，便于管理当局及其他利益相关者判断企业的财务实力，并通过分析将影响企业财务状况、经营成果和现金流动的主观和客观因素、宏观和微观因素区分开来，以划清经济责任，合理考核与评价经营者、各职能部门和责任单位的业绩，并据此进行合理的奖惩，以促使其不断改进工作。

3.财务分析是预测未来、挖掘潜力、实现理财目标的重要手段

通过财务指标的计算和分析，客观认识企业筹资投资结构、资金周转、盈利能力的现状，从而预测生产经营和财务情况的发展趋势和前景，发现进一步提高资源利用效率的可能性，据此进行科学决策，不断挖掘企业改善财务状况、扩大财务成果的内部潜力，促进未来企业生产经营活动和财务活动按照财务管理目标实现良性运行。

二、财务分析的目的

从分析的主体来看，财务分析可以分为内部分析和外部分析。内部分析是由企业管理当局所进行的分析。外部分析主要是由企业投资者（所有者）、债权人及其他利益相关主体所进行的分析。不同的财务分析主体出于不同的利益考虑，所关心的重点问题是有差别的，所以他们进行财务分析的目的是不同的，使得其财务分析的内容既有共性又有不同的侧重点。

（一）企业投资者进行财务分析的目的

这里的投资者，即所有者，包括企业现有的出资者，也包括资金市场上潜在的投资者。他们进行财务分析的根本目的是考量企业的盈利能力状况，因为盈利能力是保证其投入的资本能够保值、增值的关键所在。他们不仅关心企业当前的盈利能力，还关心企业的发展前景和投资风险。通过财务分析，所有者还可以考核评价企业经营管理者的业绩，为制定合理的薪酬制度提供依据，并及时纠正发现的问题。

（二）企业债权人进行财务分析的目的

债权人不能参与企业剩余收益和管理权力的分享，决定了债权人必须首先对其投资的安全性予以关注，所以债权人最关心的是企业是否具有足够的偿债能力和支付能力，关注企业财务风险的大小，以保证其债权能够及时、足额地得到偿还，并由此而进一步关心企业的长期盈利能力。

（三）企业经营管理者进行财务分析的目的

企业经营管理者主要是指受所有者委托对企业法人资产进行经营管理的企业管理当局。企业经营管理者有责任保证企业的全部资产得到合理使用，并做到保值、增值。企业经营管理者既要关注企业的偿债能力、资金营运能力，又要关注企业的盈利能力和发展能力；既要关注企业的经营风险，又要关注企业的财务风险。因此，企业经营管理者所承担的经营管理责任决定了其进行财务分析的目的与内容是综合的、全方位的。

（四）其他主体进行财务分析的目的

财务分析的其他主体主要是指企业内部职工、与企业经营有关的供应商和客户、中介机构（如注册会计师和其他审计人员、财务分析师等）、政府相关部门。

（1）企业职工，包括职工个人及其工会组织，需要通过财务分析了解企业发展的稳定性和盈利能力，并以此评价企业提供劳动报酬、福利待遇和就业机会的能力和责任履行情况。

（2）供应商和销售客户进行财务分析的主要目的是出于保护自身利益的需要，弄清企业的商业信用和财务实力状况，以决定是否与该企业长期合作、是否应对该企业延长信用期限等。

（3）企业的财务报告需经过注册会计师或其他审计人员的依法审计，财务分析是这些审计人员确定审计重点、完成审计任务必不可少的途径。财务分析师在提供专业咨询服务时必须对企业进行深入的财务分析。

（4）市场监督、物价、财政、税务及审计等政府部门对企业进行财务分析的目的：一是为检查和监督企业对国家有关经济法规、政策、制度的执行情况，确保国家财政税收；二是检查和监督企业相关社会责任的履行情况；三是为宏观调控提供可靠信息，为创造公平竞争的市场环境服务。

虽然不同分析主体的财务分析目的和内容的侧重点不同，但是这些分析目的和内容是相互联系的。不同分析目的和内容要相互联系起来才能进行正确而全面的评价。

三、财务分析的依据

财务分析是以财务报告及其他相关资料为基础，对企业财务活动的过程和结果进行研究评价的过程。企业财务报告及其他相关资料是财务分析的基本依据。

财务报告的目的是为信息使用者提供与决策有关的信息。由于财务报告反映的信息高度浓缩、内在关系复杂，以及其他一些固有的局限性，使大多数信息使用者难以直接有效地加以利用，这就需要通过财务分析才能解决。

披露不确定性、解释性、预测性等辅助性信息的其他财务信息也是进行财务分析的重要依据。在我国，其他财务信息主要有企业财务情况说明书，上市公司的招股说明书、上市公告、临时公告，企业管理层的分析与说明，财务评论和预测报告，分部信息，社会责任报告等。

另外，国内外的宏观政治经济信息、本行业经济和发展信息、企业的其他经济和经营方面的信息，也都是财务分析必须联系结合的有用依据。

【头脑风暴】如果让你给利润表、资产负债表、现金流量表三张财务报表按重要性排序，你认为该怎样排序？

四、财务分析的内容

从财务分析的概念来看，财务分析的内容主要是财务状况和经营成果两个方面。有的观点认为，除此之外，还有现金流量。其实现金流量也是体现财务状况和经营成果的。例如，财务状况分析主要用偿债能力反映，但资金营运能力、现金流动情况则是从另一个角度反映了财务状况，甚至盈利能力也是财务状况最大的后盾。而经营成果主要靠企业自身盈利能力、社会贡献能力来反映，但资金营运能力的高低对经营成果也有举足轻重的影响，现金流量情况反映了经营成果（利润）的质量。

视频微课

企业财务分析主要分析什么？

概括起来，财务分析的基本内容主要是企业财务能力的分析，包括偿债能力分析、资金营运能力分析、盈利能力分析和企业发展能力分析。除此以外，企业财务危机预警分析、企业并购中对目标公司的价值评估分析、投资者对上市公司（股票）投资价值的分析等偏重前瞻性的分析也都是财务分析的内容。企业业绩评价中的财务业绩评价从内容和方法的角度来看与财务分析也相似。

随堂测1

第二节 财务分析的方法

开展财务分析，需要运用一定的方法。财务分析的方法主要包括比较分析法、比率分析法和因素分析法。另外，对上述方法加以综合运用，还形成了综合分析法。

一、比较分析法

比较分析法是按照特定的指标体系将客观事物加以比较，从而认识事物的本质和规律并作出正确的评价。财务分析中的比较分析法，是指对两个或两个以上的可比财务数据进行对比，从而找出企业财务状况、经营成果中的差异与问题。根据比较的对象不同，比较分析法可分为趋势分析法、横向比较法和预算差异分析法。

（一）趋势分析法

趋势分析法又称水平分析法，主要用于时间系列分析，通过对比本企业两期或连续数期财务报告中的相同指标，确定其增减变动的方向、数额和幅度，说明企业财务状况或经营成果变动趋势的一种分析方法。采用这种方法可以分析引起变化的主要原因、变动的性质，并预测企业未来的发展趋势。

趋势分析法的具体运用主要有三种方式：一是重要财务指标的比较；二是会计报表的比较；三是会计报表项目构成的比较。

1.重要财务指标的比较

重要财务指标的比较，是将企业不同时期财务报告中的相同指标或比率进行比较，直接观察其增减变动情况及变动幅度，考察其发展趋势，预测其发展前景。

对不同时期财务指标的比较可以有以下两种方法：

（1）定基动态比率。

定基动态比率是以某一时期的数额为固定的基期数额计算出动态比率。其计算公式为：

$$定基动态比率 = \frac{分析期数额}{固定基期数额} \quad (3.2.1式)$$

（2）环比动态比率。

环比动态比率是以每一分析期的前期数额为基期数额计算出动态比率。其计算公式为：

$$环比动态比率 = \frac{分析期数额}{前期数额} \quad (3.2.2式)$$

2.会计报表的比较

会计报表的比较是将连续数期的会计报表的金额并列起来，形成比较会计报表，然后比较其相同指标的增减变动金额和幅度，据以判断企业财务状况和经营成果发展变化的分析方法。会计报表的比较具体包括资产负债表比较、利润表比较、现金流量表比较、内部会计报表比较等。比较时，既要计算出表中有关项目增减变动的绝对额，又要计算出其增减变动的百分比。

3.会计报表项目构成的比较

会计报表项目构成的比较是在会计报表比较分析的基础上发展起来的分析方法，也称纵横结合的比较，是以会计报表中的某个总体指标（如资产负债表中的资产总额、利润表中的销售收入净额）作为100%，计算出其各组成指标占该总体指标的百分比，形成共同比报表（也称结构百分比报表），再将连续数期的共同比报表并列起来，形成比较共同比报表，以比较共同比报表为依据，比较连续数期各个项目百分比的增减变动，以此来判断有关财务情况的变化趋势。这种方法既可用于同一企业不同时期财务情况的纵向比较，还可用于不同企业之间的横向比较，同时这种方法能消除不同时期（不同企业）之间业务规模差异的影响，有利于分析企业各种财务情况的相对水平。

（二）横向比较法（本企业指标与其他企业指标比较）

横向比较法通常是用本企业的一些重要指标（如总资产、净资产、销售收入、净利润、各种重要比率等）与行业平均数或竞争对手、国内外先进企业的指标比较，通过这种比较来揭示企业的现状与其他企业的差距，以及企业在行业中的相对规模和竞争地位。

（三）预算差异分析法（实际指标与计划预算指标比较）

预算差异分析法是用本企业某些指标的实际执行结果与计划预算指标比较，通过这种比较来揭示实际与计划预算之间的差异，了解该项指标的计划预算的完成情况，为加强企业内部管理提供依据。

在采用比较分析法时，必须注意以下问题：一是必须注意其可比性，用于进行对比的各个时期指标必须是同性质或同类别的，在计算口径、计价基础和时间单位等方面都应保持一致；二是要剔除偶发性因素的影响，使作为分析的指标数据能反映正常的经营理财状况；三是应运用例外原则，对某些有显著变动的指标要做重点分析，探究其变动的原因，以便采取对策，趋利避害。

二、比率分析法

财务比率是把会计报表中某些彼此存在关联的项目的数额加以对比后计算出的比率。比率分析法是通过计算各种比率指标来确定各报表项目间的数量关系和内在联系，从而反映财务情况变动程度的分析方法。比率是相对数，采用比率分析法能够把某些条件下的不可比指标变为可比指标，便于分析，具有较好的可比性，因而成为最常用的财务分析方法。

由于财务分析的目的不同、角度不同，因此在分析中应用的比率有多种形式和种类。常用的一般有构成比率、相关比率和效率比率三种类型。

1.构成比率

构成比率又称结构比率，是某项财务指标的各个组成部分数值占总数值的百分比，反映部分与总体的关系。例如，企业某类资产占总资产的比重（资产结构比率）、企业负债中流动负债和长期负债占负债总额的比重（负债构成比率）等。利用构成比率指标可以考察总体中某个部分的形成和安排是否合理，以便协调各项财务活动，通常可以通过编制结构百分比报表（共同比报表）的方法来分析，发现有显著问题的项目。

2.相关比率

相关比率是以某个项目和与其有关但又不同的项目加以对比所得的比率，反映有关经济财务活动的相互关系。利用相关比率指标，可以考察有联系的相关业务安排得是否合理。例如，将流动资产和流动负债加以对比，计算出流动比率，可以据此判断企业的短期偿债能力。

3.效率比率

效率比率是某项经济活动中所费与所得的比率，反映投入与产出的关系。利用效率比率指标，可以进行得失比较，考察经营成果，评价经济效益。例如，将利润项目与销售收入、销售成本、总资产、权益资金等项目加以对比，可计算出销售利润率、成本利润率、总资产利润率以及净资产收益率等指标，从不同角度观察比较企业获利能力的高低及其增减变化的情况。

比率分析法的优点是计算简便，计算结果也比较容易判断，而且可以使某些指标在不同规模的企业之间进行比较，甚至能在一定程度上超越行业间的差别进行比较。但运用这一方法时应注意以下方面：

（1）比率分析法也要比较。

因为比率本身只是一种指标信息，一般不能说明什么问题，对分析的意义不大，所以只有通过对其进行比较分析，或与预算指标比较，或通过前后期的比较，或与同行业的经验比率或标准比率比较，才能观察到企业财务状况、经营业绩及其变动趋势与程度，评价企业所处的地位，才能有助于对该企业财务分析的对象作出公正合理的评价，才能揭示问题、找出差距、发现趋势，从而改进工作。

（2）对比项目的相关性。

比率的分子分母必须具有相关性。在构成比率指标中，部分指标必须是总体指标这个大系统中的一个小系统；在效率比率指标中，投入与产出必须有因果关系；在相关比率指标中，两个对比指标（分子分母）也要有内在联系，才能评价有关经济财务活动之间是否协调均衡，安排是否合理。

（3）对比口径的一致性。

比率的子项和母项必须在计算时间、范围等方面保持口径一致。

（4）衡量标准的科学性。

运用财务比率分析时，需要选用一定的标准与之对比，以便对企业财务情况作出评价，所以要特别注意衡量标准的科学性。科学合理的对比标准通常有预定目标（如预算指标、设计指标、定额指标、理论指标等）、历史标准（如上期实际、历史先进水平以及有典型意义时期的实际水平等）、行业标准（如主管部门或行业协会发布的技术标准、国内外同类企业的先进水平、国内外同类企业的平均水平等）、公认标准等。

企业有关偿债能力、资金营运能力、盈利能力的每种比率的具体内容和分析方法将在接下来的两节中介绍。

三、因素分析法

因素分析法，是根据分析对象与其影响因素之间的关系，按照一定的顺序，从数量上确定各因素对分析对象的影响方向和影响程度的一种分析方法。

企业经营和财务活动都是一个有机整体，每个指标（分析对象）的高低都受到若干因素的影响，因素分析法从数量上测定各因素的影响程度，可以帮助人们剖析变动的原因，从而抓住主要矛盾，为下一步解决问题指明主攻方向，以便采取针对措施，改进管理，因此该方法在财务分析中应用颇为广泛。但因素分析法在确定分析对象的构成因素时，必须保证分析对象与所确定的构成因素之间存在客观的因果关系，否则整个分析工作就失去了意义。

运用因素分析法时必须注意以下三项假定：

（1）在分析一个因素变化的影响作用时，假定其他各个因素不变。

（2）在分析后一个因素变动的影响程度时，假设前面的因素已在变化了的基础之上。

（3）因素替代时，假定各个因素之间有先后顺序，不可倒错。

习惯上是要求按照从数量因素到价格因素、金额因素、品质因素，从简单因素到复杂因素的顺序依次替代。正是这种因素替代的先后顺序的假定性，使因素分析法的计算结果也不免带有一定的假定性。

因素分析法具体又可分为连环替代法和差额分析法。

1.连环替代法

连环替代法是将分析指标分解为各个可以计量的因素，并根据各个因素之间的依存关系，顺次用各因素的比较值（通常为实际值）替代基准值（通常为标准值或计划值），据以测定各因素对分析指标的影响程度的分析方法。

【例3-1】 20×3年3月，福兴公司某种原材料费用的实际数为4 620元，而其预算数为4 000元，实际比预算增加620元。由于原材料费用是由产品产量、单位产品材料消耗量和材料单价三个因素的乘积构成的，因此可以把原材料费用这一总指标分解为这三个因素，然后逐个来分析它们对原材料费用的影响程度。现假定这三个因素的数值见表3-1。

表3-1 影响原材料费用的三个因素

项目	单位	预算数	实际数
产品产量	件	100	110
单位产品材料消耗量	千克	8	7
原材料单价	元	5	6
原材料费用	元	4 000	4 620

根据表3-1中的资料，原材料费用的实际数较预算数增加了620元，这是分析对象。运用连环替代法，可以计算各因素变动对原材料费用的影响程度：

预算指标：100×8×5=4 000（元） ①

第一次替代：110×8×5=4 400（元） ②

第二次替代：110×7×5=3 850（元） ③

第三次替代：110×7×6=4 620（元） ④（实际指标）

产量增加的影响=②-①=4 400-4 000=400（元）

材料节约的影响=③-②=3 850-4 400=-550（元）

单价提高的影响=④-③=4 620-3 850=770（元）

全部因素的影响=400-550+770=620（元）

2.差额分析法

差额分析法是连环替代法的一种简化形式，是利用各个因素的比较值与基准值之间的差额计算各因素对分析指标的影响。

【例3-2】仍以表3-1所列数据为例，采用差额分析法计算确定各因素变动对原材料费用的影响。

产量增加的影响=（110-100）×8×5=400（元）

材料节约的影响=110×（7-8）×5=-550（元）

单价提高的影响=110×7×（6-5）=770（元）

全部因素的影响=400-550+770=620（元）

上面介绍的是财务分析的具体方法，每种方法从不同角度对企业的经营和财务情况作出分析和说明，各有其作用和侧重点。要系统完整地对整个企业的经营财务情况进行综合分析，仅依靠某一种方法进行单独分析不能准确、直观、全面地把握综合情况及说明产生问题的原因，因此还应将各种方法综合运用，采用杜邦财务分析法、沃尔比重评分法等方法进行综合分析。

第三节 基本财务比率分析

企业财务分析的基本内容主要有偿债能力分析、资金营运能力分析、盈利能力分析和发展能力分析。下面以福成公司的基本财务报表资料（见表3-2和表3-3）为例，结合现金流量表和其他必需的资料，具体说明企业偿债能力指标、资金营运能力指标、盈利能力指标和发展能力指标的计算和分析。

表 3-2 **资产负债表**

编制单位：福成公司　　20×3年12月31日　　单位：万元

资产	期末余额	上年年末余额	负债和所有者权益（或股东权益）	期末余额	上年年末余额
流动资产：			流动负债：		
货币资金	100	50	短期借款	120	90
交易性金融资产	12	24	交易性金融负债	—	—
应收票据	16	22	应付票据	10	8
应收账款	796	398	应付账款	200	218
预付款项	44	8	预收款项	20	8
其他应收款	24	44	应付职工薪酬	16	34
存货	254	660	应交税费	24	8
一年内到期的非流动资产	90	—	其他应付款	70	44
其他流动资产	64	14	一年内到期的非流动负债	100	—
流动资产合计	1 400	1 220	其他流动负债	40	30
非流动资产：			流动负债合计	600	440
长期应收款	—	—	非流动负债：		
长期股权投资	60	90	长期借款	900	490
投资性房地产	—	—	应付债券	480	520
固定资产	2 476	1 910	长期应付款	100	120
在建工程	36	94	递延所得税负债	—	—
无形资产	12	16	其他非流动负债	40	30
开发支出	—	—	非流动负债合计	1 520	1 160
商誉	—	—	负债合计	2 120	1 600
长期待摊费用	—	—	所有者权益（或股东权益）：		
递延所得税资产	—	—	实收资本（或股本）	200	200
其他非流动资产	16	30	资本公积	32	32
非流动资产合计	2 600	2 140	减：库存股	—	—
			盈余公积	148	68
			未分配利润	1 500	1 460
			所有者权益合计	1 880	1 760
资产总计	4 000	3 360	负债和所有者权益（或股东权益）总计	4 000	3 360

表3-3 利润表

编制单位：福成公司 20×3年度 单位：万元

项目	本期金额	上期金额
一、营业收入	6 040	5 772
减：营业成本	5 077	4 809
税金及附加	267	253
销售费用	44	40
管理费用	92	80
财务费用	220	192
加：投资收益（损失以“-”号填列）	60	72
公允价值变动收益（损失以“-”号填列）		
资产减值损失（损失以“-”号填列）		
二、营业利润（亏损以“-”号填列）	400	470
加：营业外收入		
减：营业外支出		
三、利润总额（亏损总额以“-”号填列）	400	470
减：所得税费用	100	117
四、净利润（净亏损以“-”号填列）	300	353
五、其他综合收益的税后净额		
六、综合收益总额		
七、每股收益：		
（一）基本每股收益		
（二）稀释每股收益		

一、偿债能力分析

企业出于维持日常经营活动和进行长期发展的需要，以及对财务杠杆应用的考虑，一般会采用向外举借一定负债资金的方式筹集资金，从而形成企业负债。偿债能力是指企业偿还债务（包括本息）的能力。企业在一定时期内的资产结构状况和变现能力，决定着企业对债务的清偿能力。因此，偿债能力的衡量方法有两种：一种是比较可供偿债资产与债务的存量，资产存量超过债务存量较多，偿债能力较强；另一种是比较经营活动现金流量和偿债所需现金，产生的现金超过需要的现金，偿债能力较强。第二种情况下的偿债能力更加可靠。

（一）短期偿债能力分析

短期偿债能力是指企业流动资产对流动负债及时足额偿还的保证程度，是衡量企业近期债务偿还能力，特别是流动资产变现能力的重要标志，对企业的经营和发展至关重要。短期偿债能力主要取决于短期内企业产生现金的能力，即在短期内能够转化为现金的流动资产的多少，因此短期偿债能力比率也称变现能力比率或流动性比率。

分析评价企业短期偿债能力的指标主要有流动比率、速动比率和现金比率等。它们都是静态比率，即反映一定时点情况的比率，计算用的数据均来自企业的资产负债表。

1.流动比率

流动比率是企业流动资产与流动负债的比率，它表明企业每1元的流动负债有多少流动资产作为偿还保证，反映企业在1年或一个营业周期内可变现的流动资产偿还到期流动负债的能力。其计算公式为：

$$\text{流动比率}=\frac{\text{流动资产}}{\text{流动负债}} \qquad (3.3.1\text{式})$$

一般来说，流动比率越高表明企业资产流动性越大，变现能力越强，短期偿债能力越强，偿债风险越小，债权人的权益就越有保证。因此对企业债权人而言，希望流动比率越高越好。但对企业自身而言，并不意味着流动比率越高越好。过高的流动比率意味着企业持有的流动资产过多，会影响资金的使用效率和企业的资金成本，进而影响获利能力。究竟应保持多高水平的流动比率，主要取决于企业对待风险与收益的态度。通常认为，制造业企业流动比率的下限为1，而流动比率等于2时较为适当。

分析流动比率时，必须注意以下问题：

第一，虽然流动比率越高说明偿还短期债务的流动资产保证程度越大，但并不是说企业一定有足够的资金用来偿债。流动比率高也可能是由应收账款增多且收账期延长、存货积压，以及其他流动资产增加所致，而真正可以用来偿债的现金却仍然短缺，因此企业应在分析流动比率的基础上，注重分析流动资产的结构和周转情况、流动负债的结构情况等，并进一步对现金流量加以考察。

第二，流动比率是否合理，不同行业、不同企业以及同一企业不同时期的评价标准都是不同的，因此不能用统一的标准来评价每个企业流动比率合理与否。计算流动比率时要根据企业的实际情况与同行业平均数（或先进水平、历史水平）进行对比，以判定其合理性。

第三，因为企业营运资金=流动资产-流动负债，所以营运资金数额的大小也体现了企业流动资产偿还流动负债的能力。由于营运资金是一个绝对量指标，不便于不同企业之间的比较，没有相对量指标（如流动比率）的比较优势，因此在实务中运用较少。

【例3-3】根据表3-2的资料，福成公司20×3年年初和年末的流动比率可计算如下：

年初的流动比率=1 220÷440=2.77

年末的流动比率=1 400÷600=2.33

该公司20×3年年初和年末的流动比率均超过了一般公认标准，反映该公司具有较强的短期偿债能力，年末的流动比率比年初有所下降，更接近一般公认标准，更趋于合理。

2.速动比率

尽管流动比率能较好地反映企业资产的流动性和短期偿债能力，但是由于流动资产包括了一部分流动性较差的资产（如存货）和部分没有变现能力的资产，如果这些资产所占份额较高，流动比率用于衡量企业短期偿债能力的作用将大打折扣。为此，实践中引入了一种新的比率——速动比率，用于衡量企业在某一时点运用近期可变现的流动资产偿付流动负债的能力。

速动比率，也称酸性测试比率，是企业速动资产与流动负债的比值。其计算公式为：

$$速动比率=\frac{速动资产}{流动负债} \quad （3.3.2式）$$

速动资产，是指可以在较短时间内变现的流动资产，包括货币资金、交易性金融资产和各种应收款项（包括应收票据、应收账款、其他应收款），即流动资产减去变现能力较差且不稳定的存货、预付款项、一年内到期的非流动资产、其他流动资产等之后的余额。由于剔除了存货等变现能力较弱且不稳定的资产，因此速动比率较之流动比率能够更准确、更直接、更可靠地评价企业资产的流动性及其偿还短期负债的能力。

速动资产=货币资金+交易性金融资产+应收款项

=流动资产-存货-预付款项-一年内到期的非流动资产-其他流动资产等

企业中预付款项、一年内到期的非流动资产、其他流动资产等可以基本忽略不计时，速动资产=流动资产-存货。

在分析评价企业短期偿债能力时，速动比率可用作流动比率的辅助指标。一般情况下，速动比率越高，表明企业偿还流动负债的能力越强。由于通常认为制造业企业存货占其流动资产的一半左右，因此速动比率等于1，即速动资产与流动负债相等时较为适当。如果速动比率远小于1，则说明企业面临较大的偿债风险，企业短期偿债能力存在问题；如果速动比率远大于1，尽管债务偿还的安全性很高，但却会因现金和应收账款资金占用过多而大大增加企业的机会成本。由于企业所处行业、销售方式等因素都会给速动比率造成较大差异，因此实务中并不存在速动比率的统一标准。在分析速动比率时，应注意速动资产的结构和质量，结合同行业的平均数（或先进水平、本企业的计划、历史资料和经营策略等）情况，以作出正确的判断。

【例3-4】根据表3-2的资料，福成公司20×3年年初的存货为660万元，预付款项8万元，其他流动资产14万元；20×3年年末的存货为254万元，预付款项44万元，一年内到期的非流动资产90万元，其他流动资产64万元，则其速动比率为：

$$年初的速动比率=\frac{1\,220-660-14-8}{440}=\frac{50+24+22+398+44}{440}=1.22$$

$$年末的速动比率=\frac{1\,400-254-44-90-64}{600}=\frac{100+12+16+796+24}{600}=1.58$$

该公司年初、年末的速动比率均超过了一般公认标准，说明企业短期偿债能力强。年末速动比率超过一般公认标准较多，主要是因为年末存货资金占用比年初大大降低，流动资产中货币资金、应收账款等资产有较大增加，这可能会影响企业的获利能力，所以需要采取措施加以处理。

3. 现金比率

现金比率也称超速动比率，是指企业现金类资产与流动负债的比率。它最能反映出企业立即偿付流动负债的能力。其计算公式为：

$$现金比率 = \frac{货币资金 + 交易性金融资产}{流动负债} \quad (3.3.3式)$$

从偿债能力的角度来考虑，虽然现金比率较高的企业直接偿债能力较强，但是由于现金类资产的收益能力很差，企业过多地持有现金类资产不利于发挥资产的效能。因此，一般而言，现金比率控制在0.2左右即可。这一比率过高，就意味着企业取得的流动负债没能得到充分运用，而经常以收益能力极低的现金类资产保持着。

【例3-5】根据表3-2的资料，福成公司20×3年年初和年末的现金比率分别为：

$$年初的现金比率=\frac{50+24}{440}=0.168$$

$$年末的现金比率=\frac{100+12}{600}=0.187$$

年末的现金比率比年初略有提高，表明企业立即偿付流动负债的能力有所提高。

除现金比率外，反映即期现金偿付能力的财务比率还有结合现金流量表数据的现金流量比率也很常用。经营活动现金流量净额与流动负债的比值，称为现金流量流动负债比率，是反映企业经营活动带来的现金净流量对期末流动负债的偿付保障程度。现金流量流动负债比率越高，企业即期偿付短期债务的能力越强。

$$现金流量流动负债比率 = \frac{经营活动现金流量净额}{期末流动负债} \quad (3.3.4式)$$

以上流动比率、速动比率、现金比率和现金流量流动负债比率都是根据资产负债表和现金流量表的数据资料计算而来的，企业短期偿债能力或实际变现能力还会受到其他一些表外因素的影响，如企业资产质量、可动用的银行贷款指标或授信额度、准备很快变现的长期资产、企业偿债方面的声誉、未作记录的或有负债和担保责任引起的负债数量及经营租赁后续需要支付的租赁费用等。关注企业短期偿债能力的分析主体有必要多了解这些方面的情况，以便作出更准确的判断。

（二）长期偿债能力分析

长期偿债能力是指企业偿还长期债务本息的能力。在企业生产经营正常的情况下，不会依靠变卖资产来偿还长期债务，而是通过利润来偿还，因此企业长期偿债能力和盈利能力密切相关。由于长期现金流量受很多不确定因素影响而难以估计，因此长期偿债能力分析侧重于对资本结构的分析，即侧重分析企业资产对其债务的保障程度。分析评价长期偿债能力常用的主要指标有资产负债率、产权比率、权益乘数和利息保障倍数。前三者都是静态比率，后者是动态比率。

1. 资产负债率

资产负债率又称负债比率，是负债总额与资产总额的比率，表明在企业资产总额中债权人提供的资金所占的比重（体现资金结构），以及企业资产对债权人权益的保障程度。资产负债率是最重要的一项衡量长期偿债能力的指标。其计算公式为：

$$资产负债率=\frac{负债总额}{资产总额}\times100\% \qquad (3.3.5式)$$

一般情况下，资产负债率越高，表明债权人的债权保障程度越低，企业长期偿债能力越差，债权人面临的风险越大；反之，资产负债率越低，表明企业资产对债权人的保障程度越高，长期偿债能力越强。因此，从债权人的角度来看，资产负债率越小越好。对企业所有者来说，如果资产负债率较高，则说明企业利用较少的自有资金投资形成了较多的生产经营用资产，在资金利润率（即总资产息税前利润率）高于负债利率的前提下，带来的财务杠杆利益较大；如果资产负债率过低，则说明企业对财务杠杆的利用不够。但是，资产负债率过高，则表明企业债务负担过重，财务风险过大，因此资产负债率又是衡量企业负债程度（资金结构）是否合理的指标。对企业经营管理者来说，举债越多风险越大，再筹资会更困难；不举债或少举债会显得畏葸不前而丧失财务杠杆利益，因此资产负债率又是评价经营管理者理财能力和进取心的一个重要指标。另外，企业长期偿债能力与盈利能力密切相关，企业的经营决策者应当将偿债能力指标（风险）与盈利能力指标（收益）结合起来分析，予以平衡考虑。保守的观点认为资产负债率不应高于50%，通常认为60%的资产负债率较为适当。不同行业的平均资产负债率不完全相同，企业应根据自己的行业特征和实际情况确定适当的资产负债率水平。

【例 3-6】根据表 3-2 的资料，福成公司 20×3 年年初和年末的资产负债率分别为：

年初的资产负债率=1 600 ÷ 3 360×100%=47.62%

年末的资产负债率=2 120 ÷ 4 000×100%=53.00%

虽然该公司年末的资产负债率比年初有所提高，说明长期偿债能力有所降低，但是与一般公认标准比较，年初和年末的资产负债率都在比较正常的水平范围内。

2.产权比率

产权比率也称资本负债率，是负债总额与所有者权益总额的比率，它反映企业所有者权益对债权人权益的保障程度，也是企业资金结构是否稳健的重要标志。其计算公式为：

$$产权比率=\frac{负债总额}{所有者权益总额}\times100\% \qquad (3.3.6式)$$

一般情况下，产权比率越低，表明企业长期偿债能力越强，债权人权益的保障程度越高，债权人承担的风险越小，但企业不能充分发挥负债的财务杠杆效应。因此，企业在评价产权比率适度与否时，应从提高盈利能力与增强偿债能力两个方面进行综合分析，即在经营比较景气的情况下，可以在保障偿还债务的前提下，尽可能提高产权比率。

产权比率与资产负债率对评价企业偿债能力的作用基本相同。两者的主要区别是：资产负债率侧重于分析债务偿付安全性的物质保障程度；产权比率则侧重于揭示资金结构的稳健程度以及自有资金对偿债风险的承受能力。对企业来说，产权比率高，是高风险、高收益的资金结构；产权比率低，是低风险、低收益的资金结构。

【例3-7】根据表3-2的资料，福成公司20×3年年初和年末的产权比率分别为：

年初的产权比率=1 600 ÷ 1 760×100%=90.91%

年末的产权比率=2 120 ÷ 1 880×100%=112.77%

该公司20×3年年末的产权比率比年初有所上升，说明长期偿债能力有所减弱，资金结构的财务风险略有增大。

3. 权益乘数

权益乘数也称权益总资产率，表明企业所有者投入的资本支撑着几倍于自己的经营规模。权益乘数也是一个反映企业长期偿债能力、资金结构、财务风险、财务杠杆利用程度的指标。权益乘数越大，说明企业的负债比率越大，长期偿债能力越差。其计算公式为：

$$\text{权益乘数} = \frac{\text{资产总额}}{\text{所有者权益总额}} \qquad (3.3.7\text{式})$$

计算权益乘数时，也可以用资产平均总额和所有者权益平均总额代替。此时计算出来的权益乘数是一项动态比率。

$$\text{平均权益乘数} = \frac{\text{资产平均总额}}{\text{所有者权益平均总额}} = \frac{1}{1 - \text{平均资产负债率}} \qquad (3.3.8\text{式})$$

【例3-8】根据表3-2的资料，福成公司20×3年年初负债总额为1 600万元，年末负债总额为2 120万元，年初所有者权益为1 760万元，年末所有者权益为1 880万元。依3.3.8式计算权益乘数为：

$$\text{平均权益乘数}=\frac{(3\,360 + 4\,000) \div 2}{(1\,760 + 1\,880) \div 2}= 2.022$$

或：$$\text{平均权益乘数}=1 \div \left(1 - \frac{(1\,600 + 2\,120) \div 2}{(3\,360 + 4\,000) \div 2}\right)=2.022$$

4. 利息保障倍数

利息保障倍数也称已获利息倍数，是企业息税前利润与全部利息费用的比率，用以衡量企业偿付借款利息的能力。其计算公式为：

$$\text{利息保障倍数} = \frac{\text{息税前利润}}{\text{利息费用}} \qquad (3.3.9\text{式})$$

“利息费用”是指本期发生的全部应付利息，不仅包括财务费用中的利息费用，还应包括计入固定资产的资本化利息。

利息保障倍数是一项动态比率，它不仅反映了企业盈利能力的大小，而且反映了盈利能力对偿还到期债务利息的保证程度，也是衡量企业长期偿债能力的标志之一。利息保障倍数的重点是衡量企业支付利息的能力。一般来说，利息保障倍数大，表明企业有充足的偿付利息的能力。通常认为，利息保障倍数为3倍时较为适当。究竟企业的利息保障倍数应为多少，才算偿付利息能力强，这要根据往年的经验结合行业特点来判断。

【例3-9】根据表3-2、表3-3的资料，福成公司20×3年度所得税为100万元，净利润为300万元，估计利息费用为160万元，则该公司20×3年度的利息保障倍数为：

$$\text{利息保障倍数} = \frac{300 + 160 + 100}{160} = 3.5$$

根据一般公认标准，该公司20×3年度的利息保障倍数还是比较适当的，但还需要与其他企业特别是同行业平均水平进行比较来分析评价。另外，需要注意比较企业连续多个会计年度（如连续5年）的利息保障倍数，以说明企业付息能力的稳定性。

还可以用以现金为基础的利息保障倍数来表示和分析评价，即企业经营活动现金流量净额为利息费用的倍数，这比以利润为基础的利息保障倍数更为可靠，因为实际用于支付利息的是现金，而不是利润。

结合现金流量表数据，反映长期偿债能力的指标还有“现金流量负债比率”，是企业经营活动现金流量净额与期末负债总额的比率。其计算公式为：

随堂测2

$$现金流量负债比率=\frac{经营活动现金流量净额}{期末负债总额}\times 100\% \qquad (3.3.10式)$$

现金流量负债比率表明了企业用经营活动现金流量净额偿付全部债务的能力。现金流量负债比率越高，说明偿还债务总额的能力越强。

二、资金营运能力分析

企业各种资源都有一个营运能力的问题，如人力资源营运能力、物力资源营运能力、信息资源营运能力、财务资源营运能力等。企业财务资源的营运能力就是资金营运能力，是指企业对其资金资源的配置和利用能力。从价值的角度来看，资金营运能力就是企业资金的利用效率，也表明了企业管理层在生产经营管理中运用资金的能力。一般情况下，资金营运能力是通过反映企业生产经营资金周转速度的相关指标来衡量的。企业资金周转速度越快，表明企业资金利用效果越好、效率越高，资金运营能力越强，企业管理层的经营理财能力越强。企业资金营运能力需要通过资产的运作来体现，因此资金营运能力分析主要通过各项资产的周转指标反映。周转指标一般有周转率（次数）和周转期（天数）两种。某种资金的周转次数等于一定时期内的资金周转额除以周转一次所需的资金量（平均余额）；周转期是指某种资金周转一次所需要的时间。经常用于分析资金营运能力（周转次数）的财务比率有总资产周转率、固定资产周转率、流动资产周转率、应收账款周转率和存货周转率等，它们都是动态比率，分子数据来自利润表，分母数据来自资产负债表。

1.总资产周转率

总资产周转率是营业收入净额与平均资产总额的比率，反映企业对其所拥有的全部资产的有效利用程度。其计算公式为：

$$总资产周转率（次数）=\frac{营业收入净额}{平均资产总额} \qquad (3.3.11式)$$

式中：营业收入净额=营业收入-销售折扣与折让等；

平均资产总额 =(资产总额年初数 + 资产总额年末数) ÷ 2。

如果年内资产占用额很不均衡，那么“平均资产总额”就要用下列公式来进行计算，即：

$$平均资产总额=\frac{\frac{1}{2}\times 1月月初数+1月月末数+\cdots+11月月末数+\frac{1}{2}\times 12月月末数}{12} \qquad (3.3.12式)$$

总资产周转率反映了资产总额的周转速度。如果总资产周转率较高，则说明企业利用全部资产（即总投资）进行生产经营和获利的效率较高；如果总资产周转率较低，则说明企业利用全部资产进行生产经营的效率较低，最终会影响盈利能力。企业应采取各项措施提高各项资产的利用程度，如提高销售收入或处理多余的资产等。

【例3-10】 根据表3-2和表3-3的资料，福成公司20×3年度的总资产周转率为：

$$总资产周转率 = 6\,040 \div \frac{3\,360 + 4\,000}{2} = 1.64（次）$$

计算出总资产周转率后，需要与本企业以往历史数据和同行业的情况进行比较才能说明问题。

2.固定资产周转率

固定资产周转率是反映固定资产周转情况、利用效率的指标，是企业一定时期营业收入净额与平均固定资产净值的比率。其计算公式为：

$$固定资产周转率（次数）= \frac{营业收入净额}{平均固定资产净值} \quad （3.3.13式）$$

$$平均固定资产净值 = \frac{固定资产净值年初数 + 固定资产净值年末数}{2}$$

一般情况下，固定资产周转率越高，表明企业固定资产的利用越充分，也表明固定资产投资得当，固定资产结构合理，能够充分发挥效率；反之，如果固定资产周转率不高，则表明固定资产使用效率不高，提供的生产成果不多，企业固定资产营运能力不强。

运用固定资产周转率指标时，需要考虑固定资产因计提折旧的影响其净值在不断减少，以及因更新重置固定资产其净值突然增加的影响。同时，由于折旧方法的不同，可能影响其可比性，因此在分析时要剔除这些不可比因素。

【例3-11】 根据表3-2、表3-3的资料，福成公司20×3年度的固定资产周转率为：

$$固定资产周转率 = 6\,040 \div \frac{1\,910 + 2\,476}{2} = 2.75（次）$$

计算出固定资产周转率后，需要与本企业以前年份和同行业的情况进行对比才能说明问题。

3.流动资产周转率

流动资产周转率是反映企业流动资产周转速度的指标，是企业一定时期营业收入净额与平均流动资产总额的比率。其计算公式为：

$$流动资产周转率（次数）= \frac{营业收入净额}{平均流动资产总额} \quad （3.3.14式）$$

$$流动资产周转期(天数) = 360 \div 流动资产周转率$$

计算平均流动资产总额的做法和平均资产总额的做法一样，也要根据具体情况分别用两种方法之一求其平均数。

通常认为，在正常经营情况下，流动资产周转速度越快，表明流动资产利用效果越好，以相同的流动资产完成的周转额越多，从而相对节约了流动资金，等于相对扩大了资产投入，增强了企业的盈利能力。生产、经营、管理任何一个环节上的工作改善，都会反映到流动资产周转率指标上来。需要注意的是，流动资产周转率不能一味强调越大越好，因为每个企业的流动资产与非流动资产之间都有个合理的投资比例，如果流动资产投资偏少，尽管投资收益水平可能很高，但是投资风险有可能很大。

【例3-12】根据表3-2、表3-3的资料，福成公司20×3年度的流动资产周转率和周转天数为：

$$流动资产周转率=6\,040\div\frac{1\,220+1\,400}{2}=4.61（次）$$

$$流动资产周转天数=360\div4.61=78.09（天）$$

计算出流动资产周转率后，需要与本企业以前年份和同行业的情况进行对比才能说明问题。为查明流动资产周转加速或延缓的原因，还要进一步分析平均流动资产总额构成项目变动的影响，如应收账款周转率、存货周转率的变动。

4.应收账款周转率

应收账款周转率是指企业一定时期内赊销收入净额与平均应收账款余额的比率，用以反映企业应收账款的周转速度和管理效率。用时间表示的周转速度是应收账款周转天数。其计算公式为：

$$应收账款周转率（次数）=\frac{赊销收入净额}{平均应收账款余额} \quad （3.3.15式）$$

应收账款是因赊销产生的，所以从理论上来说，其分子应按赊销收入净额计算。但对外部分析者来说，难以得到确切的赊销收入数据，而且财务报表的内部使用人也未必容易取得该项数据。把现销视为收账时间为零的赊销也是可以的。因此，有人主张计算应收账款周转率指标的分子用“营业收入净额”比较好。另外，计算应收账款周转率指标的分母“平均应收账款余额”应包括应收票据。如果应收账款余额的波动性较大，应尽可能采用更详尽的计算资料计算平均应收账款余额，如用3.3.12式来进行计算。

$$应收账款周转期(天数)=360\div应收账款周转率$$

一般来说，应收账款周转率越高，周转天数越短，说明应收账款的变现速度越快，应收账款的管理效率越高。由于应收账款是企业重要的流动资产，应收账款周转率高，收账期短，可减少收账费用和坏账损失，相对增加流动资产的投资收益，资产的流动性强，企业短期偿债能力也强，在一定程度上可以弥补流动比率和速动比率在分析短期偿债能力方面的不足；反之，企业的营运资金则过多地滞留在应收账款上，会影响企业正常的资金周转。但是，应收账款周转率不是越高越好，过高的应收账款周转率也可能说明企业在赊销政策方面存在问题，或为及早收回款项而给予客户过高的现金折扣，或奉行太严的信用标准政策，或付款条件过于苛刻，虽然降低了应收账款数额，但同时抑制了企业销售量的增加，最终影响企业的盈利水平。

【例3-13】根据表3-2、表3-3的资料，福成公司20×3年度的应收账款周转率和周转天数为：

$$应收账款周转率=6\,040\div\frac{420+812}{2}=9.81（次）$$

$$应收账款周转天数=360\div9.81=36.70（天）$$

影响应收账款周转率和周转天数的因素有许多，如企业季节性经营、大量使用分期付款结算方式或现金结算方式等。财务报表的外部使用者应将应收账款周转率和周转天数与企业的前期指标、行业平均水平或其他类似企业的该指标相比较，以判断该指标的高低，至于该指标高低的具体原因则要通过其他分析来寻找。

5.存货周转率

存货周转率是企业一定时期的营业成本（销售成本）与平均存货余额的比率，是反映企业流动资产的重要组成部分——存货资金的周转速度的指标，也是衡量企业生产经营各环节中存货运营效率和管理状况的综合性指标。其计算公式为：

$$存货周转率（次数）=\frac{营业成本}{平均存货余额} \quad （3.3.16式）$$

存货周转期(天数) = 360 ÷ 存货周转率

有学者主张，存货周转率指标的分子应该用“营业收入净额”更好。

一般而言，存货周转率高，表明存货资金周转速度快，企业在采购、储存、生产、销售各环节的存货资金使用和管理效率高，存货转换为现金或应收账款的能力强，存货占用水平低，存货积压的风险也相对降低，而且存货周转率的高低还影响企业短期偿债能力和盈利能力。但是，存货周转率不是越高越好，过高的存货周转率也可能表明企业的存货管理出现了问题，如存货平均占用太少可能导致缺货而影响正常的生产经营活动，或由于采购次数过于频繁、每次订量过小而增加存货采购成本。存货周转率过低，则往往表明企业的存货管理不善，销售不畅，存货积压，造成资金沉淀。

报表使用者对存货周转率分析评价时，除了考虑不同行业、企业的不同经营方式等因素的影响之外，还应对存货的结构以及影响存货周转速度的重要项目进行分析，如计算分析原材料、在产品、产成品的周转率等，使存货管理在保证生产经营连续性的同时，尽可能地少占用经营资金，提高资金的使用效率。

【例3-14】根据表3-2、表3-3的资料，福成公司20×3年度的存货周转率和存货周转天数为：

$$存货周转率 = 5\,077 ÷ \frac{660 + 254}{2} = 11.11（次）$$

存货周转天数 = 360 ÷ 11.11 = 32.40（天）

该公司的存货约每一个月就周转一次，存货周转效率较高。

需要说明的是，在上述反映资金营运能力的各项指标的计算中均以年度作为计算期，但在实际中，计算期应视分析的需要而定，而且应保持分子与分母在时间口径上一致。如果各期资产占用额比较稳定，波动不大，季度、年度平均资金占用额则可以直接用（期初数+期末数）÷2的公式来计算；如果资金占用额的波动较大，企业则应采用更详细的资料进行计算，如用3.3.12式计算年度平均资金占用额。

随堂测3

总之，反映企业资金营运能力的各项资产的周转率指标用于衡量企业运用资产赚取收入的效率和能力时，经常和反映偿债能力和盈利能力的指标结合在一起使用，可全面评价企业的财务状况和盈利能力。

三、盈利能力分析

对资金增值的不断追求是企业资金运动的动力源泉和直接目的。盈利能力也称获利能力，是指企业赚取利润的能力，就是企业资金增值的能力。盈利能力通常表现为企业利润数额的大小与盈利水平的高低。由于会计六大要素有机统一于企业资金运动过程，并通过筹资、投资活动取得收入、补偿成本费用，从而实现利润目标，因此可以按照会计基本要素设置营业利润率、成本费用利润率、总资产报酬率、净资产收益率和资本保值增值率等指标，借以评价企业各会计要素的盈利能力及资本保值、增值情况。无论是投资者、债权人还是企业经营管理者，都十分重视和关心企业的盈利能力。利润是投资者取得投资收益、债权人收取本息的来源，是经营管理者经营业绩和管理效率的集中表现，也是职工薪酬福利、政府税收的重要保障。因此，对企业的盈利能力进行分析评价十分重要。

企业盈利能力分析可以从企业收益的数量和质量、一般企业盈利能力和上市公司盈利能力、企业自身盈利能力和社会贡献能力（如社会贡献率、社会积累率）等角度考虑。反映盈利能力的财务比率都是动态比率，且一般都是越高越好。

（一）企业盈利能力数量分析

1.一般企业盈利能力的数量分析

（1）营业利润率。

营业利润率，也称销售利润率，是指企业一定时期取得的利润与营业收入净额的比率。由于企业利润有营业利润、利润总额和净利润等多种形式，因此要注意营业利润率指标计算时所用的利润形式，尽可能做到与营业收入净额在计算口径上相互匹配。在实际工作中，营业利润率一般主要有两项指标形式：营业利润率（销售利润率）和营业净利率（销售净利率）。其计算公式为：

$$营业利润率=\frac{利润总额}{营业收入净额}\times100\% \qquad (3.3.17式)$$

$$营业净利率=\frac{净利润}{营业收入净额}\times100\% \qquad (3.3.18式)$$

营业利润率反映了企业营业收入的获利能力。营业利润率越高，表明企业从营业收入中获取的盈利水平越高，企业的盈利能力就越强。

【例3-15】根据表3-3的资料，福成公司20×3年度的利润总额为400万元，净利润为300万元，营业收入净额为6 040万元。那么，该公司20×3年度的营业利润率和营业净利率分别为：

营业利润率 = 400 ÷ 6 040 × 100% = 6.62%

营业净利率 = 300 ÷ 6 040 × 100% = 4.97%

企业的营业利润率和营业净利率指标计算出来后，都要与本企业前期数或预算数或同行业水平进行比较，才能说明问题。

（2）成本费用利润率。

成本费用利润率是企业一定时期的利润总额与成本费用总额的比率。其计算公式为：

$$成本费用利润率=\frac{利润总额}{成本费用总额}\times100\% \qquad (3.3.19式)$$

成本费用总额=营业成本+税金及附加+销售费用+管理费用+财务费用

成本费用利润率越高，表明企业为取得利润而付出的代价越小，成本费用控制得越好，盈利能力越强。在评价成本费用开支的效果时，应注意成本费用与利润之间在计算层次和口径上的对应关系。

【例3-16】根据表3-3的资料，福成公司20×3年度的利润总额为400万元，营业成本为5 077万元，税金及附加为267万元，销售费用、管理费用和财务费用分别为44万元、92万元和220万元。那么，该公司20×3年度的成本费用利润率为：

成本费用利润率=400÷（5 077+267+44+92+220）×100%=7.02%

企业成本费用利润率指标计算出来后，也要与本企业前期数或预算数或同行业水平进行比较，才能说明问题。

（3）总资产报酬率。

总资产报酬率，也称资金利润率、资产利润率、资产收益率，是企业在一定时期内的息税前利润或净利润与平均资产总额的比率。总资产报酬率通常包括总资产息税前利润率（ROA）和总资产净利率两项指标。其计算公式为：

$$总资产息税前利润率=\frac{息税前利润}{平均资产总额}\times 100\% \quad (3.3.20式)$$

$$总资产净利率=\frac{净利润}{平均资产总额}\times 100\% \quad (3.3.21式)$$

【例3-17】根据表3-2、表3-3的资料，福成公司20×3年度的所得税为100万元，净利润为300万元，年初、年末的资产总额分别为3 360万元和4 000万元。估计利息费用为160万元。那么，该公司20×3年度的总资产息税前利润率和总资产净利率分别为：

$$总资产息税前利润率=\frac{300+100+160}{(3\,360+4\,000)\div 2}\times 100\%=15.22\%$$

$$总资产净利率=\frac{300}{(3\,360+4\,000)\div 2}\times 100\%=8.15\%$$

总资产报酬率表明企业资产利用的综合效果。总资产报酬率越高，表明投资获利水平越高，企业盈利能力越强。判断资产报酬率高低的重要参照指标有社会平均利润率、行业平均利润率等。一般来说，如果企业总资产报酬率低于同行业平均利润率，表明企业经营成果不佳。同时，总资产报酬率要与本企业前期数或预算数进行比较，才能说明问题。

企业的资产是由投资者（股东）投入或债权人借入形成的，利润的多少与企业资产数量、资产结构、经营管理水平等有着密切的关系，因此总资产报酬率是反映企业投入与产出、所用与所得对比关系的一项综合性经营效率指标。为了正确评价企业的经济效益、挖掘提高利润水平的潜力，可以将总资产报酬率进一步分解为资产周转率和销售利润率，即：

$$\begin{aligned}总资产净利率&=(销售收入净额\div 平均资产总额)\times(净利润\div 销售收入净额)\\&=总资产周转率\times 销售净利率\end{aligned}$$

上式表明，要提高总资产报酬率，企业不但要加速资产周转、扩大销售、提高资产的利用效率，而且要尽可能降低耗费，提高投入产出的比率，从提高资金营运能力和盈利能力两个方面下功夫。

（4）净资产收益率。

净资产收益率，也称权益资金税后利润率、资本收益率、资本利润率、股东权益报酬率、净值报酬率等，是企业一定时期内的净利润与平均净资产总额的比率，反映企业自有资金的投资收益水平，也是反映企业盈利能力的核心指标。其计算公式为：

$$净资产收益率=\frac{净利润}{平均净资产总额}\times100\% \qquad (3.3.22式)$$

净资产收益率（ROE）是企业所有财务比率中综合性最强的一个指标，因为净资产收益率=销售净利率×总资产周转率×权益乘数，该指标的驱动因素既包括企业的盈利能力，也包括企业的资金营运能力和偿债能力、财务杠杆的作用程度，所以从某种程度上来说，净资产收益率是一般企业财务管理的基本目标。净资产收益率越高，表明企业自有资金获取收益的能力越强，运营效益越好，企业所有者所得到的净利润越多，企业盈利能力就越强，对债权人的保障程度也越高。净资产收益率指标通用性强，适应范围广，不受行业局限，在企业综合评价中使用率非常高。通过净资产收益率指标的综合对比分析，可以看出企业盈利能力在同行业中所处的地位以及与同类企业的水平差异。净资产收益率与总资产报酬率之间有着内在联系，即企业负债比率越低，总资产报酬率与净资产收益率越接近；企业负债比率越高，净资产收益率超出或低于总资产报酬率越多，这是由财务杠杆作用所引起的。

【例3-18】根据表3-2、表3-3的资料，福成公司20×3年度的净利润为300万元，年初和年末的净资产总额分别为1 760万元和1 880万元。该公司20×3年度的净资产收益率为：

$$净资产收益率=\frac{300}{(1\ 760+1\ 880)\div2}\times100\%=16.48\%$$

根据净资产收益率=销售净利率×总资产周转率×权益乘数，也可以求出净资产收益率=4.97%×1.64×2.022=16.48%。

（5）资本保值增值率。

资本保值增值率是企业扣除客观因素影响后的年末所有者权益总额与年初所有者权益总额的比率，反映了企业当年权益资金在盈利努力下的实际增减变动情况，是评价企业财务效益情况的辅助指标。其计算公式为：

$$资本保值增值率=\frac{扣除客观因素后的年末所有者权益总额}{年初所有者权益总额}\times100\% \qquad (3.3.23式)$$

资本保值增值率从留存收益（也是利润的一种形式）的角度反映了企业的盈利能力，是根据“资本保全”原则设计的指标，充分体现了对所有者权益的保护，能够及时、有效地反映有无侵蚀所有者权益的现象，反映了投资者投入企业资本的保全性和增长性。一般认为，资本保值增值率越高，表明企业当年的留存收益越多，资本保全状况越好，所有者权益增长越快，债权人的债务也越有保障，企业发展后劲越强，所以资本保值增值率也是反映企业发展能力的指标。资本保值增值率通常应高于100%，若该指标小于100%，则表明当年的留存收益为负数，企业资本金受到侵蚀，所有者权益受到损害，没有实现资本保全，也妨碍了企业进一步发展壮大，应予以充分重视。

【例3-19】根据表3-2的资料，福成公司20×3年度的年初和年末所有者权益总额分别为1 760万元和1 880万元，年内无客观因素影响所有者权益，即没有发生所有者（股东）增资或减资的情况，120万元的所有者权益增加额全部来自当年的留存收益。则该公司20×3年度的资本保值增值率为：

$$资本保值增值率=\frac{1\,880}{1\,760}\times100\%=106.82\%$$

106.82%的资本保值增值率，表明该公司的盈利能力、资本保全和增值状况较好。

2.上市公司盈利能力的数量分析

上市公司公开披露的财务信息很多，投资者要想通过众多的信息准确把握企业的财务现状和未来，没有其他任何工具可以比正确使用财务比率分析更重要的了。除上述一般企业盈利能力的数量分析外，上市公司在盈利能力的数量分析方面还要注重以下指标：

（1）每股收益。

每股收益，也称每股盈余、每股利润，是上市公司每股普通股可享有的净利润额，是上市公司本年净利润扣除优先股股利后的余额与年末发行在外的普通股加权平均总数的比值，可直观地反映普通股的获利水平，是衡量上市公司盈利能力水平的最常用的财务分析指标。在西方发达国家比较完善的资金市场上，每股收益已成为影响股票价格的一个主要因素。在其他条件不变的前提下，每股收益越高，表明企业的盈利能力越强，股票市价也会相应越高。这一指标成为股票市场比较公司业绩、股东比较各公司股票潜在价值的重要依据。其计算公式为：

$$每股收益=\frac{净利润-优先股股利}{年末发行在外的普通股总数} \quad （3.3.24式）$$

式中的分母也可以用“年内发行在外的普通股加权平均总数”表示。

【例3-20】 20×4年，福业公司的净利润为1 500万元，年末发行在外的普通股为2 500万股，没有发行优先股。该上市公司20×4年度的每股收益为：

每股收益=1 500÷2 500=0.60（元/股）

【头脑风暴】 每股收益越高，股价就越高吗？为什么？

（2）每股股利。

每股股利是上市公司本年发放的普通股现金股利总额与年末普通股总数的比值。其计算公式为：

$$每股股利=\frac{普通股现金股利总额}{年末普通股总数} \quad （3.3.25式）$$

每股股利是上市公司普通股股东从公司实际分得的每股利润，反映了上市公司当期利润的积累和分配情况。每股股利的多少主要受公司盈利状况、现金状况和股利分配政策等因素的影响。

【例3-21】 福业公司20×4年年末发行在外的普通股为2 500万股，该公司20×4年共发放现金股利1 000万元。该上市公司20×4年度的每股股利为：

每股股利=1 000÷2 500=0.40（元/股）

（3）市盈率。

市盈率是上市公司普通股每股市价相当于每股收益的倍数，是反映上市公司盈利能力的一个重要财务比率，也是投资者作出投资决策的重要参考指标之一。其计算公式为：

$$市盈率=\frac{普通股每股市价}{普通股每股收益} \quad (3.3.26式)$$

计算市盈率时，每股市价通常取最新收盘价，若每股收益按已公布的上年度数值计算，则称为历史市盈率；若每股收益按市场对今年及明年的预估值计算，则称为未来市盈率或预估市盈率。计算预估市盈率所用的每股收益的预估值，一般采用市场预估平均值，即追踪公司业绩的机构收集多位分析师预测数据的预估平均值或中值。

一般来说，市盈率高，说明公司获利潜力大，投资者对该上市公司的发展前景看好，愿意出较高的价格购买该公司的股票，所以一些成长性较好的上市公司的市盈率一般要高一些。但应注意的是，某种股票的市盈率过高，也可能意味着该股票的投资风险很大。市盈率指标的应用也要结合公司所处行业、公司其他指标等进行综合考虑，观察其长期发展趋势。

【例 3-22】 20×4 年，福业公司普通股每股收益为 0.60 元，每股市价为 6 元。该上市公司此时的市盈率为：

市盈率=6÷0.60=10

（4）每股净资产。

每股净资产，也称每股账面价值或每股净值，是上市公司年末净资产（即股东权益）与年末普通股总数的比值。其计算公式为：

$$每股净资产=\frac{年末股东权益}{年末普通股总数} \quad (3.3.27式)$$

每股净资产反映发行在外的每股普通股所代表的公司股东权益的账面价值。在理论上，每股净资产提供了股票的最低价值。对投资人而言，每股净资产与每股市价的差额是上市公司的一种潜力。股票市价高于账面价值（每股净资产）越多，表明投资者认为这个公司越有发展前景。

随堂测 4

【例 3-23】 20×4 年，福业公司的股东权益为 7 300 万元，年末发行在外的普通股为 2 500 万股。该上市公司 20×4 年年末的每股净资产为：

每股净资产=7 300÷2 500=2.92（元/股）

（二）企业盈利能力的质量分析

按照会计分期假设和权责发生制原则确认的企业账面利润，只表现为一种应计现金流量与企业或股东的可能财富，而非直接等同于实际的现金流入量和股东的真实财富。从财务上来讲，只有当应计现金流量转化为实际现金流量时，才表明利润的真正实现与企业或股东财富的实质性取得。如果账面利润不能转化为足够的实际现金流入量，势必给企业带来极为不利的负面影响：由于现金匮乏而无力支付依据账面收入和账面利润计算的增值税和所得税；无力弥补或追加投资企业再生产所需的资金而只得举借新债，造成财务风险和资金成本的加大。倘若企业长时间处于现金短缺状态，必然会陷入严重的财务困境，这无疑从根本上损害了企业和股东的财务目标。如果单纯地强调盈利能力，势必导致企业对账面利润的盲目追求，造成过度经营的不良后果。没有质量保证的盈利能力对企业而言是祸而非福。因此，财务分析主体在分析企业的盈利能力时，还必须结合现金流量表的数据资料，从企业利润来源的稳定可靠性、利润实现的时间分布和利润的现金支持能力等角度深入分析盈利能力的质量问题。企业盈利能力的质量高低是其现金流动能力强弱的主要表现之一。

1.利润来源的稳定可靠性分析

在企业利润的总体构成中，主营业务利润所占的比重是决定企业利润是否具有稳定性与可靠性的基础。一个企业在利润总额及盈利能力总水平提高的同时，主营业务利润及其在总利润中所占的比重却呈现下降的趋势，往往是企业经营不稳定的危险征兆，若得不到及时纠正，企业有可能从此转入衰退，甚至失败。

衡量利润来源的稳定性与可靠性，可以分析这样两个指标：生产经营利润占利润总额的比重和主营业务利润占生产经营利润的比重。生产经营利润是指企业利润表中的营业利润扣除投资收益（或损失）后的利润。

（1）生产经营利润占利润总额的比重。

$$\text{生产经营利润占利润总额的比重}=\frac{\text{生产经营利润}}{\text{利润总额}} \tag{3.3.28式}$$

该指标反映企业生产经营活动所创造的利润在整体利润来源结构中的地位。一般而言，生产经营利润所占比重越大，投资收益和营业外收支所占比重越小，表明企业利润来源的基础越稳固，盈利能力的质量越高。

（2）主营业务利润占生产经营利润的比重。

与企业核心能力相关的业务是企业的主营业务，主营业务盈利能力的强弱对整个企业市场竞争能力的优劣及其未来发展前途起着决定性的作用。因此，通过计算和分析主营业务利润占生产经营利润总额的比重，有助于进一步考察企业利润基础的稳定性和可靠性，并对盈利能力的质量水平作出更为准确的把握。

2.利润实现的时间分布

时间价值是影响企业经营业绩的一个至关重要的因素。同样数额的利润，如果实现的时间分布不同，其内涵质量是截然有别的。这一点在资金时间价值的计算中已经得到了充分的验证。这里需要说明的是，在考虑利润实现的时间分布的结果时，更应当分析引起这一结果的原因所在。如果所预期或业已出现的利润实现的时间分布结果是完全随机或偶然的，则说明这种利润并非真正的稳定可靠，因为它无法肯定企业未来其他方面的投资也能获得同样的利润质量。

衡量利润实现的时间分布的合理性，可以分析这样两个指标：利润实现的期限结构和利润期限系数比率。

（1）利润实现的期限结构。

$$\text{利润实现的期限结构}=\frac{\text{不同时段实现的利润额}}{\text{相关分析期实现的利润总额}} \tag{3.3.29式}$$

（2）利润期限系数比率。

$$\text{利润期限系数比率}=\frac{\sum(\text{不同时段的利润额}\times\text{折现系数或期限系数})}{\text{相关分析期的利润总额}} \tag{3.3.30式}$$

企业既可以按平均资金成本率或必要投资报酬率为折现率计算出不同时间段的利润额对期初的折现系数，也可以按下列公式计算：

折现系数=（分析期总月份+1−利润所在月份）÷分析期总月份

3.利润的现金支持能力

现金之于企业，犹如血液之于肌体，关注现金对盈利的支持程度，意义重大。衡量利润的现金支持能力，一般可通过以下指标进行分析：

（1）销售营业现金流入比率。

销售营业现金流入比率主要用于衡量企业销售收入净额与经营活动现金流入量的关系，同时从一个侧面揭示了企业当前的运行是否处于过度经营的状态。其计算公式为：

$$\text{销售营业现金流入比率}=\frac{\text{经营活动现金流入量}}{\text{销售收入净额}} \quad (3.3.31\text{式})$$

一般而言，销售营业现金流入比率越高，表明企业应计现金流入量对实际或有效现金流入量的转化能力越强，从而收入的质量越高；反之，则意味着企业的销售收入存在较严重的质量问题，应调整销售方针，控制赊销策略，加大收账力度。

（2）赊销收入折现系数比率。

$$\text{赊销收入折现系数比率}=\frac{\sum(\text{各时段应收账款收现额}\times\text{折现系数或期限系数})}{\text{期间内应收账款累计发生额}} \quad (3.3.32\text{式})$$

赊销收入折现系数比率是从时间价值角度对赊销收入或应收账款的收现质量进行评价，在国内外一些成功企业中已得到较广泛的应用。该指标对提高企业相关责任者的赊销管理活动的风险意识，增强时间价值观念，加快应收账款的收现速度，减少机会成本和坏账损失，提高应收账款的投资效率都有重要意义。

（3）生产经营净利润现金比率。

生产经营净利润现金比率是企业一定期间经营活动现金流量净额与生产经营净利润的比率，是从生产经营活动的结果或目标对企业利润的现金保障水平进行评价分析的指标。其计算公式为：

$$\text{生产经营净利润现金比率}=\frac{\text{经营活动现金流量净额}}{\text{生产经营净利润}} \quad (3.3.33\text{式})$$

生产经营净利润现金比率越高，表明企业实现的净利润的有效性越强，整个生产经营管理处于良好的运行状态；反之，则意味着企业经营理财的结果缺乏有效的质量保证，对以往及当前的生产经营管理工作需作出进一步检讨和改进。

在上市公司，用每股净现金流量与每股收益相比较，也可以反映公司盈利的质量及公司可用于支配的现金数。如果公司每股收益较高，但每股现金较低，股东就无法期望取得较高的现金股利。如果公司现金总量不足，还有可能导致现金性风险和收支性风险。

另外，上市公司还可以通过资本现金流量比率（经营活动现金流量净额÷平均所有者权益总额）和全部资产现金回收率（经营活动现金流量净额÷平均资产总额）等指标考察公司利用权益资金或总资产创造经营活动现金流量的能力，这也可以说明公司盈利能力的质量问题。对现金流动能力的分析还可用于公司偿债能力和财务弹性的评价。

【素养提升】

认真履行社会责任是目前世界企业发展的潮流，也是企业经营的重要目标。一个企业如果不履行社会责任，从长远看是不可能获得持续发展的。企业的社会责任主要有依法纳税、保障产品和服务的高质量、保护员工权益和改善员工待遇、保护生态环境、支持社区发展、慈善事业贡献等。从财务角度看，企业对社会的贡献主要包括四个方面：政府的税收、职工的工薪、债权人的利息和股东的净利润。在财务分析中，评价企业社会贡献能力的指标主要有社会贡献率和社会积累率。

1.社会贡献率

社会贡献率是指一定时期企业的社会贡献总额与平均资产总额的比率，反映企业利用投入的社会资源（资产总额）对社会经济利益的贡献程度。其计算公式为：

社会贡献率=企业社会贡献总额÷平均资产总额×100%

企业社会贡献总额包括已交或应交的各种税金和附加、已支付的各种工资薪金和社会保险金、已支出的利息费用和产生的净利润。这些数据资料都可以从企业的财务报告中得知。这个指标数值的大小，反映了企业社会贡献的大小，是社会和市场进行资金资源有效配置的重要依据。

2.社会积累率

社会积累率是一定时期企业上交的各项财政收入（主要是税收）与企业社会贡献总额的比率。其计算公式如下：

社会积累率=企业上交财政收入总额÷企业社会贡献总额×100%

这项指标反映了企业对社会的经济贡献中用于社会积累的份额，体现了企业社会贡献总额中用于社会消费和社会积累的比例关系。

四、发展能力分析

发展能力，又称成长能力，是企业未来一定时期不断改善其财务状况和经营业绩、提升企业价值能力（如规模扩张、利润扩大、销售增长）的前景和趋势。发展能力是企业综合能力的体现。企业的财务状况、核心业务、经营能力、企业制度、人力资源、行业环境等因素对企业的发展能力有着重要影响。进行企业发展能力分析的财务比率（指标）主要有：

1.销售增长率

销售增长率是企业本年销售收入增长额同上年销售收入额的比率。销售收入是企业规模和经营实力的具体体现，是企业综合实力的市场表现。销售增长率是衡量企业市场占有能力、预测企业经营业务拓展趋势的重要指标，也是企业扩大资金规模的重要前提。不断增加的销售收入，是企业生存和发展的基础条件。因此，销售增长率是评价企业成长状况和发展能力的重要指标。其计算公式为：

$$销售增长率=\frac{本年销售收入增长额}{上年销售收入额}\times 100\% \quad （3.3.34式）$$

本年销售收入增长额是本年销售收入额与上年销售收入额的差额。

销售增长率越高，表明企业经营业务竞争能力越强。如果销售增长率小于零，则说明由于某些原因导致企业销售市场份额萎缩；如果销售增长率大于零，则说明本年销售收入较上年有所提高。

2.总资产增长率

总资产增长率是企业本年总资产增长额同年初资产总额的比率。总资产增长率可衡量企业本期资产规模的增长情况，评价企业经营规模总量上的扩张程度。其计算公式为：

$$总资产增长率 = \frac{本年总资产增长额}{年初资产总额} \times 100\% \quad (3.3.35式)$$

总资产增长率是从企业资产总量扩张方面衡量企业的发展能力，表明企业规模增长水平对企业发展后劲的影响。总资产增长率越高，表明企业当年资产经营规模扩张的速度越快。但在利用该指标进行实际分析时，应注意资产规模扩张的质与量的关系，以及企业的后续发展能力，避免资产盲目扩张。

3.资本积累率

资本积累率是企业本年所有者权益增长额与年初所有者权益总额的比率，反映了当年所有者权益的变动水平和投资者投入资本的保全性和增长性，体现了企业净资产（权益资本）的积累能力，展现了企业的发展潜力，是评价企业发展能力的重要指标。其计算公式为：

$$资本积累率 = \frac{本年所有者权益增长额}{年初所有者权益总额} \times 100\% \quad (3.3.36式)$$

4.营业利润增长率

营业利润增长率是企业本年营业利润增长额与上年营业利润总额的比率，反映了企业营业利润的增减变动情况，体现了企业营业利润对企业发展的支撑力度。其计算公式为：

$$营业利润增长率 = \frac{本年营业利润增长额}{上年营业利润总额} \times 100\% \quad (3.3.37式)$$

上述反映企业发展能力的四项指标，都可以利用企业资产负债表和利润表的数据计算求得。

5.可持续增长率

企业的发展扩张速度分为适度型、低速型、超速型三种。如何选择合理的扩张速度是企业发展中一个十分重要的问题。因此，在企业发展能力分析中，可以引入“可持续增长率”这一指标来分析企业的可持续增长能力。

可持续增长率，是指企业在保持目前经营效率（盈利能力和资金营运能力）和财务政策（资本结构和股利政策）的情况下能够实现的增长速度（企业销售增长所能达到的最大比率）。无论从经营上还是从财务上，企业的发展速度最好是可持续发展速度（可持续增长率），即企业在继续维持目标资本结构、不发行新股或吸收直接投资、筹资的前提下的最大增长速度。可持续增长率基于以下假设：

（1）企业已经确立且打算继续维持目标资本结构和目标股利政策；

（2）不愿意或不打算增发新股或吸收直接投资，增加债务是其唯一的外部筹资来源；

（3）企业的销售净利率和资产周转率（即经营效率）将维持在当前水平。

在满足以上假设的前提下，可以得到企业的销售增长率、资产增长率、负债增长率、权益资金增长率均相等，且权益资金的增加仅表现为本期留存收益。企业最大增长速度在假定无新股发行或吸收直接投资和不支付股利的情况下，应等于其净资产收益率。

可持续增长率=权益资金增长率

=本期留存收益÷期初所有者权益

=销售净利率×总资产周转率×收益留存比率×期初权益期末总资产乘数

（3.3.38式）

【例3-24】 某公司在某年度用5 000万元权益资金赚取了1 000万元净利润，即净资产收益率为20%，则下一年度的净利润在净资产收益率不变的情况下将增加到1 200万元（6 000×20%）。因此，只要该公司保持20%的净资产收益率，不发放股利，此时权益资金增长率为20%（200÷1 000），如果保持目标资本结构不变，负债也增长20%，则该公司的总资产增长率也将保持在20%，如果经营效率（即销售净利率和总资产周转率）不变，销售增长率也将达到20%。所以，可持续增长率=本期留存收益÷期初所有者（股东）权益。

如果企业发放股利，假定股利支付率为40%，留存收益再投资的比率为60%，则该公司的增长率为20%×60%=12%，即可持续增长率最大值为12%。本例中，若600万元净利润用于再投资，则下一年度产生的净利润将为1 120万元（5 600×20%），增长率为12%。

除此之外，从财务角度来看，反映企业发展能力的指标还有固定资产成新率（企业当期平均固定资产净值与同期平均固定资产原值的比率）、技术投入比率（企业技术转让费支出和研究开发投资支出与当年生产经营业务收入净额的比率）等。

第四节　财务综合分析

视频微课

谈谈财务综合分析

财务分析的最终目的是全方位剖析和了解企业经营理财情况，并借以对企业财务状况、经济效益、发展后劲的优劣作出全面、准确、客观的评价。单独分析任何一个方面的财务指标，都难以达到上述目的。要想对企业财务状况和经营成果有一个总的评价，就必须进行相互关联的分析，采用适当的标准进行综合性的评价。财务综合分析，就是将企业偿债能力、资金营运能力、盈利能力等诸多方面的分析纳入一个有机的整体之中，全面地对企业财务状况和经营成果等所有财务活动的过程及结果作出科学的分析、评价和判断。所以，财务综合分析必须具备分析内容的综合性、分析方法的结合性、分析指标的搭配性、分析结果的多用性等特征。现代财务综合分析的方法很多，其中应用比较广泛的主要有杜邦财务分析体系和财务比率综合评分法。

一、杜邦财务分析体系

杜邦财务分析体系，简称杜邦体系、杜邦分析法、杜邦分析模型，是利用各种主要财务指标间的内在联系，对企业综合经营理财及经济效益进行系统分析评价的方法。杜邦财务分析体系最初由美国杜邦化工公司创立并成功运用。杜邦财务分析体系以净资产收益率指标为核心，将其分解为若干个财务比率指标，通过分析各分解指标的变动对净资产收益率的影响来揭示企业经营理财目标的实现程度及其变动原因。

【例3-25】 以福成公司20×3年的数据为例，利用这个原理，可以把各种财务指标的关系绘制成杜邦分析图（如图3-1所示）。

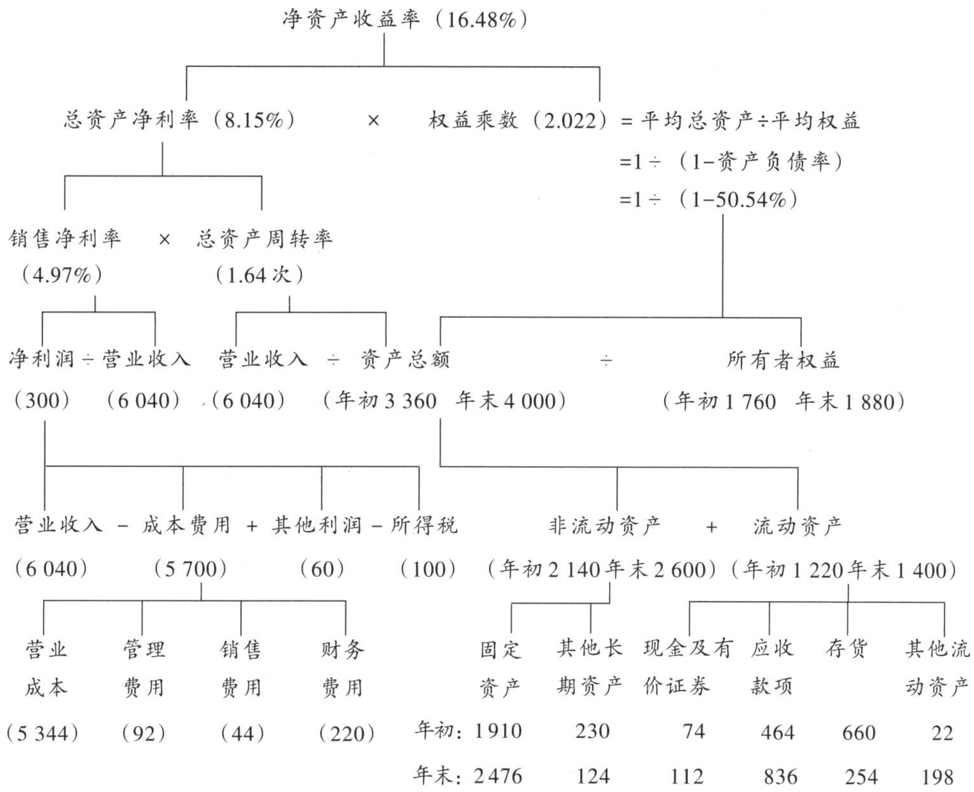

图 3-1 福成公司杜邦分析图（金额单位：万元）

从杜邦分析图可以看出，杜邦财务分析体系各主要指标之间的关系如下：

（1）净资产收益率是一个综合性很强的财务指标，反映企业筹资、投资、资产运营等活动的效率和所有者投入的净产出，是杜邦财务分析体系的核心，在这里可以看作企业经营理财目标。其他各项指标都是围绕这一核心，通过研究彼此间的依存制约关系，从而揭示企业的经营理财目标实现程度及其前因后果。因为净资产收益率=总资产净利率×权益乘数=销售净利率×总资产周转率×权益乘数，该指标的高低取决于销售净利率、总资产周转率、权益乘数。其中，销售净利率代表企业的盈利能力，总资产周转率代表企业的资金营运能力，权益乘数则反映企业的偿债能力、筹资结构、资金成本、财务风险和财务杠杆的作用程度。因此，要实现企业财务管理目标，提高净资产收益率，不仅要提高企业的盈利能力，而且要提高企业的资金营运能力，还要合理配置企业的筹资结构，使资金成本和财务风险尽可能趋于合理，充分发挥财务杠杆的作用，并使企业的偿债能力达到适当水平。

（2）销售净利率反映了企业净利润与营业收入的关系。企业净利润是营业收入减去全部成本费用（如流转税）加上其他利润（如投资收益和营业外收支净额）减去所得税的结果。提高企业的销售净利率是提高企业盈利能力的关键，主要有两个途径：一是扩大营业收入；二是降低成本费用。另外，扩大对外投资的净收益和营业外收支净额对提高盈利能力也有帮助。企业内部管理者还可以根据企业的内部报表和资料进行更详细的分析。

（3）总资产周转率揭示企业资产总额实现营业收入的综合能力和效率。企业应当联系营业收入分析企业资产的使用是否合理，资产总额中流动资产和非流动资产的投资结构安排是否恰当。此外，企业还要分析流动资产和非流动资产的内部投资结构以及影响资产周转率的各具体因素，如通过对流动资产周转率、存货周转率、应收账款周转率等有关各资产组成部分使用效率的分析，判明影响资产周转的主要问题。投资结构的合理与否决定了企业的投资风险大小与投资收益高低，对总资产周转率及净资产收益率会产生举足轻重的影响。

（4）权益乘数反映了企业偿债能力、筹资结构、资金成本、财务风险和财务杠杆的作用大小。因此，要提高净资产收益率，企业必须合理配置筹资结构，使资金成本和财务风险尽可能趋于合理，充分发挥财务杠杆的作用，并使企业的偿债能力达到适当水平。

拓展阅读1

杜邦分析法的改进模型——帕利普财务分析体系

通过杜邦财务分析体系自上而下的分析，不仅可以揭示出企业各项财务指标间的相互关系，查明各项主要指标变动的影响因素以及每个因素的影响程度，而且为决策者提供了优化经营理财状况、提高企业经营效益、实现财务管理目标的思路。也就是说，提高净资产收益率的根本途径在于扩大销售、节约成本费用、合理配置投资结构、优化筹资结构、加速资金周转、确立风险意识等。

拓展阅读2

杜邦分析法的改进模型——管理用财务报表综合分析

杜邦财务分析体系将企业的各项经营理财活动看作一个大系统，把系统内相互联系、相互作用的各项财务指标间的关系制成杜邦分析图，以全面、直观地反映影响净资产收益率的各个因素及其影响程度和原因。杜邦财务分析体系的左边部分，主要评价企业的盈利能力和资金营运能力及其内在联系；杜邦财务分析体系的右边部分，主要评价企业的偿债能力、投资结构和筹资结构等财务结构，并展示其内在的关系。杜邦财务分析体系的基本特点是系统、简明、清晰。但是，由于杜邦财务分析体系偏重于从企业所有者的利益角度进行分析，因此其在指标设计上也具有一定的局限性。

二、财务比率综合评分法

在进行财务分析时，人们遇到的一个主要困难就是计算出财务比率后，无法判断它是偏高还是偏低，因而难以评价企业在市场竞争中的优劣地位。为了弥补这一缺陷，1928年美国财务学家亚历山大·沃尔首创了对企业各种主要财务比率对比标准比率进行综合评分以获得对一个企业财务情况水平的总体认识的财务综合分析方法，称为沃尔比重评分法。

【例3-26】下面通过一个简单的例子，介绍这种财务比率综合评分法的基本步骤。

一般认为，企业财务评价的主要内容是盈利能力、偿债能力、资金营运能力和发展能力。假设反映盈利能力、偿债能力、资金营运能力和发展能力的常用指标见表3-4。如果以100分为总分，评分的标准分值及其他情况也见表3-4。

标准比率应以本行业平均数为基础，适当进行理论修正。

在给每个指标评分时，应规定上限和下限，以降低个别指标异常对总分造成不合理的影响。上限可定为正常评分值的1.5倍，下限定为正常评分值的1/2。此外，给分时不采用“乘”的关系，而采用“加”或“减”的关系来处理。例如，总资产净利率的标准比率为10%，标准评分值为20分，行业最高比率为20%，最高评分为30分，每分的财务比率差为1%（（20%-10%）÷（30-20）），则总资产净利率每提高1%，多给1分，但该项得分不超过30分。

表 3-4 综合评分的标准

指标	标准评分值（权重）	标准比率（%）	行业最高比率（%）	最高评分	最低评分	每分比率差（%）
盈利能力：						
总资产净利率	20	10	20	30	10	1
销售净利率	20	4	20	30	10	1.6
净资产收益率	10	16	20	15	5	0.8
偿债能力和资金营运能力：						
权益资金比率	8	40	100	12	4	15
流动比率	8	150	450	12	4	75
应收账款周转率	8	600	1 200	12	4	150
存货周转率	8	800	1 200	12	4	100
发展能力：						
销售增长率	6	15	30	9	3	5
净利润增长率	6	10	20	9	3	3.3
人均净利增长率	6	10	20	9	3	3.3
合计	100					

根据这种方法，对福成公司的财务情况进行综合评价，得分为88.62分（见表3-5），说明该公司的财务情况处于中等偏下的水平。

表 3-5 福成公司财务情况评分

指标	实际比率（%）①	标准比率（%）②	差异 ③=①-②	每分比率差 ④	调整分 ⑤=③÷④	标准评分值 ⑥	得分 ⑦=⑤+⑥
盈利能力：							
总资产净利率	8.15	10	-1.85	1	-1.85	20	18.15
销售净利率	4.97	4	0.97	1.6	0.61	20	20.61
净资产收益率	16.48	16	0.48	0.8	0.60	10	10.60
偿债能力和资金营运能力：							
权益资金比率	49.46	40	9.46	15	0.63	8	8.63
流动比率	233	150	83	75	1.11	8	9.11
应收账款周转率	981	600	381	150	2.54	8	10.54
存货周转率	1 111	800	311	100	3.11	8	11.11
发展能力：							
销售增长率	4.64	15	-10.36	5	-2.07	6	3.93
净利润增长率	-15	10	-25	3.3	-7.58	6	-1.58
人均净利润增长率	-18	10	-28	3.3	-8.48	6	-2.48
合计						100	88.62

财务比率综合评分法的关键是“标准评分值”的确定和“标准比率”的建立。企业只有通过长期连续实践、不断修正，才能取得较好效果。

【分组任务】

主题：选择不同行业的上市公司进行财务分析。

活动内容：选择不同行业的上市公司进行偿债能力、资金营运能力、盈利能力、发展能力分析以及绘制杜邦分析图，并结合指标结果总结不同行业的特点。

本章测评

教学案例

格力电器与美的集团年度财务报告分析案例

活动环节：

1.将学生按照6人一组，划分为若干小组。

2.老师为各组指定不同行业的一家上市公司，各组之间互相保密。

3.各组收集资料，并计算各能力分析的代表性指标。

4.各组介绍指标情况，介绍时不提及公司名称和行业。

5.当一个小组介绍时，其他小组竞猜正在介绍的是什么行业。

6.各小组抽签，如A组抽中B组，则由A组根据B组的指标介绍总结B组行业的特征，B组进行补充。

7.教师点评。

本章小结

财务分析是财务管理的一种重要方法和环节，是以企业财务报告及其他相关资料为主要依据，对企业的财务状况和经营成果进行评价和剖析，反映企业营运过程的利弊得失和发展趋势，从而为改进企业财务管理工作和优化相关分析主体的经济决策提供重要的财务信息。财务分析的作用概括地说就是总结过去、评价现在、预测未来。

财务分析的方法主要有比较分析法、比率分析法和因素分析法，其中比率分析方法是最基本、最常用的分析方法。财务比率分析按分析的目的和内容分为偿债能力分析、资金营运能力分析、盈利能力分析和发展能力分析等。

分析评价企业短期偿债能力的指标主要有流动比率、速动比率和现金比率等。分析评价企业长期偿债能力常用的主要指标有资产负债率、产权比率、权益乘数、利息保障倍数等。反映企业偿债能力的比率都是静态比率。经常用于分析资金营运能力（周转次数）的财务比率有总资产周转率、固定资产周转率、流动资产周转率、应收账款周转率和存货周转率等，都是动态比率。企业盈利能力分析可以从企业收益的数量和质量、一般企业盈利能力和上市公司盈利能力、企业自身盈利能力和社会贡献能力等角度考虑。反映盈利能力的财务比率都是动态比率，且一般都是指标值越高越好。

企业财务综合分析能全面衡量企业的财务状况、经济效益和发展后劲的优劣。应用比较广泛的财务综合分析方法主要有杜邦财务分析体系和财务比率综合评分法。

思考题

1.各主要财务分析主体对企业财务分析的主要目的是什么？

2.企业财务分析有哪些基本方法？

3.分析企业偿债能力的指标主要有哪些？在进行偿债能力分析时，应排除哪些因素的影响？

4.怎样分析企业资金营运能力？

5.怎样进行企业盈利能力的比率分析？

6.杜邦财务分析体系中各主要指标之间有什么关系？杜邦财务分析体系的主要作用是什么？

第四章

长期项目投资和长期资产管理

学习目标： 1. 掌握长期项目投资现金流量的含义、计算和常用的投资决策评价指标；

2. 掌握长期项目投资决策中常见项目的决策方法的应用；

3. 熟悉投资的特点、分类和基本原则；

4. 熟悉固定资产需用量预测的方法；

5. 了解长期项目投资的含义、特点、内容和一般程序；

6. 了解固定资产内部折旧政策；

7. 了解各种无形资产营造和营运策略。

导入案例

嘉华快餐公司项目决策分析

嘉华快餐公司在公园内租用了一间售货亭，向游人出售快餐。快餐公司签订的租赁合同的期限为3年，3年后售货亭作为临时建筑将被拆除。经过一个月的试营业后，快餐公司发现，每天午饭和晚饭时间买快餐的游客很多，但因为售货亭只有一个售货窗口，所以顾客不得不排起长队，有些顾客因此而离开。为了解决这一问题，嘉华快餐公司设计了四个方案，试图通过增加销售量来提高利润。

方案一：改装售货亭，增加窗口。这一方案要求对现有售货亭进行大幅度的改造，所以初始投资较多，但是因为增加窗口能吸引更多的顾客，所以收入也会相应增加。

方案二：在现有售货窗口的基础上更新设备，提高每份快餐的供应速度，缩短供应时间。

以上两个方案并不互相排斥，可以同时选择。但是，下列两个方案则要放弃现有的售货亭。

方案三：建造一个新的售货亭。此方案需要将现有的售货亭拆掉，在原来的地方建一个面积更大、售货窗口更多的新的售货亭。此方案的投资资金需求最大，预计增加的收入也最多。

方案四：在公园内租一间更大的售货亭。此方案的初始支出是新售货亭的装修费用，以后每年的增量现金流出是当年的租金支出净额。

嘉华快餐公司可用于项目的投资资金需要从银行借入，资金成本为15%，与各方案有关的预计现金流量见表4-1。

表4-1　**四个方案的预计现金流量**　单位：元

方案	投资额	第一年	第二年	第三年
增加新的售货窗口	−75 000	44 000	44 000	44 000
更新现有设备	−50 000	23 000	23 000	23 000
建造新的售货亭	−125 000	70 000	70 000	70 000
租赁更大的售货亭	−10 000	12 000	13 000	14 000

资料来源：王化成，刘俊彦，荆新．财务管理学［M］．9版．中国人民大学出版社，2021.

案例详细资料和提示

要求：

1. 如果运用内含报酬率指标，嘉华快餐公司应该选择哪个方案？
2. 如果运用净现值指标，嘉华快餐公司应该选择哪个方案？
3. 如何解释用内含报酬率指标和净现值指标进行决策时所得到的不同结论？哪个指标更好？

第一节　长期项目投资概述

一、企业投资及其特点

投资是指特定经济主体以未来可预见的时期内获得经济收益和社会效益为目的，在一定时机向一定领域的具体对象投放资金的经济行为。企业投资是以期望未来收回更多的资金（形成收益）为目的而在现在发生的资金投放行为。在市场经济条件下，企业必须把有限的资金投放到收益和风险都令人满意的各种大小项目上去。

无论哪一类财务主体，在财务管理活动中，都不可避免地要面对投资过程。从家庭（私人）来讲，在获得一定收入后自然会思考，如何花这笔钱，是用于衣、食、住、行，或是用于孩子教育、赡养老人、照顾亲友，或是存入银行，还是投资到证券、保险和企业中去；政府在筹集公共财政收入后也要合理安排、分配，维持经常性开支及教育、国防、公共基础设施和公益事业等方面的投入。作为以营利为主要目的的企业，更要科学决策所筹集资金的投放和使用，尽可能获得最大的收益，以实现企业目标。财务是为生产经营服务的，筹资是为投资服务的，投资是企业生存与发展的基本前提，是获取利润的途径，是风险控制的重要手段。因此，投资决策尤其是一些大的投资项目的决策正确与否，直接关系到企业的兴衰成败。

企业投资具有以下特点：

1. 目的性

企业投资是一种有目的的经济行为，是为了获得未来的经济收益而在现在支出一定量资金的经济活动。

2. 时间性

企业投资是一个行为过程，具有时间性。也就是说，投入的资金是现在的，而收回的资金是将来的，从现在支出到将来获得收益，在时间上总要经过一定间隔。这个间隔过程越长，未来可获得的收益就越不确定，风险就越大。

3. 收益性

投资的目的是得到未来收益。投资活动以牺牲现有价值为手段，以赚取未来价值为目标。投资的收益可以是各种当期的收益，也可以是长期的资本利得。

4. 风险性

投资具有风险性，即收益的不确定性。现在投入的资金是确定的，而未来可能获得的收益一般是不确定的，这种收益的不确定性，即投资的风险。

企业投资的根本目的是谋求盈利，增加企业价值。企业能否实现这一目标，关键在于企业能否在风云变幻的市场环境下，抓住有利的投资时机，作出合理的投资决策，并做好投资项目全过程的管理工作。为此，对投资尤其是大的投资项目，企业必须遵循法律法规，符合产业政策和企业发展战略；认真进行市场和政策调研，及时捕捉投资机会；建立科学的投资决策程序，认真进行投资项目的可行性分析，合理配置企业资源；及时足额地筹集资金，保证投资项目的资金供应；认真分析风险与收益的关系，对投资风险进行适当的控制。以上所述，就是企业做好投资管理工作的基本原则。

二、企业投资的分类

为了了解投资活动，加强投资管理，提高投资效益，企业必须对投资进行科学的分类。

（一）按投资与企业生产经营的关系，可分为直接投资和间接投资

直接投资是指企业把资金直接投放于生产经营性资产，以获取利润的投资。例如，投资于生产经营用的固定资产，无形资产，各种流动资产，新技术、新产品的研发等，或者为了更好地生产经营而通过并购、联营、合作等方式向其他单位投资。间接投资又称证券投资，是企业把资金投放于证券等金融资产，以取得股利、利息等当期收益和买卖差价等资本利得的投资，如购买各种债券、股票和其他金融产品等。

（二）按投资回收时间的长短，可分为短期投资和长期投资

短期投资又称流动资产投资，是指能够并且准备在1年内收回的投资，主要是指对现金、短期证券、应收账款、存货等的投资，长期证券如能随时变现也可作为短期投资；长期投资是指在1年以上才能收回的投资，主要是指对厂房、机器设备等固定资产的投资，也包括对无形资产和长期证券的投资。

（三）按投资的方向，可分为对内投资和对外投资

对内投资又称内部投资，是指企业将资金投入企业内部，用于形成生产经营用的各种资产的投资；对外投资又称外部投资，是指企业以现金、实物资产和无形资产等可供支配的资源，通过购买股票、债券以及并购、联营、合作等方式向其他单位的投资。短期对外投资的目的主要是利用暂时闲置的资金去获取一定的收益。长期对外投资的目的主要是控制和影响对方企业的经营为本企业服务，实施多元化经营以分散风险或者为未来实施某个项目而积累大笔资金。对内投资都是直接投资，对外投资主要是间接投资，也可能是直接投资。随着市场竞争的加剧，对企业而言对外投资越来越重要。

无论是何种类型的投资，都需要企业按照合理的程序以科学的方法进行预测、决策、预算、控制和分析。下面将讲述企业内部长期资产投资（即对内长期项目投资）的相关内容，流动资产投资和对外证券投资管理的相关内容将在后面章节中讲述。

三、对内长期项目投资的含义、类型和特点

（一）对内长期项目投资的含义和类型

企业对内长期项目投资（以下简称长期项目投资或项目投资）是一种以企业内部特定长期资产项目为对象，直接与新建项目或更新改造项目有关的长期投资行为。

工业企业长期资产投资项目主要分为固定资产投资项目和无形资产投资项目。固定资产投资项目又可分为以新增生产能力为目的的新建项目和以恢复或改善生产能力为目的的更新改造项目两大类。新建项目按其涉及的内容还可进一步分为单纯固定资产投资项目和完整工业投资项目。单纯固定资产投资项目在投资中只包括为取得固定资产而投入的资金，不涉及周转资金；完整工业投资项目则不仅包括对固定资产的投资，而且涉及流动资金的垫支，甚至包括对无形资产、递延资产的投资。因此，不能将长期项目投资简单地等同于单纯固定资产投资项目。

（二）项目投资管理的要求

项目投资管理的主要要求有：一是准确预测固定资产和无形资产的需要量；二是认真做好项目投资的预测和决策工作；三是正确计提固定资产折旧和无形资产摊销；四是做好固定资产和无形资产的日常控制、维护工作。

（三）项目投资的特点

众所周知，对内长期项目投资作为企业的战略性投资，往往代表企业的装备技术水平，对企业有着极其重要的意义。一项长期项目投资决策作出后将在很长时期内直接决定着企业的生产经营和战略发展。这主要是由项目投资的特点所决定的。

1.投资数额大

每一项长期项目投资，一般都需要一次性投入相当数额的资金，虽然不会经常发生，但是每次投资的背景、特点、要求都不一样，不能进行程序化决策管理。因此，一方面要求企业必须及时、足额地筹集项目投资所需的资金，而且这些资金应主要依靠长期资金筹集方式解决；另一方面要求企业在投资前花较长时间做好投资预测和准备工作，审慎进行项目投资的可行性分析和决策。

2.投资周期长

长期项目投资不仅所需资金数额大，而且其投资周期也很长，往往需要几年甚至十几年才能收回投资。因此，长期项目投资对企业未来的生产经营活动和长期经济效益将产生重大影响，其投资决策的成败，对企业的未来命运产生重要的，甚至是决定性的作用。

3.投资风险大

长期项目投资具有不可逆转性，一旦形成长期资产就不能轻易改变其用途，也很难出售，变现能力变差，投资资金占用量相对稳定。由于投资周期长，作出投资决策时对未来诸如市场销量、资产使用寿命等因素的预测很有可能与实际结果产生或大或小的差异，加上投入资金数额大，因此长期项目投资的预期目标能否最终实现，面临着较大的不确定性，在投资可行性分析和决策中必须考虑资金时间价值和风险价值。

4.投资的实物形态和价值形态可以分离

固定资产在使用过程中，其价值随着固定资产的磨损逐渐脱离其实物形态，而其余部分仍存在于实物形态中，直至固定资产使用期满，其价值才能全部得到补偿，实物得以更新。由于固定资产的价值补偿和实物更新在时间上的不一致性，因此折旧政策的制定和对折旧的管理就显得很重要。无形资产的摊销问题也是如此。

从以上特点可以看出，对企业而言长期项目投资可谓举足轻重，其投资决策管理千万轻视不得，一定要慎重立项、周密实施；否则，一旦投资失误，就可能对企业造成无法挽回的损失，导致经营效益变差，财务状况恶化，甚至拖垮整个企业。

四、对内长期项目投资的决策管理程序

长期项目投资的决策管理程序主要包括以下环节：

（一）投资项目的提出

首先，根据投资项目资本支出的大小和对企业生产经营的影响作用不同，分别由

不同层次的管理层根据企业业务发展的需要、中长期投资计划和内外部经营环境的变化提出投资项目意向性意见。然后，由不同层次相关部门和人员讨论研究，提出初步的投资计划。

（二）投资项目的可行性分析和评价

投资项目的可行性分析和评价是长期项目投资决策管理的重要步骤，它直接关系到项目投资的合理性和效益性。可行性分析包括社会可行性分析、技术可行性分析、市场可行性分析、财务可行性分析等。从经济、市场、财务的角度来看，投资项目的可行性分析和评价主要应做好以下工作：

（1）进行政策和市场调查分析，了解与项目相关的国家和地方产业政策，预测项目产品市场供需状况和产品的市场竞争能力。

（2）预测投资项目的资金需要和现金流量。

（3）测算投资项目的各种财务和经济评价指标。

（4）淘汰不可行的投资项目，对可行的投资项目提出可行性评价报告，为投资决策提供依据。

项目财务可行性分析的主要内容包括：项目资金需要量、资金筹集和资产配置分析；项目资产、负债、所有者权益等财务状况指标的预测分析；项目收入、成本费用支出和利润等经营成果指标分析；项目资金流转和回收（现金流量）等资金运行过程分析；项目投资回收期、净现值、内含报酬率等财务效益指标分析；项目风险及其防范对策措施分析等。

（三）投资项目的决策

在投资项目可行性分析和评价后，由不同层次的决策者对各种评价指标和企业战略目标进行综合评价、反复论证，对可行的不同投资项目进行比较选择，对选中的投资项目进行“拍板”。处在不同发展阶段和不同环境条件下的企业，选择投资决策的主要依据可能有所不同，但肯定的是企业要在投资收益和投资风险两个方面加以衡量。

（四）投资项目的实施和监控

经过投资决策确认的投资项目，要在编制项目资本预算和工程预算的基础上，认真积极地付诸实施，确保投资按照资本预算如期执行。在组织实施投资的过程中应做好以下工作：

（1）密切注意投资项目的进展，积极筹集资金，保证项目投入的顺利进行。

（2）加强建设投资过程的动态监控，确保质量，节约开支，降低造价。

（3）加强投资进度的控制，确保如期投产，及时形成生产能力。

（五）投资项目的信息反馈

一是在投资项目组织实施的过程中，要根据客观环境的变化、新情况的出现，对投资项目进行再评价，对投资方案进行修改和调整；如果出现了重大变故，投资项目已不再可行，则需要立即停止。二是投资项目实施后，要对该项投资所产生的效果进行控制、检查和评价，作为今后投资决策的参考。

第二节　对内长期项目投资现金流量的估算

一、项目现金流量的含义和内容

（一）现金流量的含义

现金流量也称现金流动量、现金流（cash flow）。在长期项目投资的决策中，现金流量是指一个投资项目在其计算期内可能或应该发生的各项现金流入量和现金流出量的统称，是计算决策评价指标的主要依据和基础信息。项目计算期内由该项目导致的现金流入量减去现金流出量的差额，称为项目的净现金流量（NCF）。

当然，这里的现金流量不仅包括各种货币资金的增减变化，而且包括项目需要投入和能够回收的企业非货币资源的变现价值（或重置成本）。

项目计算期是指投资项目从投资建设开始到最终清理结束为止的整个过程的全部时间，即该项目的有效持续期间。完整的项目计算期包括建设期和生产经营期。从建设起点到投产日，称为建设期；从投产日到项目终结点的时间间隔，称为生产经营期或营业期。

（二）长期项目投资决策评价中使用现金流量作为基础信息的原因

在进行长期项目投资决策评价时，之所以要采用现金流量而非营业净利作为基础信息，主要是基于以下方面的原因：

（1）在投资项目的整个寿命周期（项目计算期）内，营业净利总计和净现金流量总计是相等的，所以可以用净现金流量代替营业净利来作为项目投资决策评价的基础信息。

（2）利润计算的主观随意性较大，现金流量则相对客观可靠。利润在各年的数据分布会受折旧计提、存货估价、费用摊配等会计政策选择的影响，人为操纵的可能性较大，而现金流量数据相对客观，不会受会计政策选择的影响，对投资者评价投资项目而言更为客观可靠。

（3）采用现金流量信息有利于科学地考虑时间价值因素。利润的计算是以期间为单位，而现金流量则是时点指标。长期投资项目的评价必须考虑资金时间价值，这就要求在决策分析时能明确每笔预期收支的具体发生时间，而以收付实现制确定的现金流量信息正好可以满足这种要求。

（4）西方经济界早就有句名言："利润只是一种观念，而只有现金才是实在的东西。"在长期项目投资决策分析中，现金流量的信息比利润的信息更加重要。一个项目能否维持下去，不取决于一定期间是否盈利，而取决于有没有现金用于各种支付。有些时候，投资项目有利润，但由于利润质量等问题，往往缺乏足够的现金支持项目持续运转。

基于以上原因，财务管理中一般用现金流量的信息作为评价项目投资优劣的基础信息。

【头脑风暴】你认为公司现金流重要还是账面利润重要？

（三）项目现金流量的内容

按照长期项目投资现金流量发生的时间特征，可以将项目投资引起的现金流量分为三个组成部分：

1.初始现金流量

初始现金流量是指项目投资建设期发生的现金流量，一般表现为现金的流出。初始现金流量就是初始投资，也称原始总投资，是企业为使项目完全达到设计生产能力、开展正常经营而投入的全部现有资金，主要包括建设投资和流动资金投资两项内容。

（1）建设投资，是指在项目建设期内所发生的固定资产、无形资产和开办费等方面的投资支出和原有固定资产的变价收入等。这是项目建设期发生的主要现金流出量。建设投资可能是一次投入，也可能是分次投入。其中，固定资产投资主要包括各项建筑工程费用、设备购置成本、安装工程费用和其他费用。

（2）流动资金投资，是指在完整的工业投资项目中发生的用于生产经营期周转使用的营运资金投资。因为这项流动资金投资等到项目终结时会重新收回，所以有时称其为垫支。

2.营业期现金流量

营业期（生产经营期）现金流量是指长期项目投资投入使用后在整个生产经营期内由于生产经营活动而导致的现金流入和流出。

（1）营业收入，是指项目投产后的生产经营期内每年实现的销售收入或业务收入，是生产经营期主要的现金流入量项目。营业收入本应按当年现销收入额与回收以前年度应收账款的合计数确认，但为了简化计算，可假定正常营业年度内发生的赊销额与回收的以前年度应收账款额大致相等，因此在计算每年的营业现金流入量时以每年的营业收入替代。

（2）付现的营业成本（简称付现成本），是指在生产经营期内每年发生的需要用现金支付的成本费用和各种流转税款。它是项目生产经营期内最主要的现金流出量项目，是当年的总营业成本（包括费用和各种流转税款）扣除该年折旧额、无形资产摊销额等项目后的差额。虽然折旧、摊销等内容也是成本费用，但不需要动用现金支出，所以不属于付现成本。

（3）支付的所得税税款。

3.终结点现金流量

终结点现金流量，是指长期项目投资终结时发生的现金流量。

（1）回收的固定资产余值，包括固定资产净残值或变价净收入。

（2）回收的流动资金，是指项目投资终结时回收的原垫支的全部流动资金。

二、项目现金流量的估算

由于项目投资的投入、回收及收益的形成均以现金流量的形式表现，因此在整个项目计算期的各个阶段，长期项目投资都有可能发生现金流量，企业必须逐年估算每个时点上的现金流入量、现金流出量和净现金流量。

（一）估算项目现金流量的假设

1.项目投资的类型假设

假设对内长期项目投资只包括单纯固定资产投资项目、完整工业投资项目和更新改造投资项目三种类型。

2.财务可行性分析假设

假设项目投资已经具备了经济、技术、社会效益可行性，投资决策者仅是为了进行项目财务可行性分析而估算现金流量。

3.全投资假设

假设在估算现金流量时，只考虑全部投资的运动情况，而不分自有资金和借入资金，实际存在的借入资金也将其作为自有资金统一对待。

4.建设期投入全部资金假设

不论项目的原始总投资是一次投入还是分次投入，除个别情况外，假设它们都是在建设期内投入的。

5.生产经营期与折旧年限一致假设

假设项目投资的主要固定资产的折旧年限一般与其生产经营期相同。

6.时点指标假设

不论现金流量具体内容所涉及的价值指标是时点指标还是时期指标，均假设按照年初或年末的时点指标处理。其中，假设建设投资在建设期内有关年度的年初或年末发生，流动资金投资则在生产经营期期初（项目投产时）发生；生产经营期内各年的收入、成本费用、折旧、摊销、利润、税金等项目的确认均在年末发生；项目最终报废或中途变卖及清理均发生在终结点（更新改造项目除外）。

7.确定性假设

假设与项目现金流量有关的价格、产销量、成本费用、企业所得税税率等因素都是确定的，均为已知常数。

（二）项目净现金流量的估算

净现金流量（NCF），又称现金净流量，是指在项目计算期内现金流入量与现金流出量之间的差额。它是计算项目投资决策评价指标的重要依据。

项目某年的净现金流量=该年现金流入量-该年现金流出量

$NCF_t=CI_t-CO_t$（t=0，1，2，…，n）　　（4.2.1式）

式中：NCF_t为第t年净现金流量；

CI_t为第t年现金流入量；

CO_t为第t年现金流出量。

以完整工业投资项目为例，项目建设期、生产经营期和项目终结点的净现金流量（流出记为负，流入记为正）可以分别计算为：

初始净现金流量=-初始投资额=-（固定资产投资+垫支流动资金等）　　（4.2.2式）

生产经营期年营业净现金流量=年营业收入-年付现成本-年所得税

=营业收入-（营业成本-折旧摊销等）-所得税

=营业收入-营业成本-所得税+折旧摊销等

=年营业净利+年折旧摊销等　　（4.2.3式）

或：生产经营期年营业净现金流量=（营业收入-营业成本）×（1-所得税税率）+折旧摊销等

=（营业收入-付现成本-折旧摊销等）×（1-所得税税率）+折旧摊销等

=营业收入×（1-所得税税率）-付现成本×（1-所得税税率）

+折旧摊销等×所得税税率

=年税后营业收入-年税后付现成本+年折旧摊销等　　（4.2.4式）

终结点净现金流量=固定资产净残值或变价净收入±固定资产变现净损益抵税（或纳税）+原垫支流动资金的回收额 （4.2.5式）

4.2.5式中，固定资产净残值或变价净收入是指固定资产到期报废时残值收入或中途变卖时出售价款扣除清理费用后的净额。固定资产变现净损益抵税（或纳税）=（固定资产账面净值-净残值或变价净收入）×所得税税率。其中，固定资产账面净值指的是固定资产账面原值与报废或中途变卖时按照税法规定计提的累计折旧的差额。如果固定资产账面净值-净残值或变价净收入>0，则意味着发生了变现净损失，可以抵税，减少现金流出，增加现金净流量；如果固定资产账面净值-净残值或变价净收入<0，则意味着发生了变现净收益，应该纳税，增加现金流出，减少现金净流量。

需要注意的是，估算现金流量的目的是评价项目投资的可行性，以便于作出正确的决策。因此，在估算过程中估算的投资金额、营业收入和付现成本，都必须是与这个项目投资本身相关的。现金流出必须是因为实施这个项目而发生的支出，现金流入必须是这个项目引起的流入。有些现金流出是在作出项目投资决策前已经发生了的，称为沉没成本，被视为不相关的现金流量。在投资决策过程中，由于受投资资金限制选择本项目而放弃其他项目所造成的机会成本必须作为选中项目的成本来考虑。另外，要考虑该项目对企业其他部门现金流量的有利或不利影响，并把这些影响视为项目的收入或成本。

【例4-1】福通公司准备添置一项设备以扩充生产能力，现有甲、乙两个方案可供选择。假设所得税税率为40%，公司资金成本率为10%。

甲方案采用购买方式需投资30 000元，使用寿命为5年，采用直线法计提折旧，每年销售收入为15 000元，每年付现成本为5 000元，5年后设备无残值。

乙方案采用建造方式，建设期为1年，年初和年末分别投入20 000元，投产前还需垫支流动资金3 000元。使用寿命、折旧方法与甲方案相同，每年销售收入为18 000元，付现成本第一年为6 000元，以后随着设备陈旧，逐年将增加修理费300元，5年后有净残值5 000元。

（1）甲方案各年净现金流量的计算。

每年折旧额=30 000÷5=6 000（元）

每年净利润=15 000-5 000-6 000-（15 000-5 000-6 000）×40%=2 400（元）

NCF_0=-30 000元

NCF_{1-5}=15 000-5 000-（15 000-5 000-6 000）×40%=8 400（元）

或：NCF_{1-5}=6 000+2 400=8 400（元）

（2）乙方案各年净现金流量的计算。

每年折旧额=（40 000-5 000）÷5=7 000（元）

NCF_0=-20 000元

NCF_1=-（20 000+3 000）=-23 000（元）

NCF_2=18 000-6 000-（18 000-6 000-7 000）×40%=10 000（元）

NCF_3=18 000-6 300-（18 000-6 300-7 000）×40%=9 820（元）

NCF_4=18 000-6 600-（18 000-6 600-7 000）×40%=9 640（元）

NCF_5=18 000-6 900-（18 000-6 900-7 000）×40%=9 460（元）

NCF_6=18 000-7 200-（18 000-7 200-7 000）×40%+5 000+3 000=17 280（元）

NCF_{2-6}也可以采用折旧加净利润的方式来计算，即：

NCF_2=7 000+［18 000-6 000-7 000-（18 000-6 000-7 000）×40%］=10 000（元）

NCF_3=7 000+［18 000-6 300-7 000-（18 000-6 300-7 000）×40%］=9 820（元）

NCF_4=7 000+［18 000-6 600-7 000-（18 000-6 600-7 000）×40%］=9 640（元）

NCF_5=7 000+［18 000-6 900-7 000-（18 000-6 900-7 000）×40%］=9 460（元）

NCF_6=7 000+［18 000-7 200-7 000-（18 000-7 200-7 000）×40%］+5 000+3 000
=17 280（元）

随堂测1

第三节 对内长期项目投资决策评价指标（方法）

一、项目投资决策评价指标的含义和种类

（一）项目投资决策评价指标的含义

项目投资决策评价指标，是指用于直接衡量和比较项目投资可行性、据以进行方案决策的定量化标准与尺度，是由一系列综合反映投资效益、投入产出关系的量化指标构成的。

项目投资决策评价指标较多，本章节主要从财务评价角度介绍投资利润率、静态投资回收期、净现值、净现值率、现值指数、内含报酬率六项指标。

（二）项目投资决策评价指标的分类

1.按是否考虑资金时间价值分类

项目投资决策评价指标按其是否考虑资金时间价值，可分为非折现评价指标和折现评价指标。非折现评价指标，是指没有考虑时间价值因素的评价指标，也称静态评价指标，主要包括投资利润率、静态投资回收期等。折现评价指标，是指考虑了时间价值因素的评价指标，也称动态评价指标，主要包括净现值、净现值率、现值指数、内含报酬率等。

2.按指标性质分类

项目投资决策评价指标按性质不同，可分为在一定范围内越大越好的正指标和越小越好的反指标。投资利润率、净现值、净现值率、现值指数和内含报酬率均属于正指标；静态投资回收期属于反指标。

3.按指标数量特征分类

项目投资决策评价指标按其数量特征的不同，可分为绝对量指标和相对量指标。绝对量指标包括以时间为计量单位的静态投资回收期指标和以价值为计量单位的净现值指标。相对量指标除现值指数用指数形式表现外，其他指标用百分比形式表现。

4.按指标重要性分类

项目投资决策评价指标按其在决策评价中所处的地位，可分为主要指标、次要指标和辅助指标。例如，净现值、内含报酬率等为主要指标，静态投资回收期为次要指标，投资利润率为辅助指标。

项目投资的决策方法往往以其决策评价指标的名称命名，因此采用投资利润率、静态投资回收期、净现值、净现值率、现值指数和内含报酬率指标进行投资决策的方

法分别被称为投资利润率法、静态投资回收期法、净现值法、净现值率法、现值指数法和内含报酬率法。

二、项目投资决策的非折现评价指标

（一）投资利润率

1.投资利润率指标的含义

投资利润率（ROI），又称投资报酬率，是指项目生产经营期正常年度税前利润或平均税前利润占投资总额的百分比。有时分子也可以用息税前利润或净利润。

2.投资利润率指标的计算方法

投资利润率的计算公式为：

$$投资利润率（ROI）=\frac{经营期年平均利润额}{投资总额}\times100\% \qquad (4.3.1式)$$

【例4-2】依据【例4-1】的资料，分别计算甲、乙两个方案的投资利润率为：

$$甲方案的投资利润率=\frac{15\,000-5\,000-6\,000}{30\,000}=13.33\%$$

$$乙方案的投资利润率=\frac{(5\,000+4\,700+4\,400+4\,100+3\,800)\div5}{43\,000}=10.23\%$$

3.投资利润率法的决策标准

投资利润率是一个非折现的正指标，因此项目的投资利润率越高越好。在对单一项目进行评价时，计算出的投资利润率高于投资者要求的最低利润率才可行；在对不同项目进行比较时，以投资利润率高的项目为优。

4.投资利润率指标的优缺点

投资利润率指标的优点是计算比较简单，便于操作。它的缺点是：一是没有考虑资金时间价值和风险价值因素；二是不能正确反映建设期的长短、投资方式的不同以及回收额对项目的影响；三是无法直接利用净现金流量信息；四是计算公式的分子是时期指标，分母是时点指标，计算口径上可比性较差。因此，投资利润率指标只能作为投资决策的辅助指标。

（二）静态投资回收期

1.静态投资回收期指标的定义

静态投资回收期是不考虑资金时间价值的回收期，又称全部投资回收期，简称回收期，是指以项目投资经营净现金流量抵偿原始总投资所需要的全部时间。该指标以年为单位，可分为以下两种形式：包括建设期的投资回收期（记作PP）和不包括建设期的投资回收期（记作PP′）。显然，在建设期为s时，PP′+s=PP。只要求出其中一种形式，就可以很方便地推算出另一种形式。

2.静态投资回收期指标的计算方法

（1）每年净现金流量相等时的投资回收期计算方法。

当项目生产经营期内各年的净现金流量相等时，可以采用简单公式求得不包括建设期的投资回收期。其计算公式为：

$$投资回收期（PP'）=\frac{原始总投资}{年净现金流量} \qquad (4.3.2式)$$

（2）每年净现金流量不相等时的投资回收期计算方法。

当项目生产经营期内各年的净现金流量不等时，应先把未来每年的净现金流量逐年加总，计算“累计净现金流量”。当某年累计净现金流量正好为零时，此年限即投资回收期；当累计净现金流量无法直接找到时，可利用相邻的正值或负值用比例法计算投资回收期，也可以用列表法算出投资回收期。

【例4-3】仍依据【例4-1】的资料，分别计算甲、乙两个方案的投资回收期。

（1）甲方案的投资回收期（PP′）=30 000÷8 400=3.57（年）

因为甲方案的建设期为0，所以PP也是3.57年。

（2）乙方案到经营期第4年年末的累计净现金流量=43 000−10 000−9 820−9 640−9 460=4 080（元）

乙方案第5年的净现金流量=17 280元

乙方案的投资回收期（PP′）=4+（4 080÷17 280）=4.236（年）

因为乙方案有1年的建设期，所以PP=4.236+1=5.236（年）。

动态投资回收期需要将投资引起的未来净现金流量进行折现，以经营期净现金流量的现值等于原始投资额现值时所经历的时间作为投资回收期。

如果项目生产经营期内各年的净现金流量相等，如上述甲方案属于年金形式，用“$(P/A, i, n)=\dfrac{\text{原始投资额的现值}}{\text{经营期每年现金净流量}}$”计算出年金现值系数，i用投资者要求的投资报酬率（一般是资金成本率），通过查年金现值系数表，再利用比例原理，用插值法推算出动态回收期n。

例如，【例4-1】资料中的甲方案，（P/A，10%，n）=30 000÷8 400=3.571，查年金现值系数表，第4年的年金现值系数为3.170，第5年的年金现值系数为3.791，用插值法计算，动态投资回收期（n）$=4+\dfrac{3.571-3.170}{3.791-3.170}\times(5-4)=4.646$（年）。

如果项目生产经营期内各年的净现金流量不相等，如上述乙方案，应把经营期每年的净现金流量逐一折现并加总，根据累计现金流量的现值来确定回收期，同样要用到插值法。

3.静态投资回收期法的决策标准

静态投资回收期是一个非折现的绝对量反指标，在实践中应用较为广泛。该方法的决策标准是：投资回收期最短的方案是最佳方案。因为投资回收期越短，说明投资方案的风险越小。经验上，一般认为少于项目计算期的1/2为宜。从这一角度来看，还应将各方案的静态投资回收期与基准投资回收期（即投资者要求的投资回收期）对比，只有投资回收期小于或等于基准投资回收期的方案，才是可行方案。

4.静态投资回收期指标的优缺点

静态投资回收期指标的优点是：

第一，能够直观地反映原始投资的返本期限，可在一定程度上反映项目投资的风险程度；

第二，便于理解，方法简单，计算不难；

第三，可以直接利用项目的净现金流量信息。

它的缺点是：

第一，没有考虑资金时间价值因素；

第二，只考虑了项目经营期净现金流量总和中等于原始投资额的部分，没有考虑投资回收期后继续发生的净现金流量的变化情况。

三、项目投资决策的折现评价指标

（一）净现值

1.净现值指标的定义

净现值（记作NPV），是指在项目计算期内，按投资者要求的投资报酬率计算的项目各年的净现金流量现值的代数和，即按投资者要求的投资报酬率计算的项目生产经营期内各年的净现金流量现值与建设期各年的净现金流量现值的差额。

2.净现值指标的计算方法

净现值指标的基本计算公式为：

$$净现值(NPV)=\sum_{t=0}^{n}\frac{NCF_t}{(1+i_c)^t}=\sum_{t=0}^{n}NCF_t(P/F，i_c，t) \quad (4.3.3式)$$

式中：n为项目计算期；

NCF_t为第t年的净现金流量；

i_c为折现率（即投资者要求的投资报酬率，可以选择行业基准收益率、资金成本率、市场利率或其他设定的折现率）。

需要注意的是，在使用资金成本率作为投资者要求的投资报酬率（折现率）时，如果项目的经营风险与企业当前的资产平均风险相同、企业继续采用相同的资金结构为新项目筹资，那么可以使用企业当前的加权平均资金成本率。如果在相等风险假设或资金结构不变假设明显不能成立时，则必须采取一定的方法对当前的加权平均资金成本率加以调整，以此作为新项目的折现率。

净现值指标的计算公式也可以表述为：

净现值=项目投产后各年净现金流量的现值合计-原始投资的现值合计　　（4.3.4式）

【例4-4】仍沿用【例4-1】的资料，假定投资者要求的投资报酬率为该公司的资金成本率（10%）。试求甲、乙两个方案的净现值。

甲方案的原始投资在建设起点一次投入，建设期为0，投产后每年的净现金流量相等，表现为普通年金形式，因此其净现值可用普通年金的现值公式求得。其计算过程如下：

NCF_0=-30 000元

NCF_{1-5}=8 400元

$NPV_甲$=-30 000+8 400×（P/A，10%，5）=-30 000+8 400×3.791=1 844.4（元）

乙方案的原始投资在建设期内分两次投入，建设期为1年，投产后每年产生的营业净现金流量不相等，且项目终结时还有净残值和流动资金的回收额。因此，只能用一般的方法计算乙方案的净现值。其计算过程如下：

NCF_0=-20 000元

NCF_1=-23 000元

NCF_2=10 000元

NCF_3=9 820元

NCF_4=9 640元

NCF_5=9 460元

NCF_6=17 280元

$NPV_{乙}$=（−20 000−23 000×0.909）+10 000×0.826+9 820×0.751+9 640×0.683+9 460×0.621+17 280×0.564=−3 067.48（元）

3.净现值法的决策标准

在只有一个备选方案的采纳与否决策中，当净现值≥0时，则财务上可行，因为净现值≥0，意味着该项目投资后能为投资者带来大于或等于其折现率（即投资者要求的投资报酬率）的投资收益；在多个备选方案的互斥选择决策中，应选用净现值是正值且最大的方案。

上例中，甲方案的净现值为正数（1 844.4元），说明该方案投资后投资者可望获得的投资报酬率（也称预期投资报酬率、内含报酬率）将超过投资者要求的报酬率（折现率）10%，因而在财务上是可行的，可以接受；而乙方案净现值为负数（−3 067.48元），说明该方案投资后可望获得的投资报酬率达不到投资者要求的报酬率（折现率）10%，因而在财务上是不可行的，应予以放弃。

净现值指标是一个折现的绝对量正指标，是投资决策评价指标中最重要的指标之一，其计算形式又与净现值率、获利指数、内含报酬率指标的计算有关，是计算其他折现的决策评价指标的基础。因此，必须熟练掌握它的计算技巧。

4.净现值指标的优缺点

净现值指标的优点是：

第一，充分考虑了资金时间价值，比较科学；

第二，计算时能利用项目计算期内的全部净现金流量信息；

第三，可以根据投资者的要求来灵活选择折现率，考虑了投资的风险性，因为折现率的选择与项目投资的风险预期有关，投资者认为所冒投资风险越大，选择的折现率就会越高。

投资者选择的折现率越高，计算出的项目净现值就越小，项目投资达到投资者要求的可能性就越小。因此，在净现值法下，选择一个合理的折现率是很关键的。

净现值指标的缺点是：一是虽然该指标能基本满足经营期限相同的互斥项目投资的决策，但是无法比较投资额不相等的独立投资方案的优劣，此时不得不使用其他评价指标进行决策。独立投资方案是指两个或两个以上项目互不依赖和影响，可以同时并存，各方案的决策是独立的。二是净现值指标也无法从动态的角度直接反映项目投资可望实现的实际报酬率（即预期报酬率、内含报酬率）水平。另外，对投资者而言，选择合理的折现率（必要投资报酬率）比较困难。

5.年金净流量

年金净流量（ANCF），是指项目计算期间内全部现金净流量总额的总现值（因为原始总投资是现金流出，为负数，所以总现值即净现值）或总终值（即净终值）折算为等额年金的平均现金净流量，是对净现值或净终值考虑资金时间价值的年平均数。年金净流量法（也称等额年金法、年均净现值法）是净现值法的辅助方法。

年金净流量的计算公式是：年金净流量=$\frac{净现值}{年金现值系数}$，也可以是：年金净流量=$\frac{净终值}{年金终值系数}$。常用前者，即：

$$ANCF=\frac{NPV}{(P/A,\ i,\ n)} \qquad (4.3.5式)$$

与净现值指标一样，如果年金净流量指标≥0，说明每年平均现金流入能抵补现金流出，项目投资的净现值≥0，投资方案可望实现的实际报酬率将大于或等于投资者要求的投资报酬率，投资方案可行。在比较两个或两个以上生产经营期不同的投资方案时，年金净流量越大，投资方案越好。

当各投资方案经营期相同时，年金净流量法（也称等额年金法）实质上就是净现值法（只不过净现值是总数而年金净流量是年平均数而已），因此它适用于经营期限不同的投资方案的决策，但同时它也具有与净现值法同样的缺点，不便于对原始投资额现值不相等的独立投资方案进行决策。

6.净现值法在固定资产更新决策中的应用

固定资产更新是用新资产替代在经济上或技术上不宜继续使用的旧资产。从决策性质上来看，固定资产更新决策属于互斥投资方案的决策类型。也就是说，要么采用新设备，要么继续沿用旧设备，只能取其一。对企业来说，由于科学技术的进步，过时的旧设备往往需要过多的维修费用来维持设备的正常生产能力，生产的产品的技术性能等也跟不上客户和消费者的要求，如果不能及时更新换代，很可能导致企业生产成本上升、竞争力下降、市场份额萎缩。在市场竞争激烈的形势下，这是很危险的。但是，对旧设备进行更新，意味着企业需要进行新的长期投资。对此，如果新、旧设备尚可使用时间相同，并且新设备能够提高企业生产经营能力（也称扩建重置），则可以运用净现值法进行决策判断。

【例4-5】福远公司有一台4年前购入的设备，购置成本10万元，估计仍可以使用6年。假定该设备已计提折旧4万元（直线法），账面余额6万元，期末无残值。使用旧设备仍可取得年销售收入20万元，每年付现成本为15万元。

现在该公司技术部门了解到市面上出现了一种替代设备，可提高产品质量和产量，于是提议更新设备。已知新设备原价22万元，估计可使用6年，期末残值为4万元，若购入新设备，年销售收入提高到25万元，每年还可节约付现成本1万元，若旧设备可折价3万元，该公司资金成本率为12%，所得税税率为40%。请问该设备是否应该进行更新。

我们可以分别计算两种设备所带来的净现值，通过比较来选择能带来较大净现值的方案。因为两种设备的使用年限相同，我们也可以直接计算、比较新设备与旧设备的差额净现值（△NPV）来进行决策。如果△NPV>0，则选择新设备，否则继续使用旧设备。

下面采用差额净现值法计算：

（1）新设备的年折旧额=（220 000-40 000）÷6=30 000（元）

旧设备的年折旧额=6 0000÷6=10 000（元）

△年折旧额=3 0000-10 000=20 000（元）

（2）△初始投资=220 000−30 000=190 000（元）

（3）表4−2为福远公司由于更新设备而引起的各年营业现金流量的增量。

表4−2　　各年营业现金流量的增量　　单位：元

项目	1～6年
△销售收入①	50 000
△付现成本②	−10 000
△折旧额③	20 000
△税前利润④=①−②−③	40 000
△所得税⑤=④×40%	16 000
△税后净利⑥=④−⑤	24 000
△年营业净现金流量⑦=⑥+③=①−②−⑤	44 000

（4）表4−3为更新设备和继续使用旧设备两个方案的现金流量的增量。

表4−3　　两个方案现金流量的增量　　单位：元

项目	0	1	2	3	4	5	6
△初始投资	−190 000						
△年营业净现金流量		44 000	44 000	44 000	44 000	44 000	44 000
△期末现金流量							40 000
△现金流量	−190 000	44 000	44 000	44 000	44 000	44 000	84 000

（5）计算△净现值：

△NPV=−190 000+44 000×（P/A，12%，5）+84 000×（P/F，12%，6）

=−190 000+44 000×（P/A，12%，6）+40 000×（P/F，12%，6）

−11 166（元）

可见，使用新设备后，比使用旧设备可以增加净现值11 166元，所以应该更新设备。

如果分别计算两种方案的净现值，然后比较其大小也可以得出同样的结论。

值得注意的是，上例中新旧两种设备的年收入不同，两种设备尚可使用的年限一样。但在现实中，这两种情况往往都不大可能成立。在固定资产更新决策中，往往设备更换不改变企业的生产能力，不增加企业的销售收入（现金流入）（这种情况称之为“替换重置”），那么更新决策的差额现金流量主要是差额现金流出。即使有少量的残值变现收入，也属于支出抵减，而非实质上的流入增加。由于只有差额现金流出，而没有差额现金流入，就给采用差额净现值法的分析比较带来了困难。通常，在收入相同时，我们认为成本较低的方案是好方案。那么，可否通过比较两个方案的总成本来判别方案的优劣呢？仍然不妥，因为新设备可以使用的年限往往比旧设备要长。

【例4−6】福伦公司有一台旧设备，工程技术人员提出更新要求，有关数据见

表4-4。

表4-4　　福伦公司新旧设备数据

项目	旧设备	新设备
原值	2 200元	2 400元
预计使用年限	10年	10年
已经使用年限	4年	0
最终残值	200元	300元
变现价值	600元	2 400元
年运行成本	700元	400元

假设福伦公司要求的必要报酬率为15%。

在表4-4中，旧设备尚可使用6年，而新设备可使用10年，因此两个方案取得的“产出”不可能相同。因此，我们应当在假设将来再更换设备时，可以按原来的平均年成本找到可代替设备的条件下，仿效上述的年金净流量法（等额年金法）的原理，比较继续使用旧设备和更换新设备1年的成本，即获得1年的生产能力所付出的代价(每年平均现金流出)，据以判断方案的优劣。

如果不考虑资金时间价值，平均年成本是未来使用年限内的现金流出总额与使用年限的比值。

$$\text{旧设备的平均年成本}=\frac{600+700\times6-200}{6}=767\text{（元）}$$

$$\text{新设备的平均年成本}=\frac{2\,400+400\times10-300}{10}=610\text{（元）}$$

如果考虑资金时间价值，平均年成本是未来使用年限内现金流出总现值与年金现值系数的比值。因为是长期项目的决策问题，使用考虑资金时间价值的指标自然更加科学。

$$\text{旧设备的平均年成本}=\frac{600+700\times(P/A，15\%，6)-200\times(P/F，15\%，6)}{(P/A，15\%，6)}=836\text{（元）}$$

$$\text{新设备的平均年成本}=\frac{2\,400+400\times(P/A，15\%，10)-300\times(P/F，15\%，10)}{(P/A，15\%，10)}=863\text{（元）}$$

通过上述计算可知，继续沿用旧设备的平均年成本较低，因此不宜进行设备更新。

（二）净现值率

1.净现值率指标的定义

净现值率（记作NPVR）是反映项目投资的净现值占原始投资现值的百分比的指标，也可将其理解为单位原始投资的现值所创造的净现值。

2.净现值率指标的计算方法

净现值率的计算公式为：

$$\text{净现值率(NPVR)}=\frac{\text{投资项目的净现值}}{\text{原始投资的现值}}\times100\% \qquad (4.3.6\text{式})$$

【例4-7】依据【例4-1】和【例4-4】的资料，分别计算甲、乙两个方案的净现值率为：

$NPVR_{甲}=1\ 844.4\div 30\ 000\times 100\%=6.15\%$

$NPVR_{乙}=-3\ 067.48\div 40\ 907\times 100\%=-7.50\%$

3.净现值率法的决策标准

只有净现值率≥0，项目投资才在财务上可行。因为只有项目投资的净现值率≥0，投资者投资后才能取得大于或等于其要求的投资报酬率的投资收益。在上例中，甲方案的净现值率为6.15%，从财务角度来看，该方案可行；而乙方案的净现值率<0，因此该方案在财务上不可行。

4.净现值率指标的优缺点

净现值率是一个折现的相对量评价指标。净现值率指标的优点是：既考虑了资金时间价值，也考虑了风险价值，可以从动态的角度反映投资项目的资金投入与净产出（净现值）之间的关系，因此可以用来比较不同投资额方案的优劣，从而弥补净现值指标在这方面的缺陷；其缺点与净现值指标相似，同样无法直接反映项目投资后可望实现的实际报酬率究竟是多少。

（三）现值指数

1.现值指数指标的定义

现值指数（记作PI），又称获利指数，是指按投资者要求的投资报酬率折算的项目投产后各年净现金流量的现值与原始投资的现值之比。

2.现值指数指标的计算方法

现值指数指标的计算公式为：

$$现值指数=\frac{投产后各年净现金流量的现值}{原始投资的现值} \tag{4.3.7式}$$

现值指数与净现值率的关系为：

$$现值指数=1+\frac{净现值}{原始投资的现值}=1+净现值率$$

【例4-8】依据【例4-1】和【例4-4】的资料，分别计算甲、乙两个方案的现值指数为：

$PI_{甲}=8\ 400\times 3.791\div 30\ 000=31\ 844.4\div 30\ 000=1.0615$

$PI_{乙}=37\ 839.52\div 40\ 907-0.9250$

同样，根据现值指数与净现值率的关系也可以计算出甲、乙两个方案的现值指数：

$PI_{甲}=1+6.15\%=1.0615$

$PI_{乙}=1+(-7.50\%)=0.9250$

3.现值指数法的决策标准

利用这一指标进行项目投资决策的标准是：如果投资方案的现值指数≥1，则该方案在财务上可行；否则，该方案在财务上不可行。如果几个方案的现值指数均大于1，那么现值指数越大，投资方案越好。在上例中，甲方案的现值指数大于1，说明其可望实现的预期投资报酬率超过预定的折现率（投资者要求的投资报酬率），甲方案在财务上可行；乙方案的现值指数<1，说明其可望实现的预期投资报酬率达不到投资者的要求，乙方案在财务上不可行。

4.现值指数指标的优缺点

现值指数也是一个折现的相对量评价指标。现值指数指标的优点是：既考虑了资金时间价值，也考虑了风险问题，可以从动态的角度反映项目投资的资金投入与总产出（投产后各年净现金流量的现值合计）之间的关系，因此可以用来比较不同投资额方案的优劣，弥补净现值指标在这方面的缺陷；其缺点与净现值、净现值率指标相似，同样无法直接反映项目投资后可望实现的实际报酬率究竟是多少。

（四）内含报酬率

1.内含报酬率指标的定义

内含报酬率（记作IRR），也称内部收益率、真实报酬率，是项目投资后实际可望达到的投资报酬率，是能够使项目未来现金流入量现值等于未来现金流出量现值的折现率，即能使投资项目净现值为零的折现率。其计算公式为：

$$\sum_{t=0}^{n}\frac{NCF_t}{(1+IRR)^t}=0 \qquad (4.3.8式)$$

虽然净现值、净现值率和现值指数三个指标都考虑了资金时间价值和风险价值，可以说明项目投资后可望实现的投资报酬率将高于、等于或低于投资者要求的投资报酬率（即选定的折现率），但这三个指标都没有揭示项目投资后可望实现的实际报酬率（预期投资报酬率）究竟是多少。而内含报酬率指标克服了这项缺陷，因为它本身就是项目投资后可望达到的实际投资报酬率，即真实报酬率。

2.内含报酬率指标的计算方法

（1）当项目投资满足以下特殊条件时，可用简便法求得内含报酬率：

①项目的全部投资均于建设起点一次投入，建设期为0，即建设起点第0年的净现金流量等于原始投资的负值；

②项目投产后每年净现金流量相等，呈普通年金形式。

在简便法下，内含报酬率（IRR）可按下式确定：

$$(P/A,\ IRR,\ n)=\frac{I}{NCF}$$

式中：I为在建设起点一次投入的原始投资；

NCF为在投产后每年相等的净现金流量。

具体计算程序如下：

①计算年金现值系数。年金现值系数（C）$=\dfrac{原始投资额}{年均净现金流量}$，即$(P/A,\ IRR,\ n)=\dfrac{I}{NCF}$。

②根据计算出来的年金现值系数C，查n年的年金现值系数表。

③若在年金现值系数表的n年上恰好能找到等于上述系数值C的年金现值系数（P/A，i，n），则该系数所对应的折现率i就是所求的项目内含报酬率IRR。

④若在年金现值系数表的n年上找不到事先计算出来的年金现值系数C，则可利用年金现值系数表上同期略大及略小于该数值的两个临界值C_m和C_{m+1}及相对应的两个折现率i_m和i_{m+1}，再依据比例原理用插值法（内插法）计算近似的内含报酬率。

【例4-9】福机公司某投资项目在建设起点一次性投资254 580元，当年完工并投产，经营期为15年，每年可获净现金流量50 000元，无净残值。按简便法计算该项目的内含报酬率为：

$$(P/A,\ IRR,\ 15)=\frac{254\ 580}{50\ 000}=5.092$$

查年金现值系数表，可知（P/A，18%，15）正好等于5.092，因此本项目的IRR就是18%。

【例4-10】 依据【例4-1】所列的甲方案净现金流量信息，可计算甲方案内含报酬率为：

$$(P/A,\ IRR,\ 5)=\frac{30\ 000}{8\ 400}=3.571$$

查年金现值系数表，可知（P/A，12%，5）=3.605，3.605>3.571；（P/A，13%，5）= 3.517，3.517<3.571，所以12%<IRR<13%。再用内插法计算可得：

$$IRR=12\%+\frac{3.605-3.571}{3.605-3.517}\times(13\%-12\%)=12.39\%$$

（2）若项目的净现金流量不属于上述特殊情况，如【例4-1】中的乙方案，就无法应用简便算法，必须按定义采用逐次测试逼近法，首先是估计一个折现率，用它来计算投资方案的净现值。如果净现值为正数，说明乙方案本身的内含报酬率超过估计的折现率，应提高折现率做进一步测试；如果净现值为负数，说明乙方案本身的内含报酬率低于估计的折现率，应降低折现率做进一步测试。经过逐次测试判断，再采用内插法计算使净现值等于0的折现率，即乙方案的内含报酬率。

【例4-11】 福恒公司有一投资项目A，其净现金流量见表4-5。要求计算该项目的内含报酬率。

表4-5　**投资项目A的净现金流量**　单位：元

年度	净现金流量
0	−20 000
1	11 800
2	13 240

根据上述资料，我们分别采用18%和16%的折现率进行测算，测算结果见表4-6。

表4-6　**内含报酬率测算表**　金额单位：元

年度	净现金流量	折现率=18%		折现率=16%	
		折现系数	现值	折现系数	现值
0	−20 000	1.000	−20 000	1.000	−20 000
1	11 800	0.847	9 994.60	0.862	10 171.60
2	13 240	0.718	9 506.32	0.743	9 837.32
净现值			−499.08		8.92

采用折现率16%测试，投资项目A的净现值是8.92；采用折现率18%测试，投资

项目A的净现值是-499.08。由此可知，投资项目A的内含报酬率在16%和18%之间。可以通过内插法求得：

$$\text{投资项目A的内含报酬率}=16\%+\frac{8.92-0}{8.92+499.08}\times(18\%-16\%)=16.04\%$$

3.内含报酬率法的决策标准

内含报酬率是一个折现的相对量正指标，采用这一指标的决策标准是将所测算的各方案的内含报酬率与投资者要求的投资报酬率（即计算净现值时采用的那个折现率）进行对比。如果方案的内含报酬率大于或等于投资者要求的投资报酬率，则该方案在财务上可行；如果方案的内含报酬率小于投资者要求的投资报酬率，则该方案在财务上不可行。如果几个投资方案的内含报酬率都大于投资者要求的报酬率，且各方案的投资额相同，那么内含报酬率最大的方案为最好；如果几个项目的原始投资不等，关键要看是独立项目还是互斥项目。如果是独立项目，决策时则以内含报酬率为准；如果是互斥项目，则应以净现值或年金净流量（ANCF）为准。如果项目出现非常规现金流量的情况，如经营期内各年的净现金流量有时为正有时为负，那么决策时应以净现值法为准。

4.内含报酬率指标的优缺点

内含报酬率考虑了资金时间价值和风险价值因素，能够从动态的角度反映项目投资后可望实现的实际收益水平（真实报酬率），比较直观，且不受投资者要求的投资报酬率的影响，比较客观。内含报酬率的概念易于理解，容易被人接受。但是，内含报酬率的计算过程比较烦琐，当然在电脑计算软件（如Excel）发达的今天，这也不是问题。

（五）折现指标之间的关系

视频微课

谈谈静态投资回收期、净现值和内含报酬率

随堂测2

对于同一项目，净现值（NPV）、净现值率（NPVR）、现值指数（PI）和内含报酬率（IRR）指标之间存在以下数量关系，即：

当NPV>0时，NPVR>0，PI>1，IRR>I_c；

当NPV=0时，NPVR=0，PI=1，IRR=I_c；

当NPV<0时，NPVR<0，PI<1，IRR<I_c。

此外，净现值率的计算需要在已知净现值的基础上进行，在计算现值指数、内含报酬率时也需要利用净现值的计算技巧或形式。这些指标都受建设期长短、投资方式，以及各年净现金流量的数量特征的影响。所不同的是净现值为绝对量指标，其余为相对量指标。计算净现值、净现值率和现值指数所依据的折现率都是事先确定好的I_c（投资者要求的投资报酬率），而内含报酬率的计算本身与I_c的高低无关，I_c只是内含报酬率法决策比较的标准。

【素养提升】

给长期投资项目的财务决策披上绿色。党的二十大报告指出："必须牢固树立和践行绿水青山就是金山银山的理念，站在人与自然和谐共生的高度谋划发展。"在习近平生态文明思想指导下，"十四五"时期，我国生态文明建设进入了以降碳为重点战略方向、推动减污降碳扩绿协同增效、实现生态环境质量改善由量变到质变的关键时期。减排治污降碳增绿将成为中国未来经济增长和转型最大的推动力。全国上下全面贯彻新发展理念、深入落实"双碳"目标、全力推动经济社会发展全面绿色低碳转型，对企业构成了较为刚性的环境和降碳目标约束，并驱动其加速绿色低碳转型走上可持续高质量发展道路。通过前面的学习我们已经知道，一个长期投资项目是否可行，要从经济、技术、社会（包括资源、环境、就业及有关社会发展的其他方面）、财务等四个方面加以研究，根据项目投资财务可行性分析假设，财务可行性研究是在假设投资项目已经具备经济、技术、社会可行性的前提下，投资决策者仅是为了进行项目财务可行性分析而估算相关现金流量，在项目财务决策中只关注财务性指标（如投资回收期、净现值、内含报酬率等）反映的财务经济回报，并将未来投资的财务回报作为投资项目财务决策的最主要评价依据。那么，请同学们思考和讨论：不包括项目的社会可行性研究（社会可行性研究涉及一整套定量指标体系和定性分析内容），仅就项目的财务可行性研究而言，要不要将项目对降碳、环境等绿色发展方面的财务影响（相关收入和由此导致的成本费用）纳入计算项目财务决策指标所依赖的基础信息（现金流量）？为什么要纳入？如何纳入？（最后一问可仅谈谈你的思路）

四、运用项目投资决策评价指标应注意的事项

设计上述项目投资决策评价指标的目的是直接为项目投资在财务可行与否上提供决策标准。但是，上述指标在设计时遵循了不同的假设条件，自身具有不同的特征，应用范围也不尽相同。因此，在实际中运用上述指标时要注意以下事项：

（一）对单一项目投资的决策

当只有一个项目投资作为决策对象时，只需对该项目在财务上是否可行进行判断，运用上述项目投资决策评价指标时，应该注意：

第一，一般情况下，净现值、净现值率、现值指数和内含报酬率指标都能得出同样的结论，因此运用任何一种指标均可。

第二，由于净现值、净现值率、现值指数和内含报酬率等折现评价指标均考虑了资金时间价值和风险价值因素，因此其结论优于投资回收期、投资利润率等非折现评价指标的结论。即：

（1）当净现值、净现值率、现值指数和内含报酬率认定项目可行，投资回收期、投资利润率也认定项目可行时，则该项目可行；

（2）当净现值、净现值率、现值指数和内含报酬率认定项目可行，投资回收期、投资利润率却认定项目不可行时，则该项目可行；

（3）当净现值、净现值率、现值指数和内含报酬率认定项目不可行，投资回收期、投资利润率却认定项目可行时，则基本认定该项目不可行。

（二）对多个独立项目投资的决策

独立投资方案是指两个或两个以上项目互不依赖，可以同时并存，各项目的决策也是独立的。也就是说，在独立方案中选择某一方案并不排斥另一方案。独立项目投资的决策属于筛分决策，评价各项目本身是否可行。独立项目投资之间比较时，决策者要解决的问题是如何确定各个可行项目的投资顺序，即各独立项目投资之间的优先次序。

在对初始投资额不同、生产经营期不同的独立项目投资进行比较排序分析时，以各独立项目投资的获利程度作为评价标准。在净现值、现值指数、内含报酬率、年金净流量等指标之间发生评价矛盾时，一般采用内含报酬率法进行比较决策。因为内含

报酬率指标综合反映了各项目投资的获利程度，所以在各种情况下其决策结论相对正确。

在多个项目均可行且可同时开展两个以上项目的条件下，如果投资资本总量受到限制，当项目经营期相同时，则必须以净现值指标为基础，在保证充分利用投资资本的前提下，进行各种组合的排序，从中选出净现值之和最大的组合作为采纳的最优项目组合。有限资源的净现值最大化成为具有一般意义的原则。当项目经营期不同时，则应当以内含报酬率指标为主进行决策。可用内部收益率标准对所有方案由大到小进行排列，并在资金约束条件下，选择方案组合，使其达到整体内部收益率最大。

（三）对多个互斥项目投资的决策

互斥项目，是指在决策时面对的是两个或两个以上相互关联、互相排斥、不能同时并存的投资项目，即接受一个项目就必须放弃其他项目的情况。不能同时并存的原因通常是因为没有足够的资金同时保证多个项目展开。因此，互斥项目的评价属于选择决策，就是在每一个入选项目都已具备财务上的可行性的前提下，利用具体的决策指标如净现值、年金净流量、净现值率、现值指数、内含报酬率等对项目的优劣进行比较，从中选择一个最优项目的过程。这里又常常包括两种情况：

（1）在所有项目的初始投资额和项目经营期限相同的情况下，无论采用净现值、净现值率、现值指数，还是内含报酬率，对项目优劣的排序结论都是一致的，可以选择任意一种方法进行决策。

（2）更多情况下，多个项目投资会出现初始投资额不同、项目经营期限不同、经营期净现金流量模式不同（有的前期流入多，有的后期流入多）的情况，此时采用净现值、年金净流量和内含报酬率等指标进行评价，可能会出现相互矛盾的结论。这时应以净现值指标或年金净流量指标的评价结论为准，尤其是年金净流量（ANCF）指标更是最佳的决策评价指标，相应的决策方法称为年金净流量法（也称等额年金法、年均净现值法）。因为从选定经济效益最大的要求出发，互斥项目的选优决策应以项目的获利数额作为评价标准，而年金净流量全面反映了各项目投资获利数额的年平均数。净现值指标在项目经营期不同的情况下，需要按各方案最小公倍期限调整计算，即采用共同年限法，假设项目投资可以在终止时进行重置，通过重置使各项目达到共同的年限，然后计算比较其共同年限条件下的净现值。对初始投资额不等但项目经营期限相同的互斥项目，只用净现值指标的决策结论是没问题的。在互斥项目的选优决策中，原始投资额的大小并不影响决策的结论，无须考虑原始投资额的大小，所以内含报酬率等相对量指标用不上，这是因为企业（投资者）需要的是更多的实实在在的报酬，而不是报酬的比率。

视频微课

互斥项目方案如何决策？

【头脑风暴】投资决策中净现值、现值指数与内含报酬率指标之间判断的矛盾及选择。

分组任务

【分组任务】

案例讨论：投资决策指标的合理运用。

活动内容：请四组学生分别事先（上课前）准备，其中三组各推选一名学生作介绍，介绍时间各5分钟，第四组推选三名学生作点评，点评时间各5分钟。

案例讨论资料

第四节　长期资产管理

一、固定资产概述

固定资产是指企业为生产产品、提供劳务、出租或者经营管理而持有的、使用时间超过12个月的、价值达到一定标准的非货币性资产，包括房屋、建筑物、机器、机械、运输工具以及其他与生产经营活动有关的设备、器具、工具等。固定资产是企业的劳动资料，也是企业赖以生产经营的主要资产。

市场竞争意味着对手间各种经济资源水平及其复合营运能力（微观生产力）优势的竞争。固定资产作为现代科技的载体，是企业营运能力水平的重要标志，是培育核心能力和竞争优势不可或缺的重要保障。它决定着企业可以生产哪种产品，需要采用何种技术，如何安排作业流程，怎样组织资源配置，产出的数量、质量与效率如何，以及能够进入哪一市场，是否拥有竞争优势等，从而对企业未来的发展方向、前途命运以至整个经营战略目标的达成，都将产生重大的基础性的影响。因此，对于固定资产，从投资评价、预算实施、投入使用到成本消耗的日常控制与更新重置，都连结着企业的长期战略与管理目标。

即使是当前市场上最先进的设备，一旦投资形成，便意味着该设备的技术性能在未来一个相当长的时间内始终停留在当前水平上，在技术革命不断进步的冲击下，其原有的技术领先优势将会随着时间的推移不断衰减，甚至沦为劣势地位。为此，企业必须树立危机意识和创新观念，不断优化固定资产投资结构，更新技术性能，以持续的技术领先优势推动强劲的市场竞争优势。

因此，企业必须加强固定资产的管理：

第一，安排好固定资产的决策和管理控制权力结构；

第二，准确预测固定资产的需用量和技术水平；

第三，认真做好固定资产的投资可行性测评与立项工作，即项目投资的预测和决策工作；

第四，正确选择固定资产折旧政策、准确计提折旧；

第五，做好固定资产的日常控制和维护工作。

二、固定资产需用量的预测

（一）固定资产需用量预测的要求

长期项目投资中以固定资产投资为主要内容。在固定资产投资过程中，预测固定资产的投资资金需要量是基础性工作。它不仅有利于企业合理筹集所需要的资金，降低资金成本，避免不必要的闲置浪费，更重要的是有利于对投资方案进行科学正确的评价，使项目投产后的经济效益达到最大。

固定资产需用量预测是指企业根据生产经营发展方向（经营战略）、生产任务和现有生产能力，测定计划期内固定资产正常合理的需用数量，是进行固定资产投资决策的重要依据，是一项综合性很强的工作。固定资产需用量预测同企业的生产经营发展方向、生产规模、市场状况、协作关系等有密切关系，因此企业财务部门应当与企业计划部门、设备管理部门、生产使用部门密切配合，共同做好这项工作。

固定资产需用量预测的要求有：一是搞好固定资产清查，核实现有设备的生产能力。要搞清楚现有固定资产状况，如固定资产的数量、质量和生产能力，掌握哪些固定资产是在用的，哪些固定资产是必须备用的，哪些固定资产是闲置的，并了解其完好和新旧程度。二是以企业的生产任务为依据和基本出发点，结合生产规模和生产发展方向及有关技术经济指标等因素来测定。应坚持以内延扩大生产为主，以固定资产现状为基础，将固定资产的革新与更新改造、扩建相结合，提高设备利用率，不能只依赖于追加投资。在对企业长远生产任务尚无确定把握的情况下，不应盲目、过高地估计固定资产需用量，增加投资风险。三是在保证正常经营需要的基础上，尽可能减少固定资产占用量。预测时，要注意结合生产技术、生产组织的具体情况，抓住重点，分清主次。其中，生产设备是进行生产经营活动的主要物质技术基础，是决定产品产量和质量的重要因素，品种多、数量大、占用的投资额最多，因此应列为重点预测对象，其他配套性设备，如厂房、动力运输设备等，可根据其与生产设备的一定比例关系确定其需用量。至于集体福利设施等非生产性固定资产，只能按实际需要和可能条件来确定其需用量。

（二）固定资产需用量预测的方法

常用的固定资产需用量预测方法有经验估计法和定量分析法两类。

1.经验估计法

经验估计法，是指企业领导者以及企业相关部门富有经验的管理人员，必要时聘请外部相关专家，凭借经验对固定资产的需要量进行预测。这种方法最大的好处就是简单、易行、效率高，常用于初创期和成长初期的企业对投资规模较小的固定资产需用量的预测。

2.定量分析法

定量分析法主要是借助数学模型，结合企业生产经营需要进行定量计算分析预测。一般用某一时期企业生产经营的总任务除以单位（台）固定资产生产经营的能力，求得固定资产的需用量，进而与现有固定资产数量比较，求出其需要进一步投资的固定资产数额。定量分析法的优点是比较准确，可靠性高。在企业规模较大、需要投资的固定资产较多时，可采用定量分析法来确定固定资产需用量。定量分析法又可分为查定法和固定资产占用率法。

（1）查定法。

查定法是指在查定固定资产需要的实物量的基础上，进一步测算固定资产价值量的方法。

①单台设备年生产能力，即单台设备年产量，可以用台时量表示，也可以用实物量表示。

如果单台设备年生产能力用台时量表示，可按下列公式计算：

单台设备年生产能力=全年有效工作日数×每日开工班次×每班工作台时　（4.4.1式）

如果单台设备年生产能力按实物量计算，其计算公式为：

单台设备年生产能力=全年有效工作日数×每日开工班次×台班产量　（4.4.2式）

②计划年度总产量，即计划年度总生产任务。

如果计划年度总产量用实物量表示，可按下列公式计算：

$$计划年度总产量=\sum(某种产品的计划产量\times该产品的换算系数) \quad (4.4.3式)$$

当企业生产的产品品种单一时，可直接以生产计划规定的计划产量为计划生产任务。如果企业生产的产品品种较多，其计划总产量应按上述公式计算，换算系数的公式为：

$$某产品换算系数=\frac{某产品单位定额台时}{代表产品单位定额台时}$$

若企业生产的产品品种多且差异大，则计划任务不宜用实物量表示，而应用台时量表示。其计算公式为：

$$计划年度总产量=\sum(计划产量\times单位产品定额台时\times定额改进系数) \quad (4.4.4式)$$

式中：单位产品定额台时是指现行定额；定额改进系数是指预计新定额占现行定额的百分比，该系数的大小标志着计划年度采用技术措施后企业劳动生产率可能提高的程度。

$$定额改进系数=\frac{计划年度新定额台时}{现行规定定额台时}\times100\%$$

③计划年度生产设备需用量。将计划年度总产量（计划生产任务）与生产能力进行比较，即在测定企业生产能力的基础上，与生产任务相平衡来测算需用量。其计算公式为：

$$某种生产设备需用量=\frac{计划年度总产量}{单台设备生产能力} \quad (4.4.5式)$$

④计划年度生产设备多余或不足数。其计算公式为：

计划年度生产设备多余（+）或不足（-）数=现有生产设备台数-生产设备需用量　（4.4.6式）

$$\begin{matrix}生产设备多余（+）或\\不足（-）的生产能力\end{matrix}=\begin{matrix}计划年度生产设备多余\\（+）或不足（-）数\end{matrix}\times\begin{matrix}该设备单台\\年生产能力\end{matrix}$$

现有设备多余或不足，表明企业生产设备负荷不足或超负荷运转。对生产设备多余的生产能力，企业应在产品适销对路，原材料、燃料动力等供应充足的条件下，适当增加产品产量或承接对外加工业务；对生产设备不足的生产能力，企业应首先考虑充分挖掘内部潜力，采取有效措施，如合理增加班次、保证修理质量、缩短修理时间、消除计划外停工、减少无效运作，以及采用新技术、新工艺提高工人技术水平和熟练程度等，以提高生产能力。当以上措施采用后仍不能满足生产需要时，则应考虑适当新增固定资产。

（2）固定资产占用率法。

固定资产占用率法是以上年度固定资产占用率为基础，结合计划年度生产任务增长情况，并考虑改进固定资产利用效果的各项措施，通过调整来确定计划年度固定资产占用额。其计算公式为：

$$\begin{matrix}计划年度\\固定资产占用额\end{matrix}=\begin{matrix}计划年度\\工业总产值\end{matrix}\times\begin{matrix}上年固定\\资产占用率\end{matrix}\times\left(1-\begin{matrix}计划年度固定\\资产节约率\end{matrix}\right) \quad (4.4.7式)$$

$$上年度固定资产占用率=\frac{上年固定资产实际平均总额}{上年实际工业总产值}\times100\%$$

三、固定资产折旧政策

作为一种非付现性质的固定成本，固定资产折旧金额的大小直接影响着企业的收益、风险和现金流量，进而对企业的筹资、投资、分配、市场价值，甚至整体市场竞争能力产生直接或间接的影响。因此，能否选择正确的折旧政策，对企业来说关系重大。

固定资产折旧政策主要有会计准则制度上规定的企业对外报告用的社会折旧政策、税收法规规定的企业纳税上用的税法折旧政策和企业内部制定的用于加强固定资产管理与控制的内部折旧政策。内部折旧政策作为强化企业内部管理与控制的杠杆手段，完全依据自身管理与控制的需要来选择，甚至可以不同于社会或税法的口径。虽然在企业尤其在企业集团中，在合法合规的前提下，可以通过对社会折旧政策的选择实现部分企业市场价值最大化，通过税法折旧政策的选择可以实现部分纳税现金流出最小化，但内部折旧政策是企业财务政策的一个组成部分，如同投资政策一样，它的制定和实施更应引起企业管理者的高度重视。

关注技术创新进步，加速机器设备等经营性固定资产更新换代，谋取竞争优势，是企业制定固定资产内部折旧政策必须考虑的一个重要因素。比如，在企业集团中，对各成员企业不同目标的固定资产，结合设备技术更新速度的不同要求，划分不同类型，依托财务资源的承受能力，分别制定彼此不同的内部折旧政策。在各成员企业遵循会计折旧政策提供财务报表以及遵守税法折旧政策纳税的前提下，对所拥有的相关类别的固定资产按照各自适用的内部折旧比率，计算内部折旧成本，并依此计算内部应税所得额与内部应纳所得税，报送集团总部（母公司），总部对各成员企业实际应纳所得税与内部应纳所得税两者之间的差额，在总部与各成员企业之间进行对冲结转，从而在企业集团内部建立起一种鼓励技术创新和设备革命的机制，并发挥企业集团的资源聚合优势与资金融通优势，在制度和财力上让一些成员企业的一些固定资产能做到前期少纳税、后期多纳税（相当于加速折旧），为促进其技术进步和更新换代提供有效保障。当然，内部折旧政策在一般的单个企业内实施的空间不大。

四、无形资产管理

现代市场经济业已进入品牌、形象等无形资产竞争的时代。实施品牌战略，并借助无形资产盘活有形资产存量，正日益成为诸多成功企业优化资产组合、实现资源整合、谋取竞争优势的重要机制。商标、品牌、技术专利、特许专营权、商誉等无形资产除了具有有形资产的某些特性外，更有自身本质的财富性（是企业的宝贵财富，其本身具有超乎想象的价值，甚至是有形资产所不能比拟的）、功能的利销性（商标、品牌等可能是企业进军市场的旗帜和竞争制胜的“王牌”，能够给企业带来超额利润）、价值的核变性（优良的信誉、知名的品牌可以释放出无法估量的能量）等特性和功能效应，在企业经营和竞争中发挥着巨大的作用。

无形资产是企业赖以生存的财富，对企业的发展至关重要，一旦丧失，将给企业以致命的打击。因此，企业必须加强对无形资产的管理，以免流失或损坏：一是要加强对无形资产的计价、成本、摊销等方面的核算；二是要重视无形资产的价值评估；

三是要加强无形资产保密、保值工作；四是要及时取得无形资产的法律保护。当然，更重要的是，加强无形资产的营造和营运，把企业的无形资产发展好、运用好。

（一）无形资产的营造

1.专利战略

专利和商标是已经权利化了的智力创新成果，是企业在市场竞争中被法律承认并给予保护的独占市场的武器。企业在培育、创造、创新知识和技术的过程中，必须采用一些先进的跟踪与分析方法去观察、分析竞争环境和竞争者，进而制定一系列行之有效的无形资产开发策略。一旦发现具有市场前景的技术，便应迅速组织开发，并全方位申请注册保护，然后推向市场，通过产品这一载体在市场上立足驰名，企业借此滚动壮大，随后聚合更大的力量，进一步建立起技术与专利开发、应用和保护的密集网络，切实有效地维护自身的知识产权和技术专利，从而形成良性循环，积累起巨大的企业品牌价值。

2.质量信誉战略

无形资产的营造涉及专利权、商标权、营销战略、销售渠道、市场形象等各个方面，是一个复杂的系统工程，但一切的根本则在于产品质量信誉的保障。强化质量信誉是企业无形资产营造的基础和永恒的主题。没有良好的质量和信誉作为前提，即便一时创造出了知名度，也终将无法持久，从而影响市场的开拓和无形资产的形成。从长远来看，唯一经久的价值标准是质量本身，质量是产品的生命、品牌的物质基础、企业形象的保证。质量信誉是企业的生命之源，一定要培育好、保障好、成长好。

3.品牌战略

名牌的本质是以目标市场上消费者群体的有效需求为导向，以人才、技术、信息、成本、资源的领先优势为依托，以最恰当的功能质量和价格定位、独特的经营方式、良好的服务保障、丰富的文化内涵等为纽带而赢得的一种社会的普遍认可与信赖。名牌、形象是企业竞争优势的主要源泉和富有价值的战略财富。任何产品都有自己的品牌，它是区别于其他商品的质量与形象的标志。品牌一旦成为名牌，就会获得一种独立的，甚至对市场与企业前途与命运产生支配作用的力量，发挥巨大的辐射杠杆功能，这就是所谓的名牌效应。然而，由品牌到名牌的过程，即品牌战略的实施和实现过程，又是一项十分艰巨和浩大的系统工程，是特定企业科学技术、管理理念、实践经验、价值观念、形象信誉、战略思想、运筹策略以及服务质量等诸因素的凝结和升华，非一朝一夕之功，需要精心培育，持之以恒，全员投入，投资巨大，且风险很大，要时刻防范“一颗老鼠屎坏了一锅汤”这样的局面。

（二）无形资产的营运

无形资产的营运，是指企业通过对所拥有的专利权、商标权、著作权、土地使用权、商誉等各类无形资产进行运筹和谋划，使其实现价值的最大增值的活动。无形资产同有形资产一样，通过营运可以实现价值增值。无形资产营运有利于企业进行低成本扩张，实现规模经济，企业可以将自己的知识产权、管理优势等无形资产对外参股或者转让，扩大企业生产规模，实现规模经济效应。

1.交易式营运

无形资产的交易方式多种多样，从不同角度有不同的分类方法。按交易的权益分类，可分为无形资产所有权交易和无形资产使用权交易。

无形资产所有权交易，又称无形资产所有权转让。这种交易转让后，原无形资产的所有者不再拥有所有权。无形资产使用权交易，又称无形资产对外许可使用。无形资产的使用权转让实际上只是有偿许可使用，通过许可合同来实现。这种交易许可后，原无形资产的所有者仍拥有所有权。

交易式无形资产营运时，具体的操作方式又可细分为吸收式和排放式。前者通过购买专利、专有技术、特许经营权等无形资产，来从事相应的商品生产和经营，完成整个营运过程。后者是在无形资产的拥有者因自身受资金、场地、设备等各种客观条件的限制，一时难以充分实现现有无形资产的效益时，通过适当的有偿转让或有条件转让来运作无形资产，以壮大企业的整体实力。

2.融资式营运

无形资产融资，是指运用无形资产的影响力和信誉度，拓展融资渠道，吸引资金，主要包括：

（1）信用型融资。利用良好的企业信誉和财务信用，在金融市场上优先取得贷款、发行债券、上市股票等。

（2）惠利型融资。通过全方位地展现企业商业信誉的能量，让合作伙伴在供应价格、货源占有、结算方式等方面给予其优惠待遇。

（3）引资型融资。在企业资金严重不足，直接、间接融资均显困难的情况下，利用自己独特的技术、专利，借助自身在长期经营中创造的品牌、销售网络及良好声誉，运用无形资产转让、合资合作经营来吸收外来资金，解决资金短缺，壮大资本实力，增强自有资本造血功能。

（4）质押型融资。商标专用权、专利权、著作权等知识产权可以出质质押贷款。现在无形资产质押融资在各行各业已经普遍开展，成为相关企业筹资的新途径。

3.扩张式营运

借助无形资产，通过联合、参股、控股、兼并等形式实现资本扩张，采用合同制造网络或策略联盟等虚拟一体化营运策略，利用无形资产结成企业间协作关系，进行资本扩张，其最大优势在于显性成本低、显性投资小。

4.激活式营运

激活式营运，也称置换式运营或存量资产优化组装，即企业利用品牌效应、技术优势、管理优势、销售网络、著名商标、良好商誉等具有旺盛生命力的无形资产“基因”，注入处于休眠或病变状态的存量资产体内，从而达到盘活整体存量有形资产的目的。“基因转换”模式通常有商标（商誉）转换模式、技术置换模式、经营力置换模式、组合型置换模式等。

5.延伸式营运

延伸式营运就是在企业内部使用现有的品牌、商誉生产其他产品，即在一把名牌大伞下聚集系列产品的大家族，形成名牌“王国”。实施品牌延伸，可以帮助新产品顺利进入市场，降低新产品上市的风险。同时，可以大幅度降低产品介绍期的促销费用，消费者会有意无意地将对原产品的信任感传递到新产品上，并且品牌延伸可以进一步扩大名牌的影响，增加名牌的价值。

6.反向式营运

“反向经营哲学”是一种前卫的商业营销策略，兴起于20世纪90年代的西方国家。在“销售驱动”反向经营理念下，企业将重点转向自身销售网络的开发和建设，使产品尽可能接近自己的最终用户，以快速、敏捷地感受、捕捉与传递市场供求信息，然后再组织恰当质量与数量的产品的生产供应，并凭借优势的名牌产品及其系列占领目标市场，进而确立优势竞争地位，形成销售与生产供应的高效、良性循环态势。

7.分配式营运

早在党的十五大就提出把按劳分配与按生产要素分配结合起来的分配制度。在现代企业中，科技和管理人才的劳动、能力、成果以无形资产入股等形式通过资本化参与利润分配，至于企业的品牌、技术、管理诀窍、计算机软件、营销网络等无形资产作为资本作价投入其他企业，参与利润分配更是众所周知了。

本章测评

本章小结

企业投资是以期望未来收回更多的资金（形成收益）为目的而在现在发生的资金投放行为。它具有目的性、时间性、收益性和风险性等特征。按不同的标准，企业投资可以有不同的分类。企业对内长期项目投资，是一种以企业内部特定长期资产项目为对象，直接与新建项目或更新改造项目有关的长期投资行为，具有投资数额多、投资周期长、投资风险大、投资的实物形态和价值形态可以分离等特点。

长期项目投资决策以现金流量作为评价项目投资效益的基础信息。现金流量也称现金流。在长期项目投资决策中，现金流量是指一个长期项目投资在其计算期内可能或应该发生的各项现金流入量和现金流出量的统称。按照现金流量发生的时间特征，可以将长期项目投资引起的现金流量分为三个组成部分：初始现金流量、营业期现金流量和终结点现金流量。

在项目投资决策过程中，为了客观、准确、科学地分析评价各种投资方案是否可行，应根据具体情况，采用适当的方法来确定投资方案的各项决策评价指标。其中，考虑资金时间价值因素的指标，称为折现指标或动态指标，主要包括净现值、年金净流量、净现值率、现值指数、内含报酬率等；没有考虑资金时间价值因素的指标，称为非折现指标或静态指标，主要包括静态投资回收期、投资利润率等。项目投资的决策方法往往以其评价指标的名称命名，因此分别有投资利润率法、投资回收期法、净现值法、净现值率法、现值指数法和内含报酬率法。

净现值（NPV）、净现值率（NPVR）、现值指数（PI）和内含报酬率（IRR）指标之间存在以下数量关系：当$NPV>0$时，$NPVR>0$，$PI>1$，$IRR>I_c$；当$NPV=0$时，$NPVR=0$，$PI=1$，$IRR=I_c$；当$NPV<0$时，$NPVR<0$，$PI<1$，$IRR<I_c$。这些指标都受建设期长短、投资方式，以及各年净现金流量的数量特征的影响。所不同的是净现值为绝对量指标，其余均为相对量指标。计算净现值、净现值率和现值指数所依据的折现率都是事先确定好的I_c，而内含报酬率的计算本身与I_c的高低无关。

企业固定资产需用量预测的方法主要有定性预测法和定量预测法两类。定量预测法中主要有查定法和固定资产占用率法。企业尤其是企业集团可以制定并实施内部折旧政策促进生产设备更新换代。企业无形资产营造的方法主要有专利战略、质量信誉战略、品牌战略三种，无形资产的营运有七种策略。

思考题

1. 简述固定资产投资的特点。

2. 简述长期投资决策中现金流量的构成。

3. 在长期项目投资决策中，为什么要用现金流量替代利润作为决策评价的基础信息?

4. 长期项目投资决策评价的指标主要包括哪些?

5. 比较折现评价指标各自的优缺点。

6. 怎样预测企业固定资产需用量?

7. 企业的无形资产怎样才能营运好?

第五章

企业筹资管理（上）

学习目标： 1. 掌握筹资渠道、筹资方式和筹资的类型；
2. 掌握权益资金和长期债务资金筹集的主要方式、具体做法及其优缺点；
3. 熟悉企业筹资的目的、动机和基本原则。

导入案例

LS公司资金缺口怎么填

LS公司自20×4年便宣布放弃房地产业务，进军体育行业。在当年的半年报中明确提到，LS公司确定了“一体两翼”（体育产业和清洁能源产业）战略发展方向，尤其大力发展体育事业，全面进行业务转型。在前三年转型期过程中，LS公司都通过抛售地产业务获取资金，以加大对体育行业的投资。

在体育业务上，LS公司“在全球范围内布局体育空间、体育赛事、体育金融、体育教育、体育网络、体育传媒六大平台，致力于打造一个由若干企业集群组成的融合发展的体育产业生态圈”，重点布局体育小镇和城市体育综合体项目以及健身俱乐部，主要通过体育场馆经营管理、赛事管理及运营以及体育地产模式获得营收及利润；在体育内容方面，公司以足球、篮球、冰雪为重点布局类目，围绕赛事运营、举办活动、体育培训等体育服务业务开展经营。在体育领域的最重要投入为布局体育小镇。20×7年上半年分别签署了桐庐国际足球小镇、萧山“律动浦阳”小镇、成都葛仙山运动休闲小镇三大体育特色小镇项目。按照规划，LS公司将建造四个体育小镇以及一个国际户外运动基地，已公布的项目共需投资210亿元。同时，通过委托经营及拿地自建方式，LS公司还获得了重庆盘龙体育公园、嘉兴秀湖城市体育服务综合体、杭州闲林港城市体育服务综合体三大综合体项目。此外，该公司已运营2座体育综合体，签约或运营健身俱乐部14家。体育小镇业务后续仍需巨大投资，LS公司面临不小的资金缺口。

LS公司20×7年8月底的总市值约为90.25亿元，归属于上市公司股东的净资产为13.16亿元。20×6年总资产负债率为20.15%。该公司当时主要从事的业务包括体育业务、房地产销售及租赁业务、能源业务三大板块。20×7年上半年业绩显示，LS公司合计实现营业收入9.96亿元，较上年同期下降23.36%，上半年经营活动产生的现金流量净额为-9 088.03万元，同比下降156.04%。LS公司正全力发展体育业务，20×7年上半年体育业务共实现营收2 815.74万元，较上年同期猛增1 002.69%，占营业收入比重为2.83%，由于转型原因，其他业务收入有所下降，整个报告期内，能源业务是公司当时的主要营收来源，20×7年上半年公司实现能源及贸易销售收入9.09亿元，较20×6年度同比减少7.21%，占营业收入比重为91.29%；实现房地产销售收入2 298.72万元，房地产租赁收入3 465.5万元，较上年同期分别减少92.05%、增加31.9%。LS公司进一步持续推进住宅类地产资产去化工作，同时加大持有性物业的商业开发力度，受益于报告期内房地产市场回暖，公司顺应市场形势，调整存量房地产业务结构，为公司转型体育产业积累了更多资金与资源储备。

LS公司董事长20×7年8月某日对媒体表示，未来三年会有三四百亿元的投入，自己要解决1/4左右，资金缺口希望通过资本市场解决。

资料来源：(1) 孙麒翔，刘之爽. LS公司资金缺口怎么填 [N]. 北京商报，2017-08-30.

(2) 秦龙. 一份中报折射LS公司转型谜局 [N]. 中国房地产报，2017-09-02.

要求：

1. 请结合我国体育产业的发展背景分析LS公司对于体育小镇的投资从长期规划

来看是否科学？

2. 请结合当前的经济环境和LS公司的实际分析公司应利用哪些筹资渠道和方式来解决巨大的资金缺口？

案例详细资料和提示

第一节　企业筹资概述

企业筹资是企业根据其生产经营、对外投资和调整资本结构的需要，通过资金市场的筹资渠道，运用适当的筹资方式，经济有效地筹措和获取资金的过程。筹资有时也称融资，它是一项基本财务活动，是资金运动的起点。筹资管理是企业财务管理的一项主要内容。企业要在科学预计资金需要量的基础上，合理安排筹资渠道、选择筹资方式，在筹资中努力降低资金成本、控制财务风险。

一、企业筹资的目的和动机

资金是企业开展生产经营活动的基本条件之一，企业从创建到生存发展的整个过程中为了满足生产经营、对外投资、调整资金结构的需要都要进行筹资。企业筹资的基本目的是企业经营的维持和发展，为企业的生产经营活动提供资金保障，但每次具体的筹资行为，往往受特定的动机驱动。归纳起来，企业主要有以下筹资目的和动机。

（一）形成生产经营条件

首先，资金是设立企业的第一道门槛，任何一家企业或公司在设立时，都要按照设立后的初始经营规模核定长期资本和流动资金需要量，用于购建厂房设备，安排铺底流动资金，形成基本生产经营能力，因此企业设立时必须根据《中华人民共和国公司法》（以下简称《公司法》）、《中华人民共和国合伙企业法》和《中华人民共和国个人独资企业法》等相关法律的规定，具有符合企业或公司章程规定的全体股东认缴的出资额，以筹措注册资金和资本公积等股权资金，不足部分再以银行借款等债务资金补充。因此，筹集资本金并形成开展生产经营活动的基本条件是企业设立时最初的筹资目的，可以称之为设立性筹资动机。

其次，企业或公司开展生产经营活动后，有时会出现超出维持正常生产经营活动资金需求的季节性、临时性交易支付需要，如购买原材料的大额支付、员工工资的集中发放、银行借款的提前偿还、股东股利的发放等，因此，企业必须通过临时性筹资来满足生产经营活动的波动性支付需求，这就是支付性筹资动机。

（二）扩大生产经营规模

企业的发展离不开资金。虽然有时有临时性资金周转需要，但企业维持简单再生产所需要的资金总体还是比较稳定的，通常很少需要追加筹资。然而，企业一旦为促进自身发展，扩大生产经营规模，如研制开发新产品、进行技术改造、调整生产经营结构、开拓对外投资领域等，就都需要大量追加筹资。尤其是具有良好发展前景、处于成长期的企业，扩大生产经营规模成为企业筹资的重要目的，可以称之为扩张性筹资动机。扩张性筹资会导致企业资产规模的增加和资金结构的变化。

（三）调整现有资金结构

资金结构是企业不同性质、不同期限的资金的比例关系和各种筹资方式的组合，其合理与否决定了企业资金成本高低、财务风险大小、收益水平升降和企业价值增减。随着企业内外相关情况和条件的变化，企业原有合理的资金结构可能不再合理，需要相应地予以调整优化，使资金结构不断适应客观情况的变化而趋于合理。资金结构的调整，可能不会增加企业的资金总额，但会引起权益资金和负债资金之间、短期资金和长期资金之间内部数额的变化，需要调整筹资。这可以称之为调整性筹资动机。

在实务中，企业筹资的目的和动机可能不是单纯或唯一的，如通过追加筹资，既满足了生产经营、对外投资的资金需要，又达到了调整资金结构的目的。这类情况也不少，可以归纳称之为混合性筹资动机。

二、企业筹资的原则

筹资活动是企业资金运动的起点，筹资管理要求解决企业为什么要筹资、需要筹集多少资金、从什么渠道以什么方式筹集，以及如何协调财务风险和资金成本、合理安排资金结构等问题。为了经济有效地筹集资金，企业筹资时要在严格遵守国家法律法规的基础上，分析影响筹资的各种因素，权衡资金的性质、数量、成本和风险，合理选择筹资渠道和方式，提高筹资效果，因此企业必须遵循规模适当、筹措及时、来源合理、方式经济等基本原则。

（一）规模适当原则

企业无论出于创立性筹资、支付性筹资还是扩张性筹资、调整性筹资等动机，通过什么渠道、采用什么方式筹集资金，都应科学预计、预先确定资金的合理需要量，使筹资数额与生产经营、对外投资的需要达到数量规模的平衡，匹配一致，防止筹资不足而影响对各种内外投资活动的资金供应，或因筹资数量过剩而造成资金闲置增加资金成本。

（二）筹措及时原则

企业筹资还必须根据资金的投放时间予以筹划安排，合理安排筹资时间，适时取得资金，保障资金及时到位，使筹资与用资在时间上很好地配合衔接，实现时间上的动态平衡。避免取得资金过早而造成投放前的资金闲置，或取得资金滞后而贻误投放的最佳有利时机。

（三）来源合理原则

资金的来源渠道和资金市场为企业提供了资金的源泉和筹资场所。不同来源的资金，对筹资者和投资者的成本、风险、收益有不同的影响。因此，企业应认真研究资金来源渠道和资金市场，合理选择资金来源；遵守国家有关法律法规，合法合规筹资，严格履行合同，依法披露信息，避免非法筹资行为而给企业自身及相关主体造成损失。

（四）方式经济原则

在确定筹资数量、筹资时间、资金来源的基础上，由于不同筹资方式的资金成本高低不同，企业在筹资时还必须认真研究和对比各种筹资方式，选择经济、可行的筹资方式，力求降低资金成本，寻求最优的筹资组合，以便经济有效地筹集资金。另外，与筹资方式有紧密联系的是资金结构问题，因此企业应确定合理的资金结构并不断优化，以便降低成本、减少风险，保持适当的偿债能力，防范财务危机。

三、企业筹资渠道与方式

企业筹资需要通过一定的筹资渠道，运用一定的筹资方式进行。不同的筹资渠道和筹资方式各有特点和适用性，为此需要加以分析研究。

（一）企业筹资渠道

企业筹资渠道，是指企业筹措资金的方向与通道，体现着资金的来源和性质。认识筹资渠道的种类及每种筹资渠道的特点和适用性，有利于企业充分开拓和正确利用筹资渠道，实现各种筹资渠道的合理组合，有效地筹集资金。目前企业的筹资渠道主要包括以下几种：

1.政府财政资金

政府财政投资通常只有国有企业（包括国有控股、混合所有制企业）才能利用，也是国有企业自有资本的基本来源。政府财政资金具有广阔的来源和稳固的基础，并在国有企业资本金预算中安排，今后仍然是国有企业权益资本筹资的重要渠道。另外，政府的各种财政补贴、奖励也是部分企业的资金来源。

2.银行信贷资金

银行贷款是目前我国各类企业重要的资金来源。银行分为商业性银行和政策性银行。在我国，商业性银行主要有中国工商银行、中国农业银行、中国建设银行、中国银行等国有商业银行和民生银行、地方商业银行等股份制商业银行以及少数民营银行。政策性银行有国家开发银行、中国农业发展银行和中国进出口银行。商业银行以营利为目的，为各类企业提供商业贷款；政策性银行主要为特定企业提供政策性贷款。银行信贷资金主要来自居民储蓄、单位存款等经常性的资金来源，贷款方式多种多样，可以适应各类企业的多种资金需要。

3.非银行金融机构资金

非银行金融机构主要包括信托投资公司、保险公司、证券公司、财务公司、金融资产管理公司、金融租赁公司、典当行、担保公司、小额信贷公司、信用合作社、各类基金公司等。它们提供包括信贷资金投放、融资融物、信托服务、承销证券等各种金融服务，可以为一些企业直接提供部分资金或为企业筹资提供服务。

4.其他单位资金

其他企事业单位的资金也能为筹资企业提供资金来源。例如，其他单位可以将其暂时闲置的资金以购买股票、债券或直接投资等形式向筹资企业投资，或以国家规定的利率借给筹资企业使用；筹资企业在购销业务中可以利用其他企业提供的商业信用等。

5.自然人资金

自然人资金主要是指“游离”于银行及非银行金融机构等之外的居民个人资金，可通过多层次资金市场以各种形式用于对筹资企业的投资，形成民间资金来源渠道，为企业筹资提供资金来源。

6.企业自留资金

企业自留资金是指企业内部形成的资金，也称企业内部留存，主要包括提取盈余公积和未分配利润等。这项资金的重要特征是直接由企业内部生成，无须通过一定的方式去对外筹集，使用便捷。

（二）企业筹资方式

企业筹资方式是指企业筹措资金时所采取的具体形式。对应各种筹资渠道，企业可采用不同的筹资方式筹集资金。正确认识筹资方式的种类及每种筹资方式的属性，有利于企业选择适宜的筹资方式和进行筹资组合的优化。

企业筹集资金的方式，一般主要有下列七种：

1. 吸收直接投资
2. 发行股票
3. 利用留存收益
4. 向金融机构借款
5. 利用商业信用
6. 发行债券
7. 融资租赁

其中，利用第1种到第3种筹资方式筹措的资金为权益资金；利用第4种到第7种筹资方式筹措的资金为负债资金。

另外，还有发行可转换债券、认股权证等兼具权益资金和负债资金性质的混合筹资方式。

（三）企业筹资渠道与筹资方式的配合

企业筹资渠道与筹资方式有着密切的联系。同一筹资渠道的资金往往可以采取不同的筹资方式取得，而同一筹资方式又往往可以筹集来源于不同筹资渠道的资金。因此，企业在筹资时应当实现筹资渠道和筹资方式两者之间的合理配合。企业筹资渠道与筹资方式的配合见表5-1。

表5-1 **企业筹资渠道与筹资方式的配合**

筹资方式 筹资渠道	吸收直接投资	发行股票	利用留存收益	向金融机构借款	利用商业信用	发行债券	融资租赁
政府财政资金	√						
银行信贷资金				√			
非银行金融机构资金		√		√		√	√
其他单位资金	√	√			√	√	
自然人资金	√	√			√	√	
企业自留资金			√				

四、企业筹资的类型

企业筹集的资金，由于具体的属性、期限、范围和机制不同而形成不同的类型，通常可分为权益资金与负债资金、长期资金与短期资金、内部筹资与外部筹资、直接筹资与间接筹资等类型。

（一）权益资金与负债资金

企业的全部资金按属性（性质）的不同，可分为权益资金与负债资金两种类型。

1.权益资金

权益资金，也称主权资金、股权资金、自有资金，是企业依法取得并长期拥有，可以自主调配运用的资金。在财务管理中，一般将权益资金分为两类：投入资本和留存收益。根据我国有关法规制度，投入资本包括资本金和资本公积；留存收益包括盈余公积和未分配利润。

权益资金具有下列属性：

第一，其所有权属于企业所有者。企业所有者依法凭其所有权参与企业的重要经营管理和利润分配，并对企业债务承担有限或无限责任；

第二，企业对权益资金依法享有使用权。

在企业存续期间，企业有权调配使用权益资金，企业所有者除依法转让其所有权外，不得以任何方式抽回其投入的资本，因而权益资金被视为企业“永久性资本”。

企业的权益资金一般通过政府财政资金、其他单位资金、自然人资金、企业自留资金等渠道，采用吸收直接投资、发行股票、利用留存收益等筹资方式筹得。

2.负债资金

负债资金，也称债务资金、借入资金，是企业依法取得并依约运用、按期偿还的资金。

企业负债体现企业与债权人的债务与债权关系。企业对持有的负债资金，在约定的期限内享有使用权，并承担按期还本付息的义务。债权人无权参与企业的经营管理和利润分配，对企业的其他债务也不承担责任。

企业负债资金一般通过银行信贷资金、非银行金融机构资金、其他单位资金、自然人资金等筹资渠道，采用向金融机构借款、发行债券、利用商业信用和融资租赁等筹资方式筹得。

由于筹集权益资金和负债资金的资金成本和筹资风险不同，每家企业的权益资金与负债资金应该存在一个合理的比例，因此合理安排权益资金和负债资金的比例关系是企业筹资管理的核心问题之一。

（二）长期资金与短期资金

企业的全部资金按期限的长短不同，可分为长期资金与短期资金。

1.长期资金

长期资金，是指企业使用期限在1年以上的资金。长期资金在财务管理中通常称为资本，包括各种权益资金和长期借款、应付长期债券、融资租赁产生的长期应付款等长期负债资金。长期资金主要用于长期资产购建、产品和技术研发、进行对外长期投资等方面。一般采用吸收直接投资、发行股票、利用留存收益、发行长期债券、举借长期借款和融资租赁等筹资方式筹得。

2.短期资金

短期资金，是指企业使用期限在1年以内的资金。由于在生产经营过程中流动资产投入、资金日常周转调度等原因，企业往往需要一定数量的短期资金。企业的短期资金，就是流动负债，主要包括短期借款、应付或预收账款、其他应付款、应付职工薪酬、应交税费、应付短期债券等项目，通常采用向银行等金融机构借款、利用商业信用、保理业务、发行短期债券等筹资方式筹得。

由于筹集长期资金和短期资金的资金成本和财务风险不同，每家企业的长期资金与短期资金之间也应该存在一个合理比例，因此合理安排长期资金和短期资金的比例关系也成为企业筹资管理的重要问题之一。

（三）内部筹资与外部筹资

企业的全部筹资按资金来源的范围，可分为内部筹资和外部筹资两种类型。

1.内部筹资

内部筹资，是指企业在内部通过留存收益等而形成的资金来源。内部筹资数额的大小主要取决于企业可分配利润的多少和利润分配政策，一般无须花费筹资费用，也不需要支付外显用资成本（只有机会成本），从而降低了资金成本。

2.外部筹资

外部筹资，是指企业在内部筹资不能满足需要时，向企业外部筹措资金而形成的资金来源。处于初创期的企业，内部筹资的可能性有限；而处于成长期的企业，内部筹资往往难以满足需要。于是，企业就要广泛开展外部筹资。企业外部筹资的渠道和方式很多，包括前述筹资渠道和筹资方式中除留存收益外的所有渠道和方式。外部筹资既需要支付筹资费用，又需要支付用资成本。

（四）直接筹资与间接筹资

企业的筹资活动按其是否借助于银行等金融机构为中介，可分为直接筹资和间接筹资两种类型。

1.直接筹资

直接筹资，是指企业不借助银行等金融机构，直接向资金所有者融通资金的一种筹资活动。在直接筹资过程中，筹资企业依赖于资金市场机制，直接面向资金所有者，以股权协议或股票、债券等证券工具为媒介，采用吸收直接投资、发行股票、发行债券等筹资方式取得资金。由于筹资程序较为繁杂，因此直接筹资的筹资效率较低，筹资费用也较高。但由于可以最大限度地筹集社会资金，随着我国金融体制改革的深入、多层次资金市场的完善和网络通信技术的发展，具有广阔领域的企业直接筹资将得到更大的发展。

视频微课

企业筹资的类型

2.间接筹资

随堂测1

间接筹资，是指企业借助银行等金融机构而融通资金的筹资活动，是一种传统的适应企业资金周转需要的筹资类型。在间接筹资活动过程中，银行等金融机构发挥着中介作用。它们先聚集资金，然后提供给筹资企业。间接筹资的基本方式是银行等金融机构借款，此外还有融资租赁等筹资方式。间接筹资过程简单，手续简便，所以筹资效率高，筹资费用低。

第二节　权益资金的筹集

企业权益资金由投入资本和留存收益构成。权益资金的出资人是企业的所有者，拥有对企业净资产的所有权。企业权益资金的筹集方式主要有吸收直接投资、发行股票、利用留存收益等。

一、吸收直接投资

吸收直接投资是指非股份制企业根据国家法律法规的规定，按照“共同投资、共同经营、共担风险、共享收益”的原则，以投资合同、协议等形式吸收国家、法人单位、自然人等投资主体直接投入资本，形成资本金的一种筹资方式。它是非股份制企业筹集权益资本的基本方式。采用吸收直接投资的企业，资本不分等额股份、不发行股票。吸收直接投资的实际出资额中，注册资本部分，形成实收资本，超过注册资本部分，属于资本溢价，形成资本公积。

（一）吸收直接投资的出资方式及程序

投资者的出资方式可以是货币资产，也可以是适用的实物资产（包括房屋、建筑物、设备等固定资产和材料物资、商品等流动资产）和工业产权（包括专有技术、商标权、专利权等）、土地使用权等各种无形资产，还可以是股权、可以转为股权的特定债权（包括上市公司依法发行的可转换债券以及按照国家有关规定可以转作股权的各种债权）。非现金出资应按照评估确定或合同、协议约定的金额计价。此外，国家相关法律法规对无形资产出资方式另有限制：股东或者发起人不得以劳务、信用、自然人姓名、商誉、特许经营权或者设定担保的财产等作价出资。

吸收直接投资的程序一般是：

第一，确定筹资数量；

第二，寻找合适的投资方；

第三，由筹资企业和投资者协商确定出资数额、具体形式、资产作价和出资时间，签署投资合同或协议，明确双方权利和责任；

第四，办理产权转移手续，取得所筹集的资产（资金）。

（二）吸收直接投资的种类

1.吸收国家投资

国家投资是指有权代表国家投资的政府部门或者机构，以国有资产投入筹资企业，国家投资形成的资本称为国有资本。吸收国家投资是国有企业筹集权益资金的主要方式。吸收国家投资一般具有以下特点：

（1）产权归属国家；

（2）资金的运用和处置受国家约束较大；

（3）在国有企业中广泛采用。

2.吸收法人投资

法人投资是指企事业单位等法人单位以其依法可以支配的资产投入筹资企业，这种情况下形成的资本称为法人资本，包括中外合资经营企业的外国公司、企业和其他经济组织的直接投资。吸收法人投资一般具有以下特点：

（1）发生在法人单位之间；

（2）以参与企业利润分配为目的；

（3）出资方式灵活多样。

3.吸收社会公众投资

社会公众投资是指社会个人或本企业内部职工以个人合法财产投入企业，这种情况下形成的资本称为个人资本，包括中外合资经营企业的外国个人的直接投资。吸收社会公众投资一般具有以下特点：

（1）参加投资的人员较多；

（2）每人投资数额相对较少；

（3）以参与企业利润分配为目的。

（三）吸收直接投资的优缺点

1.吸收直接投资的优点

（1）有利于增强企业信誉。筹集到的资金是企业自有资金，对负债资金而言，能提高企业的资信度，增强企业的负债能力和偿债能力。

（2）有利于尽快形成生产经营能力。出资形式多样，既可以取得货币资金，还可以直接获得生产经营所需的先进设备和技术，便于尽快形成生产经营能力，尽快开拓市场取得效益。

（3）有利于降低企业财务风险。

2.吸收直接投资的缺点

（1）筹得资金的资金成本较高。虽然吸收直接投资的手续相对比较简便，筹资费用较低，但对股票筹资方式来说，吸收直接投资的用资成本可能更高，因为投资者往往要求将大部分盈余作为红利分配。

（2）企业控制权集中，不利于公司治理和产权交易。采用吸收直接投资方式筹集资本的企业，往往某个投资者占投资额比例较大，企业控制权集中，与股份公司相比，不易形成规范的公司治理结构，由于吸收投入资本没有证券为媒介，也不利于产权交易，难以进行产权转让。

二、发行股票

（一）股票及其分类

1.股票的特征

股票是股份有限公司为筹集股权资本而发行的可转让有价证券，是股东按其所持股份享有权利和承担义务的凭证，它代表对发行公司净资产的所有权。发行股票是股份有限公司筹措资本金的基本方式。股票持有人即为公司的股东。股东最基本的权利是按投入公司的股本份额，依法享有所有者的资本收益权、重大决策参与权和选择公司管理者的权利，并以其所持股份为限对公司承担责任。

发行股票筹集的资金属于公司的长期自有资金，没有期限，具有永久性；股票在资本市场上可以自由流通，也可以继承、赠送或作为抵押品，具有很强的变现能力，流动性强；由于股票价格的波动性、股利分配的不确定性，破产清算时股东处于剩余财产分配的最后顺序，股票投资具有很大风险。

2.股票的分类

（1）按股东享受的权利和承担的义务，股票可分为普通股股票和优先股股票。

普通股股票简称普通股，是股份公司依法发行的代表着股东享有平等的权利、义务，不加特别限制的、股利不固定的股票。普通股是最基本的股票，构成股份公司股本的最基本部分。我国股份公司通常只发行普通股股票。普通股股东的主要权利有公司管理权、收益分享权、股份转让权、优先认股权和剩余财产要求权等。

优先股股票，简称优先股，是股份公司依法发行的相对于普通股具有一定优先权的股票。优先股也是公司自有资金的一部分。其股息一般预先确定，股利分配顺序排在普通股之前；公司解散时，优先股股东将先于普通股股东分配公司剩余财产。但优先股股东在股东大会上无表决权，在参与公司管理上受到一定限制，仅对涉及优先股权利的问题有表决权。

（2）按是否记入股东名册，股票可分为记名股票和无记名股票。

记名股票，是在股票上载有股东姓名或名称并将其记入公司股东名册的一种股票。记名股票的转让、继承都要办理过户手续。《公司法》规定，公司向发起人、法人发行的股票，应为记名股票。

无记名股票不登记股东姓名或名称，公司只记载股票数量、编号及发行日期。无记名股票的转让、继承无须办理过户手续，由股东将该股票交付给受让人后即发生转让的效力。公司向社会公众发行的股票可以为记名股票，也可以为无记名股票。

（3）按发行对象和上市地点的不同，股票可分为A股、B股、H股、N股和S股等。

A股，即人民币普通股股票，由我国境内公司发行，境内上市交易，以人民币标明面值，以人民币认购和交易。B股，即人民币特种股票，由我国境内公司发行，境内上市交易，以人民币标明面值，但以外币认购和交易。H股，是公司注册地在内地、上市地在我国香港的股票。依此类推，在纽约和新加坡上市的股票则分别是N股和S股。

（二）股份有限公司的设立与股票的发行

1.股份有限公司的设立

设立股份有限公司，应当有2人以上200人以下的发起人，其中须有半数以上的发起人在中国境内有住所。股份有限公司的设立，可以采取发起设立或者募集设立的方式。发起设立，是指由发起人认购设立公司时应发行的全部股份而设立公司。募集设立，是指由发起人认购设立公司时应发行股份的一部分，其余股份向社会公开募集或者向特定对象募集而设立公司，其中发起人认购的股份不得少于公司章程规定的公司设立时应发行股份总数的35%（法律、行政法规另有规定的，从其规定）。

股份有限公司的发起人在公司不能成立时，对设立行为所产生的债务和费用负连带责任，对认股人已缴纳的股款负返还并加算银行同期存款利息的连带责任，在公司设立过程中，发起人的过失致使公司利益受到损害的，应当对公司承担赔偿责任。

2.股票的发行

股票发行就是股份公司以募集资本为目的，分配或出售自己的股份。公司设立时，要通过发行股票募集股本。公司设立之后，为了扩大经营、改善资本结构，也会增资发行新股。股票发行实行公平、公正的原则，同种类的每一股份应当具有同等权利（即同股同权、同股同利）。同次发行的同种类股票，每股的发行条件和价格应当相同。公司向社会公开募集股份应当经国务院证券监督管理机构注册，并公告招股说明书。股票发行应执行具体的管理规定，主要包括股票发行条件、发行程序和方式、销售方式等。

（1）公司首次公开发行新股应当符合下列条件：

①具备健全且运行良好的组织机构；

②具有持续经营能力；

③最近3年财务会计报告被出具无保留意见审计报告；

④发行人及其控股股东、实际控制人最近3年不存在贪污、贿赂、侵占财产、挪用财产或者破坏社会主义市场经济秩序的刑事犯罪；

⑤经国务院批准的国务院证券监督管理机构规定的其他条件。

公开发行存托凭证的，应当符合首次公开发行新股的条件以及国务院证券监督管理机构规定的其他条件。

（2）股份有限公司首次发行股票的一般程序：

第一，发起人认足股份、交付股资。发起设立的发起人认购公司全部股份，募集设立的发起人认购的股份不得少于公司股份总数的35%。发起人可以用货币资产出资，也可以用非货币资产作价出资。

第二，提出公开募集股份的申请。募集设立的公司，发起人向社会公开募集股份时，必须向国务院证券监督管理部门递交募股申请，并报送批准设立公司的相关文件（如公司章程、招股说明书等）。

第三，公告招股说明书，签订承销协议。公开募集股份申请经批准注册后，应公告招股说明书，同时，与依法设立的证券公司等证券承销机构签订承销协议，同银行签订代收股款协议。

第四，招认股份，办理股款缴纳。

第五，召开创立大会，选举董事会、监事会。

第六，办理公司设立登记，交割股票。

（3）股票的发行方式。

股票发行方式，指的是公司通过何种途径发行股票。股票发行根据是否公开，分为公开间接发行和非公开直接发行两类。

公开间接发行股票，也称公募发行，是指股份有限公司通过中介机构，公开向社会公众发行股票。采用募集设立方式成立的股份有限公司，向社会公开发行新股时，须由有资格的证券经营中介机构，如证券公司、信托投资公司等承销（包销或代销）。这种发行方式的发行范围广、发行对象多，易于足额募集资本；股票的变现性强，流通性好；有助于提高发行公司的知名度，扩大其影响力。但是，这种发行方式存在手续繁杂严格、发行成本高等不足之处。

非公开直接发行股票，也称私募发行，是指股份公司只向少数特定的对象直接发行股票，不需要中介机构承销。采用发起设立方式成立和向特定对象募集方式发行新股的股份有限公司，向发起人和特定对象发行股票，采用直接将股票销售给认购者的自销方式。这种发行方式弹性较大，发行成本低，但发行范围小，不易及时足额筹集资本，发行后股票变现性差。

（4）股票发行的价格。

股票的发行价格一般有等价、时价、中间价、溢价与折价发行等类型。

等价，也称平价发行或面值发行，就是以股票面额为发行价格发行股票，即股票的发行价与面额等价。平价发行股票一般容易摊销，但无法取得股票的溢价收入。这种发行价格，一般在股票的初次发行，或在股东内部分摊增资的情况下采用。

时价，也称市价发行，是以本公司原发行的同种股票在流通市场上买卖的现行市场价格为基准来选择增发新股的发行价格。

中间价是取股票市场价格（时价）与面额（平价）的中间值作为股票的发行价格。以中间价和时价发行可能是溢价发行，也可能是折价发行。溢价发行股票所获的溢价款，应列入资本公积。

值得注意的是，《公司法》规定，上市公司发行股票可以平价、中间价或溢价发行，但不准折价发行，即不准以低于股票面额的价格发行。

（三）股票上市

股票上市是指股份有限公司公开发行的股票，经核准在证券交易所挂牌交易。在证券交易所上市的股票，称为上市股票，其股份有限公司称为上市公司。

1.股票上市的条件

根据《中华人民共和国证券法》（以下简称《证券法》）的规定，股份有限公司申请股票上市交易，应当向证券交易所提出申请，由证券交易所依法审核同意，并由双方签订上市协议。

申请股票上市交易，应当符合证券交易所上市规则规定的上市条件，这些条件包括发行人的经营年限、财务状况、最低公开发行比例和公司治理、诚信记录等。

2.上市公司的股票发行

上市的股份有限公司在证券市场上发行股票包括公开发行和非公开发行两种类型。公开发行股票又分为首次上市公开发行股票和上市公开发行股票，非公开发行是向特定投资者发行，也称定向发行。

（1）首次上市公开发行股票（initial public offering，IPO）。

首次上市公开发行股票，是指股份有限公司对社会公开发行股票并上市流通和交易。实施IPO的公司，自股份有限公司成立后，持续经营时间应当在3年以上（经国务院特别批准的除外），应当符合中国证券监督管理委员会《首次公开发行股禀注册管理办法》规定的相关条件（如最近3个会计年度净利润均为正数且累计超过人民币3 000万元，净利润以扣除非经常性损益前后较低者为计算依据；最近3个会计年度经营活动产生的现金流量净额累计超过人民币5 000万元；或者最近3个会计年度营业收入累计超过人民币3亿元；发行前股本总额不少于人民币3 000万元；最近一期期末无形资产（扣除土地使用权、水面养殖权和采矿权等后）占净资产的比例不高于20%；最近一期期末不存在未弥补亏损），经公司董事会和股东大会决议，由保荐人保荐并向证监会申报，经中国证监会核准后，在12个月内公开发行股票。

根据2023年2月修订的《上市公司证券发行管理办法》的规定，上市公司发行证券（包括股票和可转换公司债券），必须真实、准确、完整、及时、公平地披露或者提供信息，并符合以下一般规定：

①组织机构健全、运行良好（如公司章程合法有效，股东大会、董事会、监事会和独立董事制度健全，能够依法有效履行职责等）。

②盈利能力具有可持续性（如最近3个会计年度连续盈利等）。

③财务状况良好（如资产质量良好；经营成果真实，现金流量正常；最近3年及最近一期财务报表未被注册会计师出具保留意见、否定意见或无法表示意见的审计报告；最近3年以现金方式累计分配的利润不少于最近3年实现的年均可分配利润的30%等）。

④最近36个月内财务会计文件无虚假记载，且不存在重大违法行为（如违反证券法律、行政法规或规章，受到中国证监会的行政处罚，或者受到刑事处罚等）。

⑤募集资金的数额和使用应当符合相关规定（如募集资金数额不超过项目需要量等）。

（2）上市公开发行股票（公开增发和配股）。

上市公开发行股票，是指股份有限公司上市后，通过证券交易所在证券市场上对社会公开发行股票，具体包括公开增发和配股两种方式。

①公开增发。

公开增发是指上市公司向社会公众发售股票的再融资方式。与IPO一样，公开增发没有特定的发行对象，股票市场上的投资者均可以认购。公开增发也要满足上市公司公开发行的一般规定。

上市公司公开增发新股的定价要按照“发行价格应不低于公告招股意向书前20个交易日公司股票均价或前一个交易日的均价”的规定。

公开增发新股的认购方式通常为现金认购。

②配股。

配股是指上市公司向原有股东以低于股票市价的某一特定价格配售股票的再融资方式。按照惯例，公司配股时新股的认购权按照原有股权比例在原股东之间分配。因此，配股权是普通股股东的优惠权，实际上是一种短期的看涨期权，是对公司股东的一种类股利分配。

配股一般采取网上定价发行方式。配股价格由主承销商和发行人协商确定。

上市公司向原股东配股的，除了要符合公开发行股票的一般规定外，还应当符合下列规定：

第一，拟配售股份数量不超过本次配售股份前股本总额的30%；

第二，控股股东应当在股东大会召开前公开承诺认配股份的数量；

第三，采用证券法规定的代销方式发行。

（3）非公开发行股票（定向增发）。

上市公司非公开发行股票，是指上市公司采用非公开方式，向特定对象发行股票的行为，也称非公开增发或定向增发。定向增发的对象主要针对机构投资者与大股东及关联方，可以是老股东，也可以是新投资者，但发行对象不超过35名。机构投资者大体可以分为战略投资者和财务投资者。发行对象为境外战略投资者的，应当遵守国家的相关规定。

上市公司非公开发行股票，应当符合下列规定：

第一，发行价格不低于定价基准日前20个交易日公司股票均价的80%。

第二，本次发行的股份自发行结束之日起，6个月内不得转让；控股股东、实际控制人及其控制的企业认购的股份，18个月内不得转让。

第三，募集资金使用符合《上市公司证券发行注册管理办法》第十条的规定。

第四，本次发行将导致上市公司控制权发生变化的，还应当符合中国证监会的其他规定。

非公开发行股票的定价基准日是指计算发行底价的基准日，为本次非公开发行股票的发行期首日。定价基准日前20个交易日公司股票交易均价=定价基准日前20个交易日股票交易总额÷定价基准日前20个交易日股票交易总量。

非公开增发新股的认购方式不限于现金，还包括股权、债权、无形资产、固定资产等非现金资产。通过非现金资产认购的非公开增发往往是以重大资产重组或者引进长期战略投资为目的。

上市公司定向增发的优势在于：有利于引入战略投资者和机构财务投资者。战略投资者一般拥有资金、技术、管理、市场、人才等方面的优势，有较好的实业基础和较强的投融资能力。上市公司引入战略投资者能够和本公司形成紧密的伙伴式合作关系，由此提升本公司形象和资本市场认同度，优化上下游业务，增强公司的经营实力和核心竞争力，提高公司管理水平，改善公司股权结构，健全公司治理结构。有利于利用上市公司的市场化估值溢价，将母公司（即大股东及关联方）资产通过资本市场放大，从而提升母公司的资产价值。定向增发还是一种主要的并购手段，特别是资产并购型定向增发，有利于集团企业进行股权、业务的整合及整体上市，同时减轻并购的现金流压力。

相对于公开增发和配股而言，上市公司定向增发的要求要低得多，因此对于一些以往盈利记录未能满足公开融资条件，但又面临重大发展机遇的公司而言，非公开增发提供了一个关键性的融资渠道。

3.股票上市的暂停、终止与特别处理

当上市公司出现经营情况恶化、存在重大违法、违规行为或其他原因导致不符合上市条件时，就可能暂停或终止上市。

（1）暂停上市。

上市公司出现以下情形之一的，由证券交易所暂停其上市：

①公司股本总额、股权分布等发生变化不再具备上市条件；

②公司不按照规定公开其财务状况，或者对财务会计报告作虚假记载；

③公司有重大违法行为；

④公司最近3年连续亏损。

前3条，证券交易所根据中国证监会的决定暂停其股票上市，第4条由证券交易所决定。12个月内仍不达标的，证券交易所将终止其股票上市交易。

（2）终止上市。

上市公司出现以下情形之一的，由证券交易所决定终止其股票上市：

①公司股本总额、股权分布等发生变化不再具备上市条件，在证券交易所规定的期限内仍不能达到上市条件；

拓展阅读1

《中华人民共和国公司法》（部分）

拓展阅读2

《中华人民共和国证券法》（部分）

拓展阅读3

《上市公司证券发行注册管理办法》

拓展阅读4

《上市公司非公开发行股票实施细则》（2020年修正）

拓展阅读5

证监会《关于修改〈关于改革完善并严格实施上市公司退市制度的若干意见〉的决定》

②公司不按照规定公开其财务状况，或者对财务会计报告作虚假记载，且拒绝纠正；

③公司最近3年连续亏损，在其后一个年度内未能恢复盈利；

④公司解散或者被宣告破产；

⑤证券交易所上市规则规定的其他情形（如公司股票连续20个交易日（不含停牌交易日）每日股票收盘价均低于股票面值。截至2020年6月在沪深交易所上市的A股绝大多数股票面值为1元，仅有3只特例：面值0.1元的紫金矿业、0.2元的洛阳钼业及0.25元的福莱特）。

（3）特别处理。

上市公司出现财务状况和其他状况异常的，其股票交易将被证券交易所“特别处理”（special treatment，ST）。“财务状况异常”是指以下几种情况：

①最近2个会计年度的审计结果显示的净利润为负值；

②最近1个会计年度的审计结果显示其股东权益低于注册资本；

③最近1个会计年度经审计的股东权益扣除注册会计师、有关部门不予确认的部分，低于注册资本；

④注册会计师对最近一个会计年度的财务报告出具无法表示意见或否定意见的审计报告；

⑤最近一份经审计的财务报告对上年度利润进行调整，导致连续2个会计年度亏损；

⑥经证券交易所或中国证监会认定为财务状况异常的。

其他状况异常，是指自然灾害、重大事故等导致生产经营活动基本中止，公司涉及的可能赔偿金额超过公司净资产的诉讼等情况。

在上市公司的股票交易被实行特别处理期间，其股票交易遵循下列规则：

第一，股票报价日涨跌幅限制为5%；

第二，股票名称改为原股票名称前加“ST”；

第三，上市公司的中期报告必须经过审计。

4.股票上市的利弊分析

（1）股票上市的有利影响。

第一，有助于改善财务状况。公司一旦上市，就可以有更多机会从证券市场上筹集新的自有资金，增强财务实力和负债能力。

第二，有利于利用股票并购其他企业。可以通过出让股票的方式而不一定要通过支付现金的方式实施对其他企业的并购。

第三，有利于利用股票市场确定公司自身价值。对上市公司来说，即时的股市交易行情，就是对公司价值比较客观的市场评价。

第四，有利于利用股票期权等股权激励手段激励本公司关键员工。

第五，有利于提高公司知名度，吸引更多客户。

（2）股票上市的不利影响。

第一，上市公司必须公开关键经营情况信息，可能使公司失去隐私权和暴露商业秘密。

第二，上市手续复杂严格，上市后要接受严格管理，因此上市时和上市后需要负担较高的成本费用。

第三，由于股东通常会以公司盈利、分红、股价等指标来判断经理层的业绩，容易诱发经理层的短期行为。

第四，股价有时会歪曲公司的实际情况，影响公司声誉。

第五，可能会分散公司的控制权，造成管理上的困难。

（四）普通股筹资的优缺点

1.普通股筹资的优点

（1）没有固定到期日，不用偿还。发行普通股筹集的是永久性资本，除非公司清算时才需偿还。这对保证公司最低资金需求、维持公司长期稳定发展极为有益。

（2）没有固定的股利负担。股利的支付与否和支付多少，视公司有无盈利以及投资和经营需要而定，公司财务负担相对较小。

（3）筹资风险小。由于普通股筹资没有固定的到期日，不存在不能偿付的风险，也不用支付固定的股利，因此筹资风险最小。

（4）能提高公司的社会声誉和信用价值。普通股筹集的资金可作为其他方式筹资的基础，尤其可以为债权人提供保障，能提高公司的负债能力。股权的流通和转让，便于吸收新的投资者。

2.普通股筹资的缺点

（1）资金成本高。首先，普通股投资者所冒的投资风险大（收益不确定性大），要求的投资报酬率自然也高；其次，普通股股利从税后利润中支付，不具有抵税作用。此外，普通股的发行费用也高。

（2）容易分散公司控制权。普通股筹资会增加新股东，容易导致公司控制权的分散，削弱原有股东对公司的控制，也增加公司被收购的风险。

（五）优先股

1.优先股的特征和分类

（1）优先股的特征。

优先股是一种特别股票，发行优先股筹集的是一般没有固定到期日、不用偿还本金的权益资金，但普通股股东一般将优先股看成是一种特殊债券，因为优先股的股息固定且以现金支付，类似于债券利息，对利润的分配和剩余财产的求偿与普通股相比又具有优先权，这也类似于债券，且其参与公司管理的权利又受到限制，一般只有在股东大会研究与优先股股东利益相关的特定问题时才有表决权；债券持有人则视其为股票，因为它毕竟是公司股权，也能对债权起保障作用。所以从财务角度来看，优先股属于股债连接产品，是一种混合性筹资。

我国2014年3月21日发布并实施的《优先股试点管理办法》规定了上市公司发行优先股的一般条件、上市公司公开发行优先股的特别规定、交易转让及登记结算等。该办法规定：上市公司可以发行优先股、非上市公众公司可以非公开发行优先股；优先股每股票面金额为100元；优先股发行价格和票面股息率应当公允、合理，发行价格不得低于票面金额；公开发行优先股的价格或票面股息率以市场询价或证监会认可的其他公开方式确定，非公开发行优先股的票面股息率不得高于最近2个会计年度的年均加权平均净资产收益率。

（2）优先股的分类。

优先股按不同的标准有不同的分类：

①按股息在股权存续期内是否固定，可分为固定股息率优先股和浮动股息率优先股；

②按公司章程中是否规定在有可分配税后利润时必须向优先股分红，可分为强制分红优先股和非强制分红优先股；

③按股息能否累积，即公司因当年可分配税后利润不足而未向优先股股东足额派发股息，差额部分是否可累计到下一会计年度或以后某一有盈利年度，可分为累积优先股和非累积优先股；

④按是否可在规定时间内按一定的转换比率转换为该公司普通股股票，可分为可转换优先股和不可转换优先股；

⑤按优先股股东按照确定的股息率分配得到股息后是否还有权与普通股股东一起参与剩余净利润的分配，可分为参与优先股和非参与优先股；

⑥按发行人或优先股股东是否享有要求公司回购优先股股票的权利，可分为可回购优先股和不可回购优先股，可回购优先股包括发行人要求可赎回优先股和投资者要求可回售优先股两种情况，应在公司章程和招股文件中规定其具体条件。

其中，强制分红优先股、累积优先股、可转换优先股、参与优先股、投资者要求可回售优先股均对股东有利，而非强制分红优先股、发行人要求可赎回优先股、不可回购优先股则对上市公司有利。

根据《优先股试点管理办法》的规定：上市公司不得发行可转换为普通股的优先股；上市公司公开发行的优先股，应当在公司章程中规定以下事项：

①采取固定股息率；

②在有可分配税后利润的情况下必须向优先股股东分配股息；

③未向优先股股东足额派发股息的差额部分应当累积到下一会计年度；

④优先股股东按照约定的股息率分配股息后，不再与普通股股东一起参与剩余利润的分配。

2.优先股筹资的优缺点

优先股筹资的优点是：一般没有固定到期日，不用偿还本金；股利支付既固定，又有一定弹性；能提高公司的信用能力，降低公司财务风险；有利于公司股权结构的调整，保障普通股收益和控制权。其缺点主要是：资金成本较高；股息支付可能给公司带来一定财务压力。

（六）认股权证

认股权证是由股份公司发行的可认购其股票的一种证明文件，它赋予持有者在特定的期限内以事先约定的价格购买发行公司一定数量股票的选择权利。

认股权证本质上是一种股票期权（即买入期权或看涨期权），属于金融衍生工具，具有实现融资和股票期权激励的双重功能，但认股权证本身是一种认购普通股的期权，投资者可以通过购买附认股权证的股票获得市场价与认购价之间的股票差价收益，或直接出售认股权证获益，但它既没有普通股的红利收入，也没有普通股相应的投票权。认股权证尤其是依附于债券等附带发行的认股权证是一种混合型筹资。

对筹资公司而言，发行认股权证是一种特殊的筹资手段。认股权证本身含有期权条款，其持有者在认购股份之前，对发行公司既不拥有债权也不拥有股权，而只是拥有股票认购权。发行公司通过发行认股权证不仅可以筹得一笔额外现金，还能促进其他筹资方式的运用，还有利于公司推进对技术和管理骨干的股权激励机制，约束公司大股东及管理层的行为，激励他们更加努力地提升公司的市场价值，从而增强公司的资本实力和运营能力。

认股权证的形式多种多样，运用十分灵活。按允许认股的期限分，认股权证可分为长期认股权证和短期认股权证。长期认股权证的认股期限通常持续数年，甚至10年以上。短期认股权证的认股期限一般在90天以内。按发行方式分，认股权证可分为单独发行的认股权证和附带发行的认股权证。单独发行的认股权证是指不依附于其他证券而独立发行的认股权证，它有利于企业将来发售股票。附带发行的认股权证是指依附于债券、优先股、普通股或短期票据发行的认股权证，它可提高其所依附证券发行的效率，是一种促进筹资的有力工具。发行分离交易的可转换公司债券，其认股权证上市交易的，认股权证约定的要素应当包括行权价格、存续期间、行权期间或行权日、行权比例，其行权价格应不低于公告募集说明书日前20个交易日公司股票均价和前一个交易日的均价。

随堂测2

【分组任务】

主题：本校所在地区上市公司情况。

活动内容：请四组学生分别事先（上课前）准备，其中三组各推选一名学生作介绍，介绍时间各5分钟，第四组推选三名学生作点评，点评时间各5分钟。

三、利用留存收益

利用留存收益筹资是指企业在内部通过留存收益而形成的资金（包括盈余公积和未分配利润），是企业筹集权益资金的方式之一。利用留存收益进行内部筹资是企业经常采用的筹资渠道，有些小企业无法取得外部资金，有些大企业取得外部资金来源不足，就要依靠内部筹资。企业应在充分利用内部筹资来源之后，再考虑外部筹资问题。

留存收益是企业缴纳所得税后形成的，当企业不将全部税后利润作为股利支付给股东时，未分配的税后利润就构成留存收益，其所有权属于股东，实质上是股东对企业的追加投资。留存收益的多少取决于企业净利润的多少和股利支付率的高低。从表面上来看，企业利用留存收益筹资不需要花费资金成本，但实际上，所有者（股东）愿意将其留用于企业而不作为股利取出投资于别处，总是要求获得与对外直接投资（普通股投资）等价的报酬。如果企业将留存收益用于再投资所获得的收益率低于所有者（股东）自己进行另一项风险相似的投资的收益率，企业就不应该保留留存收益而应将其分派给股东。因此，企业利用留存收益筹资也有资金成本，只不过它是一种机会成本。

利用留存收益筹资因为没有筹资费用，所以资金成本较普通股低，而且能保持普通股股东的控制权，维持公司的控制权分布。因为留存收益属于权益资金，所以也能降低企业财务风险，提高企业负债能力。但留存收益的数额往往有限，仅依靠留存收益往往会限制企业的发展，所以企业还应当充分利用各种外部筹资方式。

【分组任务】

辩题：华为应不应该上市？

活动内容：(1) 学生自主学习知识点：权益资金的筹集——发行股票。

(2) 学生自主搜集华为创立并发展至今的详细素材。

(3) 教师组织学生介绍华为发展中的标志性事件。

(4) 教师介绍辩论赛主题和要求。

(5) 学生自愿分组，每组6人，抽签决定辩题的辩方。

(6) 各小组根据自己的抽签结果进一步准备辩论材料。

(7) 小组自愿展示，没有展示机会的小组提交书面辩论材料。

第三节 长期负债资金的筹集

负债是企业的一项重要资金来源，几乎没有一家企业是只靠自有资金，而不运用负债就能满足生产经营活动和对外投资需要的。负债资金与权益资金性质不同，与权益资金相比，债权人对企业没有资本收益权、决策管理权和选择管理者的权力。负债具有以下特点：负债筹集的资金具有使用上的时间性，不能归企业永久支配使用，必须按期偿还，财务风险较大；不论负债企业经营好坏，都需固定支付债务利息，从而形成企业固定负担，但具有财务杠杆作用；负债资金的资金成本一般比权益资金筹资低，且不会分散所有者对企业的控制权。按照所筹负债资金可使用时间的长短，负债筹资通常分为长期负债筹资和短期负债筹资两类。长期负债筹资，是指偿还期超过1年的负债，主要筹资方式包括金融机构长期借款、发行公司债券、融资租赁等。短期负债筹资，是指偿还期小于1年的负债，如短期借款、利用商业信用、发行短期融资券等。

一、长期借款

长期借款是借款企业向银行或其他非银行金融机构借入的使用期限超过1年的借款，主要用于购建固定资产和满足长期流动资金占用的需要。

(一) 长期借款的种类

长期借款的种类很多，各企业可根据自身情况和各种借款条件选用。我国目前各金融机构的长期借款主要有以下几种分类：

1.按照用途不同分类

按照用途不同，可分为基本建设借款、专项借款、长期流动资金借款。

基本建设借款，是指借款企业因从事固定资产新建、改建、扩建等基本建设项目而申请借入的款项。

专项借款，是指借款企业因为专门用途而向银行等金融机构申请借入的款项，包括更新改造技改借款、大修理借款、技术研发和新产品研制借款、小型技术措施借款、出口专项借款、引进技术转让费周转金借款、进口设备本外币借款及国内配套设备借款等。

长期流动资金借款，是指借款企业为满足长期性流动资金占用需要而向银行等金融机构借入的款项。

2.按照提供贷款的机构不同分类

按照提供贷款的机构不同，可分为政策性银行借款、商业银行借款及其他金融机构借款。

政策性银行借款，是指符合条件的借款企业从执行国家政策性贷款业务的银行借入的款项。例如，国家开发银行贷款，主要满足企业承建国家重点建设项目的资金需要；中国进出口信贷银行贷款，主要为大型设备的进出口提供买方信贷或卖方信贷；中国农业发展银行贷款，主要用于确保国家对粮棉油等政策性收购资金的供应。

商业银行借款，是指借款企业向各商业银行借入的为满足生产经营长期资金需要的款项。

其他金融机构借款，如借款企业从信托投资公司取得的实物或货币形式的信托投资借款，从财务公司、保险公司取得的各种中长期借款等。其他金融机构借款一般较商业银行借款的期限要长，支付的利率要高，对借款企业的信用要求和担保选择比较严格。

3.按照有无担保分类

按照有无担保，可分为信用借款和担保借款。

信用借款，是指无须以财产作抵押，仅凭借款企业的信誉或保证人信用而借到的借款。对于这种借款，由于风险较高，银行等金融机构通常要收取较高的利息，往往还附加一定的限制条件。

担保借款，是指借款企业或第三方依法提供担保而借到的借款。担保包括保证责任、财产抵押、财产质押。由此，担保借款也分保证借款、抵押借款和质押借款三种类型。

保证借款是按《中华人民共和国民法典》（以下简称《民法典》）规定的保证方式，以第二方作为保证人承诺在借款人不能偿还借款时，按约定承担一定保证责任或连带责任而取得的借款。

抵押借款是按《民法典》规定的抵押方式，以借款人或第三方的财产作为抵押物而取得的借款。抵押，是指债务人或第三方并不转移对财产的占有，只将该财产作为对债权人的担保。债务人不能履行债务时，债权人有权将该财产折价或者以拍卖、变卖的价款优先受偿。长期借款的抵押品可以是房屋、建筑物、机器设备、交通运输工具等实物资产，可以是依法有权处分的土地使用权，也可以是股票、债券等有价证券等，它们必须是能够变现的资产。抵押借款有利于降低金融机构贷款的风险，提高贷款的安全性。

质押借款是按《民法典》规定的质押方式，以借款人或第三方的动产或财产权利作为质押物而取得的借款。质押，是指债务人或第三方将其动产或财产权利交给债权人占有，将该动产或财产权利作为债权的担保。债务人不能履行债务时，债权人有权将该动产或财产权利折价或者以拍卖、变卖的价款优先受偿。作为借款的质押品可以是汇票、支票、债券、存款单、提单等信用凭证，可以是依法可以转让的股份、股票等有价证券，也可以是依法可以转让的商标专用权、专利权、著作权中的财产权等。

（二）长期借款筹资的程序

1.企业提出申请

企业申请借款必须符合银行等贷款机构的贷款原则和条件，填写包括借款金额、借款用途、偿还能力以及还款方式等为主要内容的“借款申请书”，并提供以下资料：

（1）借款人及保证人的基本情况；

（2）财政部门或会计师事务所核准的上年度财务报告；

（3）原有的不合理借款的纠正情况；

（4）抵押物或质押物清单及同意抵押或质押的证明，保证人拟同意保证的有关证明文件；

（5）项目建议书和可行性报告；

（6）贷款机构认为需要的其他资料。

2.贷款机构进行审批

贷款机构接到借款企业的申请后，要对企业的申请进行审查，以决定是否对其提供贷款：

（1）对借款人的信用情况进行评估；

（2）对借款的合法性、安全性和借款人的盈利稳定性、发展前景进行调查；

（3）评估借款投资项目的可行性，核实抵押物或质押物、保证人情况，测定贷款风险；

（4）与借款企业进一步协商贷款的具体条件，审批贷款。

3.签订借款合同

借款合同是规定借贷各方权利和义务的契约，其内容分为基本条款和限制条款。限制条款不是借款合同的必备条款。基本条款则是借款合同的必备条款，其内容一般包括借款种类、借款用途、借款金额、借款利率、借款期限、还款资金来源及还款方式、保证条款、违约责任等。

4.企业取得借款

借款合同生效后，企业便可在额定的贷款指标范围内，根据用款计划和实际需要，一次或分次将借款转入企业存款结算户，以便使用。贷款人不按合同约定按期发放贷款的、借款人不按合同的约定用款的，都要偿付违约金。

5.企业偿还借款

待借款到期时，企业应按借款合同的规定按时足额还本付息。如果企业不能按期归还，应在借款到期之前，向贷款机构申请借款展期。由贷款机构根据具体情况决定是否给予展期。

（三）长期借款的限制条款

由于长期借款的金额较大、期限较长、风险较高，按照惯例，贷款机构通常对借款企业提出一些有助于保证贷款本息按时足额偿还的限制条件，这些条件写进借款合同中，形成了合同的限制条款（也称保护条款）。归纳起来，限制条款大致有以下三类：

1.一般性限制条款

一般性限制条款是贷款机构对借款企业资产流动性及偿债能力等方面的要求条款，应用于大多数借款合同，但根据具体情况会有不同内容。一般包括：

（1）规定借款企业流动资金的保持量。一般规定企业必须保持的最低营运资金数额和最低流动比率数值，其目的在于保持借款企业资金的流动性和偿债能力。

（2）限制企业非经营性支出。例如，限制支付现金股利、再购入股票和职工加薪，其目的在于限制借款企业现金过度外流。

（3）限制资本支出规模。其目的仍着眼于保持借款企业资金的流动性。

（4）限制借款企业借入其他长期债务。

2.例行性限制条款

这类条款作为例行常规，会在大多数借款合同中出现。其内容主要包括：

（1）要求借款企业定期向贷款机构提交财务报表，其目的在于及时掌握企业的财务状况和经营成果。

（2）不准在正常情况下出售较多经营用资产，以保持企业正常的生产经营能力。

（3）如期缴纳税金和清偿其他到期债务，以防被罚款而造成现金流失。

（4）不准以资产作为其他承诺的担保或抵押，以避免企业过重的负担。

（5）不准贴现应收票据或出售应收账款，以避免或有负债等。

3.特殊性限制条款

特殊性限制条款是针对某些特殊情况，而出现在少数借款合同中的条款，如贷款专款专用、限制企业高级职员的薪金和奖金总额、要求企业主要领导人在合同有效期间担任领导职务、要求企业主要领导人购买人身保险等。

（四）长期借款的成本和偿还方式

长期借款的利息率通常高于短期借款，但规模大、实力强、信誉好、抵押品流动性强的借款企业仍可以争取到较低的借款利息率。长期借款利率有固定利率和浮动利率两种，浮动利率通常有最高和最低限，并在借款合同中明确。对借款企业来讲，若预测市场利率将上升，应与银行等贷款机构签订固定利率合同；反之，则应签订浮动利率合同。

除了利息之外，银行等贷款机构还会向借款企业收取其他费用，如实行周转信贷协定所收取的承诺费、要求借款企业在本贷款机构中保持一定的补偿性余额等，这些费用都会增大长期借款的成本。

长期借款的偿还方式不一，包括定期支付利息、到期一次性偿还本金；定期等额偿还；平时逐期偿还小额本金和利息、借款到期时偿还余下的大额部分等。第一种偿还方式会加大企业借款到期时的还款压力，而定期等额偿还又会提高使用借款的有效年利率。

（五）长期借款筹资的优缺点

1.长期借款筹资的优点

（1）筹资速度快。借款的手续比发行证券、融资租赁等筹资简单得多，得到借款所需要的时间较短，可以迅速地获取资金。

（2）筹资成本较低。与股票筹资相比，长期借款的利息可在所得税前支付，故可减少企业实际负担的成本；与债券相比，无须支付大量的发行费用；与融资租赁比，手续费用很少。

（3）借款弹性好。借款时企业与贷款机构直接交涉，容易就借款的时间、数量、还款方式、利率达成协议。用款期间，如企业经营和财务情况发生变化，也可与贷款机构再协商变更借款数量、时间和条件，或提前偿还本息，这比债券筹资方便灵活得多。

（4）可以发挥财务杠杆的作用。只要投资报酬率大于借款利率，企业所有者将会因财务杠杆的作用而获得更多的收益。

2.长期借款筹资的缺点

（1）筹资风险较高。由于到期必须还本付息，在企业经营不善时，可能会产生不能偿债的风险，严重时甚至引起破产。

（2）限制条款较多。为了防范风险，贷款机构在借款合同中一般都有一些限制性条款，这可能会影响企业今后的经营活动和筹资能力。

（3）筹资数额有限。为减少贷款风险，银行等贷款机构往往不愿意向一家企业发放长期的巨额贷款。通常在资金需求量不大、需求时间相对较短的情况下，企业采用长期借款方式筹资比较有利。

【头脑风暴】银行贷款是要还的，可发行股票不用还，但企业为什么仍选择银行贷款而不选择发行股票筹资？

二、发行公司债券

债券是发行人为筹措负债资金，依照法定程序发行，承诺按约定的利率和日期支付利息，并在特定日期偿还本金的书面债务凭证，是一种有价证券。本节所说的公司债券，是指公司发行的期限超过1年的债券，其发行目的通常是为投资大型项目筹集大笔长期资金。

（一）债券的基本要素和评级

1.债券的基本要素

（1）债券的面值。债券的面值包括两个基本内容：一是币种，二是票面金额。债券的票面金额是债券到期时发债人偿还债务本金的金额，要载明于债券上。

（2）债券的期限。债券有明确的到期日，债券从发行之日起，至到期日之间的时间称为债券的期限。债券到期时债券的发行人必须偿还本金。

（3）债券的利率。债券上通常都载明年利率，即票面利率，一般为固定利率（也有浮动利率债券）。

2.债券的评级

公司公开发行债券通常需要由资信评级机构评定等级。债券的信用等级对发行公司和购买人都有重要影响，因为债券评级既是度量违约风险的一个重要依据，对债务筹资利率以及公司债务成本有直接影响，又为投资者尤其是中小投资者进行债券投资决策提供了方便。

国际上流行的债券等级是三等9级，分别为：AAA（最高级）、AA（高级）、A（中上级）、BBB（中级）、BB（中下级）、B（投机级）、CCC（完全投机级）、CC（最大投机级）、C（最低级），为投资者决策提供参考。

我国的债券评级工作正在开展，但尚无统一的债券等级标准和系统评级制度。根据中国人民银行的有关规定，凡是向社会公开发行的企业债券，需要由经中国人民银行认可的资信评级机构根据发行公司的企业素质、财务质量、项目状况、项目前景和偿债能力等方面进行评信。

（二）公司债券的种类

公司债券可按不同标准进行分类，主要种类有：

1.按有无特定财产担保，可分为信用债券和担保债券

信用债券是无担保债券，是仅凭公司自身的信用发行的、没有抵押品作抵押担保的债券。在公司清算时，信用债券的持有人因无特定的资产作担保品，只能作为一般债权人参与剩余财产的分配。

担保债券是指以抵押方式担保发行人按期还本付息的债券，主要是指抵押债券。抵押债券按其抵押品不同，又分为不动产抵押债券、动产抵押债券、证券信托抵押债券。

2.按债券是否记名，可分为记名债券和无记名债券

记名债券的转让，由债券持有人以背书方式或者法律、行政法规规定的其他方式转让；无记名债券的转让，由债券持有人将该债券交付给受让人后即发生转让的效力。根据自2024年7月1日起执行的新《公司法》，我国企业发行的公司债券应当为记名债券。

3.按利率不同，可分为固定利率债券和浮动利率债券

4.按偿还方式不同，可分为到期一次偿还债券和分期偿还债券

5.按能否转换为公司股权，可分为可转换债券和不可转换债券

可转换债券，是指债券持有者可以在规定的时间内按规定的价格转换为发债公司股票的一种债券。这种债券在发行时，对债券转换为股票的价格和比率等都作了详细规定。《公司法》规定，可转换债券的发行主体必须是上市公司。

不可转换债券，是指不能转换为发债公司股票的债券。大多数公司债券属于这一类型。

6.按债券是否上市交易，可分为上市债券和非上市债券

（三）发行公司债券的条件

在我国，根据《公司法》的规定，股份有限公司和有限责任公司，具有发行债券的资格。发行公司债券的申请经国务院证券监督管理机构注册后，应当公告公司债券募集办法，并载明下列主要事项：

（1）公司名称；

（2）债券募集资金的用途；

（3）债券总额和债券的票面金额；

（4）债券利率的确定方式；

（5）还本付息的期限和方式；

（6）债券担保情况；

（7）债券的发行价格、发行的起止日期；

（8）公司净资产额；

（9）已发行的尚未到期的公司债券总额；

（10）公司债券的承销机构。

按照我国《证券法》的规定，公开发行公司债券，应当符合以下条件：

（1）具备健全且运行良好的组织机构；

（2）最近3年平均可分配利润足以支付公司债券1年的利息；

（3）国务院规定的其他条件。

公开发行公司债券筹集的资金，必须按照公司债券募集办法所列资金用途使用；改变资金用途的，必须经债券持有人会议作出决议。公开发行公司债券筹集的资金，不得用于弥补亏损和非生产性支出。

上市公司发行可转换为股票的公司债券，除应当符合上述“具备健全且运行良好的组织机构”的条件外，还应当遵守“具有持续经营能力（盈利能力具有可持续性，财务状况良好）”的规定。但是，按照公司债券募集办法，上市公司通过收购本公司股份的方式进行公司债券转换的除外。

有下列情形之一的，不得再次公开发行公司债券：

（1）对已公开发行的公司债券或者其他债务有违约或者延迟支付本息的事实，仍处于继续状态；

（2）违反《证券法》的规定，改变公开发行公司债券所募资金的用途。

公司债券要上市交易，应当按照证券交易所的交易规则转让。

（四）公司债券发行的程序

发行公司债券，一般要经过下列程序，并办理规定的手续。

1.作出发债决议

拟发行公司债券的公司，由公司董事会制订公司债券发行方案，并由公司股东大会批准，作出发行公司债券的决议。

2.提出发债申请

公司向国务院证券监督管理机构提出申请并按规定提交公司章程、公司债券募集管理办法、资产评估报告等相关文件，由证券监督管理部门根据有关规定，对公司的申请予以核准。

3.公告募集办法

公司发行债券的申请被批准后，要向社会公告公司债券的募集办法。公司债券募集分为私募发行和公募发行。前者以特定的少数投资者为指定对象发行，后者在证券市场上以非特定的广大投资者为对象公开发行。

4.委托证券承销机构发售

公司债券的公募发行采取间接发行方式，发行公司与承销团（由数家证券公司或投资银行组成）签订承销协议。承销方式有代销和包销两种。代销是指承销机构代为推销债券，承销机构不承担发行风险；包销是承销机构先购入发行公司拟发行的全部债券，然后售给社会投资者，如果约定期限内未能全部售出，余额要由承销机构负责认购。

5.交付债券，收缴债券款，登记债券存根簿

（五）公司债券发行价格的确定

债券的发行价格是债券发行时使用的价格，即投资者购买债券时实际支付的价格。在实务中，公司债券的发行价格通常有三种情况，即平价、溢价和折价。

平价发行，是指以债券的票面金额为发行价格发行债券；溢价发行，是指按高出

债券票面金额的价格发行债券；折价发行，是指按低于债券票面金额的价格发行债券。

债券发行价格的形成，受债券面额、票面利率、市场利率、债券期限、利息支付方式等诸多因素的影响，其中主要的影响因素是票面利率与市场利率的一致程度。债券的票面金额、票面利率在债券发行时已参照市场利率和发行公司的具体情况确定下来，一并载明于债券之上，无法改变，但市场利率经常发生变动，在发行债券时，如果票面利率与市场利率不一致，为了协调债券购销双方在债券利息上的利益，就需要调整发行价格：当票面利率高于市场利率时，以溢价发行债券，这个溢价额实际上是对发行公司未来多付利息的一种事先补偿；当票面利率低于市场利率时，以折价发行债券，这个折价实际上是对债券投资者未来少得利息的一种事先补偿；当票面利率与市场利率一致时，则以平价发行债券。

以分期付息、到期还本的债券为例，债券的发行价格的计算公式为：

债券发行价格=到期票面金额按市场利率折算的现值+各期利息按市场利率折算的现值　（5.3.1式）

即：$$债券发行价格=\sum_{t=1}^{n}\frac{票面金额\times票面利率}{(1+市场利率)^{t}}+\frac{票面金额}{\left(1+市场利率\right)^{n}}$$

式中：n为债券期限；

t为付息期数。

【例5-1】 福吉公司发行面值为1 000元，利率为10%，期限为10年，每年付息一次的公司债券。发行时，资金市场上同类债券的市场利率为15%。该债券的发行价格可计算如下：

$$\begin{aligned}债券发行价格 &= 1\,000\times 10\%\times(P/A,\ 15\%,\ 10)+1\,000\div(1+15\%)^{10}\\ &= 100\times 5.019+247.18=749.08(元)\end{aligned}$$

【例5-2】 如果上例中福吉公司债券发行时的市场利率为5%，则该债券的发行价格可计算如下：

$$\begin{aligned}债券发行价格 &= 1\,000\times 10\%\times(P/A,\ 5\%,\ 10)+1\,000\div(1+5\%)^{10}\\ &= 100\times 7.722+613.91\\ &= 1\,386.11(元)\end{aligned}$$

（六）公司债券筹资的优缺点

1.公司债券筹资的优点

（1）与发行股票筹资相比，发行公司债券筹资的资金成本较低。这一是因为投资者投资于债券的风险比股票要低，所以要求的投资报酬率也低些；二是因为债券利息可以在税前列支，具有节税效应。

（2）保证股东控制权，募集资金的使用限制较少。债券持有人无权参与发行公司的决策管理，所以债券筹资不会稀释股东对公司的控制权，而且与银行借款相比，发行债券募集的资金既具有长期性和稳定性，在使用上又具有相对的灵活性和自主性，有利于公司扩张发展。

（3）可以提高公司声誉，发挥财务杠杆作用。公司债券的发行主体，有严格的资格限制，必须是实力强大的公司，通过发行债券既募集了大额资金，也进一步扩大了公司的声誉影响，而且债券的利息是固定的，当公司息税前利润率高于债券利率时，将有更多的收益留给股东。

2.公司债券筹资的缺点

（1）财务风险大。与发行股票筹资相比，债券有固定到期日，而且必须定期支付利息，当公司经营欠佳时，需要大量地还本付息，会加快公司财务状况的恶化，增加公司的财务风险，甚至会导致公司破产。因此为确保在债券到期时有足额的现金偿还债券，有时公司需要建立偿债基金。

（2）与银行借款筹资相比，发行公司债券筹资的利息和发行费等筹资费用以及信息披露成本等较高。

（七）可转换债券

可转换债券是指由公司发行并规定债券持有人在一定期限内按约定的条件可将其转换为发行公司股票的债券。可转换债券是一种特殊的债券，是公司普通债券与证券期权的组合体，是一种混合型筹资。

一般来说，可转换债券可分为两类：一类是不可分离交易的可转换债券（即一般可转换债券），其转股权和债券不可分离，债券持有者直接按照债券面额和约定的转股价格，在规定的期限内将债券转换为股票；另一类是可分离交易的可转换债券（即附认股权证可转换债券），这类债券在发行时附有认股权证，是认股权证与公司债券的组合，发行上市后，公司债券和认股权证各自独立流通、交易。附认股权证可转换债券的持有者，同时拥有1份债券和1份股票的看涨期权。公司发行附认股权证债券可以起到一次发行、二次融资的作用，而且可以以潜在的股权稀释为代价换取较低的债券票面利息，从而有效降低融资成本，但是该类可转换债券的灵活性较差，相对于一般可转换债券，发行公司一直都有偿还本息的义务，因无赎回和强制转股条款，在市场利率大幅降低时，发行公司需要承担一定的机会成本。附认股权证债券的发行公司的主要目的是发行债券而不是股票，是为了发债而附带期权，如果将来公司发展良好，股票价格大大超过执行价格，原有股东也会蒙受较大损失。

1.一般可转换债券的基本要素

可转换债券的基本要素是指构成可转换债券基本特征的必要因素，它们代表了可转换债券与普通债券的区别。可转换债券通常应当具备这样几个基本要素：

（1）可转换性。可转换债券一般可以转换为发行公司自己的普通股股票，并于转股的次日成为发行公司的股东。但这种转换是一种期权，债券持有人可以选择转换，也可选择不转换而继续持有债券。

（2）票面利率。可转换债券的票面利率一般会低于普通债券的票面利率，有时甚至还低于同期银行存款的利率。因为可转换债券的投资收益中，除了债券的利息收益外，还附加了股票买入期权的收益部分。一个设计合理的可转换债券，在大多数情况下其股票买入期权的收益足以弥补债券利息收益的差额。

（3）转换价格，也称转股价格，是指可转换债券转换成普通股的每股价格，通常由发行公司在发行可转换债券时约定。转股价格应不低于募集说明书公告日前20个交易日该公司股票交易均价和前1个交易日的均价。约定的转换价格通常比发行时的股价高出10%~30%。募集说明书应当约定转换价格调整的原则及方式。发行可转换公司债券后，因配股、增发、送股、派息、分立及其他原因引起上市公司股份变动的，应当同时调整转换价格。

（4）转换比率，即每一张可转换债券在既定的转换价格下能够转换的普通股股数。在债券面值和转换价格确定的前提下，转换比率=债券面值÷转换价格。例如，A公司2010年发行了12.5亿元可转换债券，其面值为1 000元，年利率为4.75%，2020年到期。转换可以在此前的任何时候进行，转换比率为6.41。其转换价格为156.01元（1 000÷6.41）。也就是说，为了取得A公司的1股普通股，需要放弃金额为156.01元的债券面值。

（5）转换期，是指可转换债券的持有人行使转换权的有效期限，即可转换债券转换为股份的起始日至结束日的期间。可转换债券的转换期可以与债券的到期期限相同，也可以短于债券的到期期限。超过转换期后的可转换债券不再具有转换权，自动成为普通债券。根据我国《上市公司证券发行注册管理办法》的规定，可转换债券自发行结束之日起6个月后方可转换为公司股票，转换期限由公司根据可转换债券的存续期限及公司的财务状况决定。

（6）赎回条款，是指发行公司有权在债券到期日之前提前赎回债券的相关规定，通常包括不可赎回期（从发行时开始，不能被赎回的那段时间）、赎回期（即发行公司可以赎回债券的期间。不可赎回期结束之后，即进入债券的赎回期）、赎回价格（即事前规定的发行公司赎回债券的出价。赎回价格一般高于债券的面值，两者之差为赎回溢价。赎回溢价随债券到期日的临近而减少）、赎回条件（分为赎回期内发行公司无条件随时赎回和有条件赎回）等。募集说明书可以约定赎回条款，规定上市公司可按事先约定的条件和价格赎回尚未转股的可转换公司债券。设置赎回条款最主要的功能是强制债券持有者积极行使转股权，因此又被称为加速条款。

（7）回售条款，是指可转换债券发行公司的股票价格在一定时期内连续低于转换价格达到某一幅度时，债券持有人有权按照约定的价格将可转换债券卖给发行公司的有关规定。募集说明书可以约定回售条款，规定债券持有人可按事先约定的条件和价格将所持债券回售给上市公司。设置回售条款是为了保护债券持有人的利益，从而降低其投资风险。

（8）强制性转换条款，是指在某些条件具备之后，债券持有人必须将可转换债券转换为股票，无权要求偿还债券本金的规定。设置强制性转换条款，是为了保证可转换债券顺利地转换成股票，实现发行公司扩大权益筹资的目的。

2.可转换债券的发行条件

（1）发行一般可转换债券的条件。

根据《上市公司证券发行注册管理办法》的规定，上市公司发行一般可转换债券，除了应当符合发行证券（股票、可转换公司债券）的一般条件之外，还应当符合以下条件：

①具备健全且运行良好的组织机构。

②最近三年平均可分配利润足以支付公司债券一年的利息。

③具有合理的资产负债结构和正常的现金流量。

④交易所主板上市公司向不特定对象发行可转债的，应当最近三个会计年度盈利，且最近三个会计年度加权平均净资产收益率平均不低于百分之六；净利润以扣除非经常性损益前后孰低者为计算依据。

（2）发行分离交易的可转换公司债券的条件。

发行分离交易的可转换公司债券，除符合发行证券（股票、可转换公司债券）的一般条件的规定外，还应当符合下列规定：

①公司最近1期末经审计的净资产不低于人民币15亿元。

②最近3个会计年度实现的年均可分配利润不少于公司债券1年的利息。

③最近3个会计年度经营活动产生的现金流量净额平均不少于公司债券1年的利息，符合“最近3个会计年度加权平均净资产收益率平均不低于6%”规定的公司除外。

④本次发行后累计公司债券余额不超过最近1期期末净资产额的40%，预计所附认股权全部行权后募集的资金总量不超过拟发行公司债券金额。

3.公司发行可转换债券的其他规定

（1）可转换公司债券的期限最短为1年，最长为6年。

（2）可转换公司债券每张面值100元。

（3）可转换公司债券的利率由发行公司与主承销商协商确定，但必须符合国家的有关规定。

（4）公开发行可转换公司债券，应当委托具有资格的资信评级机构进行信用评级和跟踪评级。

（5）公开发行可转换公司债券，应当约定保护债券持有人权利的办法，以及债券持有人会议的权利、程序和决议生效条件。

（6）公开发行可转换公司债券，应当提供全额担保（但最近1期末经审计的净资产不低于人民币15亿元的公司除外），担保范围包括债券的本金及利息、违约金、损害赔偿金和实现债权的费用。

4.可转换债券筹资的优缺点

（1）可转换债券筹资的优点。

①转换前资金成本较低。可转换债券的票面利率一般低于同一条件下普通债券的利率，从而降低了转换之前发行公司的资金成本。

②筹资效率高。可转换债券除让投资者获得固定利息外，还向其提供了债权投资或股权投资的选择权，对投资者有吸引力，有利于债券的发行。其转换价格一般高于其发行时的公司股票价格，通过转换，发行公司可实现较高价位的股权筹资，还有利于调整资本结构。

③有利于稳定公司股价。可转换债券的转换期较长，即使在将来转换股票时，对公司股价的影响也较温和，有利于稳定公司股票价格。

④可以减少筹资中的利益冲突。发行可转换债券不会过于增加公司的偿债压力，所以其他债权人对此的反对和约束较少。

（2）可转换债券筹资的缺点。

①股价上涨风险。虽然可转换债券的转换价格高于其发行时的股票价格，但如果转换时股票价格大幅上涨，公司只能以较低的固定转换价格换出股票，会降低公司的股权筹资额，遭受筹资损失。

②财务风险。如果公司股价长期低迷，债券持有者没有如期转换为普通股，则会

增加公司到期集中兑付债券本金的压力，加大公司的财务风险。在订有回售条款的情况下，公司短期内集中偿还债务的压力会更明显，尤其是有些公司发行可转换债券的目的是筹集权益资金，股价低迷使其原定目标无法实现。

③总体资金成本高于普通债券。尽管可转换债券的票面利率比普通债券低，但转股后可转换债券将失去票面利率较低的好处，再加上转换成本，可转换债券的总体资金成本比普通债券反而要高。

（八）永续债券

永续债券，又称无期债券，是非金融企业（发行人）在证券市场发行的没有明确到期时间或期限非常长的债券。其持有人不能要求发行公司清偿本金（实际操作中一般会附加公司赎回及利率调整条款），也不能像普通股股东一样参与公司决策管理，而只能按期取得比普通债券高得多的利息（通常前2~3年利息就比普通债券要高，第3年开始还会大幅增加）。因此，与优先股类似，永续债券作为具有一定权益资金属性的债务工具，也是一种混合型筹资方式。它不会稀释公司股权，只用付息不须还本，因此财务风险较小，适合发行公司投资一些开发周期长的项目。如果发行公司出现清算重组等情形，从债务偿还的顺序来看，大部分永续债偿还顺序在普通债券之后，在优先股、普通股之前。

随堂测3

【头脑风暴】为什么有的企业账面有大量现金还要发债?

三、融资租赁

租赁是指出租人以收取租金为条件，将资产租借给承租人在约定的期限内占有和使用的一种交易行为。租赁行为，使承租人通过支付租金得到了所需资产的使用权，完成了筹资，因此在实质上具有借贷属性。它与银行信贷一样，资金（银行借贷的载体只是货币资金，租赁则是资金与实物相结合）的所有权与使用权相分离，通过融资与融物相结合，以商品形态与货币形态相结合提供信贷，以分期支付租金的方式来实现借物还钱，使银行信贷和财产信贷融合在一起，成为企业融资的一种特定形式。现在，租赁已经成为企业筹集资金的一种重要方式。

（一）租赁的分类

租赁分为经营租赁和融资租赁。

经营租赁又称服务性租赁，无融资特征，只是一种融物方式。一般由租赁公司根据市场需求选定出租的设备，然后再寻找承租企业，租赁期较短（短于资产的有效使用期，承租企业可以在合理的限制条件内中途解约），租赁设备的维修、保养等由租赁公司负责，租金仅是设备使用费，租赁期满或合同终止以后，出租资产由租赁公司收回。因此，比较适用于租用技术过时较快的通用生产设备。

融资租赁又称金融租赁，是区别于经营租赁的一种长期租赁形式，由于它可满足企业对资产的长期需要，有时也被称为资本租赁。它是现代租赁的主要形式。

融资租赁是由租赁公司按承租企业的要求出资购买设备，在较长的合同期内提供给承租企业使用的融资信用服务，是以融通资金为主要目的的租赁。其主要特点是：

（1）出租的设备（一般为专用设备）根据承租企业提出的要求购买，或者由承租企业直接从设备制造商或销售商那里选定；

（2）租赁期较长，接近于资产的有效使用期，在租赁期间双方无权取消合同；

（3）由承租企业负责设备的维修、保养；

（4）租金的构成包括设备价款、利息和租赁手续费（租赁公司的业务费用和必要的利润）；

（5）租赁期满，按事先约定的方法处理设备，或退还租赁公司，或继续租赁，或承租企业留购，或无偿赠送给承租企业，通常是承租企业以很小的“名义价格”（相当于设备的残值）买下设备。

（二）融资租赁的基本形式

融资租赁按其租赁方式不同，主要可分为三种形式：

1.直接租赁

出租方根据承租方的申请要求，向国内外厂商购进承租方所需固定资产（多为专用设备），直接租给承租方使用。这是融资租赁的主要形式。

2.售后回租

承租方由于急需资金等各种原因，将自有的固定资产出售给出租方，获得一笔相当于市价的资金，再以承租人的身份，从出租方原封不动地租回资产的使用权。采用这种租赁方式，除资产所有权发生改变以外，其他情况均无变化。

3.杠杆租赁

杠杆租赁，又称平衡租赁，是涉及承租人、出租人和资金出借者三方当事人的融资租赁业务。一般来说，当所涉及的资产价值昂贵时，出租人只出购买资产所需的部分资金（通常为资产价值的20%~40%）作为自己的投资，另以该资产作为抵押担保向资金出借者（通常为银行）借入其余资金，购进资产租给承租人使用，以收取的租金偿还借款，该资产的所有权属于出租人。出租人既是债权人又是债务人。如果出租人不能按期偿还借款，资产的所有权就要转归资金出借者。

（三）融资租赁的程序

融资租赁业务具有融资与融物的双重性质，其业务程序要比一般信贷业务复杂得多。融资租赁的一般程序是：

1.选择租赁公司

当企业决定采取融资租赁方式筹取某项设备时，要在多家租赁公司之间进行比较，了解各租赁公司的经营范围、业务能力、资信情况、融资条件、租赁费率等情况，择优选定。

2.办理租赁委托

企业选定租赁公司后，便可向其提出申请，办理委托。企业需填写“租赁申请书”，说明所需固定资产的具体要求，并提供企业财务报表等有关经营财务状况的文件。

3.签订购货协议

由承租企业与租赁公司的一方或双方合作选定设备供应厂商，并与供应厂商进行购买设备的技术谈判和商务谈判，在此基础上与设备供应厂商签订购货协议。

4.签订租赁合同

租赁合同由承租企业与租赁公司签订，是租赁业务的重要法律文件。融资租赁合同的内容可分为一般条款和特殊条款两个部分。

5.办理验货和投保

6.依约支付租金

承租企业按租赁合同的规定，分期支付租金。这也就是承租企业对所筹资金的分期还款。

7.合同期满处理设备

（四）融资租赁租金的计算

租金的数额和支付方式对承租企业的未来财务状况具有直接的影响，也是租赁筹资决策的重要依据。

1.融资租赁租金的构成

（1）设备价款及预计残值。这是租金的主要内容。它由设备的买价、运输费、安装调试费、保险费以及设备租赁期满后出售可得的收入构成。

（2）租息。租息可分为租赁公司的融资成本和租赁手续费两个部分。融资成本是指租赁公司为购买租赁设备所筹资金的成本，即设备租赁期间的利息；租赁手续费包括租赁公司承办租赁设备的业务费用和必要的盈利。租赁手续费的数额一般由租赁公司和承租企业协商而定。

2.租金的支付方式

租金的支付方式也影响到租金的计算。支付租金的方式一般有：

（1）按支付间隔期长短，可分为年付、半年付、季付和月付等方式。

（2）按支付时间先后，可分为先付租金（期初支付）和后付租金（期末支付）两种。

（3）按每期支付的金额，可分为等额支付和不等额支付两种。

实务中，承租企业与租赁公司商定的租金支付方式，大多为后付等额年金。

3.租金的计算方法

我国的融资租赁实务中，计算租金的方法一般为等额年金法。等额年金法是利用年金现值的计算公式经变换后计算每期支付租金的方法。通常要根据利率和租赁手续费率确定一个租息率，作为折现率。

假如承租企业与租赁公司商定的租金支付方式为后付等额租金，即普通年金，则从 $P = A \cdot (P/A, i, n)$，可推导出后付租金方式下每年年末支付租金数额的计算公式：

$$A = \frac{P}{(P/A, i, n)} \tag{5.3.2式}$$

【例5-3】 福祥公司采用融资租赁方式于20×3年1月1日从某租赁公司租入一套设备，设备价款60万元，租期为6年，租赁期满时预计残值5万元。到期后设备归承租企业所有。年利率8%，每年租赁手续费率2%。租金每年年末支付一次。试计算福祥公司每年年末应支付的等额租金。

每年租金（A）= [600 000−50 000×（P/F，10%，6）] ÷（P/A，10%，6）=131 297（元）

（五）融资租赁筹资的主要优缺点

1.融资租赁筹资的优点

（1）筹资速度快，能迅速获得资产。融资租赁集融资与融物于一身，通常要比筹措大量现金后再购置设备来得更快，可尽快形成企业的生产能力。这使企业在资金短缺的情况下引进使用专用先进设备成为可能，特别是对中小企业、新创企业而言，融资租赁是一条重要的融资途径，大型企业的大型设备、重要工具等固定资产，也经常通过融资租赁方式解决巨额资金的需要，如商业航空公司的飞机，大多是通过融资租赁取得的。

（2）限制条件较少。企业利用发行股票和债券、举借长期借款等筹资方式，都受到相当多的资格条件和抵押品等的限制。相比之下，融资租赁筹资的限制条件很少。

本章测评

（3）财务压力和风险较小。融资租赁与购买的一次性支付相比，全部租金在整个租期内分期支付，财务支付压力小，企业无须一次筹集大量资金偿还，还款时，租金可以通过项目本身产生的收益来支付，是一种基于未来的“借鸡生蛋、卖蛋还钱”的筹资方式，财务优势明显。通常为购置设备而借款的期限比该资产的物理寿命要短得多，而融资租赁的融资期限却可以接近设备的全部使用寿命期限，不仅能延长资金融通的期限，并且其金额随设备价款金额而定，无融资额度的限制。另外，租金可在税前扣除，具有抵免所得税的作用。

计算分析题

教学案例

海普瑞“A+H股”两地上市案例

2.融资租赁筹资的缺点

（1）资金成本高。一般来说，其租金要比银行借款或发行债券支付的利息高得多，租金总额通常要比设备价值高出30%左右。另外，当市场利率下降或企业财务困难时，由于租赁受合同制约，固定的租金会构成一项较沉重的负担。

（2）配套技改不易实施。通常租赁合约规定，承租企业在合同期内，不得对设备进行拆卸、改装，不得中途解约，这使设备技改难以实施。

【素养提升】

随着可持续发展、循环经济和低碳经济理念的深入人心，以及“碳达峰碳中和”目标的提出，绿色低碳循环发展经济体系不断推进，资源和环境问题越来越受到社会的关注。2018年3月通过的宪法修正案将生态文明写入了宪法。在习近平生态文明思想的指导下，在全国上下贯彻新发展理念、着力推动经济社会发展全面绿色低碳转型的今天，认真学习并贯彻运用习近平生态文明思想，以此引领和指导绿色融资的理论建设和实践运作对作为生态环境的主要破坏者、降碳及污染治理的主要对象及责任承担者的企业而言尤为重要。请同学们认真学习和深入思考，当前我国绿色融资的主要方式有哪些，各种绿色融资方式的特点、要求和运作程序是什么，开展绿色融资对企业经济和社会发展的重要意义何在，企业应如何创造条件以达到绿色融资的要求，以提升绿色融资的比例。

【素养提升】

自2014年党和国家提出“大众创业、万众创新”以来，政府、社会和学校为大学生创业创新不断营造良好环境，大学生创业创新掀起经久不衰的热潮。但大学生在创业创新过程中由于其自身特点遇到的一个重要问题是资金短缺，这成为制约大学生创业创新的问题之一。请同学们结合大学生创业的实际深入思考如何利用并创新筹资渠道和方式，联系诚信在筹资中的作用，思考解决大学生在创业创新过程中的筹资难问题。

本章小结

企业筹资，就是企业根据其生产经营、对外投资和调整资本结构的需要，通过筹资渠道和资金市场，运用筹资方式，经济有效地筹措和集中资金的过程。

为了经济有效地筹集资金，筹资时企业必须遵循规模适当、筹措及时、来源合理、方式经济等基本原则。

企业筹资渠道是指企业筹措资金来源的方向与通道，体现着资金的来源和性质。它包括政府财政资金、银行信贷资金、非银行金融机构资金、其他单位资金、自然人资金、企业自留资金等。

企业筹资方式是指企业筹措资金时所采取的具体形式，体现着企业筹集资金的属性。企业主要有吸收直接投资、发行股票、利用留存收益、向金融机构借款、利用商业信用、发行债券、融资租赁等筹资方式。

企业筹集的资金，从不同的角度，通常可分为权益资金与负债资金、长期资金与短期资金、内部筹资与外部筹资、直接筹资与间接筹资等类型。

本章主要讲述各种长期筹资方式，它们都有其不同的优缺点。企业应根据自己的实际情况选择合适的筹资渠道和方式进行长期筹资。

思考题

1. 什么是企业筹资？企业筹资的要求是什么？
2. 目前，我国企业的筹资渠道和筹资方式主要有哪几种？
3. 试比较企业权益资金和债务资金、短期资金和长期资金筹资。
4. 简述普通股筹资和公司债券筹资的优缺点。
5. 简述长期借款筹资和融资租赁筹资。

第六章

企业筹资管理（下）

学习目标： 1. 掌握资金需要量预测的方法；
2. 掌握经营杠杆系数、财务杠杆系数和复合杠杆系数的计算方法；
3. 掌握企业资金结构决策的基本方法，了解主要的资本结构理论；
4. 熟悉经营杠杆、财务杠杆、复合杠杆、经营风险、财务风险的概念及其相互关系；
5. 熟悉资金结构、最佳资金结构问题。

导入案例

嘉兴交投集团公司债券筹资案例

发行公路债券是美国等西方国家地方各级政府在公路建设中最常采用的融资方式，取得了较好的融资效果。

嘉兴市交通投资集团有限责任公司（以下简称“嘉兴交投集团公司”）成立于1998年5月8日，是嘉兴市国资委下属最大的国有企业（占嘉兴国资的75%）。嘉兴交投集团公司主要从事高等级公路及其配套项目的投资开发和沿线房地产及土地开发等业务。发行人拥有嘉兴市杭州湾大桥投资开发有限责任公司等16家控股或参股子公司。自成立至2004年年底，发行人先后出资组建了多家子公司作为项目法人投资建设乍嘉苏高速公路等工程项目。截至2004年年底，发行人资产总额99.58亿元，净资产64.94亿元，2004年度实现净利润2.36亿元。

“十一五”发展规划中，嘉兴市重点推出了一批事关经济社会发展全局的重大项目，这些基础设施和社会事业类项目基本都由市级国资营运公司承担。建设资金的严重缺口成为建设开发的瓶颈。对此，嘉兴市国资系统拓宽视野，不断探索，在巩固扩大银行借贷规模的同时，整合国资营运公司优势资源，创新融资方式、拓展融资渠道，整个融资工作取得了明显成效，有效地缓解了资金紧张的局面。

一是成功发行企业债券——抢喝头口水

企业债券作为一种融资工具，因其具有融资成本相对较低、杠杆效应、避税效应、不分散企业控制权等优势，是西方发达国家企业融资的重要手段，在国际成熟的证券市场上占据重要地位。而当时我国企业利用债券融资的规模相对于股票市场而言显得微不足道。为此，2004年1月，国务院在《关于推进资本市场改革开放和稳定发展的若干意见》中明确提出积极稳妥发展债券市场，鼓励符合条件的企业通过发行企业债券筹集资金。

嘉兴交投集团公司以其控股公司——嘉兴市高等级公路投资有限公司为发行人，经国家发改委批准，于2006年2月6日公开发售25亿元、10年期的交通建设债券。“06嘉交通债”的成功发行，改变了以往嘉兴市重大基础设施建设向银行贷款的单一间接融资模式，是嘉兴市首次尝试通过资本市场筹措重大基础设施建设资金，嘉兴市高等级公路投资有限公司也是我国第一家获准发行企业债券的地级市国有企业。整个融资成本比一般银行贷款可节约4亿元。嘉兴交投集团公司成功发行企业债券，除了成功破解高速公路建设中的融资“瓶颈”外，还标志着国资营运公司主动出击，学会用全新融资理念寻求突围，是一个显示竞争实力的明证。该债券起息日为2006年2月6日，兑付日为2016年2月6日，债券年利率为4.35%。

嘉兴交投集团公司债券发行符合当时的规定条件：

（1）嘉兴交投集团公司所筹集的资金用来建设杭甬高速公路及杭州湾跨海大桥，符合国家产业政策和行业发展规划。

（2）有限责任公司的净资产额不低于人民币6 000万元，发行时嘉兴交投集团公司净资产为770 833万元。

（3）嘉兴交投集团公司的资产负债率为46.65%，产权比率为87.44%，负债偿还保证程度高，有较强的到期偿债能力。

（4）该企业债券余额未超过其净资产的40%（该企业债券累计发行额为250 000万元，而其净资产的40%为308 333.2万元），符合条件。

二是启动信托融资——信誉为本、合作共赢

信托融资是指通过有关投资信托公司，采用集合信托方式向社会投资者筹资，获得的资金用于城市基础设施建设。

嘉兴交投集团公司继公开发行25亿元交通建设债券后，又委托新华信托投资股份有限公司发行期限为4年至9年的12亿元信托资金，所融资金全部注入嘉兴市交通建设事业。有力的资金支持保证了各工程项目顺利完工，促进了嘉兴乃至长三角高速公路网络的完善。

但嘉兴交投集团公司此次发行25亿元债券仅发行费用就超过5 000万元，而且发行后的偿债压力大大增加。

近十多年以来，嘉兴及下属各市县国有企业以上述案例为开端和示范，纷纷发行债券，取得了良好的筹资效果。

资料来源：应丽斋．嘉兴交投集团公司发行25亿元交通建设债券［N］．嘉兴日报，2006-02-07.

案例详细资料和提示

要求：

1. 结合案例中“06嘉交通债”的成功发行，分析发行债券筹资的优缺点？
2. 试用一种现代资本结构理论解释嘉兴交投集团公司债券筹资的必要性。
3. 分析嘉兴交投集团公司发行债券筹资的风险及其防范措施。

资金来源结构是企业筹资决策的核心。资金来源结构决策前首先要进行筹资的预测，根据投资和资金结构调整的需要，预测企业最佳资金结构，包括筹资的数量（规模）和时间（进度）。筹资决策应考虑的最主要因素是资金成本和财务风险。资金成本问题已在本书第二章中讲述。本章主要讨论财务风险及杠杆原理问题以及资金来源结构决策的其他问题。

第一节　企业资金需要量的预测

企业的资金需要量是筹资的数量依据，必须科学合理地进行预测。开展资金需要量预测的目的，是保证企业生产经营等业务的顺利进行，使筹集来的资金既能保证满足生产经营等业务的需要，又不会产生资金多余而闲置，从而促进企业筹资投资目标的实现。

预测资金需要量可以采用定性预测与定量预测的方法。定性预测是指预测者根据掌握的资料，凭经验对企业资金需要量作出评估和判断；定量预测是指借助于一定的数学模型和方法，对企业资金需要量作出数量分析预测，通常有因素分析法、销售百分比法和资金习性预测法等。在实际工作中，定性预测法和定量预测法往往配合使用，互为补充，即以定性分析为基础，结合定量分析方法来预测企业的资金需要量。

一、定性预测法

定性预测法是由熟悉企业生产经营和财务情况，并有足够专业知识与判断能力的专业人员，根据所积累的专业经验，进行分析判断，提出初步意见，然后通过召开专题座谈会或发出相关表格进行专家调查的形式，对上述预测的初步意见进行修正补充，得出预测的最终结果的预测未来资金需要量的方法。

定性预测法十分实用，适用于在筹资活动过程中缺乏统计数据和原始资料，只能由有关人员对相关因素的主观判断起主要作用的场合。

二、定量预测法

（一）因素分析法

因素分析法又称分析调整法，是以有关资金项目上期的实际平均需要量为基础，根据预测期的生产经营任务和加速资金周转的要求，进行分析调整，来预测资金需要量的一种方法。这种方法计算比较简单，容易掌握，但预测结果不太精确，因此它通常用于品种繁多、规格复杂、用量较小、价格较低的资金占用项目的预测，也可以用来测算企业全部资金的需要量。采用这种方法时，首先应在上期资金平均占用额的基础上，剔除其中呆滞积压的不合理部分，然后根据预测期生产经营任务和加速资金周转的要求进行测算。因素分析法的基本模型是：

$$\frac{\text{资金}}{\text{需要量}}=\left(\frac{\text{上期资金}}{\text{实际占用额}}-\frac{\text{上期不合理}}{\text{资金占用额}}\right)\times\left(1\pm\frac{\text{预测期}}{\text{销售增减率}}\right)\times\left(1-\frac{\text{预测期资金}}{\text{周转速度增长率}}\right) \quad (6.1.1\text{式})$$

【例6-1】福庆公司上年度实际资金平均占用额为2 200万元，经分析，其中不合理占用部分为200万元，预计本年度销售增长5%，资金周转速度加快2%。则：

预测年资金需要量=（2 200−200）×（1+5%）×（1−2%）=2 058（万元）

（二）销售百分比法

根据财务预测的相关性和相似性原理，企业资金的投入量与销售规模之间往往存在相互依存的因果关系，而且在没有重要情况变化的条件下，资金和销售收入两者之间的增减存在相似的发展规律，即当企业销售规模扩大时，要相应增加企业的资产投入，为此企业需要筹措资金。这些资金，一部分来自随销售收入同比例增加的流动负债，还有一部分来自预测期的收益留存，其他部分只能通过外部筹资取得。

值得一提的是，当企业满足以下三个条件：

（1）经营效率（销售净利率、总资产周转率）不变；

（2）财务政策（筹资结构、股利政策即股利支付比率）不变；

（3）不愿意或不打算发行新股（即不要企业所有者再增加资本金投入）时，增加债务是其唯一的外部筹资来源，企业的销售增长率称为可持续增长率，此时，企业销售增长率 =资产增长率=负债增长率=股东权益增长率=本期留存收益/期初股东权益。可持续增长率是进行财务预测的重要依据。

销售百分比法是以资金与销售额的比例关系为基础，预测未来资金需要量的方法。

销售百分比法是假设企业部分资产项目、负债项目与销售收入之间存在稳定的百分比关系，根据预计销售收入的变动额和相应的百分比来预测资产、负债项目的变动额，然后利用“资产=负债+所有者权益”这一会计等式来确定筹资需要量。

【例6-2】 福宝公司20×3年实际销售额为100 000万元，销售净利率为10%，股利支付率为50%，福宝公司20×3年12月31日的简易资产负债表见表6-1。20×4年公司预计销售额将增至120 000万元，假定该公司现在还有剩余生产能力，即增加销售收入不需要进行固定资产方面的投资，并假定20×4年的销售净利率与股利支付率与20×3年相同，要求用销售百分比法预测20×4年需追加的外部筹资额。

表6-1　**福宝公司资产负债表（简表）**

20×3年12月31日　单位：万元

资产	金额	负债和所有者权益	金额
货币资金	2 000	短期借款	5 000
应收账款	28 000	应付账款	13 000
存货	30 000	其他流动负债	12 000
固定资产净值	40 000	应付债券	20 000
		实收资本	40 000
		留存收益	10 000
资产总计	100 000	负债和所有者权益总计	100 000

第一步，预计销售增长率。

销售增长率=（120 000−100 000）÷100 000×100%=20%

第二步，将资产负债表中随销售额变动而变动的资产和负债项目分离出来，并确定其销售百分比。

这些随销售额变动而变动的资产和负债项目称为变动性（或敏感性）资产项目和变动性（或敏感性）负债项目。

由于该公司现在还有剩余生产能力，增加收入不需要进行固定资产方面的投资，因此资产项目中除了固定资产外的其他项目都将随着销售额的增加而增加，较多的销售量需要占用较多的存货，发生较多的应收账款，导致现金需求增加。在负债及所有者权益项目中，应付账款、其他流动负债（自然性筹资项目）也会随销售额的增加而自然增加，但短期借款、应付债券、实收资本项目（人为性筹资项目）不会随销售额的增加而自动增加。预计随销售额增加而自然增加的项目及其占销售额的百分比列示在表6-2中。

表6-2　**福宝公司销售百分比表**

资产	占销售额百分比	负债和所有者权益	占销售额百分比
货币资金	2%	短期借款	不变动
应收账款	28%	应付账款	13%
存货	30%	其他流动负债	12%
固定资产净值	不变动	应付债券	不变动
		实收资本	不变动
		留存收益	不变动
合计	60%	合计	25%

上述变动性资产项目和变动性负债项目的销售百分比是根据20×3年的相关情况和数据确定的，假设20×4年没有发生重要变动情况，销售百分比得以继续维持。

需要说明的是，如果原有非变动性资产（如固定资产）项目在预测期需要增加，则这类资产项目在预测期也将成为变动性项目，相应的销售百分比也要确定下来，相应的资金投入量也需要增加。

第三步，确定需要增加的资金。

从表6-2可以看出，销售收入每增加100元，必须增加60元的资产投入（资金占用），但同时自然地增加25元的资金来源（自然性筹资）。从销售增长额60%的资金需求中减去25%自动产生的资金来源，还剩下销售增长额35%的资金需求。因此，每增加100元的销售收入，福宝公司必须取得35元的资金来源。本例中，销售收入从100 000万元增加到120 000万元，增加了20 000万元，按照35%的比率可预测将增加7 000万元的资金需求。

第四步，根据有关财务指标的约束条件，确定对外界资金需求的数额。

上述7 000万元的资金需求的一部分可以通过企业内部来筹集。依题意，福宝公司20×4年的净利润为12 000万元（120 000×10%），公司股利支付比率为50%，则将有50%的利润即6 000万元被留存下来，从7 000万元中减去6 000万元的留存收益，则还有1 000万元的资金必须到公司外部去筹集。

上述预测过程可用下列公式表示：

$$\text{对外筹资需要量}=\frac{\text{变动性资产}}{\text{销售百分比}}\times\frac{\text{新增}}{\text{销售额}}-\frac{\text{变动性负债}}{\text{销售百分比}}\times\frac{\text{新增}}{\text{销售额}}-\frac{\text{预测期}}{\text{销售额}}\times\frac{\text{预测期销}}{\text{售净利率}}\times\left(1-\frac{\text{股利}}{\text{支付率}}\right)\qquad(6.1.2\text{式})$$

依上例，福宝公司对外筹资需要量=20 000×60%−20 000×25%−120 000×10%×（1−50%）=12 000−5 000−6 000=1 000（万元）。

销售百分比法的主要优点是易于应用，其缺点是如果基期销售百分比与预测期实际不符，据以进行预测就会造成错误的结果。因此，在有关因素发生变动的情况下，必须相应地调整原有的销售百分比。

（三）资金习性预测法

资金习性预测法是指根据资金习性预测未来资金需要量的方法。资金习性，是指资金的变动与产销量变动之间的依存关系。按照资金习性可以把资金分为不变资金、变动资金和半变动资金。

不变资金是指在一定的产销量范围内，不受产销量变动的影响而保持固定不变的那部分资金。也就是说，产销量在一定范围内变动，这部分资金保持不变。例如，为维持营业而占用的最低数额的现金、原材料的保险储备、必要的成品和商品储备，以及厂房、机器设备等固定资产占用的资金。

变动资金是指随产销量的变动而同比例变动的那部分资金。它一般包括直接构成产品实体的原材料、外购件等占用的资金。另外，应收账款、在最低储备以外的现金、保险储备以外的存货等也具有变动资金的性质。

半变动资金是指虽然受产销量变化的影响，但不成同比例变动的资金，如一些辅助材料所占用的资金。半变动资金可采用一定的方法划分为不变资金和变动资金两部分。

设产销量为自变量X，资金需要量为因变量Y，它们之间的关系可用下式表示：

$$Y=a+bX\qquad(6.1.3\text{式})$$

式中：a为不变资金；

b为单位产销量所需变动资金。

可见，利用6.1.3式，只要求出a和b，并知道预测期的产销量，就可以测算出预测期的资金需求情况。

资金需要量可采用高低点法或回归直线法求得。

1.高低点法

资金需要量预测的高低点法是指根据企业一定期间资金占用的历史资料，按照资金习性原理和Y=a+bX直线方程式，选用最高销售额和最低销售额的资金占用量之差，同这两个销售额（或产销量）之差进行对比，先求出b值，然后再代入原直线方程，求出a的值，从而估测资金需要量Y，即：

$$b=\frac{\text{最高销售额资金占用量}-\text{最低销售额资金占用量}}{\text{最高销售额}-\text{最低销售额}}$$

a=最高销售额资金占用量-b×最高销售额

或：a=最低销售额资金占用量-b×最低销售额

然后根据Y=a+bX直线方程式，代入相应销售额X，便可求得相应的资金需要量Y。

上述最高销售额、最低销售额在假设销售单价不变的情况下，也可以用产销量代替。

【例6-3】福达公司20×2—20×6年的产销量和资金占用量见表6-3。假定20×7年预计产销量为7.8万件。试预测20×7年该公司的资金需要量。

表6-3 **福达公司产销量与资金占用量表**

年度	产销量（X）（万件）	资金占用量（Y）（万元）
20×2	6.0	500
20×3	5.5	475
20×4	5.0	450
20×5	6.5	520
20×6	7.0	550

根据以上资料采用高低点法计算如下：

b=（550-450）÷（7-5）=50（万元）

a=550-50×7=200（万元）

或：a=450-50×5=200（万元）

得出：Y=200+50X

将20×7年预计产销量7.8万件代入上式，则：

20×7年的资金需要量=200+50×7.8=590（万元）

高低点法简便易行，在企业的资金变动趋势比较稳定的情况下，较为适宜。

2.回归直线法

回归直线法是根据企业若干期产销量和资金占用的历史资料，运用最小平方法的原理计算不变资金a和单位产销量的变动资金b，从而求得资金需要量Y的一种资金习性分析方法。

【例6-4】仍沿用上例，福达公司20×7年资金需要量预测过程如下：

第一步，根据表6-3资料，可计算整理出表6-4的数据。

表6-4　　回归直线方程数据计算表

年度	产销量（X）（万件）	资金占用量（Y）（万元）	XY	X^2
20×2	6.0	500	3 000	36
20×3	5.5	475	2 612.5	30.25
20×4	5.0	450	2 250	25
20×5	6.5	520	3 380	42.25
20×6	7.0	550	3 850	49
n=5	$\sum X=30$	$\sum Y=2\,495$	$\sum XY=15\,092.5$	$\sum X^2=182.5$

第二步，将表6-4的数据代入下式：

$$b=\frac{n\sum XY-\sum X\sum Y}{n\sum X^2-(\sum X)^2},\quad a=\frac{\sum Y-b\sum X}{n}$$

求得：a=205万元；b=49万元

第三步，将a=205万元，b=49万元，代入Y=a+bX，得：

Y=205+49X

第四步，将20×7年预计产销量7.8万件代入上式，测算得出福达公司20×7年资金需要量=205+49×7.8=587.2（万元），即福达公司20×7年需要筹资37.2万元(587.2−550)。

从理论上说，回归直线法是一种计算结果最为精确的方法。但运用回归直线法必须注意以下问题：

第一，资金需要量与产销业务量之间线性关系的假定应符合实际情况；

第二，确定a、b数值，应利用预测年度前连续若干年的历史资料，一般要有3年以上的资料；

第三，还要考虑价格等因素的变动情况。

随堂测1

进行资金习性分析，把资金划分为变动资金和不变资金两个部分，从数量上掌握了资金同产销量之间关系的规律性，对准确地预测资金需要量有很大帮助。实际上，销售百分比法也是资金习性分析法的一种具体运用。

第二节　杠杆原理

一、杠杆效应的含义

自然界中的杠杆效应，是指人们通过利用杠杆，可以用较小的力量移动较重物体的现象。在企业财务管理活动中，杠杆效应是指固定性成本（固定生产经营成本或固定财务费用）的存在导致的，当某一财务变量以较小幅度变动时，另一相关财务变量会以较大幅度变动的现象。

财务管理中的杠杆效应主要包括经营杠杆、财务杠杆和复合杠杆三种形式。合理运用这些杠杆原理，有助于企业合理地规避风险，科学地进行经营和筹资决策，提高资金营运效率和财务管理水平。

要了解这些杠杆的原理，首先需要了解成本习性、边际贡献和息税前利润等相关概念。

二、成本习性、边际贡献与息税前利润

（一）成本习性及分类

成本习性，也称成本性态，是指成本总额与产销业务量（假设产销平衡，产量与销售量相等）之间在数量上的依存关系。按照成本习性对成本进行分类，对于正确地进行成本控制和财务管理，具有十分重要的意义。

按成本习性可把企业全部成本费用分为固定成本、变动成本和混合成本三类。

1.固定成本

固定成本是指其总额在一定时期和一定业务量范围内不随产销业务量的变化而发生任何变动的那部分成本费用。企业中属于固定成本的主要有按直线法计提的折旧费、房屋租金、财产保险费、管理人员工资、办公费等。即使产销业务量在一定范围内变动，这些成本费用也会保持固定不变。正是由于这些成本费用是固定不变的，因此随着产销量的增加，意味着它将被分配给更多数量的产品。也就是说，单位固定成本将随产销量的增加而逐渐变小。

固定成本还可进一步区分为约束性固定成本和酌量性固定成本两类：

（1）约束性固定成本，属于企业“生产经营能力”成本，企业的生产经营能力一经形成就必然要发生一定的最低支出，因此它是企业为维持一定的业务量所必须负担的最低固定成本，如厂房及机器设备折旧费、管理人员基本工资等。企业的生产经营能力一经形成，在短期内很难有大的改变，因而这部分成本具有很大的约束性，管理层的决策行动不能轻易改变其数额。要想降低约束性固定成本，只能从合理利用生产经营能力入手，提高生产经营效率，以取得更高的经济效益。

（2）酌量性固定成本，属于企业“经营方针”成本，是根据企业经营方针由管理层决策确定的一定时期的固定成本，如广告费、研究开发费、职工培训费等。这些成本支出，是可以随企业经营方针的变化而变化的。一般在一个预算年度开始时，管理层要根据企业经营方针和财务情况，斟酌决策安排这部分成本的开支。酌量性固定成本并非可有可无，它关系到企业的竞争能力，因此，要降低酌量性固定成本，就要在预算时厉行节约、精打细算，合理确定这部分成本的数额。

应当指出的是，固定成本总额只是在一定时期和业务量的一定范围（通常称为相关范围）内保持不变。当产品产销量的变动超过一定的范围时，固定成本也会发生变动。因此，固定成本必须和一定时期、一定业务量联系起来进行分析。固定成本是一个相对固定的概念，从较长时期来看，所有的成本都会变化，没有绝对不变的固定成本。

2.变动成本

变动成本是指其总额随着业务量的变动而成正比例变动的成本费用。这里的变动成本是就总业务量的成本总额而言的。若从单位业务量的变动成本来看，它反而是固定的，即它不受业务量增减变动的影响。企业的直接材料、直接人工、按销售量支付

的推销人员佣金、按产量计提的固定资产折旧等都属于变动成本，但单位产品成本中的这些成本将保持不变。

与固定成本相同，变动成本也存在“相关范围”的问题。也就是说，只有在一定业务量范围之内，业务量和变动成本才能完全成同比例变化，即呈完全的线性关系，超过了一定的业务量范围，这种关系也就不存在了。

3.混合成本

在实务中，固定成本和变动成本只是两种极端的类型，企业中更多的成本费用虽然也随产销业务量的变动而变动，但不成纯粹的正比例变动，因此不能简单地归入变动成本或固定成本，这类成本称为混合成本。混合成本兼具固定和变动两种性质，按其与业务量的关系又可分为半变动成本、半固定成本、延期变动成本、曲线变动成本等。

（1）半变动成本，是指在一定初始量基础上，随着产销业务量的变动而成正比例变动的成本。它通常有一个初始的固定基数，这个初始基数与业务量变动无关，在此基数之上的部分，则随着业务量的增加成正比例增加。例如，电话方面的成本费用就是这样，首先，你得先安装一部座机或购买一部手机，花费一笔固定成本，然后打电话的费用则跟你的通话业务和时间长短成正比例变动了。

（2）半固定成本，也称阶梯式变动成本，这类成本随业务量的增长而呈阶梯式增长，业务量在一定限度内，这种成本保持不变，当业务量增长到一定限度后，这种成本就突然跳跃到一个新台阶、新水平，然后在业务量增长的一定限度内又保持固定，直到另一次新的跳跃。例如，企业中的运货员、检验员等人员的工资薪酬就是这样。

（3）延期变动成本，通常在开始的一定业务量范围内它有一个固定不变的基数，当业务量增长超出了这个范围，它就与业务量的增长成正比例变动。例如，企业有些员工的工资，在正常工作时间范围内是不变的，但工作时间超出正常标准，则需要按加班时间的长短成正比例地支付加班薪金。

（4）曲线变动成本，也通常有一个不变的初始量，在这个初始量的基础上，随着业务量的增加，成本也逐步变化，但变化与业务量的关系是非正比例的，有些呈递增曲线状，如违约金，有些呈递减曲线状，如有价格折扣或优惠条件的水电费等。

在企业实务中，不少成本费用属于混合成本，而且混合成本形式多种多样，为了经营管理需要，必须把混合成本按一定方法分解成变动和固定成本两个部分。分解的方法有高低点法、回归直线法等，也可以采用账户分析法、技术测定法（工业工程法）、合同确认法等。

这样，将混合成本分解后，企业的所有成本费用都区分成了固定成本和变动成本两个部分。根据成本的习性，企业总成本习性模型可用下式表示为：

$$y=a+bx \quad (6.2.1式)$$

式中：y为总成本；

a为固定成本；

b为单位变动成本；

x为产销业务量。

显然，若能求出公式中的a和b的值（a和b的求法可以参照上一节中高低点法、回归直线法等求得），就可以利用总成本习性模型进行成本预测、成本决策、量本利分析、短期经营决策和各部门业绩评价，所以总成本习性模型是一个非常重要的模型，如图6-1所示。

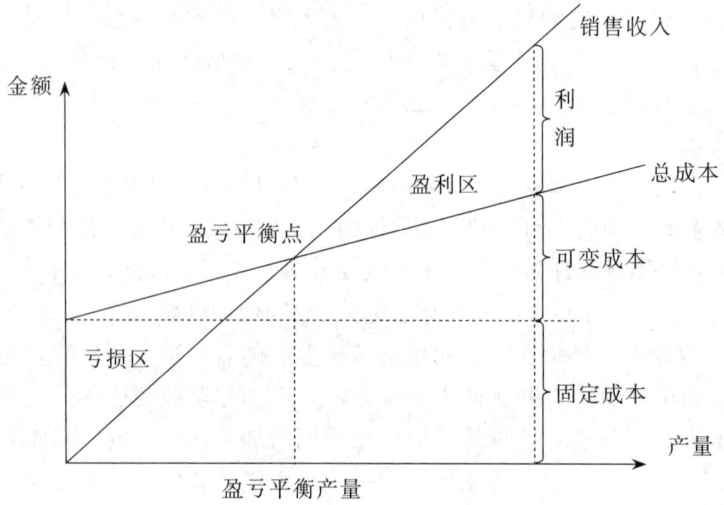

图6-1　总成本习性模型的量本利分析图

（二）边际贡献及其计算

边际贡献，也称边际利润或贡献毛益，是指销售（营业）收入减去变动成本以后的差额。每增加一个单位的产销量，企业的利润就增加相当于一个单位边际贡献的数额。因此，边际贡献是经营财务决策中的一个重要概念。

边际贡献的计算公式为：

$$M=px-bx=(p-b)x=mx \quad (6.2.2式)$$

式中：M为边际贡献；

p为销售单价；

x为产销量；

b为单位变动成本；

m为单位边际贡献。

（单位）边际贡献与（单位）销售收入之比，称为边际贡献率，它表明销售收入变化一个单位，边际贡献会受到的影响程度，便于企业经管人员用它来比较企业各个部门获取利润的能力。边际贡献率与变动成本率之和等于1。边际贡献式的量本利分析图如图6-2所示。

（三）息税前利润及其计算

息税前利润是指企业支付利息和交纳所得税前的利润，也可以用税前利润加利息费用求得。它是财务管理中一个重要的利润概念。这是因为：

第一，企业的社会贡献一般包括净利润（归所有者）、税收（归政府）、利息（归债权人）、工薪（归员工），这四个方面中的三个体现在息税前利润中，而工薪和税收中的流转税及一些费用性税金一般都属于成本费用范畴，因此息税前利润（即净利润+所得税+利息）充分反映了企业运用所有资产创造的经营成果；

第二，利息是财务费用，是计算财务成果（净利润）时的一个减项，是与企业筹资理财紧密相关的概念，必须由财务管理负责，因此息税前利润作为企业经营管理负责的经营成果，不能将利息减去。

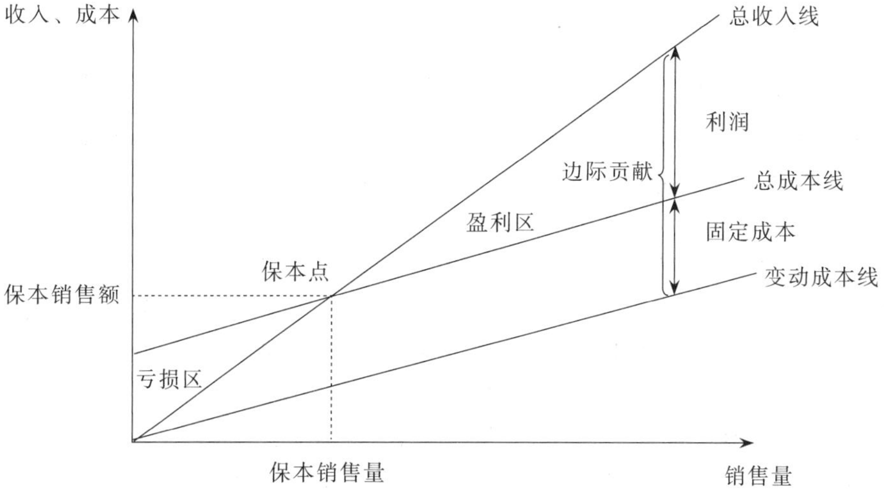

图 6-2　边际贡献式的量本利分析图

成本按习性分类后，息税前利润可用下列公式计算：

EBIT=px-bx-a=（p-b）x-a=M-a　　（6.2.3 式）

式中：EBIT 为息税前利润；

a 为固定成本。

显然，不论利息费用的习性如何，它不能出现在计算息税前利润的公式中，即在 6.2.3 式的固定成本（包括固定性生产成本和固定性管理费用、固定性销售费用）和变动成本（包括变动性生产成本和变动性管理费用、变动性销售费用）中，都不应包括利息费用因素。

上述量本利分析中的“利润”指的是“息税前利润”。

在财务管理中，通常采用的成本计算方法是变动成本法，将成本分为变动成本和固定成本的目的是利于成本控制，因为一般来说固定成本已经固定，加大管控力度也没多少潜力可挖，而在变动成本方面加强管理与控制，就会起到很好的效果，提高成本控制的效率。

变动成本法与完全成本法的比较见表 6-5。

表 6-5　　变动成本法与完全成本法的比较

变动成本法	完全成本法
销售收入	销售收入
减：变动性生产成本	减：生产成本
变动性销售和管理费用	期间费用
=边际贡献	=税前利润
减：固定性生产成本	减：所得税
固定性销售和管理费用	=税后利润（净利润）
=息税前利润	
减：财务费用（利息支出）	
=税前利润	
减：所得税	
=税后利润（净利润）	

三、经营杠杆

（一）经营杠杆的含义

固定成本不随产销业务量的变动而变动，因此，通过提高业务量能够降低单位产品所负担的固定成本从而增加单位产品的息税前利润，使息税前利润的增长幅度大于产销量的增长幅度；反之，产销业务量的减少会提高单位固定成本，降低单位利润，使息税前利润的下降幅度也大于产销业务量的下降幅度。如果不存在固定成本，所有成本都是变动的，那么边际贡献就是息税前利润，这时息税前利润的变动率就与产销业务量的变动率一致。这种因固定成本的存在而导致的息税前利润变动率大于产销业务量（销售额）变动率的杠杆效应，称为经营杠杆，又称营业杠杆。

（二）经营杠杆的计量

只要企业存在固定性生产经营成本，就存在经营杠杆效应的作用，但不同企业或同一企业不同产销业务量基础上的经营杠杆效应大小是不同的，为此需要对经营杠杆的作用程度进行计量。对经营杠杆的计量最常用的指标是经营杠杆系数。经营杠杆系数（简称DOL），也称经营杠杆程度，是指息税前利润变动率相当于产销业务量（或销售额）变动率的倍数。其计算公式为：

经营杠杆系数=息税前利润变动率÷销售量（额）变动率　　（6.2.4式）

或：$$DOL=\frac{\frac{\Delta EBIT}{EBIT}}{\frac{\Delta x}{x}}=\frac{\frac{\Delta EBIT}{EBIT}}{\frac{\Delta px}{px}}$$　　（6.2.5式）

式中：DOL为经营杠杆系数；

ΔEBIT为息税前利润变动额；

EBIT为变动前的息税前利润；

Δx为销售量变动额；

x为变动前的销售量；

Δpx为销售收入变动额；

px为变动前的销售收入。

【例6-5】 福久公司基期20×3年和预测期20×4年的销售额分别为10 000元和12 000元；变动成本分别为6 000元和7 200元；息税前利润分别为2 000元和2 800元。则该公司预测期20×4年的经营杠杆系数为：

$$DOL=\frac{\frac{(2\,800-2\,000)}{2\,000}}{\frac{(12\,000-10\,000)}{10\,000}}=40\%\div20\%=2$$

上述公式是计算经营杠杆系数的理论公式，但利用该公式计算经营杠杆系数必须以知道基期和预测期变动前后的相关数据资料为前提，比较麻烦。如果只知道基期数据，不知道预测期的数据，那么预测期经营杠杆系数还可以按以下简化公式计算：

$$预测期经营杠杆系数=\frac{基期边际贡献}{基期息税前利润}$$　　（6.2.6式）

或：$DOL=\frac{M}{EBIT}=\frac{M}{M-a}=\frac{(p-b)x}{(p-b)x-a}$　（6.2.7 式）

【例 6-6】 根据上例中基期 20×3 年的资料可求得预测期 20×4 年的经营杠杆系数：

DOL=（10 000−6 000）÷2 000=2

计算结果表明，以上两个公式计算出的预测期 20×4 年的经营杠杆系数是完全相同的。

同理，假设 20×4 年是基期，那么可以根据基期 20×4 年的资料求出预测期 20×5 年的经营杠杆系数：

DOL=（12 000−7 200）÷2 800=1.71

（三）经营杠杆与经营风险的关系

经营风险是与企业生产经营相关的风险，是指企业因生产经营方面的原因而导致的收益（息税前利润）不稳定的可能性。由于企业的息税前利润=销售收入−变动成本−固定成本=（销售单价−单位变动成本）×产销量−固定成本，因此引起经营风险的主要原因，有销售单价、销售量、单位变动成本和固定成本等四个因素的变化。这些因素均会造成企业息税前利润的不稳定，因此都属于经营风险。由于固定成本的存在而产生的经营杠杆效应，加剧了息税前利润的波动，也加剧了经营风险。如果固定成本为零，则经营杠杆系数等于 1，企业没有经营杠杆的作用，但此时企业的经营风险由于销售量、销售单价和变动成本的影响而依然存在。

固定成本、经营杠杆系数和经营风险三者呈同方向变化，即在其他因素一定的情况下，固定成本越高，经营杠杆系数越大，经营杠杆的作用程度越大，企业经营风险也就越大。在固定成本不变的情况下，销售额越大，经营杠杆系数越小，经营风险也就越小；反之，销售额越小，经营杠杆系数越大，经营风险就越大。也就是说，经营杠杆作用的大小取决于一定时期企业的固定成本占销售收入的比例。

企业一般可以通过增加销售额、降低产品单位变动成本、降低固定成本等措施来增加息税前利润，通过稳定销售额、稳定变动成本和固定成本、降低固定成本占销售收入的比例来促使经营杠杆系数下降，降低经营风险。

四、财务杠杆

（一）财务杠杆的含义

负债利息和优先股股利是企业的固定支付义务，与企业实现利润的多少无关。因此，当息税前利润增大时，企业每一元息税前利润中所负担的固定财务费用（负债利息和优先股股利）就会相对减小，从而给企业所有者（上市公司为普通股股东）带来更大幅度的收益（净利润）增加；同样，当息税前利润减少时，企业每一元息税前利润中所负担的固定财务费用就会相对加重，从而会更大幅度地减少所有者（普通股股东）的净利润。这种由于固定财务费用的存在而导致的企业净利润（权益资金税后利润率、普通股每股利润）变动率大于息税前利润变动率的杠杆效应，称为财务杠杆。

下面用表 6-6 加以说明。

表6-6　　甲、乙公司的资金结构与普通股利润表　　金额单位：元

时间	项目	甲公司	乙公司
20×3年	发行在外的普通股股数（股）	2 000	1 000
	普通股股本（每股面值100元）	200 000	100 000
	负债（年利率8%）	0	100 000
	资金总额	200 000	200 000
	息税前利润（10%）	20 000	20 000
	负债利息	0	8 000
	税前利润	20 000	12 000
	所得税（税率25%）	5 000	3 000
	净利润	15 000	9 000
	每股利润	7.5	9.0
20×4年	息税前利润增长率	20%	20%
	增长后的息税前利润	24 000	24 000
	负债利息	0	8 000
	税前利润	24 000	16 000
	所得税（税率25%）	6 000	4 000
	净利润	18 000	12 000
	每股利润	9.0	12.0
	每股利润增长额	1.5	3.0
	每股利润增长率	20%	33.33%

在表6-6中，甲、乙两公司的资金总额相同，息税前利润相等，息税前利润的增长率也相同，不同的是资金结构。甲公司的资金全部都是权益资金（普通股股本），没有负债，乙公司的总资金中权益资金（普通股股本）和负债资金各占一半。在甲、乙两公司息税前利润均增长20%的情况下，甲公司净利润或每股利润增长了20%，与息税前利润的增长幅度相同，而乙公司净利润或每股利润却增长了33.33%，比息税前利润的增长幅度大，这就是因为乙公司利用了负债资金而产生了财务杠杆正效应。当然，这项财务杠杆正效应的产生前提是资金息税前利润率10%大于负债利率8%。如果息税前利润下降，乙公司净利润或每股利润的下降幅度也会大于甲公司净利润或每股利润的下降幅度。

（二）财务杠杆的计量

只要企业的筹资方式中有固定财务费用支出的债务和优先股，就会存在财务杠杆效应，但不同企业和同一企业的不同时期财务杠杆的作用程度是不一样的，为此需要对财务杠杆的作用加以计量。对财务杠杆计量的主要指标是财务杠杆系数。财务杠杆系数（简称DFL），亦称财务杠杆程度，是指企业净利润（或权益资金税后利润率或普通股每股利润）的变动率相当于息税前利润变动率的倍数。其计算公式为：

对一般企业来说：

$$DFL=\frac{\text{权益资金税后利润率的变动率}}{\text{息税前利润变动率}} \tag{6.2.8式}$$

或：

$$DFL=\frac{净利润的变动率}{息税前利润变动率} \quad (6.2.9式)$$

对上市公司而言，除可用6.2.9式计算财务杠杆系数外，还可用下述公式计算：

$$DFL=\frac{普通股每股利润变动率}{息税前利润变动率} \quad (6.2.10式)$$

$$DFL=\frac{\frac{\Delta EPS}{EPS}}{\frac{\Delta EBIT}{EBIT}} \quad (6.2.11式)$$

式中：DFL为财务杠杆系数；

ΔEPS为普通股每股利润变动额；

EPS为变动前普通股每股利润。

【例6-7】根据表6-6，甲、乙两公司投入资金规模相同，经营状况相同。甲公司没有举借负债和发行优先股，其20×3年和20×4年的息税前利润分别为20 000元和24 000元，净利润分别为15 000元和18 000元，每股利润分别为7.5元和9.0元；乙公司有10万元负债，负债利率为8%，其20×3年和20×4年的息税前利润也分别为20 000元和24 000元，净利润分别为9 000元和12 000元，每股利润分别为9.0元和12.0元。那么甲、乙两公司20×4年的财务杠杆系数分别为：

$DFL_{甲}$=［（18 000−15 000）÷15 000］÷［（24 000−20 000）÷20 000］=1.00

$DFL_{乙}$=［（12 000−9 000）÷9 000］÷［（24 000−20 000）÷20 000］=1.67

或：$$DFL_{甲}=\frac{\frac{9.0-7.5}{7.5}}{\frac{24\,000-20\,000}{20\,000}}=1.00$$

$$DFL_{乙}=\frac{\frac{12.0-9.0}{9.0}}{\frac{24\,000-20\,000}{20\,000}}=1.67$$

上述公式是计算财务杠杆系数的理论公式，必须以已知变动前后两期的相关数据为前提，比较麻烦。如果只知道基期数据，不知道预测期数据，要计算预测期的财务杠杆系数，则需要使用下述简单公式：

$$DFL=\frac{基期息税前利润}{基期息税前利润-基期利息}$$

$$DFL=\frac{EBIT}{EBIT-I} \quad (6.2.12式)$$

式中：I为负债利息。

对既存在负债，又发行优先股的企业来说，可以按以下公式计算预测期的财务杠杆系数：

$$DFL=\frac{基期息税前利润}{基期息税前利润-基期利息-\frac{基期优先股股息}{1-所得税税率}} \quad (6.2.13式)$$

【例6-8】仍根据【例6-7】的资料，甲、乙两公司20×4年的财务杠杆系数计算为：

甲公司20×4年的DFL=20 000÷（20 000−0）=1.00

乙公司20×4年的DFL=20 000÷（20 000−100 000×8%）=1.67

如果假设20×4年为基期，20×4年的相关数据为基期数据，那么预测期20×5年甲、乙两公司的财务杠杆系数为：

甲公司20×5年的DFL=24 000÷（24 000−0）=1.00

乙公司20×5年的DFL=24 000÷（24 000−100 000×8%）=1.50

【例6-9】 假设福召公司基期20×4年的息税前利润为1 000万元，债务利息为300万元，优先股股息为140万元，公司所得税税率为25%，那么该公司预测期20×5年的财务杠杆系数为：

$$DFL=\frac{1\,000}{1\,000-300-\frac{140}{1-25\%}}=1.948$$

（三）财务杠杆与财务风险的关系

广义的财务风险，是指企业在组织财务活动过程中，由于客观环境的不确定性以及主观认识上的偏差，导致企业预期收益产生多种结果的可能性，它存在于企业财务活动的全过程，包括筹资风险、投资风险和收益分配风险等。狭义的财务风险也称筹资风险，是指企业为取得财务杠杆利益而利用具有固定性财务费用的资金（如负债、优先股等）时，而给企业所有者的收益（如净利润、普通股每股利润）带来变动的可能性。财务管理中的财务风险概念往往是指狭义的财务风险。

由于净利润=息税前利润−利息−所得税，因此影响财务风险的因素主要包括企业资金规模和资金结构（负债比率）的变化、负债利率水平的波动、获利能力（资金息税前利润率）的变化等。

在资金总额、资金息税前利润率、负债利率、优先股股息率相同的情况下，企业具有固定财务费用的资金比重越大，财务杠杆系数越大，财务杠杆效应越强，财务风险也越大，企业所有者（上市公司为普通股股东）的收益变动也越剧烈；企业具有固定财务费用的资金比重越小，财务杠杆系数越小，财务杠杆作用越小，财务风险也越小；当企业无债务利息负担和优先股股息时，财务杠杆系数为1，企业就没有狭义的财务风险。可见，在其他条件相同的情况下，企业财务杠杆作用的大小、财务风险的高低取决于固定财务费用占息税前利润的比例大小。企业所有者欲获得财务杠杆利益，企业就要多利用具有固定财务费用的资金，为此需要承担由此引起的财务风险，因此，财务管理者必须在财务杠杆利益与财务风险之间作出合理的权衡。在资金息税前利润率大于负债利率的情况下，企业可以多举借一些负债，以获得财务杠杆的正效应，增加净利润或每股利润，提升企业价值。

视频微课

谈谈财务杠杆

五、复合杠杆

（一）复合杠杆的含义

如前所述，由于存在固定生产经营成本，产生经营杠杆效应，使息税前利润的变动率大于销售量（额）的变动率；同样，由于存在固定财务费用，产生了财务杠杆效应，使企业净利润（或权益资金税后利润率或普通股每股利润）的变动率大于息税前利润的变动率。如果两种杠杆共同起作用，那么销售量（额）稍有变动就会使净利润（或权益资金税后利润率或普通股每股利润）产生更大的变动。这种固定生产经营成本和固定财务费用的共同存在而导致的净利润（或权益资金税后利润率或普通股每股利润）变动率大于产销业务量（或销售额）变动率的杠杆效应，称为复合杠杆。它是对经营杠杆和财务杠杆作用的联合，因此也称总杠杆或联合杠杆。

（二）复合杠杆的计量

只要企业同时存在固定性生产经营成本和固定财务费用，就会存在复合杠杆的作用，但不同企业和企业的不同时期的复合杠杆作用的程度是不一样的，为此需要对复合杠杆的作用程度进行计量。对复合杠杆计量的最常用指标是复合杠杆系数。复合杠杆系数（简称DTL），也称复合杠杆程度或复合杠杆度，是指净利润（或权益资金税后利润率或普通股每股利润）的变动率相当于产销量（额）的变动率的倍数。其计算公式为：

$$DTL=\frac{\text{普通股每股利润变动率}}{\text{产销业务量(额)变动率}} \qquad (6.2.14式)$$

$$\text{即：}DTL=\frac{\frac{\Delta EPS}{EPS}}{\frac{\Delta x}{x}}=\frac{\frac{\Delta EPS}{EPS}}{\frac{\Delta px}{px}}$$

$$\text{或：}DTL=\frac{\text{净利润变动率}}{\text{产销业务量(额)变动率}}$$

$$\text{或：}DTL=\frac{\text{权益资金税后利润率的变动率}}{\text{产销业务量(额)变动率}}$$

【例6-10】福旦公司基期20×3年和预测期20×4年的销售收入分别为1 000万元和1 200万元，变动成本分别为400万元和480万元，息税前利润分别为200万元和320万元，两年利息均为80万元，每股利润分别为0.6元和1.2元。则预测期20×4年该公司的复合杠杆系数为：

$$DTL=\frac{\frac{1.2-0.6}{0.6}}{\frac{1\,200-1\,000}{1\,000}}=5$$

复合杠杆系数与经营杠杆系数、财务杠杆系数之间的关系可用下式表示：

$$DTL=DOL\times DFL \qquad (6.2.15式)$$

即复合杠杆系数等于经营杠杆系数与财务杠杆系数的乘积。

【例6-11】福程公司的经营杠杆系数为1.8，财务杠杆系数为1.5，则该公司销售额每增长1倍，其净利润或每股利润会增加多少？

$DTL=1.8\times1.5=2.7$

即该公司销售额增长1倍，其净利润或每股利润会增加2.7倍。

如果只知道基期的相关数据，不知道预测期的相关数据，那么预测期的复合杠杆系数也可以这样计算：

$$DTL=\frac{\text{基期边际贡献}}{\text{基期息税前利润}-\text{基期利息}-\frac{\text{基期优先股股息}}{1-\text{所得税税率}}} \qquad (6.2.16式)$$

【例6-12】依据【例6-10】的相关数据，该公司预测期20×4年的复合杠杆系数为：

20×4年的DTL=（1 000-400）÷（200-80）=5

如果假设【例 6-10】中的20×4年为基期，20×4年的数据为基期数据，那么预测期20×5年的复合杠杆系数为：

20×5年的DTL=（1 200-480）÷（320-80）=3

【例 6-13】 福起公司年销售额为500万元，变动成本率为40%，经营杠杆系数为1.5，财务杠杆系数为2。如果固定成本增加50万元，那么该公司的复合杠杆系数将变为多少？

$$\because DOL=1.5=\frac{500-500\times40\%}{500-500\times40\%-a}$$

$\therefore$ a=100万元

$$又\because DFL=2=\frac{500-500\times40\%-100}{500-500\times40\%-100-I}$$

$\therefore$ I=100万元

当固定成本增加50万元时：

$$\therefore DOL=\frac{500-500\times40\%}{500-500\times40\%-150}=2$$

$$\because DFL=\frac{500-500\times40\%-150}{500-500\times40\%-150-100}=3$$

$\therefore$ DTL=DOL×DFL=6

（三）复合杠杆与企业风险的关系

复合杠杆作用使企业净利润（或权益资金税后利润率或普通股每股利润）大幅度波动而造成的风险，称为复合风险。复合风险直接反映企业的整体风险。在其他因素不变的情况下，复合杠杆系数越大，复合风险（即企业整体风险）越大；复合杠杆系数越小，复合风险越小。

复合杠杆作用带给财务管理者的启示是：由于复合杠杆系数是经营杠杆系数与财务杠杆系数的乘积，因此经营杠杆和财务杠杆可以按许多方式组合，以得到一个理想的复合杠杆系数和实现理想的企业整体风险程度。经营风险已经比较大的企业，可选择较小的财务风险，这样可以用较小的财务风险配合较大的经营风险；反之，经营风险较小的企业，如果资金息税前利润率大于负债利息率，可选择较大的财务风险，企业资金结构中可以多安排一些负债资金，以充分发挥财务杠杆的作用。

随堂测2

【头脑风暴】 阿基米德曾经说过："给我一个支点，和一根足够长的杠杆，我就能撬动整个地球。"结合杠杆原理，说明你对这句话是怎样理解的？

第三节　资金结构

一、资金结构的含义及影响因素

（一）资金结构的含义和表示方式

1.资金结构的含义

资金结构是指企业总资金中各种资金的价值构成及其比例关系。资金来源结构是企业筹资决策的核心问题。资金来源结构安排是否合理，直接决定着企业资金成本的高低、财务风险的大小，以及财务杠杆能否有效发挥作用，关系到企业的筹资效率和治理效率，甚至直接关系到企业价值。资金投向结构直接决定着企业投资收益的高低和投资风险的大小，因此每家企业都应该努力寻求自己的最佳资金来源结构和最佳资金投向结构，并且在财务管理活动中努力调整和保持这种最佳的资金结构，从而动态地实现来源结构与投向结构的最优组合。

从筹资角度来看，资金结构有广义与狭义之分。狭义的资金结构是指企业各种长期资金的价值构成及其比例关系，即长期资金中权益资金及长期负债资金的价值构成及其比例关系，也称资本结构。而广义的资金结构是指企业全部资金的价值构成及其比例关系，不仅包括长期资金，还包括短期资金。

从投资角度来看，企业投资形成的资产配置结构也是资金结构的一种形式，也称资产结构，包括企业对内投资和对外投资的配置比例关系，对内投资中流动资产和非流动资产的配置比例关系，流动资产中长期性流动资产和波动性流动资产的配置比例关系等。

本节下面讨论的仅是筹资管理活动方面的资金结构，尤其是资本结构。

2.资金结构的表示方式

企业筹资方面的资金结构是由企业筹集资金采用的各种筹资方式而形成的，各种筹资方式的不同组合类型决定着企业资金结构及其变化。企业筹资方式虽然众多，但从其总的来源和性质来看，不外乎权益资金和负债资金两类。因此，资金结构问题总的来说是负债资金的比例问题，即负债资金在企业全部资金中所占的比重。

资金结构的表示方式主要有两种，即负债比率和负债比。

（1）负债比率，也称资产负债率，是指企业负债资金在总资金中所占的比例。负债比率+权益资金比率=1。

（2）负债比，是指负债资金和权益资金的比率。负债比率一旦定下，负债比也就定下了。

（二）优化资金结构的作用

在企业资金结构决策中，合理地利用负债资金，科学地安排负债资金的比例，是企业筹资管理的一个核心问题。根据风险与收益（成本）的均衡原理对企业各种资金来源和筹资方式的资金成本和财务风险进行比较分析，可以看出，企业筹集负债资金的资金成本比筹集权益资金的资金成本要低，但财务风险要大；企业筹集短期资金的资金成本比筹集长期资金的资金成本要低，但财务风险要大。因此，在筹资中不断优化资金结构可以使企业能够在资金成本和财务风险之间动态地实现合理权衡，努力做到在资金成本一定的情况下，尽可能地降低财务风险，或者在财务风险一定的情况下尽可能地降低资金成本，还可以达到节税的目的。同时，在规划资金结构时，企业应努力促使负债比率及负债结构实现不断的优化，这不仅有利于企业对资金成本和财务风险的控制，而且还能充分发挥财务杠杆的作用，提高筹资效率和权益资金报酬率。推而广之，对企业治理结构的优化也能起到积极的作用，对增加公司价值具有重要的意义。

（三）资金结构决策的影响因素

资金结构决策是个系统工程，影响的因素很多，不仅有企业内部制约因素，而且还有外部宏观因素。除资金成本和财务风险这两个影响资金结构决策的最基本因素外，影响资金结构决策的因素还包括：

1.企业财务状况

企业财务状况越好、盈利能力越高、变现能力越强、现金流量越稳定，就越有能力承担财务上的风险。因而，随着企业财务状况、盈利能力、变现能力的增进，现金流量的稳定，举债筹资就越有条件和吸引力。当然，盈利能力强、留用利润多、现金流量丰沛、财务灵活性大的企业对负债的需求就小。

2.企业资产结构

企业的资产结构也就是投资结构。企业投资结构会以多种形式影响企业筹资结构的选择。例如，拥有大量长期资产的企业必然要多筹集长期负债和权益资金，拥有较多流动资产的企业必然要更多地依赖流动负债来筹集资金，以达到合理的筹资组合。当企业拥有较多的适合于进行抵押担保的资产时会举债较多。

3.企业经营风险的大小

企业整体风险由经营风险和财务风险构成，因此经营风险已经比较大的企业，会选择较小的财务风险，这样就会保持较低的负债比率；经营风险较小的企业，会选择较大的财务风险，这样就会在资金结构中多安排一些负债资金。

4.企业投资者和经营管理者的态度

投资者（所有者）和经营管理者的态度对企业资金结构特征的形成也有重要影响，因为他们是企业资金结构决策的决定者。投资者对企业控制权和股权结构的态度，决定了企业是较多采用普通股筹资还是较多采用优先股或负债方式筹资；经营管理者对财务风险的偏好程度，会影响到企业是否安排较高的负债比例。

5.企业债权人和信用评级机构的影响

一般而言，企业债权人都希望企业的负债比例低一些，因为过高的负债意味着债权人所冒的风险太大。而且，如果企业负债太多，信用评级机构可能会降低企业的信用等级，这样会影响企业的筹资能力，提高企业的资金成本。

6.企业发展所处阶段和成长性

企业所处行业、所处生命周期阶段、企业的成长性等方面的不同，也会导致企业资金结构具有显著的差异。例如，成长性好的企业因其快速发展，对外部资金的需求比较大，要比成长性差的类似企业负债水平高。

7.所得税税率的高低

企业利用负债可以获得节税利益，所以所得税税率越高，负债的抵税好处越多。如果税率很低，则采用举债方式的节税效应不十分明显。

8.利率水平的变动趋势

利率水平的变动趋势也会影响到企业资金结构安排。利率水平偏高时，会增加负债企业的固定财务费用负担，因此企业只能将负债比例安排得低一些。当预期利率会上升时，企业会较多地利用长期债券筹资，以便把利率固定在较低的水平上。

此外，经济金融、社会文化、科教发展等环境因素的影响导致了资金结构在不同国家、地区间的差异。

需要强调的是，企业实际资金结构往往受企业自身状况与政策条件及市场环境多种因素的共同影响，并同时伴随着企业管理层的偏好与主观判断，从而使资金结构的决策难以形成统一的原则与模式。

【头脑风暴】通过相关网络或书面资料，举例分析影响资金结构决策的因素。

二、资本结构理论与最佳资金结构

（一）资本结构理论

资本结构理论是关于资本结构（负债比率）、公司综合资金成本与企业价值三者之间关系的理论。它是企业财务理论的重要内容，也是资金结构决策的重要理论基础。从资本结构理论的发展来看，以莫迪格利安尼（Franco Modigliani）和米勒（Merton Miller）1958年提出“MM资本结构理论”为标志，可分为早期资本结构理论和现代资本结构理论。

1.早期的资本结构理论

1952年，美国财务学家大卫·杜兰特（David Durand）系统地总结和提出了早期的资本结构理论，主要有三种观点：

（1）净收益理论。

该理论认为，在负债利率固定的基础上，利用负债可以降低企业的综合资金成本，因此负债程度越高，加权平均资金成本就越低，公司的市场价值就越大，当负债比率达到100%时，企业价值将达到最大。这是一种极端的资本结构理论观点，它考虑了财务杠杆利益，但过分强调了财务杠杆的作用，忽略了财务风险，没有在财务杠杆利益和财务风险之间进行很好的权衡。

（2）净营业收益理论。

该理论认为，不论企业财务杠杆作用如何变化，企业综合资金成本都是固定的，资本结构与企业总价值无关，决定企业价值高低的关键要素是企业的净营业收益。这是因为企业加大负债利用财务杠杆时，即使债务资金成本本身不变，但由于加大了企业风险，权益资金成本会上升，这一升一降，相互抵消，综合资金成本不会因为负债比率的提高而降低，而是维持不变，企业的价值也就不受资本结构的影响而固定不变，因而不存在最佳资本结构。这是另一种极端的资本结构理论观点。它过分夸大了财务风险的作用，实际上公司加权平均资金成本不可能是一个常数，公司价值也不仅仅取决于净营业收益的多少。

（3）传统折中理论。

这是介于净收益理论和净营业收益理论之间的折中理论。该理论认为，尽管企业利用财务杠杆会导致权益资金成本上升，但在一定范围内并不会完全抵消利用资金成本较低的债务所带来的好处，因此会使加权平均资金成本下降、企业价值上升；但一旦超过某一限度，综合资金成本又会上升。综合资金成本由下降变为上升的转折点，资本结构达到最优。可见，此理论认为，确实存在一个最佳资本结构，也就是使企业价值最大的资本结构，并可以通过适度财务杠杆的运用来获得。

由于杜兰特的三种理论都是单纯从有关投资者如何评估企业负债及权益价值的多种不同假设甚至经验判断推演出来的，在理论上缺乏行为意义和实证支持，因此只能视为资本结构理论研究的开端。

2.MM资本结构理论

美国学者莫迪格利安尼和米勒共同创立了“MM资本结构理论”，标志着现代资本结构理论的产生，开创了将资本结构理论研究与经济学研究充分融合的先例，奠定了现代公司财务理论的基础。自该理论创立以来，迄今为止几乎所有的资本结构理论研究都是围绕它进行的。

（1）无税MM理论。

1958年，莫迪格利尼和米勒发表了“资本成本、公司理财和投资理论”一文，提出假设不考虑企业所得税和个人所得税，资本市场完美，因而无证券交易成本和财务危机成本，所有信息公开、企业经营风险相同，企业未来的经营利润（EBIT）预测值构成永续年金而不受负债比率的影响、负债的杠杆利益全部支付给股东，投资者可按个人意愿进行套利活动而不受法律和制度约束（即个人运用杠杆和企业运用杠杆可相互替代）等情况下，资本结构不影响加权平均资本成本和企业价值。他们提出三个定理：

第一，有负债企业的价值与无负债企业的价值相等。企业的价值独立于资本结构，不受有无负债及负债程度的影响，企业的资本结构与企业价值无关。

第二，有负债企业的权益资本成本随着财务杠杆的提高而增加。负债企业的权益资本成本等于同一风险等级中无负债企业的权益资本成本加上一定数量的风险报酬，而风险报酬的大小视负债程度而定，与以市值计算的财务杠杆（负债/股东权益）成正比，财务杠杆利益全部转化为股利，但加权平均资本成本不会因为负债的增加而下降。总之，在不考虑公司所得税等条件下，对于风险等级相同的企业，负债资本的增加并不会提高企业的价值，因为负债的低廉的成本优势会被因其风险的增加（即风险补偿报酬的增加）而增加的权益资本成本所抵消，所以在这种条件下，企业的价值与其加权平均资本成本都不会受资本结构的影响。如果两家企业只存在资本结构方面的差别，其他方面完全相同，那么其价值必须相等，否则就会发生投资者的套利行为，抛售价值被高估的企业股票导致其股票价格下降，购入价值被低估的企业股票导致其股票价格上升，最终使两家企业的总价值相等。

第三，预期投资报酬率（内含报酬率）大于加权平均资本成本，是企业投资决策的基本前提，即企业应投资于那些报酬率大于加权平均资本成本的项目。

（2）有税MM理论。

由于存在企业所得税，而且企业在实践中都在较大程度上重视资本结构对企业价值的影响，无税MM理论在现实中面临挑战，因此1963年，莫迪格利尼和米勒又发表了“税收与资本成本：一个更正”一文，引入企业所得税，修正了最初的三个定理。其基本思想是，负债利息的抵税作用所产生的财务杠杆效应，使企业可以通过增加负债而降低加权平均资本成本，从而提高企业价值。

第一，有负债企业的价值等于具有相同风险等级的无负债企业的价值加上债务利息抵税收益的现值。债务利息的抵税价值又称杠杆收益，它等于企业所得税税率乘以负债额。债务利息的抵税收益相当于增加了企业的现金流量，增加了企业价值。从理论上讲，在财务杠杆效应的作用下，当企业负债融资达到100%时，企业价值达到最大。

第二，有负债企业的权益资本成本等于相同风险等级的无负债企业的权益资本成本加上与以市值计算的债务与权益比例成比例的风险补偿报酬，该风险报酬的多少取决于企业的债务比例、无负债企业权益资本成本与债务资金成本之差以及所得税税率。用公式表示为：负债企业权益资本成本=无负债企业的权益资本成本+（无负债企业权益资本成本-债务税前资金成本）×（1-所得税税率）×（负债资本市场价值÷权益资本市场价值）。这一公式与无税MM理论第二个定理的公式相比，多了一个“（1-所得税税率）”。（1-所得税税率）<1，使有负债企业的权益资本成本比无税时的要小，这说明企业所得税使有负债企业的权益资本成本上升的幅度低于无税时的上升幅度。由此可见，随着负债额的增加，企业加权平均资本成本会逐渐下降，股东可获得净收益方面的更多好处，企业的价值逐步增加。

第三，在投资项目中，预期投资报酬率（内含报酬率）只有大于或等于某个临界值（率）时，才能被接受。该临界报酬率，就是负债经营下的加权平均资本成本。

（3）米勒模型。

上述有税MM理论考虑了企业所得税，但没有考虑个人所得税对债务比例与企业价值之间关系的影响。米勒（Merton Miller）在1977年进一步提出了同时考虑个人所得税和企业所得税的资本结构理论模型，称为米勒模型。他认为，在其他条件不变时，个人所得税会降低无负债企业的价值，并且当普通股投资收益的有效税率通常低于债券投资的有效税率时，有负债企业的价值会低于MM理论考虑企业所得税时有负债企业的价值。这表明，有税MM理论过高估计了财务杠杆对企业价值的贡献，而个人所得税的存在在一定程度上部分抵消了负债的抵税作用。

3.新的资本结构理论

20世纪七八十年代后，西方财务学家以MM理论的研究成果为分析起点，不断放宽假设条件，从不同视角对资本结构理论进行了大量研究，从而出现了一些新的资本结构理论，其中最有代表性的有权衡理论、代理理论、优序融资理论等。

（1）权衡理论。

这一理论认为，在存在所得税的条件下，由于利息的节税收益，企业价值会随负债程度的提高而增加，从而提高公司的价值，但如果使用过多债务，随着债务比例的提高，公司的风险也会上升，因而陷入财务危机甚至破产的可能性也就越大，由此会降低公司的价值。企业陷入财务困境后所引发的成本（即财务危机成本，也称财务拮据成本）分为直接成本和间接成本。直接成本又称破产成本，是指企业破产、进行清算或重组所发生的法律费用和管理费用；间接成本则通常比直接成本大得多，主要是指财务困境所引发企业资信状况恶化以及持续经营能力下降而导致的企业价值损失，如客户、供应商、员工的流失，投资者的警觉和谨慎导致的筹资成本增加，被迫接受保全他人利益的交易条款等。因此，负债在为企业带来抵税收益的同时也给企业带来了陷入财务困境的成本。权衡理论就是强调在平衡债务利息的抵税收益与财务危机成本的基础上，实现企业价值最大化的最佳资本结构。这个最佳资本结构应当是债务抵税收益与因负债比例上升而带来的财务危机成本之间的平衡点的负债比率。此时，债务抵税收益的边际价值等于增加的财务危机成本的现值。因此，企业负债比率必须保持在适度的区间之内。

（2）代理理论。

詹森（Michael C. Jensen）和麦克林（William H. Meckling）1976年提出的代理理论认为，代理成本包括设计、监督和约束利益冲突的代理人之间的一组契约所必须付出的成本，加上执行契约时成本超过利益所造成的损失。不完全契约、信息不对称以及经营者、股东与债权人之间的利益冲突将影响企业资本结构的选择。负债企业存在两种代理关系：一是债权人与股东的代理关系；二是股东与企业经营者的代理关系。虽然股东、债权人与经营者三者之间存在利益冲突，但一般地说，企业经营者是站在股东的立场上采取行动的。因此，债务筹资能够促使经营者更加努力、谨慎地工作，作出更好的筹资决策和选择更好的投资项目，减少过度投资和投资不足，从而降低由于两权分离而产生的代理成本，进而影响企业未来现金流入和企业市场价值。但是，负债筹资可能导致另一种代理成本，即随着负债增加，违约风险增大，债权人的监督成本随之上升，债权人会要求更高的利率和贷款时要求企业列入更多的限制性条款，这不但导致企业筹资成本上升，还导致企业经营决策灵活性和效率降低，这种代理成本最终要由股东承担（即股权代理成本增加），导致股东价值降低。均衡的企业资本结构是由股权代理成本和债权代理成本之间的平衡关系来决定的，所以代理成本理论认为，适度负债的资本结构会增加股东和企业的价值。除债务的代理成本之外，还有一些代理成本涉及公司雇员、消费者和社会等，在资本结构决策中也应予以考虑。

（3）优序融资理论。

优序融资理论由梅叶斯（Myers）和梅吉拉夫（Majluf）于1984年提出，也称等级筹资理论或啄食顺序理论。它是在信息不对称框架下研究资本结构的一种分析方法。这里的信息不对称，是指企业内部管理层通常要比外部投资者（包括股东、债权人）拥有更多、更准确的关于企业的信息。在这种情况下，企业管理层的许多决策，如筹资方式的选择、股利分配等，不仅具有财务上的意义，而且向市场和外部投资者传递信息。外部投资者只能通过管理层的这些决策所传递出的信息了解企业对未来收益的预期和投资风险，间接地评价企业价值。企业的债务比例或资本结构就是一种把内部信息传递给市场的工具。在信息不对称的条件下，优序融资理论认为，为减少外部投资者因信息不对称而对企业权益的市场价值进行逆向选择而错误定价，也为了摆脱企业管理层利用价值被高估而进行外部筹资的嫌疑，企业筹资时必须确立两个中心思想：

第一，尽量以内源融资方式从留存收益中筹措资金。

第二，如果必须进行外部筹资，则在负债筹资和股权筹资之间优先考虑负债筹资。

首先，通过比较内部筹资和外部筹资的成本，理论上应优先考虑内部筹资。企业用内部积累的资金去满足净现值为正的投资机会，还可以消除不对称信息带来的“投资不足效应”而引起的成本。其次，负债筹资优先于股权筹资。由于企业负债具有节税利益，可以增加企业的价值，即负债越多，企业价值增加越多，这是负债的第一种效应；但是，预期财务危机成本的现值和代理成本的现值会导致企业价值的下降，即负债越多，企业价值减少额越大，这是负债的第二种效应。由于上述两种效应相抵消，企业应适度负债。最后，由于不对称信息的存在，外部投资者认为企业股票被管理层人为高估的可能性会超过债券等负债，企业需要保留一定的负债容量以便有利可图的投资机会来临时可以举债，避免以太高的成本发行新股。留存收益和增加发行新股均属股权筹资，但前者最先选用，后者最后选用，因此按照优序融资理论，不存在明显的最佳资本结构。在信息不对称的框架下，企业的筹资优序模式首先是内部筹资，其次是借款、发行债券（先普通债券后可转换债券），最后是发行新股筹资。

【分组任务】

辩题：我国上市公司为何偏好股权融资？

活动内容：请四组学生分别事先（上课前）准备，其中三组各推选一名学生作介绍，介绍时间各5分钟，第四组推选三名学生作点评，点评时间各5分钟。

（二）最佳资金结构

企业利用负债资金具有双重作用，适当利用负债资金，能够降低资金成本，带来财务杠杆利益，但当企业负债比率太高时，会带来较大的财务风险。因此，每一家企业都必须权衡资金成本和财务风险的关系，并考虑影响资金结构决策的其他因素，确定本企业最佳的资金结构。

现代资本结构理论认为，在筹资过程中，由于代理成本（如监督成本引起的负债利率上升等）和财务危机成本的存在，随着负债比率的提高，公司陷入财务危机甚至破产的可能性也就越大，债务利息带来的财务利益（如节税利益）将逐渐被代理成本和财务危机成本所抵消，因此总是可以找到一个最佳资金结构点，这个点便是负债比率提高带来的财务利益与代理成本和财务危机成本之间的平衡点。在这个点上，企业的加权平均资金成本最低、企业价值最大。

因为企业的加权平均资金成本=负债比率×负债资金成本+权益资金比率×权益资金成本，而负债资金成本比权益资金成本要低，从图6-3可以看出，负债资金成本和权益资金成本都随着负债比率的提高而逐渐上升，当负债比率上升到较高水平时，由于代理成本、财务危机成本及其发生概率的增长，负债资金成本和权益资金成本增长加速。由负债资金成本和权益资金成本形成的加权平均资金成本先是下降，在B点达到最低，随后上升。B点也就成为企业使用负债资金的临界点。过了这一点，代理成本和财务危机成本就会抵消负债的利益，使企业实际价值下降。

因此，最佳的资金结构，是指企业在一定条件下，使企业加权平均资金成本最低、企业价值达到最大的资金结构。它应作为企业的目标资金结构。

在完善有效的资金市场条件下，当公司加权平均资金成本最低时，公司的每股收益最高，公司的股票市价达到最高，以股票市价体现的公司价值因而也达到最高。

从理论上来讲，最佳资金结构是存在的，但由于企业内部条件和外部环境的经常变化，动态地保持最佳资金结构十分困难。在实践中，目标资金结构通常是企业结合自身实际进行适度负债经营所确立的资金结构，是根据满意化原则确定的资金结构。因此，企业应综合考虑有关影响因素，运用适当的方法确定自身的目标资金结构，并在以后的追加筹资中继续保持。如果现有资金结构与目标资金结构存在较大差异时，企业应抓住机会采用合理的方法进行调整，使其趋于合理化。一般来说，调整资金结构的机会主要有：

（1）现有资金结构弹性较好时；

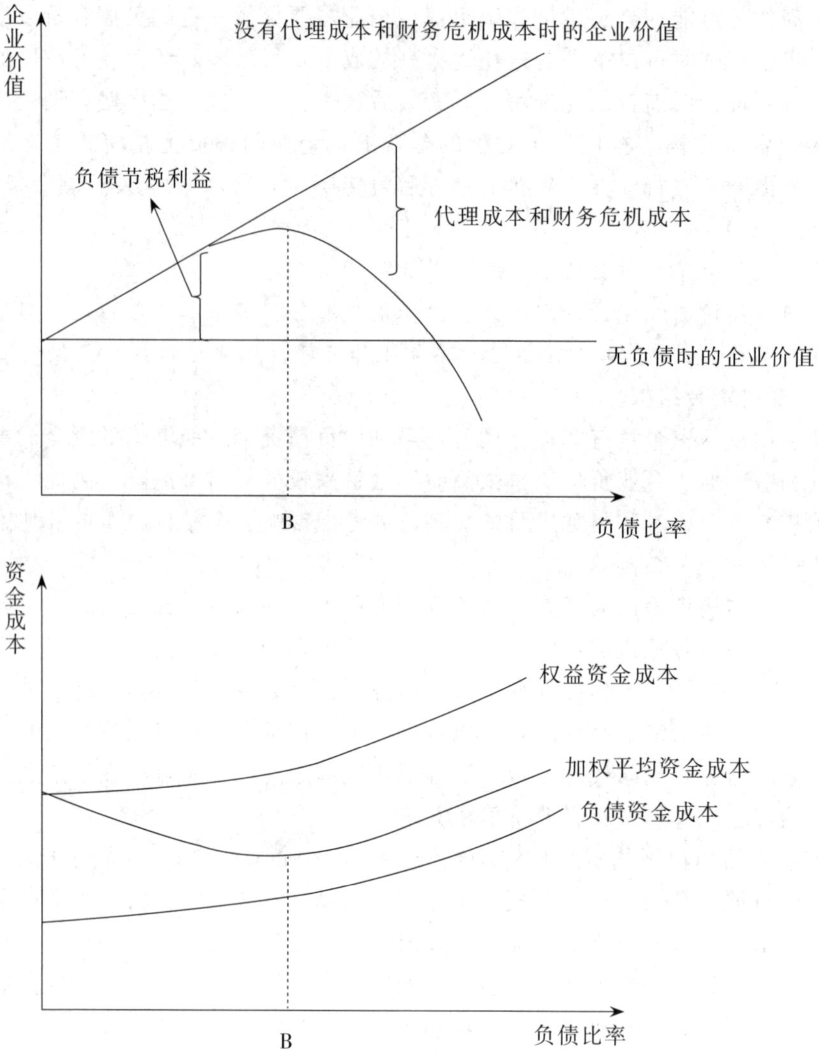

图6-3 资金结构与资金成本、企业价值的关系示意图

视频微课

谈谈最佳资金结构问题

（2）增加投资或减少投资时；

（3）企业盈利较多时；

（4）债务重新调整时。资金结构调整的方法有存量调整法、增量调整法和减量调整法。

【素养提升】

本教材上文分析资金结构决策的影响因素时，提到了很多影响因素，但总体来看主要侧重于跟财务有关的显性因素，当然也提到“此外，由于经济金融、社会文化、科教发展等环境因素的影响，资金结构在不同国家、地区间有差异”，“企业实际资金结构往往受企业自身状况与政策条件及市场环境多种因素的共同影响，并同时伴随着企业管理层的偏好与主观判断”。请同学们结合第二章中学到的企业财务管理环境方面的知识深入思考和探讨一下，在社会主义核心价值观中，国家、社会、公民个人层面的“富强、民主、文明、和谐”“自由、平等、公正、法治”“爱国、敬业、诚信、友善”中某些方面的内容会不会对企业资金结构的决策产生影响，会产生怎样的影响，如何产生影响。

三、资金结构的决策方法

企业资金结构决策就是要确定最佳资金结构。根据前述资金结构原理，确定企业最佳资金结构，可以采用比较资金成本法、每股利润（或权益资金税后利润率）无差别点法和公司价值分析法。

（一）比较资金成本法

比较资金成本法，是通过计算各方案加权平均资金成本，并根据加权平均资金成本的高低来确定最佳资金结构的方法。这种方法确定的最佳资金结构，即加权平均资金成本最低的资金结构。

现举例说明如下：

【例6-14】福昌公司计划年初原有资金16 000万元，其中发行利率10%的债券8 000万元，发行普通股800万股，每股面值1元，发行价10元，筹得资金8 000万元。该普通股目前价格为10元，今年期望股利为1元/股，预计以后每年增加股利5%。公司适用的所得税税率为25%，假设发行各种证券均无筹资费用。该公司现为扩大生产经营规模拟增资4 000万元。现有如下三个方案可供选择：

A方案：增加发行4 000万元债券，因负债增加，投资人风险加大，债券利率增至12%才能发行，预计普通股股利不变，但由于风险加大，普通股市价降至8元/股。

B方案：发行债券2 000万元，年利率10%，发行股票200万股，每股发行价10元，预计普通股股利不变。

C方案：发行股票363.64万股，普通股市价增至11元/股，筹资4 000万元。

为了确定上述三个方案哪个最好，下面分别计算其加权平均资金成本。

1.计算计划年初加权平均资金成本

各种资金的比重和个别资金成本分别为：

$W_b=8\ 000\div16\ 000\times100\%=50\%$

$W_s=8\ 000\div16\ 000\times100\%=50\%$

$K_b=10\%\times（1-25\%）=7.5\%$

$K_s=1\div10+5\%=15\%$

计划年初公司的加权平均资金成本为：

$K_{w0}=50\%\times7.5\%+50\%\times15\%=11.25\%$

2.计算A方案的加权平均资金成本

各种资金的比重和个别资金成本分别为：

$W_{b1}=8\ 000\div20\ 000\times100\%=40\%$

$W_{b2}=4\ 000\div20\ 000\times100\%=20\%$

$W_s=8\ 000\div20\ 000\times100\%=40\%$

$K_{b1}=10\%\times（1-25\%）=7.5\%$

$K_{b2}=12\%\times（1-25\%）=9\%$

$K_s=1\div8+5\%=17.5\%$

A方案实施后该公司的加权平均资金成本为：

$K_{w1}=40\%\times7.5\%+20\%\times9\%+40\%\times17.5\%=11.80\%$

3.计算B方案的加权平均资金成本

由于采用B方案后的资金结构与计划年初的资金结构一样，因此各种资金所占比例和个别资金成本与年初资金结构的情况一样。

B方案实施后公司的加权平均资金成本为：

$K_{w2}=50\%\times7.5\%+50\%\times15\%=11.25\%$

4.计算C方案的加权平均资金成本

债券资金和普通股资金的比重分别为40%、60%；债券资金的资金成本不变，普通股资金的资金成本为：

$1\div11+5\%=14.09\%$

C方案实施后公司的加权平均资金成本为：

$K_{w3}=40\%\times7.5\%+60\%\times14.09\%=11.45\%$

从以上计算可以看出，B方案实施后公司的加权平均资金成本最低，所以应选用B方案，即该公司应保持原来的资金结构，50%为负债资金，50%为权益资金。

比较资金成本法是以资金成本最低为决策标准的方法，在对可选择筹资方案计算加权资金成本的基础上，接受资金成本最低的筹资方案。这种方法通俗易懂，计算过程也不十分复杂，简单实用，是确定最佳资金结构的一种常用方法。但因为所拟定的方案数量有限，所以有把最佳方案漏掉的可能。

（二）每股利润（或权益资金税后利润率）无差别点法

负债的偿还能力建立在未来的生产经营能力和盈利能力基础之上。研究资金结构，不能脱离企业的预期生产经营能力和盈利能力。企业的生产经营能力和盈利能力，可以用产销业务量水平（销售额）和息税前利润（EBIT）表示。

负债筹资是通过它的财务杠杆作用来增加所有者的收益（每股利润或权益资金税后利润率）的。确定资金结构不能不考虑它对每股利润或权益资金税后利润率的影响。判断公司资金结构是否合理，可以通过分析每股利润（EPS）或权益资金税后利润率的变化来衡量，能提高每股利润或权益资金税后利润率的资金结构是合理的，反之，则不够合理。

每股利润无差别点法，又称息税前利润-每股利润分析法（EBIT-EPS分析法）。每股利润（或权益资金税后利润率）无差别点法，是通过分析资金结构与每股利润或权益资金税后利润率之间的关系，计算各种筹资方案的每股利润或权益资金税后利润率的无差别点，进而确定合理的资金结构的方法。

这种方法确定的最佳资金结构，即每股利润或权益资金税后利润率最大的资金结构。

采用这种方法确定最佳资金结构时，股份公司采用每股利润无差别点法，非股份公司则采用权益资金税后利润率无差别点法。

无差别点，是指两种基本筹资方式（负债资金与权益资金）下每股利润或权益资金税后利润率相等时的息税前利润点或产销业务量（销售额）水平。在每股利润或权益资金税后利润率无差别点，不同筹资方案的每股利润或权益资金税后利润率是相等的。

每股利润（EPS）的计算公式为：

$$EPS=\frac{(px-bx-a-I)(1-T)-d}{N}=\frac{(EBIT-I)(1-T)-d}{N}\qquad(6.3.1式)$$

式中：N为发行在外的普通股股数；

d为优先股股息。

权益资金税后利润率的计算公式为：

$$权益资金税后利润率=\frac{税后利润}{权益资金}\times 100\%\qquad(6.3.2式)$$

根据每股利润或权益资金税后利润率无差别点的定义，能够满足下列条件的息税前利润（EBIT）或产销业务量（销售额）水平就是每股利润或权益资金税后利润率无差别点。

$$\frac{(EBIT-I_1)(1-T)-d_1}{N_1}=\frac{(EBIT-I_2)(1-T)-d_2}{N_2}$$

$$\frac{(EBIT-I_1)(1-T)}{权益资金_1}=\frac{(EBIT-I_2)(1-T)}{权益资金_2}$$

每股利润无差别点处的息税前利润的计算公式为：

$$EBIT=\frac{N_2[I_1(1-T)+d_1]-N_1[I_2(1-T)+d_2]}{(N_2-N_1)(1-T)}\qquad(6.3.3式)$$

如公司没有发行优先股，上式可简化为：

$$EBIT=\frac{N_2I_1-N_1I_2}{N_2-N_1}\qquad(6.3.4式)$$

利用$\frac{(EBIT-I_1)(1-T)}{权益资金_1}=\frac{(EBIT-I_2)(1-T)}{权益资金_2}$这一式子同样可以计算出权益资金税后利润率无差别点处的息税前利润。

这种方法选择筹资方案的主要依据是各筹资方案每股利润或权益资金税后利润率的大小。当息税前利润或产销业务量（销售额）水平大于每股利润或权益资金税后利润率无差别点的息税前利润或产销业务量（销售额）水平时，运用负债资金筹资可获得较高的每股利润或权益资金税后利润率；反之，当息税前利润或产销业务量（销售额）水平低于每股利润或权益资金税后利润率无差别点的息税前利润或产销业务量（销售额）水平时，运用权益资金筹资可获得较高的每股利润或权益资金税后利润率。

【例6-15】福华股份公司目前的资金结构为：总资金投入1 000万元，其中负债资金400万元（年利息40万元），普通股资本600万元（股数600万股）。现该公司有一较好的投资项目，需要追加筹资300万元。有两个筹资方案：甲方案是增发普通股100万股，每股发行价3元。乙方案是向银行取得长期借款300万元，利息率16%。根据该公司财务人员的测算，追加筹资投资于项目后公司销售额可望达到1 200万元，变动成本率60%，固定成本200万元，所得税税率20%，筹资费用忽略不计。根据上述数据，代入每股利润无差别点计算公式，即：

$$\frac{(EBIT-40)(1-20\%)}{600+100}=\frac{(EBIT-40-48)(1-20\%)}{600}$$

得：EBIT=376万元

这里，EBIT为376万元是两个筹资方案的每股利润无差别点。在此点上，两个方案的每股利润相等，均为0.384元/股。福华公司预期追加筹资投资于新项目后销售额为1 200万元，预期息税前利润为280万元，低于每股利润无差别点时的息税前利润376万元，因此应当采用财务风险较小的甲方案，即增发普通股的方案。在预期1 200万元销售额、280万元息税前利润的水平上，甲方案的EPS为0.274元，乙方案的EPS为0.256元。

【例6-16】 福国公司的资金总额为1 000万元，其中负债资金200万元，权益资金800万元。现拟追加筹资200万元。现有两个方案：（1）增加权益资金；（2）增加负债资金。该公司增资前的负债利率为10%，若采用负债增资，则由于财务风险的加大，所有负债的利率提高到12%。增资后资金息税前利润率可达20%，该企业所得税税率为25%。

权益资金税后利润率无差别点的计算为：

$$\frac{(EBIT - 200 \times 10\%)(1 - 25\%)}{800 + 200} = \frac{(EBIT - 400 \times 12\%)(1 - 25\%)}{800}$$

得：EBIT=160万元

根据每股利润无差别点法的原理，当预计息税前利润等于160万元时，选择增加权益资金筹资和选择负债资金筹资没有差别；当预计息税前利润大于160万元时，则增加负债筹资更为有利；当预计息税前利润小于160万元时，则增加权益资金筹资更为有利。该公司预计增资后的息税前利润可达240万元，故采用负债资金筹资方式较为有利。

公司预计增资后的权益资金税后利润率计算见表6-7。

表6-7　**公司预计增资后的权益资金税后利润率**　金额单位：万元

项　目	（1）增加权益资金	（2）增加负债资金
资金总额	1 200	1 200
其中：权益资金	800+200	800
负债资金	200	200+200
息税前利润（EBIT）	1 200×20%=240	1 200×20%=240
减：利息	200×10%=20	400×12%=48
税前利润	220	192
减：所得税（25%）	55	48
税后利润	165	144
权益资金税后利润率	16.50%	18.00%

由计算结果可知，当资金息税前利润率为20%时，追加负债筹资的权益资金税后利润率较高（18%），从而验证了采用权益资金税后利润率无差别点法确定资金结构的正确性。

资金结构决策的每股利润（或权益资金税后利润率）无差别点法是以每股利润或权益资金税后利润率最大化财务管理目标为指导的，它以每股利润或权益资金税后利润率最大为决策标准，筹资者主要根据每股利润或权益资金税后利润率的多少来作出

随堂测3

筹资决策。

当企业的资金需要量较大时，可能会采用多种筹资方式组合融资。这时，需要详细比较分析各个组合筹资方式下的资金成本负担及其对每股利润或权益资金税后利润率的影响，选择每股利润或权益资金税后利润率最高的筹资方式组合。

（三）公司价值分析法

以上两种方法都是从账面价值的角度进行资金结构决策分析的，没有考虑市场反应，考虑的风险因素也不够。公司价值可分为股权价值和实体价值，股权价值仅指股权资本的价值，实体价值是指公司的总价值。公司价值分析法，是在考虑市场风险的基础上，通过测算和比较各种资本结构下公司的市场总价值来确定最佳资本结构的方法。最佳资本结构，即能提升公司市场总价值、使公司市场总价值最大的资本结构。同时在公司总价值最高的资本结构下，公司的加权平均资本成本也是最低的。这种方法主要用于对现有资本结构进行调整，适用于资本规模较大的上市公司资本结构决策。

这种方法的出发点是，从根本上讲，财务管理的目标在于追求公司价值最大化。只有在风险不变的情况下，每股利润的增长才会导致股价上升，但实际上经常是随着每股利润的增长，风险也加大。如果每股利润的增长不足以弥补风险增加所需的报酬补偿，尽管每股利润增加，股价仍可能下降。所以，最佳资本结构应当是可使公司的市场总价值最高，而不是每股利润最大的资本结构。

公司的市场总价值（V）=权益资本总市价（S）+负债资本总市价（B）　（6.3.5式）

为简化起见，假定公司负债资本（长期借款和长期债券）的市场价值（现值）等于其账面价值。权益资本的市场价值（现值）则等于公司未来所得净利润按股东要求的投资报酬率的折现值。假设公司的经营利润（息税前利润）永续，股东要求的投资报酬率（权益资本的资本成本率）不变，则权益资本的市场价值计算公式如下：

$$\text{权益资本市场价值}=\frac{(\text{息税前利润}-\text{利息})\times(1-\text{所得税税率})}{\text{权益资本成本率}}\qquad(6.3.6\text{式})$$

$$S=\frac{(EBIT-I)\times(1-T)}{K_S}$$

式中：权益资本成本率（K_S）可根据资本资产定价模型（CAPM）$K_S=R_f+\beta\times(R_m-R_f)$确定。

公司的加权平均资本成本K_W的计算公式为：

$$K_W=K_b\times\frac{B}{V}\times(1-T)+K_S\times\frac{S}{V}$$

式中：K_b为负债资本的税前成本，即负债利率。

【例6-17】福至公司原无长期负债，资本全部由普通股资本构成，其账面价值为1 500万元，息税前利润为800万元，所得税税率为25%。现公司拟用发行长期债券购回部分普通股股票的方法调整其资本结构。假设无风险报酬率为8%，证券市场同类股票的平均必要投资报酬率为12%。根据上述公式计算有关数据见表6-8。

以发行债券600万元为例说明权益资本成本的计算过程：

$K_S=8\%+1.3\times(12\%-8\%)=13.2\%$

表6-8　不同债务水平下的个别资本成本　金额单位：万元

债券市场价值（B）	债券利率（K_b）	β系数	无风险报酬率（R_f）	证券市场平均必要报酬率（R_m）	权益资本成本率（K_S）
0	—	1.1	8%	12%	12.4%
300	6%	1.2	8%	12%	12.8%
600	7%	1.3	8%	12%	13.2%
900	8%	1.5	8%	12%	14.0%
1 200	9%	1.7	8%	12%	14.8%
1 500	10%	2.0	8%	12%	16.0%

仍以发行债券600万元为例说明股票市场价值（现值）、公司市场总价值（现值）和加权平均资本成本的计算过程：

$$S=\frac{(800-600\times7\%)\times(1-25\%)}{13.2\%}=4\ 307\text{（万元）}$$

V=600+4 307=4 907（万元）

K_W=7%×（600÷4 907）×（1−25%）+13.2%×（4 307÷4 907）=12.23%

公司总价值和资本成本计算见表6-9。

表6-9　公司总价值和资本成本计算表　金额单位：万元

债券市场价值（B）	股票市场价值（S）	公司总价值（V）	债券利率（K_b）	权益资本成本率（K_S）	加权平均资本成本（%）
0	4 839	4 839	—	12.4%	12.40%
300	4 582	4 882	6%	12.8%	12.29%
600	4 307	4 907	7%	13.2%	12.23%
900	3 900	4 800	8%	14.0%	12.50%
1 200	3 507	4 707	9%	14.8%	12.75%
1 500	3 047	4 547	10%	16.0%	13.20%

拓展阅读1

债转股问题

可见，无负债时公司总价值等于股票的市场价值；当用负债资本部分地替换权益资本时，公司的总价值开始上升，同时加权平均资本成本开始下降；资本结构在债券市场价值为600万元时达到最佳，即此时公司总价值最高、加权平均资本成本最低；随后，负债资本的增加导致公司总价值又开始下降，加权平均资本成本又开始增加。

本章测评

确定资金结构的定量分析方法各有优缺点，在实际工作中企业财务管理者应结合企业的实际情况，并与定性分析方法结合起来加以运用，才能更科学合理地确定最佳资金结构。

计算分析题

【素养提升】

企业的利益是其利益相关者共同的利益。请同学们思考和讨论：高度重视社会责任履行的企业，与对社会责任履行重视程度一般或不大重视社会责任履行的同行业企业相比，其负债比率一般来说更高还是更低？为什么？

本章小结

企业可以使用定性预测法和定量预测法来预测资金的需要量。定量预测法通常有因素分析法、销售百分比法和资金习性预测法等。在实际工作中，定性预测法和定量预测法往往配合使用，互为补充。

在企业财务管理活动中，杠杆效应是指由于固定成本（固定性生产经营成本或固定财务费用）的存在而导致的，当某一财务变量以较小幅度变动时，另一相关财务变量会以较大幅度变动的现象。杠杆效应是企业资金结构决策中的一个重要因素。因此需要分析经营杠杆作用与经营风险，财务杠杆作用及财务风险，以及这两种杠杆的综合作用，即复合杠杆作用及复合风险。企业杠杆的作用水平和风险大小可通过计算杠杆系数指标来确定。在其他条件相同的情况下，企业经营杠杆作用的大小取决于一定时期企业的固定成本与销售收入的比例；财务杠杆作用的大小、财务风险的高低取决于固定财务费用与息税前利润的比例。我们需要把握经营杠杆、财务杠杆和复合杠杆的关系。

资金来源结构是企业筹资管理的核心问题，资金结构有广义与狭义之分。资金结构决策需要在资金成本与财务风险等因素之间进行合理的权衡。资本结构理论是关于资本结构、综合资本成本与企业价值三者之间关系的理论，它主要有早期的资本结构理论、MM资本结构理论和新的资本结构理论。最佳的资金结构，是指企业在一定条件下，使企业加权平均资金成本最低、企业价值达到最大的资金结构。它应作为企业的目标资金结构。最佳资金结构的决策方法主要包括比较资金成本法、每股利润（或权益资金税后利润率）无差别点法和公司价值分析法。

思考题

1. 试述用销售百分比法预测资金需要量和外部筹资额的过程。
2. 简述经营杠杆的基本原理。
3. 简述财务杠杆的基本原理和启示。
4. 何谓复合杠杆？复合杠杆原理给我们什么启示？
5. 什么是资金结构？广义的资金结构与狭义的资金结构有何区别？
6. 试说明影响资金结构的主要因素。
7. 试论最佳资金结构。
8. 如何运用资金结构决策的比较资金成本法？该方法有何优缺点？
9. 如何运用资金结构决策的每股利润无差别点法？
10. 试述资本成本、财务风险与资本结构的关系。

第七章

营运资金管理

学习目标： 1. 掌握确定最佳现金持有量的方法；
2. 掌握信用政策的构成与决策；
3. 掌握经济批量控制法、ABC分类控制法等存货资金的日常控制方法；
4. 熟悉企业筹资组合和资产组合的策略；
5. 熟悉企业持有现金的动机；
6. 熟悉应收账款投资的目的和成本；
7. 熟悉存货投资的功能和成本、存货资金需要量的测定方法；
8. 熟悉各种主要的短期筹资方式；
9. 了解企业流动资产的特点和营运资金的管理要求；
10. 了解企业现金收支日常管理的策略及应收账款的日常管理。

导入案例

宝洁（中国）公司的应收账款管理模式

宝洁公司是一家具有180多年历史的跨国洗化公司，在全球80多个国家和地区开展业务。自1988年进入中国市场以来至今已有36个年头，无论产品质量还是销量、销售额，始终在同行业中占据领先地位（2020—2021财年宝洁（中国）公司的年销售额保持在500亿元左右），应收账款回款率始终保持在95%以上，这得益于其拥有一个先进的应收账款管理体系。宝洁（中国）公司应收账款管理的具体做法如下：

一、组织上有一个完善的内部控制系统

宝洁（中国）公司对应收账款的控制，是由销售会计组来完成的。销售会计组分成两大体系：一个是销售会计，另一个是分公司财务会计。前者负责应收账款等专项的总体策划、分析，后者负责对部分区域具体财务事项的运作，以及为前者提供准确、详细、及时的有关信息和数据。宝洁（中国）公司不仅对这一组织的每一环节都明确了其主要负责的工作任务，使之各有分工，还对每一工作环节设定了衡量其工作好坏的标准，以便每月对其进行严格考核。

二、重视应收账款回款期的管理

（一）设定账龄目标

规定每一个客户归还应收款项的日期，这是公司期望的最长付款期。公司一方面考虑客户的实际回款能力，另一方面还结合客户目前的平均实际回款期，为每一地区信用客户设定了还款期限，如30天、60天、90天，用这三个时间将账龄分割成四个时间段进行考核和管理。

（二）分析账龄，了解客户的回款状况

公司要求分期了解每一客户的实际还款状况，这就需要进行账龄的统计及分析。公司通过电脑来完成应收账款分期报告。从报告中，公司可获得客户应收账款的额度是多少、客户的实际还款期限有多长等数据。在此基础上，公司将实际回款期限与原定目标期限进行比较，发现实际是否存在问题，有无超目标期限的应收账款，从而针对问题分析原因，采取措施。

（三）制定付款优惠政策

为达到设定的回款期限，宝洁（中国）公司为此制定了一项“回款的分期优惠政策”，即“3/7，1.5/20，n/40”。其目的在于鼓励客户提前还款，以便缩短回款期。

三、限制赊销额

（一）赊销额的建立

（1）赊销不适用于第一次订货的新客户。

（2）要求个别类型客户必须先付款后订货。如私营企业或是注册资金低于30万元人民币的单位等。

（3）新客户只有在实现了第一次订单以后，方可通过填写赊销额申请表申请一次临时赊销额。

（4）在三个月的临时赊销额期满后，客户便可根据正式赊销额的计算标准享受赊销额度。

当该地区客户的购货超过公司这一赊销额度时，必须现款支付。

（二）赊销额的修订

1.修订时考虑的因素

（1）常规性因素。除参照客户的销售及回款期之外，还考虑客户的信用状况。宝洁（中国）公司要求客户定期提供一份财务报表，并通过有关的评估机构或银行等其他部门，了解客户的财务状况，以此作为修订不可缺少的因素之一。

（2）偶发性因素。如季节因素、促销手段及客户的回款情况等。

2.一般的修订方法

宝洁（中国）公司按季修订赊销额，上个季度的赊销额是下一季度赊销额的90%。也就是说，每过一个季度，给予客户的赊销额便会自动增长，这也是公司对严格遵守信用额管理制度客户的进一步优惠政策，并且合作的时间越长，信用越好，所取得的最大赊销额也越高。

四、控制超期应收账款

对于出现的超期应收账款，宝洁（中国）公司采取了以下几项措施：

（1）停止供货。

（2）实施收款计划。

（3）采取法律行动。

案例详细资料和提示

资料来源：王景涛，石家庄经济学院，河北省高等学校精品课程“财务管理”案例.

要求：

1.宝洁（中国）公司成功的应收账款管理经验给了我们哪些启示？

2.请你借鉴宝洁（中国）公司的成功经验，为某一小微企业设计一套应收账款管理框架。

第一节　筹资组合和资产组合

一、营运资金的概念和管理要求

（一）营运资金的概念

营运资金有广义和狭义之分，广义的营运资金是指一个企业流动资产的总额；狭义的营运资金又称净营运资金，是企业的流动资产减去流动负债后的余额，即：

营运资金=流动资产-流动负债　　（7.1.1式）

所以营运资金的管理既包括流动资产的管理，又包括流动负债的管理，还包括流动资产和流动负债的配合管理。流动资产和流动负债的具体管理问题将在本章后面作详细阐述。这里先从将流动资产和流动负债联系起来进行管理（即营运资金）的角度展开说明。

（二）营运资金的管理要求

1.合理确定营运资金的需要量

当企业产销两旺时，流动资产和流动负债都会相应增加；当企业产销量减少时，流动资产和流动负债也会相应减少。因此企业财务人员要认真分析企业生产经营状况，采用一定的方法准确预测营运资金的需要量，以便合理使用营运资金。

2.科学安排流动资产和流动负债的比例

流动资产、流动负债以及两者之间的关系能较好地反映企业的短期偿债能力状况。因此营运资金管理中，一定要根据企业实际，合理安排流动资产和流动负债的比例关系，以便既节约使用资金，又保证企业有足够的偿债能力。

3.选择合理的筹资组合

选择合理的筹资组合，能使企业的风险和收益维持在最合理的水平，这既是财务管理的重要内容，对营运资金的管理也很重要。

4.加速营运资金的周转

企业既要在保证生产经营需要的前提下，节约使用营运资金，又要千方百计地加速营运资金的周转，使有限的资金发挥最大的使用效果。

二、流动资产及其特点

（一）流动资产的含义

流动资产是指可以在1年内或者超过1年的一个营业周期内变现或耗用的资产，包括现金、对外短期投资（交易性金融资产）、应收及预付款项、存货等。流动资产是劳动对象，是企业生产经营活动的必要劳动要素。与此相对应，周转期在1年以上的资产，称为长期资产，它包括固定资产、无形资产、对外长期投资等。

（二）流动资产的分类

依照不同的标准，流动资产可以分为以下几种类型：

1.按占用形态，可分为现金、对外短期投资、应收及预付款项和存货等

（1）现金，是指企业的库存现金和各种不同类型的活期存款和其他货币资金。

（2）对外短期投资（即交易性金融资产），是指各种准备随时变现的有价证券以及不超过一年的其他投资，其中主要是指有价证券投资。

（3）应收及预付款项，是指企业在生产经营过程中所形成的应收而未收的或预先支付的款项，包括应收账款、应收票据、其他应收款和各种预付款项。

（4）存货，指企业在生产经营过程中为销售或者耗用而储存的各种物资，如库存材料、在产品和产成品或商品等。

2.按其用途，可分为波动性流动资产和长期性流动资产

（1）波动性流动资产，也叫短期性流动资产，是指随着生产经营活动的进行不断起伏变动的流动资产。企业中大部分的现金、应收账款和相当数量的存货资金都属于波动性流动资产。

（2）长期性流动资产，是指为保证企业生产经营活动的正常开展所必需的最低限度的流动资产，如最佳现金持有额、原材料等存货的保险储备等。

毫无疑问，无论是波动性流动资产还是长期性流动资产，投入太多都会降低企业资金的使用效益，投入太少又会造成不必要的风险，因此在企业流动资产管理实践中，到底要投资多少流动资产、各种流动资产所占比例为多少才是最合理的，是流动资产管理要解决的重要问题。

（三）流动资产的特点

流动资产投资又称经营性投资，与长期资产相比，流动资产有以下特点：

1.周转期短

投放在流动资产上的资金通常在一个营业周期内即可收回，完成一次周转所需的时间较短。流动资产周转速度的快慢取决于企业生产经营周期的长短。根据这一特点，流动资产管理应与企业生产经营管理密切配合，通过对供产销活动的协调，缩短企业生产经营周期，以达到加速流动资产周转，提高流动资产利用效率的目的。

2.变现能力强

应收账款等流动资产都具有较强的变现能力。存货也远比长期资产的变现能力强。如果企业在生产经营中出现意外情况，迫切需要大量现金时，各种形态的流动资产都可以在较短的时间内出售和变卖，具有较强的变现能力，是企业偿还短期债务和应对临时性资金需求的重要保证。

3.形态上的并存性和继起性

流动资产在生产经营中依次改变其占用形态，分别表现为现金、各种材料、在产品、产成品、各种应收或预付款项、新的现金等，具有时间上的继起性。同时这些依次改变其形态的流动资产在企业生产经营过程中又在空间上并存，具有并存性和多样化的特征。因此合理地配置流动资产各项目的比例结构，是保证流动资产顺畅周转的必要条件。

4.资产占用数量的波动性

占用在各种形态上的流动资产投资并非一个常数，随着供产销活动的进行和内外部条件的变化，其占用数量时高时低，起伏不定，波动较大，不管是季节性生产还是非季节性生产的企业都是如此。根据这一特点，企业在筹集流动资产所需的资金时，应该选择灵活性较好的筹资方式，如利用商业信用、短期借款等，以便迅速取得和及时归还。

总之，流动资产与长期资产相比，流动性好（风险低），收益性差，因此企业资产配置结构中，如果流动资产占用偏多，那么企业整体资产结构的风险较小，但收益水平较低；如果固定资产等长期资产占用偏多，那么企业整体资产结构的风险较大，但收益水平也会较高。这也符合风险与收益的均衡原理。

流动资产的重要性和特征，决定了流动资产管理是企业财务管理的一项重要内容。企业在进行流动资产的管理中，一要认真分析生产经营状况，合理确定各种流动资产的需要量，满足正常合理的流动资产资金需求；二要提高流动资产的使用效率，努力加速存货、应收账款等流动资产的周转，使有限的流动资产投资创造更多的经济效益，发挥出更大的效率。三要节约流动资产的使用成本，既要在保证生产经营需要的前提下，努力挖掘流动资产的潜力，精打细算地使用资金，又要合理配置流动资产，加速资金周转，以此节约筹资成本。四要保持足够的短期偿债能力。偿债能力是企业财务风险高低的标志之一，企业要科学合理地安排好流动资产和流动负债的比例关系，保持流动资产结构和流动负债结构的适配性，做好筹资组合管理工作，保持足够的短期偿债能力，维持合理的财务风险水平。

三、流动负债及其特点

第五章讲到筹资的类型时说过，企业的全部资金，按期限的长短不同，可以分为长期资金与短期资金。短期资金，是指企业使用期限在1年以内的资金。企业由于在生产经营过程中流动资产投入、资金日常周转调度等原因，往往需要一定数量的短期资金。企业的短期资金，就是流动负债，主要包括短期借款、应付或预收账款、其他应付款、应付职工薪酬、应交税费等项目，通常采用向银行等金融机构借款、利用商业信用、保理业务、发行短期债券、经营中自然形成等筹资方式筹得。

企业流动负债按其形成情况进行分类，又可分为自然形成的流动负债和人为形成的流动负债。自然形成的流动负债，就是自然性短期筹资，是指不需要正式安排，在企业经营活动中，由于结算程序等原因自然而然形成的短期负债，如应付账款（包括应付票据）、预收账款等。人为形成的流动负债，就是人为性短期筹资，是指由财务人员根据企业对短期资金的需求，通过人为安排形成的短期负债，如短期借款、发行短期融资券、应收账款转让等。与长期资金相比，短期资金（流动负债）总体而言都具有筹资速度快、筹资灵活性强、资金成本低、财务风险大的特征。

四、企业筹资组合策略

（一）筹资组合的意义

一个企业投资所需要的资金，可以用短期资金（流动负债）筹集，也可以用长期资金（长期负债和权益资金）筹集。长期资金和短期资金不仅在筹资渠道和筹资方式上存在差异，而且在资金成本和筹资风险（财务风险）上也不尽一致。短期资金的资金成本低，但筹资风险相对较大；长期资金的资金成本高，但筹资风险相对较低。因此企业在各种资产上的投资，在筹资时应合理选择长短期资金与之搭配。只有这样，才能保证企业的资金成本、筹资风险和收益水平达到最佳。

企业各种资金占用（投资）与各种资金来源（筹资）的搭配形式，称为企业的筹资组合。筹资组合，对营运资金的管理来说，就是如何处理、搭配流动资产与流动负债之间的关系问题。其着眼点是：如何合理安排长期性流动资产和波动性流动资产（也称短期性流动资产）的资金来源。所以筹资组合也是企业营运资金管理的重要内容之一。

企业要保持良好的财务状况和稳定的收益水平，在确定筹资组合时应遵循的一般原则应该是“长期资金长期用，短期资金短期用”。但事实上，由于不同企业对风险和收益的偏好不同，企业所处的行业、生命周期阶段和经营规模不同，不是每个企业都会这样做的，因此形成了不同的筹资组合。不同的筹资组合对企业收益和风险的影响不同。企业财务管理人员必须认真考虑不同筹资组合带来的不同风险和成本、企业所处的行业、发展阶段、经营规模及稳定性、资金市场的利率情况、筹资的难易程度、管理层的风险偏好等因素，作出最优的筹资组合决策。

（二）企业筹资组合策略的类型

企业的筹资组合策略，一般可以分为如下三类。

1.适中型筹资组合策略

适中型筹资组合策略，也叫正常的筹资组合策略或中庸策略。这是一种对各项流动资产的投资都用期限相近的流动负债来解决的筹资组合。在这种筹资组合策略下，企业波动性流动资产投资所需的资金用短期负债来筹措，长期性流动资产和长期资产投资所需的资金，则以权益资本与长期负债来解决（如图7-1所示）。

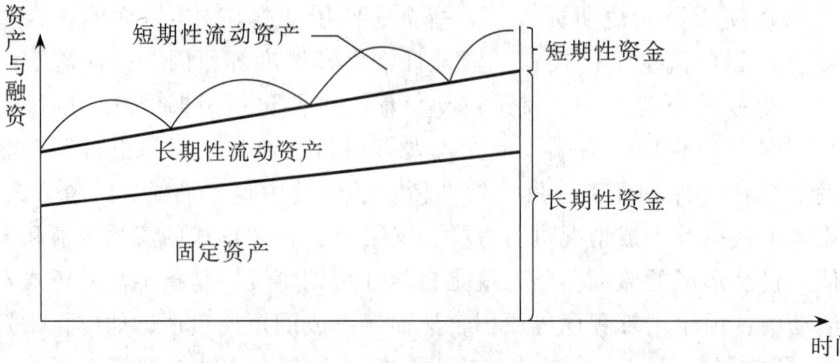

图7-1 适中型筹资组合策略

采用适中型筹资组合，其筹资风险和资金成本都比较适中。各期偿债次数和偿债数额都得到适当的控制，对企业财务状况会产生较好的影响。

2.风险型筹资组合策略

在这种筹资组合策略下，不仅波动性流动资产投资采用短期筹资方式融通，而且一部分或全部长期性流动资产投资也用短期筹资方式来融通，甚至一部分固定资产投资所需要的资金，也用短期筹资来解决（如图7-2所示）。这种筹资组合可以降低资金成本，提高企业收益水平，但企业必然要在短期筹资到期后重新举债或申请展期，这样企业便会经常地举债和还债，从而加大了筹资风险；还可能面临由于短期负债利率变动，从而增加企业资金成本的风险。因此，这是一种收益较高，风险也较大的筹资组合策略。喜欢冒险的企业及其财务人员在进行筹资组合搭配时多采用此种策略。

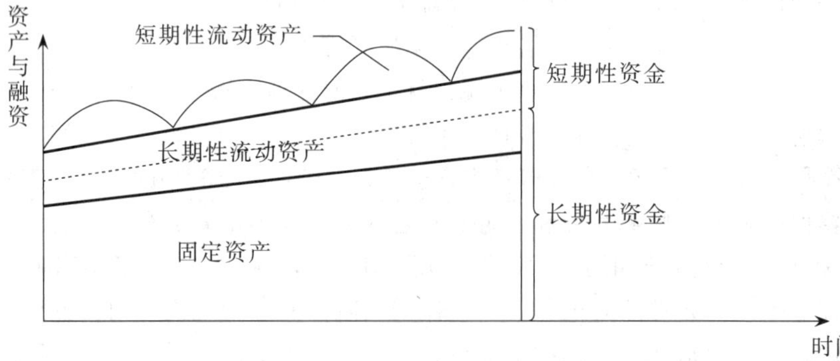

图7-2 风险型筹资组合策略

3.保守型筹资组合策略

保守型筹资组合策略，是指企业短期筹资只融通部分波动性流动资产的资金需求，另一部分波动性流动资产、所有的长期性流动资产以及所有的长期资产投资所需要的资金，则完全由长期负债和权益资金作为资金来源（如图7-3所示）。在这种筹资组合策略下，由于短期融资所占比重较小，所以企业无法偿还到期债务的风险较低，同时蒙受短期利率变动损失的风险也较低。然而，因权益资金和长期负债的资金成本都高于短期资金的资金成本，以及经营淡季仍需负担大量长期负债利息，从而降低了企业的收益水平。因此，这是一种风险和收益均较低的筹资组合策略。较为保守的企业及其财务人员都使用这种筹资组合搭配策略。

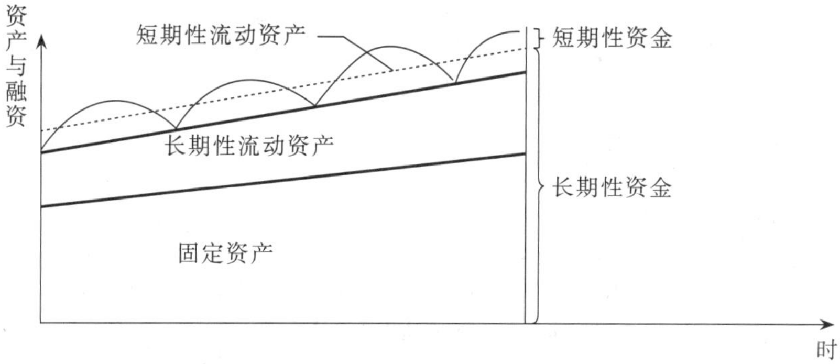

图7-3　保守型筹资组合策略

五、企业流动资产组合策略

从投资角度来看，企业投资形成的资产配置结构也是资金结构的一种形式。它包括企业对内投资和对外投资的配置比例关系，对内投资中流动资产和非流动资产的配置比例关系，流动资产中长期性流动资产和波动性流动资产的配置比例关系等。

企业对内投资形成的资产，分成流动资产和非流动资产（包括固定资产、无形资产等）两大部分。企业资产总额中流动资产和非流动资产各自占有的比例称为企业的资产组合，也叫资产结构。不同的资产结构影响甚至决定了企业不同的投资收益和投资风险水平。在一个企业的资产结构中，如果流动资产占用偏多，风险较小，收益水平也较低；如果长期资产占用偏多，则收益较高，风险也较大。

针对营运资金管理而言，资产组合管理的重点应是企业流动资产中长期性流动资产和波动性流动资产（短期性流动资产）的配置比例关系，即流动资产组合。不同的流动资产组合，对企业收益和风险的影响也不一样。由于保险储备等长期性流动资产的投资周转慢，收益性差，但能够防范停工待料等风险，而波动性流动资产周转快，收益性好，因此在流动资产组合中，如果波动性流动资产安排偏多，保险储备等长期性流动资产安排偏少，那么企业所冒风险较大，带来的收益水平相对较高；如果波动性流动资产安排偏少，保险储备等长期性流动资产安排偏多，则风险较小，但带来的收益水平也较低。因此，企业及其财务管理人员必须在充分考虑风险与收益、企业所处的行业、发展阶段、企业规模、资金市场利率等因素的基础上，研究和确定适合本企业实际的最优资产组合和流动资产组合策略。企业的流动资产组合策略，一般有如下三种：

（一）适中型流动资产组合策略

适中型流动资产组合策略就是在保证正常需要的情况下，再适当地留有一定的保险储备，以防不测。如图7-4中的B水平的流动资产投资策略便属于适中型流动资产组合策略。

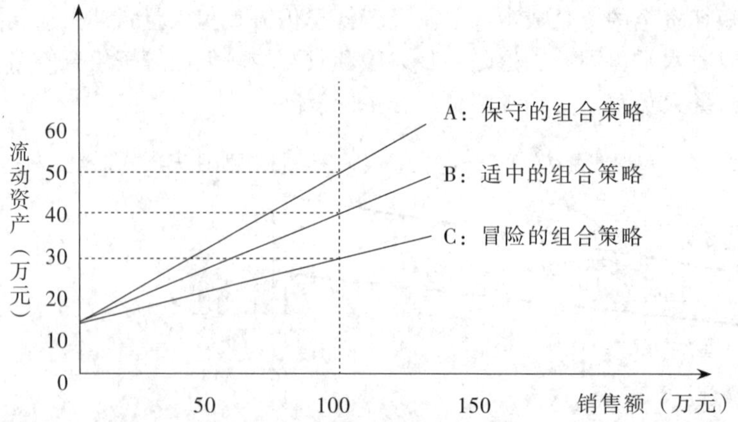

图7-4　某企业流动资产组合策略

如图7-4中，假设该企业根据以往生产经营经验数据，流动资产的正常需要量一般占销售额的30%，正常的保险储备量占销售额的10%，所以适中型流动资产组合策略应是流动资产占销售额的40%，当销售额为100万元时，流动资产应为40万元。在适中型流动资产组合策略下，企业的收益水平一般，风险也适中，正常情况下企业都采用此种策略。

（二）保守型流动资产组合策略

有的企业在安排流动资产数量时，在生产经营需要量和正常保险储备量的基础上，再加上一部分额外的保险储备量，以便降低企业风险，这便是保守型流动资产组合策略。如图7-4中的A水平，便是保守型流动资产组合策略。它在适中型流动资产组合策略10万元流动资产保险储备的基础上，又增加了10万元保险储备，因此在保守型流动资产组合策略下，当销售额为100万元时，流动资产是50万元。在采用保守型流动资产组合策略时，企业的收益水平一般相对较低，风险也较小。不愿冒险、偏好安全的企业都喜欢采用此种策略。

（三）冒险型流动资产组合策略

有的企业在安排流动资产数量时，只安排正常生产经营需要量而不安排或者只安排很少的保险储备量，以便提高企业的投资报酬率。这便是冒险型流动资产组合策略。如图7-4中的C水平，便是冒险型流动资产组合策略。与适中型、保守型流动资产组合策略相比，它只投资了生产经营正常需要量的流动资产，而没有留保险储备，因此在保守型流动资产组合策略下，当销售额为100万元时，流动资产只占用了30万元。在采用冒险型流动资产组合策略时，企业冒了较大风险，其预期投资报酬率也可能较高。敢于冒险、偏好收益的企业一般都采用此种策略。

随堂测1

【素养提升】

请大家思考马克思主义哲学中的矛盾对立统一观与企业筹资组合策略、流动资产组合策略是否有关。

第二节 现金管理

一、现金的特点和功能

（一）现金的特点和管理目标

现金，是指企业占用在各种货币形态上的资产，包括库存现金、活期存款及其他货币资金等。必须注意的是，这里所指的现金具有可以立即支付的特点，不包括那些不准备或无法动用的货币资金。

现金是企业中流动性最强的一种资产，代表着企业直接的支付能力和应变能力。持有充足的现金，可以用来满足生产经营开支的各种需要，也是还本付息和履行纳税义务的保证，因此可以提高企业资产的流动性、偿债能力和信用水平，降低企业财务风险。但现金同时又是一种收益性最差的资产。即使是银行存款，其利率也非常低。现金持有过多，它所提供的流动性边际效益便会递减，进而导致企业收益水平降低。因此，现金管理直接影响着企业资金的流动性与盈利性。如何在流动性与盈利性之间做出合理的权衡选择，是现金管理的关键和难点。

现金管理的目标，就是要权衡现金的流动性和收益性，确定合理的现金持有量，合理安排现金收支，使现金收支不但在数量上而且在时间上相互衔接，即在保证企业正常业务经营等各种需要的同时，尽可能降低闲置现金的数量，提高资金收益率。

【素养提升】

现金是企业中一种重要的流动资产，对现金流的管理也是企业日常财务管理的主要内容。由于现金资产的特殊性决定了现金也是最容易被侵占和贪污的资产。教师在课堂上举一个让学生感到比较接地气的例子，如本地某财务人员侵占、贪污现金的情况，从而对学生进行守法廉洁思想和职业道德教育，同时提高学生对现金资产管理的重要性的认识。

（二）持有现金的动机

企业平时持有一定量的现金，一般有如下三个方面的动机，即现金具有以下三个方面的功能：

1.交易性动机

交易性动机也称交易性需求，是指为了满足企业日常周转和正常生产经营活动的需要，而必须持有适量现金，用于采购材料物资、支付工资、缴纳税款、偿还到期债务、派发现金红利等方面的需求。在企业日常生产经营活动中，每天都会收到现金，也会发生现金支出，两者不可能同步等量。如果不保持适当的现金余额，企业日常生产经营活动必然难以正常进行，出现无法支付的情况，影响企业的效益与信誉。一般来说，企业为满足交易动机所持有的现金余额主要取决于企业生产经营规模。

2.预防性动机

预防性动机也称预防性需求，是指企业为了应对紧急情况而需要保持的现金支付能力。由于市场行情的瞬息万变和其他各种不可预测因素的存在，企业通常难以对未来现金流入与流出量作出准确的估计和预期。所以，企业一般都要在正常业务活动现金需要量的基础上，追加一定数量的现金余额以预防一些意外开支出现。一般来说，这种预防性备用现金的数量，主要取决于企业预测现金收支的可靠程度、临时融资能力的强弱以及企业愿意承担风险的程度。为了提高资金的利用效率，企业应该将备用的额外现金，投资于可以迅速兑现的短期证券等“准现金性”资产，作为现金的替代品。

3.投机性动机

投机性动机也称投机性需求，是指企业需要置存现金以随时把握有利可图的投机机会，以获取高额的投资收益。比如遇到有特别廉价的原材料等不寻常的购买机会，便可以用手头现金大量购入；再比如在证券市价大幅跌落时购入证券，以期在价格反弹时卖出获取高额资本利得（差价收入）等。当然，投机动机是企业确定现金余额时所需考虑的次要因素之一，其持有量的大小往往主要与企业的市场投机机会有关。

企业除以上三种原因持有现金外，也会基于满足将来某一特定需要等原因而持有现金。企业在确定合理现金余额时，一般应综合考虑各方面的持有动机。但要注意的是，企业平时应持有的现金总额，并非上述三项需求所需现金的简单相加，而是可以比其少些，因为三项需求间的现金占用可以相互调剂使用。另外对企业而言，三项现金需求的重要性也不一样，交易性需求最为重要，必须切实保证，预防性需求次之，投机性需求最为次要。

（三）现金管理的内容

根据现金管理的目的和要求，企业现金管理的主要内容包括：

（1）确定最佳现金持有量，降低持有现金的总成本。

（2）规划未来的现金流量，编制现金预算。

（3）加强现金的日常管理，控制日常现金流量和余额。

【分组任务】

辩题：企业持有大量现金好还是少量现金好？

活动内容：课前对学生进行分组，每组5～8人，就辩题确定正方与反方，要求各自收集相关辩论资料。课上由老师组织，依次进行辩论，大家共同评出最佳辩手和最优小组，给予适当奖励。

二、最佳现金持有量的确定

确定最佳现金持有量，是现金管理的重要事宜。基于交易、预防、投机等动机的需要，以及出于流动性（风险）和盈利性（收益）关系的考虑，企业必须确定一个最佳的现金持有量水平。确定最佳现金持有量的常用方法主要有以下几种：

（一）成本分析模式

成本分析模式，是通过分析现金有关成本，分析预测其总成本最低时现金持有量（最佳现金持有量）的一种方法。

利用成本分析模式确定最佳现金持有量，要考虑持有一定量的现金而产生的机会成本、管理成本和短缺成本。

机会成本是企业因持有一定量的现金而不能同时用该现金进行其他投资而丧失的投资收益，它属于变动成本，与现金的持有量成正比例变动关系。如某企业有价证券投资报酬率（相当于资金成本率）为10%，年均持有80万元现金，则该企业每年持有现金的机会成本为8万元。现金持有量越大，机会成本越高；反之，就越低。

管理成本是指企业因持有一定数量的现金而发生的管理费用，如管理人员工资、安全措施费用等。一般认为它是一种固定成本，在一定范围内与现金持有量之间没有明显的比例关系。

短缺成本是指因现金持有量不足而不能应付业务开支需要而使企业蒙受的损失，包括直接损失和间接损失。现金短缺成本与现金持有量呈反方向变动关系，即随着现金持有量的增加而下降，随现金持有量的减少而上升。

上述机会成本和短缺成本形成的总成本最低的现金持有量就是成本分析模式所确定的最佳现金持有量。

【例7-1】福上公司现有甲、乙、丙、丁四种现金持有方案，有关成本资料见表7-1。

表7-1　**福上公司现金持有方案**　单位：万元

项　目	方案甲	方案乙	方案丙	方案丁
现金持有量	50 000	75 000	100 000	25 000
机会成本	6 000	9 000	12 000	3 000
管理成本	3 000	3 000	3 000	3 000
短缺成本	6 750	2 500	0	12 000
总成本	15 750	14 500	15 000	18 000

将以上各方案的总成本加以比较可知，乙方案的总成本最低，因此当企业持有75 000元现金时，各方面的总代价最低，故75 000元是该企业的最佳现金持有量。

（二）存货模式

存货模式又称鲍莫模式，它是根据存货经济订货批量模型的原理来确定最佳现金持有量的方法。这种方法的着眼点也是现金有关成本最低。在存货模式中，考虑的现金持有成本主要是机会成本和固定性转换成本。在存货模式下，能够使现金管理的机会成本和固定性转换成本之和保持最低的现金持有量，即为最佳现金持有量。

转换成本，是指企业每次用现金购买有价证券以及转让有价证券换取现金时付出的交易费用，如委托买卖佣金、委托手续费、证券过户费等。这些转换成本中的固定性交易费用与证券变现次数呈线性关系，即固定性转换成本总额=证券变现次数×每次转换的固定性转换成本。也就是说，固定性转换成本与现金持有量成反比例关系，现金持有量越少，进行证券变现的次数越多，相应的固定性转换成本就越大；反之，现金持有量越多，固定性转换成本就越小。而机会成本与现金持有量呈正比例变动关系。所以固定性转换成本和机会成本随着现金持有量的变动而呈现出相反的变动趋向，如图7-5所示。

运用存货模式确定最佳现金持有量时，是以下列假设为前提的：

（1）企业所需要的现金可通过证券变现取得，且证券变现的不确定性很小；

（2）企业预算期内现金需要总量可以预测；

（3）现金的支出过程比较稳定、波动很小，且每当现金余额降至零时，均通过部分证券变现得到补足；

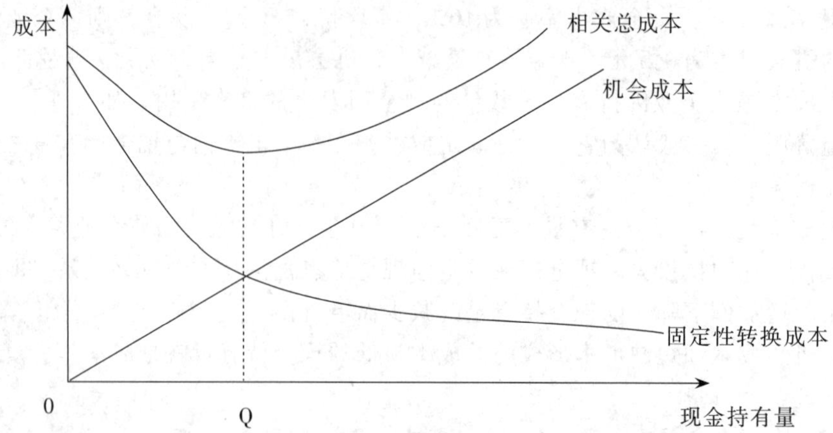

图7-5 存货模式示意图

(4) 证券的利率或报酬率以及每次固定性交易费用可以获悉。

如果这些条件基本得到满足，企业便可以利用存货模式来确定现金的最佳持有量。

设有价证券的利率（机会成本）为K，一个周期内所需现金总额为T，每次转换有价证券的固定性转换成本为F，Q为最佳现金持有量（每次的最佳现金转换量），TC为现金管理相关总成本。则：

现金管理相关总成本=持有机会成本+固定性转换成本

$$TC = \frac{Q}{2} \times K + \frac{T}{Q} \times F \quad (7.2.1式)$$

每次的最佳现金转换量，应该是使现金相关总成本达到最低的每次现金转换量。为了求解总成本TC的最小值，可对7.2.1式求一阶导数，并令导数为零，得到每次的最佳现金转换量为：

$$Q = \sqrt{2TF/K} \quad (7.2.2式)$$

将7.2.2式代入7.2.1式得：

最低现金管理相关总成本 $TC = \sqrt{2TFK}$ （7.2.3式）

【例7-2】 福石公司全年所需现金为62.5万元，并且现金的收支比较稳定，每次有价证券转换成现金的成本为50元，有价证券的利率为10%，则：

企业最佳现金持有量（Q）$=\sqrt{\dfrac{2 \times 50 \times 625\,000}{10\%}}=25\,000$（元）

有价证券的转换次数（T/Q）= 62.5÷2.5=25（次）

最低现金管理相关总成本（TC）$=\sqrt{2TFK}=\sqrt{2 \times 50 \times 625\,000 \times 10\%}=2\,500$（元）

（三）现金周转期模式

现金周转期模式是根据现金的周转速度来确定最佳现金持有量的方法。现金周转期是指企业从购买材料支付现金到出售产品收回现金的时间。显然，现金周转期越短，现金的使用效率就越高。利用这一模式确定最佳现金持有量包括三个步骤：

第一，计算现金周转期。现金周转期的计算公式为：

现金（平均）周转期=存货平均周转期+应收账款平均周转期-应付账款平均周转期 （7.2.4式）

存货平均周转期是从取得原材料到产成品存货售出的时间，包括生产周期和产成品存货平均周转期。

为了缩短现金周转期，应该缩短“存货平均周转期”与“应收账款平均周转期”，延长“应付账款平均周转期”。现金周转期可用图7-6来表示。

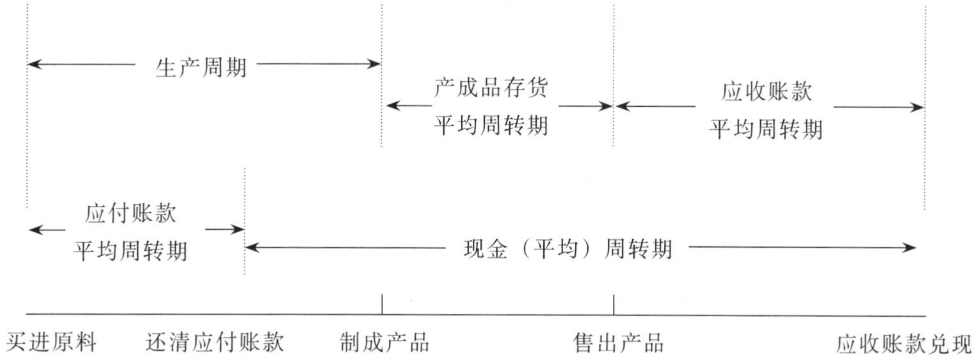

图7-6 现金（平均）周转期的构成

【例7-3】福金公司的原料购买和产品销售都采取赊购赊销方式，应付款的平均付款天数为30天，应收款的平均收款天数为70天。假设企业存货平均周转期（即从原材料购买到产品销售）的期限为80天，则：

企业的现金周转期=80+70-30=120（天）

第二，计算现金周转率。现金周转率是指1年中现金的周转次数。现金周转次数越多，企业的现金需求额就越少。【例7-3】的现金周转率计算为：

现金周转率（次）=日历天数（360）/现金周转期=360÷120=3（次）

第三，计算最佳现金持有量。其计算公式为：

最佳现金持有量=年现金需求总量/现金周转率

假设【例7-3】中该公司每年的现金需求量为360万元，则：

最佳现金持有量=360÷3=120（万元）

如果在年现金需求总量和现金周转期已知的情况下，最佳现金持有量的计算也可通过以下公式直接算出：

最佳现金持有量=（年现金需求总量/360）×现金周转期　　（7.2.5式）

【例7-3】中：

最佳现金持有量=（360÷360）×120=120（万元）

（四）随机模式

随机模式，是在现金需求量难以预知的情况下，进行现金持有量控制的方法。对大多数企业来讲，现金需求量往往波动大且难以预知，但企业可根据历史经验和现实需要，测算出一个现金持有量的控制范围，当现金持有量接近或超过控制上限时，可投资有价证券，而当现金持有量接近控制下限时，就要出售有价证券来补充现金，使现金持有量保持在上下限之间的正常水平。这种对现金持有量的控制方式，可用图7-7表示。

在图7-7中，H为现金持有量的上限，L为现金持有量的下限。

当现金持有量达到H时，则应买进（H-R）数量的有价证券；当现金的持有量降至L时，则应卖出（R-L）数量的有价证券，从而使现金持有量始终保持在R附近的水平上。此模型的关键问题是确定现金返还线和现金持有量上下限的标准。一般的计算公式为：

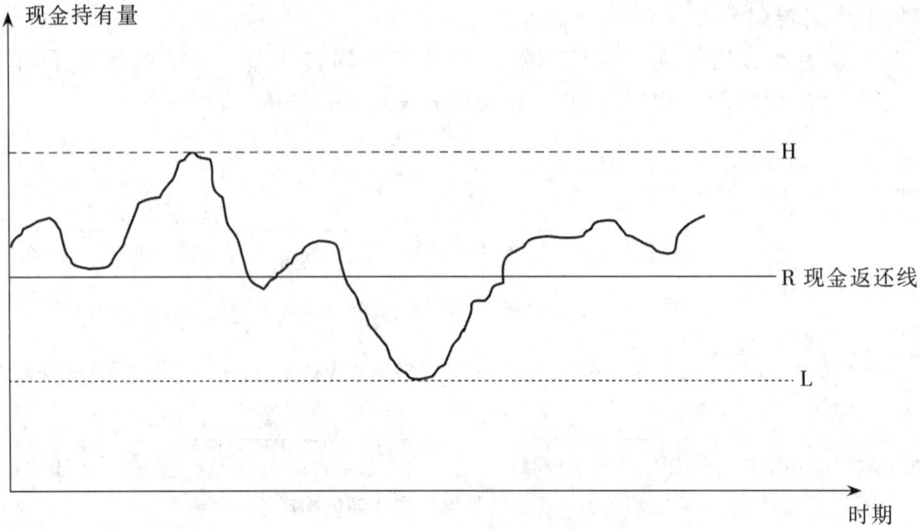

图7-7 确定现金最佳持有量的随机模型图

$R = \sqrt[3]{0.75b\delta^2/i} + L$

$H=3R-2L$ （7.2.6式）

其中：δ为预计每日现金余额变化的标准差（可根据历史资料测算）。

i为有价证券的日利率。

b为每次有价证券的固定转换成本。

下限L的确定，则受到企业每日现金的最低需要、管理人员的风险倾向等因素的影响。

【例7-4】设福磊公司投资有价证券的年利率为9.36%，每次有价证券的固定转换成本（b）为50元，企业管理层认为，在任何时候其现金余额均不能低于（L）1 000元，又根据以往经验，测算出余额波动的标准差（δ）为500元。则现金返还线R与现金控制上限H分别为：

$R=\sqrt[3]{0.75 \times 50 \times 500^2 \times 360/0.0936}+1\ 000=4\ 303.69$（元）

$H=3\times4\ 303.69-2\times1\ 000=10\ 911.07$（元）

当企业现金持有量接近10 911.07元时，则应将6 607.38元（10 911.07-4 303.69）投资于有价证券，使企业现金持有量回归现金返还线；如企业现金持有下降到1 000元时，就应抛售有价证券，补充现金3 303.69元（4 303.69-1 000），以使现金持有量回归返还线。

运用随机模型求最佳现金持有量符合随机思想，即企业现金支出是随机的，现金收入是无法预知的，所以随机模式，似乎比存货模型更切合企业实际，适用于所有企业最佳现金持有量的测算。由于它建立在企业的现金未来需求总量和收支不可预测的前提下，因此计算出来的现金持有量比较保守。

（五）确定合理现金持有量的简化方式

在财务实践中企业的现金余额往往波动较大，与之相关的各种因素也不易预测，所以企业尤其是小微企业在测定合理现金持有量时，有时可以采用下列简化的方式。

因为合理的现金持有量=合理的库存现金余额+合理的银行存款余额，而合理的库存现金余额因数额较小，可按银行核定的企业库存现金限额确定。银行存款余额以满足企业交易需求为主要目的，因此可以根据销售收入的变动情况加以确定。

$$\text{合理的银行存款余额}=(\text{上年银行存款平均余额}-\text{不合理的占用额})\times(1\pm\text{预计销售收入变动的百分比}) \qquad (7.2.7\text{式})$$

三、日常现金收支的管理

视频微课

最佳现金持有额如何确定

企业日常现金收支的管理，主要是根据最佳现金持有量和现金预算，合理安排现金收支，尽可能使现金流入和流出的时间趋于一致，在现金不足时适时进行不足现金的筹措，在现金多余时适时进行多余现金恰当的投资安排，从而使现金收支达到动态的平衡，保证其持有的现金量达到合理的水平。具体而言，企业日常现金收支管理主要包括现金回收管理、现金支出管理、现金收支的综合控制和闲置现金的投资管理等内容。

（一）现金回收管理

为了提高现金的使用效率，加速现金周转，企业不仅应尽量加速应收账款的收回，缩短应收账款的回收期，还要想办法缩短银行结算的收款浮动期，使之转化为可用现金。企业间在采用纸基支付工具的情况下，收款浮动期是指从客户支付开始到企业收到资金的时间间隔，包括客户邮寄支票的时间、企业处理支票的时间和银行支票结算时间，所需的时间长短不但与客户、企业、银行之间的距离有关，而且与三方的工作效率有关。在实际工作中，缩短收款浮动期的方法一般有锁箱法、银行业务集中法等。

1.锁箱法

锁箱法，又称邮政信箱法，是指企业在各主要销售地区租用专用的邮政信箱，并开立分行存款户，授权当地银行每日开启邮箱，在取得客户票据后立即予以结算，并通过电汇再将货款存入企业基本账户的一种加速收款的方法。在锁箱法下，不但缩短了客户支票邮寄时间，还免去了企业办理收款、货款存入银行等手续，因而缩短了支票邮寄及在企业的停留时间。但采用这种方法成本较高，当地银行要收取办理额外服务的费用。

2.银行业务集中法

银行业务集中法，是指企业指定一个主要开户行（通常是总部所在地）为集中银行，设立收款中心，并在收款客户较为集中的地区设立若干个收款分中心。客户收到账单后直接汇给当地收款分中心，收款分中心收款后立即存入当地银行；当地银行在进行票据交换后立即转给企业总部所在集中银行。这种方法不仅缩短了账单和支票的往返邮寄时间和支票兑现的时间，而且便于应收账款的及时清理。但采用此法后，按规定各收款分中心在当地银行开设的账户应保持一定的存款补偿余额，所设的收款分中心越多，这部分“冻结资金”的机会成本也就越大。另外设立收款分中心需要一定的人力物力，花费较多。

除以上两种方法外，还有一些加速收现的方法，例如，对于金额较大的货款可直接派人前往收取支票并送存银行。另外，企业对于各银行之间以及企业内部各单位之间的现金往来也要严加控制，以防过多现金闲置在各部门之间。

（二）现金支出管理

现金支出控制的主要任务是尽可能延缓现金的支出时间，包括减缓支付应付账款和合理利用现金浮游量等。当然这种延缓必须是合理合法的，否则将得不偿失。延缓现金支出的方法一般有以下几种：

1.合理利用现金浮游量

从企业开出支票，收款人收到支票并存入银行，至银行将款项划出企业账户，中间需要一段时间，现金在这段时间的占用称为现金浮游量。在这段时间里，尽管企业已开出了支票，却仍可动用银行存款账户上的这笔资金。

现金浮游量包括签发付款支票产生的浮游量及存入支票产生的浮游量。前者为有利浮存；后者为不利浮存。在现金总流入量与流出量大致相当的情况下，有利浮存扣除不利浮存之后产生的净浮存，一般仍为有利浮存。所以，企业充分利用现金浮游量，可以适当减少现金数量，是管理现金的一个有效手段。

需注意的是，浮游量的利用，应该把握好时间和额度，防止发生银行存款的透支，防止损害与供应商的关系，否则将损害企业信誉，甚至受到有关条款的处罚。

2.控制支出时间

企业应在不影响信誉的前提下，尽可能地推迟应付款的支付期。在一般情况下应充分运用供应商所提供的信用条件，以延缓与控制现金支出。但要注意这种信用条件有无现金折扣优惠，如没有折扣优惠，则应全部享受其信用期。如遇到企业急需现金，也可以放弃供应商的折扣优惠，在信用期的最后一天支付款项。当然，这要在折扣优惠与急需现金之间权衡利弊得失。

3.改进员工工资支付模式

许多企业都为支付工资而设立一个专门存款账户。这种存款账户余额的多少，当然也会影响企业现金总额。为了减少这一存款数额，企业必须合理预测开出支付工资的支票到员工到银行兑现的具体时间。如某企业在1月3日支付工资10万元，根据历史资料，3日、4日、5日、6日、7日及7日以后的兑现比率分别为20%、40%、20%、10%、5%和5%。这样，企业就不必在3日存够10万元，再结合其他因素，就能求出应存入银行的应付工资支票的大概金额。

除此之外，企业还可以采取在结算中采用商业汇票代替支票、与银行商定一定的支票透支限额、使用零余额子账户等方法控制现金支出，当然采取这些方法时一定要取得客户和银行的同意。

（三）现金收支的综合控制

现金收支的综合控制措施主要有：

（1）力争现金流入与流出同步。

（2）实行内部牵制制度。

（3）及时进行现金的对账和清理。

（4）遵守国家规定的库存现金使用范围。

（5）做好银行结算户存款和单位定期存款的管理工作。

（四）闲置现金的投资管理

企业在筹资和生产经营时会产生一定数量的现金，这些现金在用于资本投资或其他

随堂测 2

业务活动前，通常会闲置一段时间。这些现金头寸可投资于能够随时变现的短期有价证券等交易性金融资产（如股票、债券、基金等），在获取一定收益的同时，作为现金的替代品，丰富现金的持有形式。因此，短期投资管理与现金管理密不可分。但是，这种短期投资一定要注重其流动性，收益性应当放在第二位，因此企业只能把闲置现金投入到流动性高、风险低、交易期限短而灵活的金融工具中。这样，在需要现金时，可以很快、成本很低地兑换成现金。关于短期有价证券投资的管理将在第八章中详细讲述。

第三节 应收账款管理

应收账款是企业因对外赊销商品、提供服务等而应向购买单位收取的款项，是企业中一种重要的流动资产投资。在市场经济条件下，随着商业信用的推行，商品和服务的赊销和赊供已成为一种常态，是每个企业所无法也不应该避免的。企业提供商业信用，在扩大销售、增加利润的同时，也会造成资金成本、管理费用、坏账损失等成本的增加。因此，加强应收账款管理，已经成为企业财务管理的重要内容。应收账款管理的好坏直接影响到企业资金周转是否顺畅，也是当前企业财务管理中的一大难点。

一、应收账款投资的目的和成本

（一）应收账款投资的目的和功能

在市场经济条件下，企业投资于应收账款，主要有以下两个方面的目的和功能：

1.提高市场竞争力，扩大销售

在商业竞争激烈的情况下，企业采取赊销、分期收款等方式，一方面为客户提供了商品和服务，另一方面向客户提供了可以在一定期限内无偿使用的资金，即商业信用资金。这对购买方具有很大的吸引力。不仅可以巩固老客户，而且还能开拓、招揽新客户，从而提高竞争能力，达到扩大销售、增加利润的目的。

2.增强资产的流动性，减少存货

由于赊销可以加速产品销售的实现，加快产成品向销售收入的转化速度，从而对降低存货中的产成品数额有着积极的影响，不仅有利于节约存货资金的占用，而且降低了产成品存货的各种管理成本。因此，当产成品存货较多时，企业可以采用较为优惠的信用条件进行赊销，尽快地使产成品存货向流动性更强的应收账款转化，以节约各项存货支出。

（二）应收账款投资的成本

应收账款投资能给企业带来一定的收益，同时也要付出一定的代价。应收账款的成本主要有以下三个方面：

1.机会成本

应收账款的机会成本，是指企业将资金投资在应收账款上，而丧失的其他有利可图的投资机会可能获得的收益。这种成本一般与企业维持赊销业务所需要的资金数量和资金成本率有关，其计算公式为：

应收账款的机会成本=维持赊销业务所需要的资金×资金成本率　　（7.3.1式）

式中：资金成本率，可按有价证券利率计算；维持赊销业务所需要的资金数量，可这样计算出来：

应收账款平均余额=平均每日赊销额×平均收账天数=（年赊销额/360）×平均收账天数

维持赊销业务所需的资金=应收账款平均余额×变动成本率

在上述分析中，假设在相关范围内，企业单位变动成本和固定成本总额不变，因此随着赊销业务的扩大，赊销成本中只有变动成本部分所占资金随之上升，继而推出赊销收入（即应收账款）中只有相当于变动成本率的那一部分需要真正投入。

2.管理成本

应收账款的管理成本，是指企业对应收账款进行管理而耗费的各项支出。如对客户进行信用调查的费用、收集各种信用信息的费用、对应收账款进行账户处理的费用、对客户所欠账款进行催收的费用等。

3.坏账成本

坏账成本，是指企业应收账款因种种原因不能收回而发生的损失。这部分成本与企业应收账款的占用数量和采用的信用政策密切相关，即应收账款越多，采用的信用政策越宽松，坏账成本也越多。

（三）应收账款的管理目标

企业应收账款投资能达到扩大销售、减少存货、增加利润的目的，但也增加了成本负担，因此应收账款管理的目标，就在于在增加的盈利和产生的成本之间进行全面权衡，合理制定信用策略，在充分发挥应收账款功能的基础上，降低应收账款投资的成本，努力使提供商业信用、扩大销售所增加的收益大于增加的各项有关成本，最大限度地提高应收账款投资的效益。

二、应收账款管理策略

应收账款管理策略也叫信用政策或赊销政策，它是企业财务管理策略的重要组成部分。企业的信用政策一般包括信用标准、信用条件和收账政策三个方面。

（一）信用标准策略

1.信用标准的含义

信用标准，是指客户获得企业商业信用所应具备的条件，或者说是企业同意向客户提供商业信用而提出的基本要求（标准）。通常以预期的坏账损失率作为判别标准。企业信用标准的宽严，将直接影响到销售额和应收账款的多少。信用标准宽松，虽能增加销售数量，提高收益，但会相应地增加应收账款的成本；如果信用标准从严，虽可降低应收账款的成本，但会影响销售数量和企业的收益。因此，企业应根据成本效益原理，权衡信用标准变动引起的差量收益和差量成本，在信用调查与信用评估的基础上，针对不同客户制定适宜的信用标准。

2.信用调查

企业制定信用标准前，要对客户进行广泛的信用调查和信用评估，以便确定对哪些客户可以授予信用、授予怎样的信用，以开展赊销业务；对哪些客户不能授予信用，不宜开展赊销业务。

信用调查是制定和执行信用标准的基础，也是企业应收账款管理的重要内容。信用调查一般包括直接调查和间接调查两类。直接调查是企业调查人员与客户直接接触，通过实地访问、参观、查阅资料等方式，收集有关信用资料；间接调查是根据客户的财务报告或通过信用调查评估机构、银行等金融机构、市场监督管理部门、行业协会、客户过去的供货商等提供的资料，获取有关客户的信用资料。信用调查为正确评估客户的信用状况提供了依据。

3.信用评估

信用评估是指对客户的信用状况作出综合性的评价。常用的方法有“五C”评估法和信用评分法。

（1）“5C”评估法

“5C”评估法衡量客户信用状况一般可通过如下五个方面的内容（通常称为“5C”标准）进行。

①品质（Character）。这是指客户的信誉，客户对履行偿债义务的意愿。这一点常常被视为评价客户信用的首要因素。企业必须设法了解客户过去的付款记录，看其是否有按期如数付款的一贯做法，及与其他供货商的信用关系是否良好。

②能力（Capacity）。这是指客户的偿债能力。一般取决于客户流动资产的数量和质量。主要应根据客户财务报表中提供的短期偿债能力指标和流动性指标加以判断。客户的流动资产越多，质量越好，其转换为现金支付款项的能力越强，其信用状况越好。

③资本（Capital）。这是指客户的财务实力和获利能力，它表现为资本金规模的大小、有形净值、留存收益等因素，是客户偿付债务的最根本保证。

④抵押品（Collateral）。这是指客户为获取信用而能提供给债权人的抵押资产的价值。这对于不知信用状况底细的有争议的客户尤为重要。如果客户提供足够的抵押品，企业给其提供相应信用的风险就小。

⑤状况（Conditions）。这是指可能影响客户付款能力的宏观与微观环境因素及客户是否具有较强的应变能力。如客户的同行竞争状况、外部经济环境对客户的影响、客户承担违约风险的综合能力等。如果宏观与微观环境较好，那么客户的财务状况、财务实力和还款能力会越来越好。

（2）信用评分法

信用评分法是对客户的一些涉及信用情况的财务比率指标与信用评级机构或行业协会发布的标准进行比较，进行评分，然后进行加权平均（每项比率也可以按与客户信用相关的密切度赋予一定权数再加权平均），得出客户的综合信用分数，并依此进行信用评估的一种方法。这些财务比率指标一般包括资产负债率、流动比率、速动比率、现金对负债总额的比率、流动资产周转率、应收账款周转率、存货周转率、销售利润率、总资产息税前利润率、权益资金税后利润率等等。

进行信用评估的基本公式是：

$$y = \sum_{i=1}^{n}(a_i \cdot x_i) \quad (7.3.2式)$$

式中：y为信用评级分数；

a_i为i项目的权数；

x_i为i项目的评分。

在采用信用评分法进行信用评估时，分数在一定标准（例如80分）以上时，说明企业信用状况良好，分数在一定标准（如60分）以下时，则说明信用状况较差；分数在中间说明信用状况一般。

通过“5C”评估法和信用评分法等方法对客户进行信用评估后，可以得出特定客户信用状况的基本判断。为了便于执行信用标准，还要在此基础上对客户进行信用等级划分。客户的信用等级，一般可以根据客户可能发生的坏账损失率而定。坏账损失率低的客户信用等级高，坏账损失率高的客户信用等级低。对信用等级高的客户，可以采取比较宽松的信用政策；对信用等级低的客户，应该采取从严的信用政策。对信用等级特别低的客户，可以不提供商业信用，而采取现销甚至预收货款的销售条件。

（二）信用条件策略

信用标准，是企业评价客户信用等级、决定给予或者拒绝给予客户信用的依据。一旦企业决定提供给客户以商业信用，就需要考虑具体的信用条件。

信用条件，是指企业接受客户信用订单时所提出的要求客户支付赊销款项的条件。其主要包括信用期限、折扣期限及现金折扣率等要素。如账单上标明的赊销条件为“2/10，1/20，n/30”，就是表示：信用期限为30天；如果客户在10天内偿还货款，那么便可享受2%的现金折扣；如果客户在20天内偿还货款，可享受1%的现金折扣。

1.信用期限的选择

信用期限是企业允许客户延期付款的最长时间。例如，企业允许客户在购货后的50天内付款，则信用期限就是50天。它是企业信用政策宽严的重要标志。信用期限过短，不足以吸引顾客；信用期限过长，对销售额增加固然有利，但只顾及销售增长而盲目放宽信用期限，所得收益会被增加的机会成本、坏账损失等应收账款成本所抵消，甚至造成利润减少。因此，企业在选择信用期限时，应全面分析不同的信用期限所带来的差量收益和差量成本，通过成本收益评价，选择最优的信用期限。

【例7-5】福江公司以前采用30天按照发票金额付款的信用政策，现拟将信用期限放宽至60天，仍按发票金额付款即不予折扣，设该公司要求的最低投资报酬率为15%，其他数据见表7-2。

表7-2　**福江公司信用条件备选方案表**

项　目	原方案（n/30）	新方案（n/60）
赊销量（件）	100 000	120 000
赊销额（元）（单价5元）	500 000	600 000
销售成本（元）	450 000	530 000
变动成本（每件4元）	400 000	480 000
固定成本（元）	50 000	50 000
销售利润（元）	50 000	70 000
可能发生的收账费用（元）	3 000	4 000
可能发生的坏账损失（元）	5 000	9 000

分析时，先计算放宽信用期所增加的收益，然后计算增加的成本，最后根据两者比较的结果作出判断。

（1）增加的收益

增加的收益=增加的销售量×单位边际贡献

=（120 000-100 000）×（5-4）=20 000（元）

或　　　　　=70 000－50 000=20 000（元）

（2）增加的应收账款机会成本

30天信用期机会成本=（500 000÷360）×30×（400 000÷500 000）×15%

=5 000（元）

60天信用期机会成本=（600 000÷360）×60×（480 000÷600 000）×15%

=12 000（元）

增加的机会成本=12 000－5 000=7 000（元）

（3）增加的收账费用和坏账损失

增加的收账费用=4 000－3 000=1 000（元）

增加的坏账损失=9 000－5 000=4 000（元）

（4）改变信用期限增加的净收益

增加的收益－增加的成本=20 000－（7 000+1 000+4 000）=8 000（元）

由于增加的收益大于增加的成本，所以应该采用60天的信用期。

上述分析方法比较简单，可以满足一般制定信用期限策略的需要，如有必要也可以进行更细致的分析，如进一步考虑销货增加引起的存货增加而多占用的资金、存货采购增加引起的应付账款增加而减少的营运资金占用的机会成本等。

2.现金折扣率和折扣期限的选择

现金折扣，是企业对客户应付货款上所作的扣减。企业提供现金折扣的目的有两方面：一是可以诱使老客户为享受现金折扣而提前付款，缩短企业应收账款的平均收账期；二是可以招揽一批希望享受现金折扣的新客户，以扩大销售。一般情况下，现金折扣期限为10～20天，现金折扣率为2%～3%。

企业是否提供现金折扣，如何选择折扣期和折扣率，应根据提供现金折扣条件后，给企业带来的收益增加和增加的成本来权衡。提供现金折扣所获的收益，主要是指由于缩短应收账款平均收账期而减少的应收账款机会成本、收账费用和坏账损失，以及由于扩大销售而增加的收益；提供现金折扣而增加的成本，是指客户享受现金折扣而使企业减少的收入。

因为现金折扣是与信用期限结合使用的，所以确定折扣率、折扣期限的方法与程序实际上与前述确定信用期限的方法和程序一致，只不过要把所提供的延期付款时间和折扣综合起来，看各方案的延期和提供折扣能取得多大的收益增量，再计算各方案带来的成本变化，最终确定最佳方案。

【例7-6】承【例7-5】，假设福江公司在放宽信用期的同时，为了吸引顾客尽早付款，提出了“0.8/30，n/60”的现金折扣条件，估计会有一半的顾客（按照60天信用期所能实现的赊销额计算）享受现金折扣优惠。假设采用“0.8/30，n/60”的信用条件后，收账费用和坏账损失仍保持在采用“n/60”信用条件时的水平。

（1）收益的增加：

收益的增加=销售量的增加×单位边际贡献=（120 000－100 000）×（5－4）

=20 000（元）

（2）应收账款机会成本的增加：

30天信用期机会成本=（500 000÷360）×30×（400 000÷500 000）×15%=5 000（元）

60天信用期并提供现金折扣的机会成本 =（600 000×50%）÷360×60×（480 000÷600 000）×15%+（600 000×50%）÷360×30×（480 000÷600 000）×15%=9 000（元）

机会成本增加=9 000−5 000=4 000（元）

（3）收账费用和坏账损失的增加：

收账费用的增加=4 000−3 000=1 000（元）

坏账损失的增加=9 000−5 000=4 000（元）

（4）现金折扣成本的变化：

现金折扣成本增加=新方案销售收入×新的现金折扣率×享受现金折扣的比率−原方案现金折扣
=600 000×0.8%×50%−500 000×0×0=2 400（元）

（5）延长信用期限且提供现金折扣后的增量净收益：

收益增加−成本费用增加=20 000−（4 000+1 000+4 000+2 400）=8 600（元）

由于可获得增量净收益8 600元，所以应当放宽信用期至60天，并提供0.8/30的现金折扣条件。

（三）收账策略

1.收账策略及其制定

收账策略，亦称收账政策，是指客户违反信用条件，拖欠甚至拒付账款时，企业所采取的收账程序、方法与措施。

在市场经济条件下，企业的少数客户由于各种原因会产生全部或部分拖欠账款的现象。一旦账款遭到拖欠甚至拒付，企业应根据客户拖欠账款的具体情况，通过有效的收账政策，想方设法，予以解决。

对于拖欠的应收账款，无论企业采用何种方式进行催讨，都需要付出一定的代价，即收账费用，如收账所花的邮电通信费、派专人收款的差旅费和法律诉讼费等。通常投入的收账费用越多，采取的收账政策越严，收回的账款就越多，平均收账期也会相应缩短，应收账款的机会成本和坏账损失也就越小。但收账费用的增加和机会成本、坏账损失的减少之间并不总是线性关系。一开始投入收账费用可能不会使应收账款和坏账损失明显减少；随着收账费用的增加，收账力度的加大，对应收账款和坏账损失减少的作用越来越大；当收账费用达到一定限度后，再追加收账费用，对进一步减少坏账损失的影响变得相当微弱。这个限度称为饱和点，如图7−8所示。

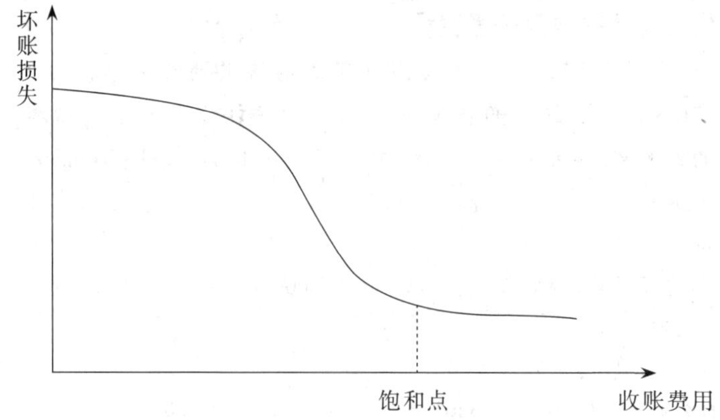

图7−8　收账费用与坏账损失的关系

因此，企业在制定收账策略时，应从增加的收账费用（差量成本）与减少的坏账损失、应收账款机会成本（差量收益）之间进行权衡。若前者小于后者，则说明制定的收账政策是可取的。

【例7-7】已知福禄公司应收账款原有的收账政策和拟改变的收账政策见表7-3。假设公司要求的投资报酬率为10%。

表7-3 **收账政策备选方案资料**

项　目	现行收账政策	拟改变后的收账政策
年收账费用（万元）	150	90
应收账款平均收账天数（天）	30	60
坏账损失占赊销额的百分比（%）	2	3
赊销额（万元）	7 200	7 200
变动成本率（%）	60	60

根据上述资料，计算两种收账方案的差量收益和差量成本如下：

减少的坏账损失=7 200×3%-7 200×2%=72（万元）

减少的应收账款机会成本=（7 200÷360）×60×60%×10%-（7 200÷360）×30×60%×10%

=36（万元）

增加的收账费用=150-90=60（万元）

采取新收账政策后取得的差量净收益=（72+36）-60=48（万元）

因此，改变收账政策，加大收账力度的方案是可行的。

2.确定合理的收账程序

在收账策略中，企业应根据客户的具体情况，确定合理的收账程序也是重要的内容。首先要分清客户是无钱可还还是有钱不还。如果是无钱可还，那就要看客户还能不能东山再起，如果客户已经没有希望，企业就要申请客户破产，以挽回一定损失。如果客户遇到的仅是一时的周转困难，就要进行债务重组和宽延，如可采用商谈延期收款的方式，给客户以宽限；如果是有钱不还，企业应“先礼后兵”，采取灵活有效的催账方式，尽可能把账款收回。收账程序通常的步骤是：

（1）及时提醒客户还债，如采用较为婉转的寄账单和书信方式催讨；对于长期拖欠的客户，可采用直接的电话催讨和上门催讨。

（2）如果催债无效，那么应该考虑支付一定佣金，将催债事宜委托有关代理机构处理。

（3）如客户仍未按时付款，企业则可采取更严厉的收账措施，直至诉诸法律。

值得注意的是，各个客户拖欠或拒付账款的原因各不相同，因此企业在采用收账措施时应注意的是，既要保护本企业的利益，又不能过分伤害与客户的感情，造成企业老客户的流失，应根据具体情况灵活机动地运用各种手段，尽量维护好与客户的信用关系。

【头脑风暴】市场经济是信用经济，但目前我国企业欠债不还的现象普遍存在，严重影响了企业的良性运转和扩大经营的潜力。对于一直拖欠货款的人应该采取什么办法催账？

【素养提升】

请同学们思考和讨论以情感人、以德服人、以诚待人、以信聚人在收账管理中的作用，推而广之，请大家思考企业及其相关管理人员的诚信和品德在企业应收账款管理乃至整个财务管理中的作用。怎样理解“以德服人，方能固本；以诚待人，方能长远”的道理？

三、应收账款的日常管理

对于已经发生的应收账款，企业还应进一步强化日常管理工作，采取有力措施进行分析、控制，及时发现问题，提前采取对策。这些措施主要包括应收账款追踪分析、应收账款账龄分析、应收账款收现保证率分析和做好应收账款融资工作。

（一）应收账款追踪分析

应收账款追踪分析，是在商品销售出去之后，对与该项销售相对应的应收账款的运行过程进行追踪分析。一般地，客户赊购商品之后，出于获利的动力和付款信誉的压力，必然期望迅速地实现销售收现，并偿还货款，这时企业如期足额收回货款一般不会有多大问题。但市场供求瞬息万变，有时会使客户赊购的商品，不能及时销售与变现，就会导致积压或赊销，形成相互拖欠，这使得企业很有可能不能如期收回货款。

客户能否严格履行企业的信用条件，一般取决于两个因素：一是客户的信用品质，二是客户现金的持有量和可调剂程度（如现金用途的约束性、其他短期债务偿还对现金的要求等）。如果客户的信用较好，持有一定的现金余额，且现金的可调剂余地又较大，则这笔货款能够如期足额收回的可能性较大。如果客户信用品质不佳，或者现金匮乏，或者现金的可调剂程度较小，那么赊销企业的账款遭受拖欠也就在所难免。因此，通常对那些金额较大或信用品质较差的客户的赊购款项，企业应考虑在收账之前，就对该项应收账款的运行过程进行追踪分析，包括对其信用品质与偿债能力进行延伸调查分析。

（二）应收账款账龄分析

应收账款账龄分析，是应收账款日常管理的重要手段。企业已发生的应收账款的时间有长有短，有的尚未超过收账期，有的则已超过。一般来说，拖欠的时间越长，款项收回的可能性越小，形成坏账的可能性越大。对此，企业可通过编制账龄分析表考察分析应收账款的账龄结构的方法，密切注意各种应收账款的具体情况，对其实施严密的监督，以提高应收账款的收现效率。

账龄分析表要列出应收账款账龄情况、各账龄类别的客户数量、欠款金额、欠款金额在应收账款总额中所占比例等信息。如福林公司应收账款的账龄情况见表7-4。

表7-4 **福林公司应收账款账龄分析表**

应收账款账龄情况	客户数量	欠款金额（千元）	欠款金额在应收账款总额中所占的百分比（%）
在信用期内的	120	120	40
超过信用期1～20天的	60	60	20
超过信用期21～40天的	30	30	10

续表

应收账款账龄情况	客户数量	欠款金额（千元）	欠款金额在应收账款总额中所占的百分比（%）
超过信用期41～60天的	20	30	10
超过信用期61～80天的	10	30	10
超过信用期81～100天的	8	15	5
超过信用期100天以上的	13	15	5
合计	—	300	100

应收账款账龄分析的重点是考察应收账款的账龄结构。利用应收账款账龄分析表，企业可以了解到以下情况：

（1）有多少欠款还在信用期内。根据表7-4，该企业有12万元的应收账款处在信用期内，占全部应收账款的40%。这些款项未到偿付期，欠款是正常的。但到期后能否收回，还要待时再定，故及时的监控仍是必要的。

（2）有多少欠款超过了信用期，超过不同时间的款项各占多少，有多少欠款会因拖欠时间太久而可能成为坏账。表7-4显示，该企业有价值18万元的应收账款已超过了信用期，占全部应收账款的60%。不过，其中拖欠时间较短的（20天内）有6万元，占全部应收账款的20%，这部分欠款收回的可能性很大；拖欠时间较长的（21～100天）有10.5万元，占全部应收账款的35%，这部分欠款的回收有一定难度；拖欠时间很长的（100天以上）有1.5万元，占全部应收账款的5%，这部分欠款很有可能成为坏账。

企业应在此基础上，采取相应的收账办法，制定出切实可行的收账政策。对可能发生的坏账损失，则应提前做出准备，充分估计这一因素对企业收益的影响，建立完备的坏账准备金制度，这既是应收账款管理的重要内容之一，也是保障企业稳定发展的重要手段。当然，企业在对应收账款提取坏账准备后，并非意味着放弃了对该项应收账款的索取权而仍然拥有继续收款的法定权力，企业对它的管理也不能因此而有所放松。

在账龄分析的基础上，企业还可以运用ABC分类分析法按照“抓住重点、照顾一般”的管理原则，加强对应收账款的控制。将企业所有欠款客户按其所欠金额多少和其占企业应收账款总额的比例进行分类排队，将欠款金额大、占企业应收账款总额比例高（一般占70%左右）的少数几家重点客户列为A类，作为重点监控对象；将欠款金额不大、占企业应收账款总额比例20%左右的部分客户列为B类；将欠款金额很小、占客户总数大头但只占企业应收账款总额比例10%左右的客户列为C类，然后分别实施不同的监控策略和力度，把管理力量用在刀刃上，抓住主要矛盾，从而提高应收账款的管理效率。

（三）应收账款收现保证率分析

由于企业当期现金支付需要量与当期应收账款收现额之间存在非对称性矛盾，并呈现出预付性与滞后性的差异特征（如企业必须用现金支付与赊销收入有关的增值税和所得税，弥补应收账款资金占用等），这就决定了企业必须对应收账款收现水平制定一个必要的控制标准，即应收账款收现保证率。

应收账款收现保证率是为适应企业现金收支匹配关系的需要，所确定出的有效收现的账款应占全部应收账款的百分比，是两者应当保持的最低比率。公式为：

$$\text{应收账款收现保证率}=\frac{\text{当期必要现金支付金额}-\text{当期其他稳定可靠的现金流入总额}}{\text{当期应收账款总计金额}} \quad \text{（7.3.3式）}$$

式中的当期其他稳定可靠的现金流入总额是指企业从应收账款收现以外的途径可以取得的各种稳定可靠的现金流入数额，包括短期有价证券变现额、可随时取得的银行借款等。

应收账款收现保证率指标反映了企业既定会计期间预期现金支付数量扣除各种可靠、稳定性来源后的差额，必须通过应收账款有效收现予以弥补的最低保证程度，其意义在于：应收账款未来是否可能发生坏账损失对企业固然重要，但是实际收现的账款能否满足同期必需的现金支付要求，特别是满足具有刚性约束的纳税债务及偿还不得展期或调换的到期债务的需要则更为重要。

企业应定期计算应收账款实际收现率，看其是否达到了既定的控制标准，如果发现实际收现率低于应收账款收现保证率，应查明原因，采取相应措施，确保企业有足够的现金满足同期必需的现金支付要求。

（四）做好应收账款融资工作

应收账款融资，是指企业将其应收债权作为担保向银行、保理商等金融机构或应收账款融资服务平台（以下简称“融资机构”）申请贷款以获得资金，由融资机构或融资服务平台为企业提供融通贸易资金、销售账户管理、应收账款催收以及坏账担保等单项或多项金融服务。应收账款融资将担保贷款和短期商业贷款融合在一起，加快了企业流动资金的周转，是集融资、结算、财务管理和风险担保于一体的综合性金融服务。应收账款融资在国外很多发达国家已发展成为一种成熟的融资模式，得到了普遍应用。自2007年10月实施的《中华人民共和国物权法》首次将“应收账款”纳入了可以出质的财产权利之一以来，我国企业应收账款融资业务呈现积极发展的态势。具体形式包括应收账款抵押融资、应收账款卖断性融资、应收账款证券化融资等。应收账款抵押融资是指供货企业以应收账款债权作为抵押品向融资机构融资，融资机构在向供货企业融通资金后，若购货方拒绝付款或无力付款，融资机构具有向供货企业要求偿还融通资金的追索权；应收账款卖断性融资，也叫应收账款让售，是指供货企业将应收账款债权出卖给融资机构并通知买方直接付款给融资机构，将收账风险转移给融资机构，融资机构要承担所有收款风险并吸收信用损失，丧失对融资企业的追索权；应收账款证券化融资，是资产证券化的一部分，指将企业那些缺乏流动性但能够产生可预见的稳定现金流量的应收账款，转化为金融市场上可以出售和流通的证券的融资方式。

视频微课

企业信用政策

随堂测3

第四节　存货资金管理

存货，是指企业在生产经营过程中为耗用或销售而储备的各种物资。制造业企业的存货主要包括各类材料、在产品、产成品等。商品流通企业的存货主要是商品。存货是企业重要的流动资产，一般企业投资在存货上的资金数额都比较大，因此加强存货管理是企业财务管理的重要内容之一。存货与其他流动资产相比，具有流动性差、稳定性好的特点，因此企业的生产经营规模确定后，可以比较准确地预测存货资金的需用量，便于加强存货资金的计划管理。

一、存货投资的目的和成本

（一）存货投资的目的（功能）

1.保证生产活动的正常进行

企业在产品生产过程中，需要消耗各种材料物资，这些材料物资一般都是由企业供应部门定时、定量从市场上购入，并负责向各生产部门足量供应。供应部门为了保证材料物资的及时供应，必须保持一定的材料物资存货储备，以保证生产活动的正常进行。批量进货，保持一定的材料物资存货，还具有节约采购费用支出，降低材料物资进货成本，满足物资供应季节性和生产季节性要求，促进生产能力充分利用和组织均衡生产等作用。

2.确保销售活动的顺利开展

企业生产的产品，一般由销售部门负责销售。为了保证销售活动的顺利进行，企业必须储备一定的产成品。这主要是由于：

（1）客户订货批量的要求，或运输单位运输批量的要求，销售部门必须组织成批发货；

（2）某些产品的销售具有季节性的特点，在销售旺季之前，企业必须储存一定数量的产品；

（3）市场销售的不确定性，产品有可能从旺销转向疲软，也有可能从疲软转向旺销，为了不错失有利的销售时机，企业必须储备一定数量的产成品，以便达到扩大销售，增加盈利的目的。

3.预防意外事件发生的需要

企业在生产经营过程中难免发生各种各样的意外事件，为了尽量减少意外事件造成的损失，企业的存货应留有适当的保险储备。例如，因供应单位或运输部门发生意外事件，造成外购材料来源中断，企业就可动用保险储备安排生产，这样就可减少由于意外事件而造成的停工待料损失。

（二）存货成本的构成

企业进行存货投资必然要发生成本费用。构成存货成本的核心内容当然是取得存货的购置成本（即存货进价）或制造成本。除此之外，从存货资金管理的角度分析，相关存货管理成本主要有以下几项：

1.订货成本

订货成本，是指企业为订购材料、商品而开支的费用，如差旅费、邮电通信费、文件处理费等。订货成本的高低一般与订货次数成正比例变动，而与每次订货的批量大小基本无关。因此企业可以采取扩大订货批量，减少订货次数的办法，达到降低订货成本的目的。它属于存货管理的相关成本。

2. 储存成本

储存成本是指存货在储存过程中发生的各种费用，主要包括存货资金占用费（如以贷款购买存货的利息成本）或机会成本（以现金购买存货而同时损失的其他方面投资收益等）、仓储费用、保险费用、残损变质损失等。储存成本的高低取决于存货的平均储存量和单位储存成本。在单位储存成本不变的情况下，缩小订货批量，增加订货次数，可以减少存货的储存量，从而可以降低储存成本。它也属于存货管理的相关成本。

3. 缺货成本

缺货成本是指由于存货供应中断而造成的损失，主要包括材料供应中断而造成的停工损失（如果企业以紧急采购代用材料解决库存材料中断之急，那么缺货成本表现为紧急购入的额外成本）、产品库存不足而丧失销售机会的损失、罚金和商誉损失等。如果企业允许缺货，则缺货成本与存货数量成反比变化，属于存货管理的相关成本；如果企业不允许发生缺货情形，此时缺货成本为零，也就无须考虑缺货成本了。

（三）存货管理的目标

存货管理的基本目标在于，如何在存货投资的功能与成本、风险之间进行权衡，寻求两者的最佳组合，实现最大经济效益。

存货资金管理的主要内容是：

（1）合理测定（预测和决策）存货资金的需要量；

（2）编制存货预算，规划存货资金流量；

（3）加强存货资金的日常控制。

二、存货资金需用量的测定

在制造业企业存货流转过程中原材料、在产品和产成品占极大的比例，因此，本书讨论的存货主要是原材料、在产品和产成品。存货资金需用量的测定也可以按原材料资金（储备资金）、在产品资金（生产资金）和产成品资金（成品资金）来分别测定。

存货资金需用量的测定方法主要有三种：

（一）周转期计算法

周转期计算法是根据各种存货的每日平均周转额和周转期天数计算确定资金需用量的方法。这种方法既可用于储备资金需用量的测定，也可以用于生产资金和成品资金需用量的测定。其基本计算公式为：

某种存货资金需用量=每日平均周转额×周转期天数　　　　（7.4.1式）

【例7-8】福清公司生产A、B两种产品共同耗用甲材料。预计计划年生产A产品2 000件，每件消耗甲材料20千克；生产B产品1 000件，每件消耗甲材料32千克。甲材料的计划单价为250元/千克。预计甲材料周转一次所需的时间（包括在途天数、经调整后的供应间隔天数、整理准备天数、保险天数等）为30天。A、B两种产品每月生产比较均衡。则甲材料的资金需用量可计算如下：

（1）计划年甲材料耗用总量=2 000×20+1 000×32=72 000（千克）

（2）甲材料每日平均耗用额=72 000÷360×250=50 000（元）

（3）周转期天数=30天

（4）甲材料资金需用量=50 000×30=1 500 000（元）

采用周转期计算法，必须对每种存货分别确定每日平均周转额和周转期天数，其计算工作量很大，因而一般只适用于主要材料、主要在产品和产成品资金需要量的测定。对于一些品种规格多且杂，耗用数额又不大的辅助材料等，可以采用比较简单的计算方法，如比例计算法和因素分析法。

（二）比例计算法

比例计算法是根据某类材料资金占用额与有关指标之间的比例关系计算确定其资金需用量的方法。其计算公式为：

$$\text{某类材料资金需用量}=\frac{\text{相关指标}}{\text{计划数}}\times\frac{\text{上年度某类材料平均占用额}}{\text{相关指标上年实际数}}\times\left(1-\frac{\text{计划年材料资金}}{\text{周转加速\%}}\right)\qquad(7.4.2\text{式})$$

【例7-9】福清公司A类备件上年实际平均占用额为50万元，上年使用A类备件的设备原价为1 000万元，计划年设备原价将增加10%，备件资金周转将加速2%。计划年A类备件资金需用量可计算如下：

A类备件资金需用量=1 000×（1+10%）×50÷1 000×（1−2%）=53.9（万元）

（三）因素分析法

因素分析法是以某类材料资金基年合理占用额为基础，根据计划年影响资金数额的变动因素，通过分析计算确定该类材料资金需用量的方法。其计算公式为：

$$\text{某类材料资金需用量}=\left(\frac{\text{上年该类材料}}{\text{平均占用额}}-\frac{\text{不合理}}{\text{占用额}}\right)\times\left(1\pm\frac{\text{计划期影响}}{\text{因素的增减率}}\right)\times\left(1-\frac{\text{计划期材料资金}}{\text{周转加速\%}}\right)\qquad(7.4.3\text{式})$$

【例7-10】福清公司B类劳保用品上年实际平均占用额为82万元，其中2万元属长期积压。计划年工人人数增长20%，劳保用品资金周转加速2%。则计划年B类劳保用品资金需用量可计算如下：

B类劳保用品资金需用量=（82−2）×（1+20%）×（1−2%）=94.08（万元）

三、存货资金的控制

实现存货管理的目标，关键在于确定一个最佳的存货资金需要量，并对存货资金的数额加以日常控制。财务管理实践中，逐步形成了一些有效的存货资金控制方法，主要包括经济批量控制法、ABC分类控制法、适时制存货控制系统等。

（一）经济批量控制法

经济批量，是指使一定期间的存货总成本达到最低点的存货量。经济批量控制法较多地应用于经济订货批量的测算，也可以用于最佳生产批量的确定。

1.基本经济订货批量模型

在企业进货过程中，不仅要决定进货项目、选择供货单位、决定进货时间，而且要确定好进货的批量。通过对存货成本分析可知，决定存货经济订货批量的相关管理成本主要包括：订货成本（也称进货费用）、储存成本以及允许缺货条件下的缺货成本。不同的成本项目与订货批量呈不同的变动关系。订货批量的扩大，会使存货储存量增加，导致储存成本上升，但会使订货的次数减少，从而降低订货成本。因此，存货经济订货批量的确定，就是对组成存货成本的各项内容进行权衡，寻找出使存货总成本达到最低的订货批量，为进行有效的存货资金决策和控制提供依据。

基本经济订货批量模型的确定，建立在以下的假设前提下：

（1）企业一定时期的进货总量可以较为准确地预测；

（2）存货的耗用或销售比较均衡；

（3）存货的市场供应充足，企业的现金足够，能够及时进货，且能集中到货，而不是陆续入库；

（4）存货价格不变，且不存在数量折扣；

（5）不允许出现缺货情况。

由于不允许缺货，即当存货数量降至零时，下一批订货便会及时全部购入，所以不存在缺货成本。此时与存货管理直接相关的成本只有订货成本和储存成本两项。因此，订货成本和储存成本之和最低的订货批量，就是经济订货批量（最佳订货批量）。

存货相关总成本与相关订货成本、储存成本的关系如图7-9所示。

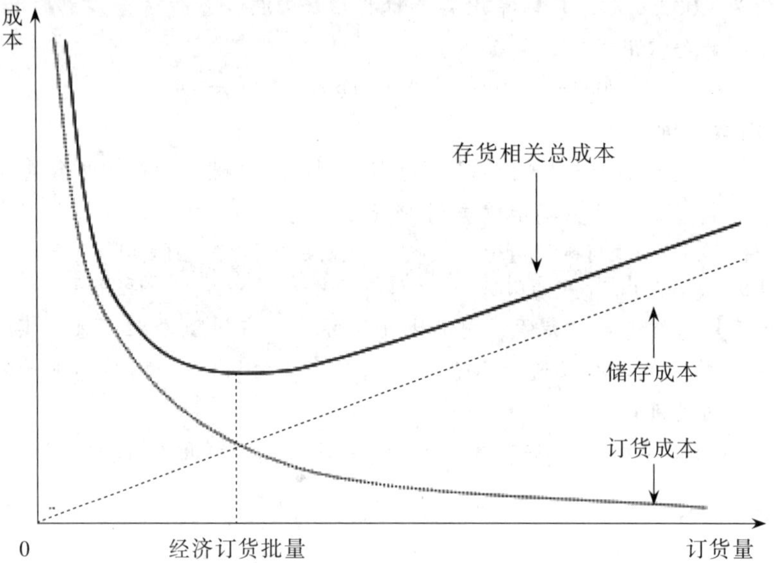

图7-9 存货相关总成本与相关订货成本、储存成本的关系

假设：T为存货相关总成本；A为某种存货全年需用量（进货总量）；Q为经济订货数量；K为每次订货的成本；C为单位存货的年平均储存成本。则：

订货批数=A/Q

平均储存量=Q/2

全年订货成本=K×（A/Q）

全年平均储存成本=C×（Q/2）

全年存货相关的总成本：

$$T = \frac{A}{Q} \times K + \frac{Q}{2} \times C \tag{7.4.4式}$$

求上式中Q的导数，并令导数为零，解此方程，得经济订货批量（最佳进货批量Q）为：

$$Q = \sqrt{2AK/C} \tag{7.4.5式}$$

这时达到的最低存货相关总成本为：

$T=\sqrt{2AKC}$ （7.4.6式）

【例7-11】 福峰公司全年需用甲材料1 620吨，根据历史经验预计，每次订货成本为400元，每吨存货年储存成本为10元，则每次进货的经济订货批量（最佳进货批量）Q为：

$Q=\sqrt{2AK/C}=\sqrt{2\times 1\,620\times 400/10}=360$（吨）

这时达到的最低存货相关总成本T为：

$T=\sqrt{2AKC}=\sqrt{2\times 1\,620\times 400\times 10}=3\,600$（元）

2.经济订货批量的扩展模型——存在数量折扣的经济订货批量

在上述基本经济订货批量模型中，假定存货购买价格不变。在实际工作中，企业在采购过程中，如果订购批量较大时，通常会得到供货方给予的一定数量折扣（商业折扣或称价格折扣）。此时，存货的购置成本（存货进价），就由基本经济订货批量模型中的决策无关成本变成了决策相关成本。因此企业就必须以订货成本、储存成本及相应的存货进价成本三者之和为最低时的采购批量作为经济订货批量。

存货相关总成本=进价成本+订货成本+储存成本

实行数量折扣的经济订货批量具体确定步骤如下：

第一步，按照基本经济订货批量模型确定经济订货批量；

第二步，计算按经济订货批量进货时的存货相关总成本；

第三步，计算按给予数量折扣的订货批量进货时的存货相关总成本。

第四步，比较不同订货批量的存货相关总成本，最低存货相关总成本对应的订货批量，就是给予数量折扣的最佳经济订货批量。

【例7-12】 福尔公司全年生产需用甲材料9 000千克，该材料单价为6元/千克，每千克年储存成本为3元，每次订货成本为60元。供货商为了促销，决定按采购数量给予一定的购货折扣。当一次订货量达到1 000千克以上时，可获3%的折扣，一次订货量在3 000千克以上时，可获5%的折扣。要求为该企业选择最佳经济订货批量。

按基本经济订货批量模型确定的经济订货批量为：

$Q=\sqrt{2AK/C}=\sqrt{2\times 9\,000\times 60/3}=600$（千克）

每次订货批量为600千克时的存货相关总成本为：

存货相关总成本=9 000×6+9 000÷600×60+600÷2×3=55 800（元）

每次订货批量为1 000千克时的存货相关总成本为：

存货相关总成本=9 000×6×97%+9 000÷1 000×60+1 000÷2×3=54 420（元）

每次订货批量为3 000千克时的存货相关总成本为：

存货相关总成本=9 000×6×95%+9 000÷3 000×60+3 000÷2×3=55 980（元）

通过计算比较可知，每次进货为1 000千克时的存货相关总成本最低（54 420元），所以此时最佳经济订货批量为1 000千克。

3.再订货点

在实际工作中，企业存货的需求可能不是均匀发生的，而且订货以后，货物的到达时间会有一定的不确定性，因此一般情况下，企业存货做不到随用随补，企业不能等到存货用完、库存为零时才去订购，而需要在存货未用完之前提前订货。那么，究竟在上一批购入的存货还有多少时，订购下一批存货呢？这就是再订货点的控制问题。在提前订货的情况下，企业再次发出订单时，尚剩的存货库存量，称为再订货点。其数量等于企业从发出订单到实际交货这段时间的存货耗用量，即等于交货时间和每天的存货耗用量的乘积，即：

再订货点=交货时间×存货每天平均耗用量 （7.4.7式）

【例7-13】福海公司从订货日至到货期的时间为8天，每日平均存货耗用量为6吨，则：

再订货点=交货时间×存货每天平均耗用量=8×6=48（吨）

即在库存还有48吨存货时，就应当再次订货。如果公司要求留有一定的存货保险储备，如15吨，那么再订货点应是63吨（48+15）。

采用再订货点进行存货采购决策，并不影响每次的订货批量、订货次数、订货间隔期等，仅仅是订货的时间提前而已。

4.陆续进货的经济订货批量模型

基本经济订货批量模型假设存货是集中到货，即一次全部入库，而企业实务中，各批存货可能是陆续入库，存量陆续增加。设每日送货量为p，每日需用量为d，则送货期为Q/p，送货期内的耗用量为（Q/p）×d。由于存货边送边用，所以每批送完时，最高库存量为：Q-（Q/p）×d。平均存货量为：$\frac{1}{2}(Q-\frac{Q}{p}\times d)=\frac{Q}{2}(1-\frac{d}{p})$。显然，每日需用量d应小于每日送货量p。那么，与批量有关的存货总成本为：

$$T=\frac{A}{Q}\times K+C\times\frac{Q}{2}(1-\frac{d}{p})$$

经推导，此时的经济订货批量为：

$$Q=\sqrt{\frac{2AK}{C}\times(\frac{p}{p-d})} \qquad (7.4.8式)$$

最佳存货总成本为：

$$T=\sqrt{2AKC\times(1-\frac{d}{p})} \qquad (7.4.9式)$$

【例7-14】福守公司某零件年需要量为7 200件，每天送货量为60件，每天耗用量为20件，单价20元，一次订货成本为50元，单位储存成本为4元，则此时的经济订货批量和总成本为：

$$Q=\sqrt{\frac{2\times 7\,200\times 50}{4}\times(\frac{60}{60-20})}=520（件）$$

$$T=\sqrt{2\times 7\,200\times 50\times 4\times(1-\frac{20}{60})}=1\,386（元）$$

此扩展模型还可应用于自制产品或零部件的经济投产批量的决策。

（二）ABC分类控制法

ABC分类控制法是意大利经济学家帕累托于19世纪首创的，经过不断发展完善，已广泛应用于存货管理、成本管理和生产管理。

无论是工业企业还是商业企业，尤其是大中型企业，其存货的品种、规格复杂繁多，有的企业多达上万种甚至数十万种。而这些存货对生产经营和财务目标的实现所起的作用大不相同。有的存货尽管品种数量很少，但金额巨大，如果管理不善，将给企业造成极大损失；有的存货虽然品种数量繁多，但金额微小，即使管理中出现一些问题，也不至于对企业产生较大影响。因此无论从经济还是能力角度，企业均不可能也没必要对所有存货不分巨细地严加管理。如果对存货不分主次加以平均控制，显然会事倍功半。所以，应采取ABC分类控制法等科学的方法，对存货资金采取分清主次、区别对待、突出重点的控制，以提高存货管理的整体效果。

ABC分类控制法，就是按照一定的标准，依重要性程度将企业的存货划分为A、B、C三类，分别实行按品种重点控制、按类别一般控制和按总额灵活掌握的存货管理方法。进行存货分类的标准主要有两个：金额标准和品种数量标准，其中金额标准是基本的，品种数量标准仅作为参考。A类存货的特点是金额巨大，但品种数量较少。一般而言，其金额占全部存货的70%左右，而品种仅占全部品种的10%左右；B类存货金额一般，品种数量相对较多，金额一般占全部存货的20%左右，品种也占全部品种的20%左右；C类存货品种数量繁多，但价值总额却很小，一般金额仅占全部存货的10%左右，而品种却占全部品种的70%左右。可见，A类存货占用着企业绝大多数存货资金，只要能控制好A类存货，基本上也就不会出大问题，而且由于A类存货的品种数量较少，企业也完全有能力按照每一个品种进行控制；对B类存货，通常可以通过划分类别的方式进行控制；对C类存货，企业只要把握一个总金额加以控制就可以了。

A、B、C三类存货的具体划分过程分三个步骤：

（1）列示企业全部存货的明细表，并计算出每种存货的价值总额及其占全部存货金额的百分比；

（2）按照金额标准由大到小进行排序并累加金额百分比；

（3）当金额百分比累加到70%左右时，以上存货视为A类存货，百分比介于70%~90%的存货视作B类存货，其余则为C类存货。

各类存货的金额品种百分比用图形表示，如图7-10所示。

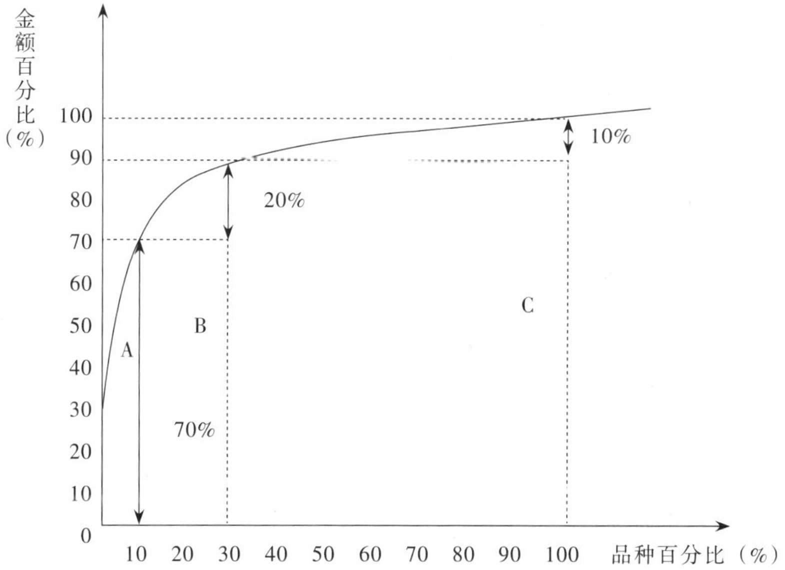

图7-10 ABC分类控制法下存货的分类

A类存货是企业存货资金控制的重点，需严格按照经科学规划确定的经济订货批量、再订货点、保险储备组织订货，并根据情况的变动随时调整。采取永续盘存制度，严格监督检查，经常对比分析库存动态。对采购、储存、耗用和销售过程中出现的偏差和问题，应及时查明原因，迅速纠正和解决。对B类存货，原则上也按经济订货批量和再订货点组织订货，采用合理的盘存制度，但可适当放宽安全存量。对库存动态的检查分析，只需定期进行，概括检查即可。对C类存货，一般不必进行上述各方面的测算和分析，可以凭经验酌量确定每次订货量，库存检查可少些。

（三）适时制存货控制系统

在存货资金控制方面，日本企业率先实行了“适时制存货控制系统”（JIT）管理方式。这一成功经验为欧美国家的企业所接受，已经收到明显效果。

适时制存货控制系统的主要内容是：原材料要及时加工成零部件，在产品要及时制成产成品，产成品要及时销售出去。这种即时性技术要求前道工序的生产必须按照后道工序的卡片要求（数量和时间）进行，以保证在产品流转通畅，消除工序间的存货。为使这种即时性生产顺利进行，必须建立高质量控制系统，实行全面质量管理，其追求的目标是无废品，使废品率尽可能趋向于零，否则就会使生产线陷于瘫痪。由此可见，全面质量管理是适时制存货控制系统的基础。适时制存货控制系统，还要求企业与供应商和客户间建立有效的配合系统。

视频微课

存货资金如何控制?

随堂测4

实行适时制存货控制系统需要具备很多严格条件，如企业内部高度的协调和计划、与供应商和客户之间的紧密合作、重新设计生产过程以降低准备成本和生产期长度、从采购到生产再到销售的过程采用电子数据互换（EDI）技术等。目前在我国的一般企业里还达不到这些条件的要求，但是，我国某些具备较好基础条件的企业可以考虑在不同程度上实施这一先进的存货资金控制方法的某些做法和思路，从而逐步将存货管理水平向国际靠拢，以提高企业竞争力。

在存货资金的日常控制实践中，我国有些企业采用的归口分级控制法、存货动态控制的挂签控制法等方法，也行之有效。

第五节　短期负债资金的筹集

一、利用商业信用

（一）利用商业信用的形式

商业信用是指在商品交易中由于延期付款或预收货款所形成的企业间的借贷关系。商业信用运用广泛，在短期资金筹资中占有相当大的比重。

1.赊购商品（应付账款、应付票据）

赊购商品是一种最典型、最常见的企业利用商业信用形式。在这种形式下，买卖双方发生商品交易，买方收到商品后不立即支付现金，而是通过应付账款或应付票据的形式，延期到一定时期以后付款。

2.预收货款

通常销售方在销售紧俏商品或者生产周期长、售价高的商品（如飞机、轮船等）

时，会向购买方预收部分货款，然后延期到一定时期后交货，这等于销售方向购买方先借贷一笔资金，也是一种较典型的商业信用形式。

3.应计未付款

应计未付款是企业在生产经营和利润分配过程中已经计提但尚未以货币支付的款项。主要包括应付职工薪酬、应交税费、应付利润或应付股利、其他应付款等。它们随着企业规模的扩大而增加，企业使用这些自然形成的资金无须付出任何代价，但能使用的时间不长。

（二）在有现金折扣条件下利用商业信用的资金成本

在购买方企业利用商业信用筹措短期资金时，一般不会发生资金成本，但在销售方允许购买方在交易发生后一段时间内付款，若购买方提前付款时，销售方可以给予一定现金折扣的信用条件下，如果购买方放弃现金折扣的机会，利用商业信用将成为一种成本较高的短期筹资方式。其资金成本的计算公式为：

$$\text{资金成本}=\frac{\text{折扣率}}{1-\text{折扣率}}\times\frac{360}{\text{信用期}-\text{折扣期}} \quad (7.5.1\text{式})$$

【例 7-15】福德公司赊购材料一批，销售方提供的信用条件是“2/10，n/30”（即信用期限为30天，30天内必须付款，如果10天之内付款，将给福德公司2%的现金折扣，即只需要支付货款的98%就行了）。假如福德公司决定放弃这项现金折扣，准备在30天到期时再付款。那么放弃该项现金折扣的资金成本为：

$$\frac{2\%}{1-2\%}\times\frac{360}{30-10}=36.73\%$$

（三）利用商业信用筹资的优缺点

1.利用商业信用筹资的优点

（1）筹资便利。对正常经营的企业来说，利用商业信用筹资是一种持续性的资金来源，运用非常方便，因为商业信用与商品买卖同时进行，是一种自然性筹资，无须正式的筹资手续。

（2）资金成本低。如果没有现金折扣，或企业不放弃现金折扣，或使用不带息的票据，则利用商业信用筹资没有实际资金成本。

（3）限制条件少。如果企业利用银行等金融机构借款筹资，金融机构往往对贷款的使用规定一些限制条件，而除商业票据外利用商业信用几乎没有限制条件。

2.利用商业信用筹资的缺点

利用商业信用筹资的时间一般较短，如果企业取得现金折扣，则时间会更短，如果放弃现金折扣，则要付出较高的资金成本。

二、短期借款

短期借款，是指企业向银行和其他金融机构借入的期限在1年以内（含1年）的借款。在企业短期资金筹资中，短期借款的重要性仅次于利用商业信用。

目前我国的短期借款按照目的和用途分为若干种，主要有生产周转借款、临时借款、结算借款、票据贴现、卖方信贷等。

（一）短期借款的信用条件

银行等金融机构在发放短期贷款时，通常带有一些信用条件，常见的主要有：

1.信用额度

信用额度即贷款限额，是银行对借款企业规定的贷款最高限额。信用额度的有效期限，通常为一年。一般情况下，企业在批准的信用额度内，可根据需要，随时向银行申请借款，但银行并不承担必须支付全部信贷数额的义务，如果企业信誉恶化，即使在信贷限额内也可能得不到借款，而且银行还不承担法律责任。

2.周转信贷协定

周转信贷协定是银行向企业承诺提供的、具有法律义务的、不超过某一最高限额的贷款协议。在协定的有效期内，只要企业借款总额未超过最高限额，银行必须满足企业任何时候提出的借款要求。企业享用周转信贷协定，通常要就贷款限额的未使用部分付给银行一笔承诺费。

【例 7-16】 福观公司与银行商定的周转信贷额度为 5 000 万元，承诺费率为 0.5%，福观公司年度内使用了 4 000 万元，公司该年度应向银行支付的承诺费为：

信贷承诺费=（5 000−4 000）×0.5%=5（万元）

周转信贷协定的有效期常超过1年，但实际上贷款每几个月发放一次，所以这种信贷具有短期和长期借款的双重特点。

3.补偿性余额

补偿性余额，是银行要求借款企业在银行中保持按贷款限额或实际借用额的一定比例（通常为10%～20%）计算的最低存款余额。其目的是降低银行的贷款风险，但对借款企业而言，补偿性余额，减少了借用款项的实际可用金额，从而提高了借款的有效年利率（实际利率）。

【例 7-17】 福随公司按年利率 6% 向银行借入 800 万元，银行要求公司按借款额的 10% 保持补偿性余额，因此该公司实际可用资金为 720 万元。该借款的实际利率为：

$$\text{实际利率}=\frac{800\times6\%}{720}=\frac{6\%}{1-10\%}=6.67\%$$

4.借款抵押

银行向风险较大的企业或对其信誉没有把握的企业提供贷款，都要有抵押品担保，以减少自己蒙受损失的风险。短期借款的抵押品，通常是应收账款、应收票据、存货、股票和债券等等。银行接受抵押品后，一般按抵押品面值的30%～90%发放贷款，具体比例取决于抵押品的变现能力和银行对风险的态度。抵押借款的成本通常高于非抵押借款的成本，这是因为银行主要向信誉好的客户提供非抵押贷款，而将抵押贷款看成是一种风险投资，而且银行管理抵押贷款要比管理非抵押贷款困难。

5.偿还条件

借款的偿还，有到期一次偿还和在借款期内定期（每月、季）等额偿还两种。一般来说，借款人不希望采用后一种偿还方式，因为这会提高借款的有效年利率（实际利率）；而银行不希望采用前一种偿还方式，因为它会增加企业的拒付风险，同时会降低贷款实际利率。

6.借款利息支付方式

一般来说，短期借款利息支付方式有收款法、贴现法和加息法。

（1）收款法又称利随本清法，是在借款到期时向银行支付利息的方法。银行向企业发放贷款一般都采用这种方法收息。采用收款法时，短期借款的实际利率就是名义利率。

（2）贴现法又称折价法，是指银行向企业发放贷款时，先从本金中扣除利息，而到期借款企业偿还全部本金的一种计息方法。采用这种方法，借款企业可利用的借款额只有本金减去利息部分后的差额，因此贷款的实际利率要高于其名义利率。

【例7-18】福果公司按年利率6%向银行借入200万元，期限1年，利息12万元。按贴现法计息，公司实际可用资金为188万元。该借款的实际利率为：

$$实际利率=\frac{200\times 6\%}{188}=\frac{6\%}{1-6\%}=6.38\%$$

（3）加息法，是银行发放分期等额偿还贷款时采用的利息收取方法。在分期等额偿还贷款的情况下，银行将根据名义利率计算的利息加到贷款本金上，计算出贷款的本息和，要求企业在贷款期内分期偿还本息之和的金额。由于贷款本金分期等额偿还，借款企业实际上只平均使用了贷款本金的一半，却支付了全额利息。这样企业所负担的实际利率便要高于名义利率大约1倍。

【例7-19】福应公司按（名义）年利率12%向银行借入20 000元，分12个月等额偿还本息。该项借款的实际年利率为：

$$实际年利率=\frac{20\,000\times 12\%}{20\,000/2}=24\%$$

（二）短期借款筹资的优缺点

1.短期借款的优点

（1）筹资速度快。向金融机构举借短期借款，所需时间较短，可以迅速地获取资金。

（2）资金成本低。短期借款的资金成本比发行债券或举借长期借款都要低。

（3）借款弹性好。一般可在资金需要增加时借入，在资金需要减少时还款，便于企业灵活使用。

2.短期借款的缺点

（1）财务风险较大。短期借款的财务风险可以说是所有筹资方式中最高的，因为到期还本付息的时间很短。

（2）筹资数量少，且可能附带不少附加条件。

（三）企业对银行等贷款机构的选择

随着金融信贷业的快速发展，可向企业提供贷款的银行和非银行金融机构不断增多，使借款企业有可能在各贷款机构之间作出比较和选择，以实现对己最为有利的效果。

选择银行等贷款机构时，重要的是选用适宜的借款种类、借款成本和借款条件，此外企业对贷款机构还应考虑以下因素：

（1）对贷款风险倾向于保守还是敢于承担较大风险的不同政策；

（2）对企业的支持力度与服务态度；

（3）贷款管理的经验和专业化程度；

（4）贷款机构的资本规模和业务稳定性等。

三、发行短期融资券

（一）短期融资券及其种类

短期融资券是企业短期债券的一种，它是由企业为筹集短期资金而发行的短期无担保本票，是企业筹措短期（1年以内）资金的直接融资方式，是货币市场上重要的短期融资工具之一。在我国，短期融资券是指企业按照《银行间债券市场非金融企业债务融资工具管理办法》的条件和程序在银行间债券市场发行和交易并约定在一定期限内还本付息的有价证券。

短期融资券按发行人不同，可分为金融企业的融资券和非金融企业的融资券。在我国，目前发行和交易的是非金融企业的融资券。按发行方式不同，可分为经纪人承销（代销）的融资券和发行人直接销售的融资券。非金融企业发行融资券一般采用间接承销方式，金融企业发行融资券一般采用直接发行方式。

（二）我国发行短期融资券的相关规定

（1）发行人为非金融企业，发行企业均应通过在中国境内注册且具备债券评级能力的评级机构的信用评级，并将评级结果向银行间债券市场公示。

（2）发行和交易的对象是银行间债券市场的机构投资者，不向社会公众发行和交易。

（3）融资券的发行由符合条件的金融机构承销，企业不得自行销售融资券，发行融资券募集的资金用于本企业的生产经营。

（4）实行余额管理，待偿还融资券余额不超过企业净资产的40%。

随堂测5

（5）融资券采用实名记账方式在中央国债登记结算有限责任公司（2013年5月后改为上海清算交易所）登记托管，并负责提供有关服务。

（6）债务融资工具发行利率、发行价格和所涉费率以市场方式确定，任何商业机构不得以欺诈、操纵市场等行为获取不正当利益。

本章测评

（三）发行短期融资券筹资的优缺点

1.发行短期融资券筹资的优点

（1）资金成本较低。相对于发行公司债券筹资而言，发行短期融资券资金成本较低。

计算分析题

（2）筹资数额较大。银行借款筹资一般有数量上的限制，对于需要大量短期资金的大企业而言，发行短期融资券更为适用。由于发行短期融资券的条件严格，发行公司必须是信誉好、实力强、效益高的企业，因此发行公司还可以由此提高自身信誉和知名度。

教学案例

2.短期融资券筹资的缺点

短期融资券筹资的缺点主要是筹资风险大。短期融资券到期必须归还，一般不得延期，也不能提前偿还，筹资弹性小，因此会给企业带来较大的偿债压力，筹资风险大。

海尔的零存货管理

本章小结

营运资金是企业流动资产减去流动负债后的余额。营运资金的管理既包括流动资产的管理，又包括流动负债的管理，还包括流动资产和流动负债的配合问题。企业在选择筹资组合策略时，必须考虑筹资风险、成本、收益要求等约束因素，财务管理实践中主要有适中型、风险型和保守型等三种筹资组合策略。企业资产总额中流动资产和非流动资产各自所占的比例称为企业的资产组合，也叫资产结构。不同的资产结构影响甚至决定了企业的投资收益和风险水平。针对营运资金管理而言，资产组合管理的重点应是企业流动资产中长期性流动资产和波动性流动资产（短期性流动资产）的配置比例关系，即流动资产组合。企业的流动资产组合策略，一般有适中型、保守型和冒险型三种。

企业持有现金的目的是满足交易性、预防性和投机性动机的需要，现金管理的关键在于处理好流动性与收益性之间的关系，确定最佳的现金持有量，合理安排现金收支，在保证企业正常业务经营及偿还债务和缴纳税款等需要的同时，尽可能降低企业闲置现金的数量，提高资金收益率。确定最佳现金持有量的方法主要有成本分析模式、存货模式、随机模式等。在现金收支的日常管理中，企业应努力加速收款、控制支出，并做好现金的综合监控工作和闲置现金的投资管理工作。

应收账款管理的基本目标在于：在充分发挥应收账款功能的基础上，降低应收账款的成本，努力使提供商业信用、扩大销售所增加的收益大于增加的各项成本，最大限度地提高应收账款投资的效益。信用标准、信用条件和收账政策构成了信用策略（政策）的主要内容。应收账款的日常管理工作主要包括应收账款追踪分析、应收账款账龄分析、应收账款收现保证率分析和应收账款融资管理。

存货管理的基本目标在于，如何在存货投资的功能与成本之间进行权衡，实现两者的最佳组合。存货资金需用量的测定方法主要有周转期计算法、比例计算法和因素分析法。存货资金控制方法主要包括经济批量控制法、ABC分类控制法、适时制存货控制系统等。

企业短期资金（流动负债）通常采用向银行等金融机构借款、利用商业信用、保理业务、发行短期融资券等筹资方式筹得。与长期资金相比，短期资金（流动负债）总体而言都具有筹资速度快、筹资灵活性强、资金成本低、财务风险大的特征。

思考题

1. 流动资产有什么特点？
2. 企业筹资组合策略有哪几种？各有何特点？
3. 现金管理的目标和内容是什么？
4. 简述确定最佳现金持有量的模型。
5. 简述应收账款投资的目的和成本。
6. 什么是信用政策？具体包括哪些内容？
7. 从存货资金管理的角度分析，存货成本包括哪些内容？
8. 企业存货资金的控制方法有哪些？
9. 企业如何确定存货最佳订货批量？
10. 简述筹集短期资金的各种方式。

第八章

证券投资管理

学习目标： 1. 掌握运用资本资产定价模型测算单个证券投资和证券组合投资的必要风险报酬率和必要投资报酬率的方法；
2. 掌握证券投资价值的估价以及决策的基本规则；
3. 熟悉证券投资的特点和目的、风险类型；
4. 熟悉证券投资组合的策略和方法；
5. 了解证券的含义和种类；
6. 了解各类证券投资工具与品种的收益和风险情况。

导入案例

巴菲特的经典投资案例——可口可乐

股票投资最重要的事情首先是投资一个好公司（规模大、忠诚度高、具有竞争优势、不过时），其次是好价格（成本低、股息高）。2023年年初，巴菲特致股东的信中讲述了他的投资秘诀“股息+时间”。我们就以大家耳熟能详的巴菲特投资可口可乐的案例，来透视“股息+时间”这个秘密武器的真实威力。巴菲特1988年买入可口可乐股票5.93亿美元，1989年大幅增持，总投资增至10.24亿美元。当时可口可乐的市盈率（PE）大约为15倍，对这家全球闻名的公司而言其股价是多么的便宜啊。1991年其就升值到37.43亿美元，2年涨了2.66倍。1994年巴菲特继续增持，总投资达到13亿美元。此后其持股一直稳定不变，一直持有到现在，一股没卖。经过多次送转股后，巴菲特目前持有可口可乐4亿股，总买入成本仍为13亿美元。可口可乐公司1987年年底收盘价每股3.21美元，1997年年底收盘价每股53.08美元，10年上涨17.54倍。1997年年底巴菲特持有的可口可乐股票市值上涨到133亿美元，在他买入可口可乐的10年后，这笔投资给巴菲特带来了超过9倍的收益，收益率年复合增长26%，仅这一只股票就为巴菲特赚取了120亿美元。但1998年7月14日可口可乐股价创出每股70.27美元的历史新高后，开始一路下跌。1998—2012年，可口可乐净利润增长2.6倍，但PE却从1998年的50倍降到18倍，从巴菲特买入的1988年开始计算，可口可乐股价14年间只上涨了约10%，市值仅从134亿美元增长到145亿美元，但是巴菲特还收到分红约30亿美元。

从1998年至2018年的这二十年间，可口可乐的股价经历了腰斩后复苏，2018年相较于1998年几乎没有什么增长，但股票投资不要仅看股价，巴菲特多次强调伯克希尔（他控股的公司）不会卖可口可乐的股票，那如果不卖，其实股价本身只是一个账面上的数字，而真金白银来自公司的股利分红。可口可乐从1988年每股分红0.075美元，到2018年每股分红1.56美元。仅2017年伯克希尔从可口可乐拿到的现金分红就达5.92亿美元，已相当于当年投资本金的46%。经统计数据显示，截至2022年年底，巴菲特仅靠股息分红已收到100.9亿美元，而仅2022年就收到股息分红7.04亿美元。所以不应以资本利得之心，去度老爷子瞄准分红收入之腹。

巴菲特投资可口可乐正是按格雷厄姆教导的以买企业为目的进行股权投资的一个上佳案例。作为股东，巴菲特始终大赚特赚。越是从股东的角度来投资，越要选好公司，不考虑大盘，不考虑股价，反而能够大幅度战胜市场。很多人也自诩买股票就是买企业，但是股价一有风吹草动，或惶惶不可终日，或赶紧获利了结，哪里有一丝一毫买企业的心态。

而如果从更长远的大局出发，可口可乐为伯克希尔带来的外部性收益更是超过了股价增长与分红现金。

至于投资逻辑，巴菲特的投资主要注重两点：一看公司未来；二注重投资那些能对竞争者形成巨大“屏障”的公司。巴菲特经常有意识地看公司是否有好的发展前景，能否在很长的时间里一直保持成功。

可口可乐卖的不是饮料而是品牌，它具有高成长创造高价值的特点，所以它得到了“股神”巴菲特的青睐，并为巴菲特创造了巨额的盈利价值。当前，可口可乐公司正积极转型为全品类饮料公司，同时不断通过补强型并购扩展产品组合。通过践行可持续发展这一增长有道的公司策略，公司实现了收入和份额的双增长。

案例详细资料和提示

资料来源：佚名. 巴菲特的经典投资案例——可口可乐［EB/OL］.［2019-08-14］. https：//www.sohu.com/a/333583160_120282402.

佚名. 巴菲特投资可口可乐案例分析［EB/OL］.［2020-06-22］. https：//xueqiu.com/2623548285/152097928？from=singlemessage.

小枫说财. 巴菲特的经典投资案例——可口可乐：探索价值投资的精髓！［EB/OL］.［2023-05-15］. https：//baijiahao.baidu.com/s？id=1765835494047537621&wfr=spider&for=pc.

佚名. 2024年你还只看重股价嘛？这个指标不容忽视［EB/OL］.［2024-02-07］. https：//www.163.com/dy/article/IQBEKVQ405566WXB.html.

要求：

1.巴菲特投资可口可乐所关注的点是什么？

2.股票投资前主要应分析些什么？

3.股票投资的收益主要有哪些？

在市场经济条件下，企业除了将资金投在企业内部，用于形成生产经营用的各种资产外，还会经常用现金、实物资产和无形资产等可供支配使用的资源，通过购买证券（股票、债券、期货、基金等）、并购、联营、合作等方式向其他单位投资，从事对外投资活动。对外直接投资主要通过测算投资项目的净现值等指标进行财务可行性分析和决策评价，与第四章讲的企业内部长期项目投资的决策评价原理基本相似，如公司并购中对目标企业的价值评估主要采用现金流量折现法。企业对外投资中除通过合资经营、合作经营、并购控股等方式进行直接投资外，主要是对外证券投资，如利用暂时闲置的资金去从事短期证券投资以获取一定收益，为了控制和影响对方企业的经营为本企业服务、实施多元化经营以分散风险或者为未来实施某个项目而积累大笔资金而去从事对外长期证券投资等。随着企业产品市场竞争的加剧、社会信用的发达和多层次资本市场体系的完善，证券投资对企业而言越来越重要。

第一节　证券投资概述

一、证券投资的特点和目的

（一）证券的种类和证券投资的特点

1.证券及其种类

证券的含义广泛，种类繁多。

按证券的性质不同，证券可分为凭证证券和有价证券。

凭证证券又称无价证券，是指本身不能使持券人或第三者取得一定收入的证券。其具体包括：

（1）证据书面凭证，如借据、收据、票证等；

（2）某种私权的合法占有者的书面凭证，即占有权证券，如土地所有权证书、购物券等。

有价证券是指标有票面金额，证明持券人有权按期取得一定收入并可自由转让和买卖的所有权或债权凭证。有价证券有广义和狭义之分。狭义有价证券仅指资本证券；广义有价证券则包括商品证券、货币证券和资本证券三类。

（1）商品证券是证明持券人有商品所有权或使用权的凭证，如提货单、运货单、仓库栈单等。

（2）货币证券是指本身能使持券人或第三者取得货币索取权的有价证券。货币证券主要包括两类：一是商业证券，如商业汇票、商业本票；二是银行证券，如银行汇票、银行本票、支票。

（3）资本证券是指由证券投资或与证券投资有直接联系的活动而产生的证券。持券人对发行人有一定的收入请求权。它包括股票、债券及其衍生品种如基金证券、可转换证券等。资本证券是有价证券的主要形式。在日常生活中，人们通常把资本证券直接称为有价证券乃至证券。企业对外证券投资的对象主要就是资本证券。

按证券的发行主体不同，可分为政府证券、金融证券和公司证券。它们分别是政府、商业银行等金融机构和工商企业为筹集资金而发行的证券。政府证券的投资风险较小，金融证券次之，公司证券（也叫企业证券）的投资风险则视企业的规模和发展前景、财务状况和盈利能力及其他情况而定。除此之外，还有外国公司或外国政府发行的国际证券。国际证券除了一般的违约风险外，还有汇率风险。

按证券所体现的权益关系不同，可分为所有权证券（如股票）和债权证券（如公司债券）。投资所有权证券的风险一般大于债权证券。

按证券收益的决定因素不同，可分为原生证券（如债券、股票等）和衍生证券。衍生证券包括期货合约和期权合约等，是从原生证券演化而来的，其收益取决于原生证券的价格，它既能为投资者的资产提供套期保值，还可以用于高风险的投机活动。

按证券的收益稳定状况不同，可分为固定收益证券和变动收益证券。固定收益证券的票面上规定有固定收益率，如债券、优先股股票等；变动收益证券的票面上不标明固定的收益率，其收益情况随发行者的经营状况和其他情况而变动，如普通股票。一般来说，固定收益证券的投资风险较小，收益稳定而不高；而变动收益证券的投资风险大，收益可能较高但不确定。但针对其中的购买力风险而言，变动收益证券要小于固定收益证券。

另外，证券按到期日的长短不同可分为短期证券和长期证券；按是否在证券交易所挂牌交易，可分为上市证券和非上市证券；按募集方式不同，可分为公募证券（公开发行证券）和私募证券（不公开发行证券或内部发行证券）。

证券市场上的证券很多，其中可供企业投资的证券有国库券等国债、可转让存单、企业股票、公司发行的长期债券和短期融资券等企业债券、证券投资基金以及期货、期权等衍生证券等。

2.证券投资的特点

证券投资是投资者将资金投资于股票、债券、基金及衍生证券等资产，从而获取收益的一种间接投资行为。对企业来说，它是对外投资的重要组成部分。企业科学地进行证券投资，可以充分利用资金，增加收益，降低风险，实现财务目标。证券投资的特点主要有：

（1）流动性强。证券一般有着活跃的交易市场，与实物资产相比其转让过程快捷、简便得多，变现容易，交易成本较低，因此其流动性明显高于实物资产。

（2）价值不稳定。证券资产是一种虚拟资产，相对于实物资产来说，证券资产的价值不是完全由实体资本的现实生产经营活动决定的，而是取决于契约性权利所能带来的未来现金流量，是一种未来现金流量折现的资本化价值，受各种环境因素以及人为的企业经营和财务风险的影响较大，因而其价值、价格、收益等均不稳定，投资风险大，因此证券投资者要通过准确的投资分析、科学的投资决策、合理的投资组合等办法，最大限度地防范和降低风险，取得理想的收益。

（3）相对独立性。实体项目投资的经营资产一般具有整体性要求，如购建新的生产经营能力，往往是厂房、设备、配套流动资产的结合。而证券投资不一定要与其他投资相配套，可以相对独立地投资并产生收益，形成独立现金流量。这就决定了证券资产投资的现金流量比较单一，往往由原始投资、未来收益或资本利得、本金回收所构成。

（二）证券投资的目的

短期的证券投资与长期的证券投资的区别不仅在于投资期限的不同，更在于投资目的的不同。

1.短期的证券投资的目的

短期的证券投资的根本目的是将其作为现金的替代品。企业在生产经营过程中、筹集的长期资金没有用完前、季节性经营业务淡季时都会出现暂时闲置的现金，这些现金的闲置是一种浪费。因此企业就可以利用这些暂时闲置的现金进行短期证券投资，以获取一定的收益。当需要现金时，可以随时出售证券换回现金使用。这样它既能满足企业对现金的需要，又能在一定程度上增加企业收益，但必须注意流动性第一，收益性第二。当然极少数情况下，有的企业进行短期证券投资是出于投机的目的。

2.长期的证券投资的目的

（1）稳定供销关系，保障生产经营。出于稳定材料供应或销售市场等长远利益的考虑，利用长期的股票投资去控制和影响业务关系链上供销企业的生产经营为本企业服务，保障本企业生产经营顺利进行。

（2）分散资金投向，降低投资风险。通过证券投资，实施多元化经营以分散风险。对外证券投资不受地域和经营范围的限制，投资选择面广，资金收回和退出也较容易，是多元化投资的重要方式。

（3）获得较高收益，积累大笔资金。有时候企业计划或预测未来需要实施某个长期投资项目或偿还重要到期债务，这样通过长期证券投资获得的较高投资收益，可以积累大笔资金，从而实现上述目的。

一般来说，短期的证券投资应特别重视投资的安全性和流动性，以便能够随时变现，安全回收资金，因此短期的证券投资可选择信用等级较高、流动性较强的债券；

长期的证券投资则应更侧重投资的收益性，因此，大多选择股票投资。如为了获取较高的投资收益以积累大笔资金，就应选择成长性股票，以求获得更大的投资回报，如为了控制或影响被投资企业的经营，就只能选择该被投资企业的股票。

二、证券投资的基本类型

（一）债券投资

1.债券投资的目的

债券是政府、金融机构或公司为了筹措资金而按法定程序发行的约定在一定期限还本付息的有价证券。债券都规定了三个要素：债券面值、票面利率和到期日。

债券投资按投资时间的长短可分为短期债券投资和长期债券投资两类。短期的债券投资是指在1年以内到期或准备在1年以内变现的投资；长期的债券投资是指1年以上才能到期且不准备在1年以内变现的投资。

企业进行短期债券投资的目的是合理利用暂时闲置的资金，调节现金余额，获得一定的收益。企业进行长期债券投资的目的主要是为了获得稳定的收益。

2.债券投资的收益

债券投资的收益包含两方面内容：一是债券的利息收入，这是债券发行时就确定的；二是资本利得收益，指债券买入价与卖出价或偿还额之间的差额。当卖出价高于买入价时为资本利得；反之，为资本损失。按计算时是否考虑资金时间价值，衡量债券投资收益水平的指标分为债券静态收益率和到期收益率。

（1）静态收益率即在一定时期内所得收益与投入本金（买入价）的比率，包括本期收益率和持有期收益率两个指标：

$$本期收益率=\frac{债券年利息}{债券买入价}\times 100\% \qquad (8.1.1式)$$

$$持有期收益率=\frac{债券持有期间的利息收入+\left(卖出价-买入价\right)}{债券买入价}\times 100\% \qquad (8.1.2式)$$

持有期年均收益率=持有期收益率÷持有年限

持有年限=实际持有天数÷360

（2）债券的到期收益率是指以特定价格购买债券并持有至到期日或转让日所能获得的年报酬率，是债券投资可望实现的预期报酬率（即内含报酬率或实际利率）。它是使未来现金流量现值等于债券购入价格（即净现值为0）的折现率。

以分期付息、到期还本的债券为例：

【例8-1】福定公司于20×3年2月1日平价购入一张面额为1 000元的债券，其票面利率为8%，每年2月1日计算并支付一次利息，并于5年后的1月31日到期。该公司将持有债券至到期日。那么其到期收益率R为：

1 000=80×（P/A，R，5）+1 000×（P/F，R，5）

采用逐次测试逼近法，再根据比例原理用内插法（插值法）计算出R，即该债券的到期收益率。

用R=8%试算：

80×（P/A，8%，5）+1 000×（P/F，8%，5）

$=80\times3.993+1\ 000\times0.681$

$=319.44+681$

$=1\ 000.44$（元）

经计算，R=8%。

8%就是该债券的到期收益率，即预期投资报酬率。

可见，平价购买的每年等额付息一次的债券的到期收益率等于票面利率。

同样经计算可以证实，如果溢价购入每年等额付息一次的债券，到期收益率将小于票面利率，折价购入每年等额付息一次的债券，到期收益率将大于票面利率。

如果企业投资的是以其他形式发行的债券，如利随本清（所有利息到期一次随本金一次性支付）的债券、折现发行（利息在购买时一次性扣除）的债券、分期付息但不是1年付息一次的债券等，同样可以计算其到期收益率。持有未至到期日而能预测转让日的债券，也一样可以计算到期收益率（即到转让日的收益率）。

到期收益率高于或等于债券投资者要求的投资报酬率（一般要求达到债券的市场利率），该债券可以投资；到期收益率低于债券投资者要求的投资报酬率（市场利率），该债券则不能投资。

3.债券投资的优缺点

与股票投资比较，债券投资的风险较小、收益较低。

（1）债券投资的优点

第一，本金安全性高。与股票投资比较，债券投资的风险较小。政府债券有国家财力作后盾，通常被视为无风险证券。企业债券的持有人拥有优先于股东的求偿权，其本金损失的可能性较小。

第二，收入稳定性强。债券的利息率一般固定，能带来稳定的利息收入。其买卖差价也比股票小得多，由此形成的资本损益也不会大起大落。

第三，市场流动性好。政府及大公司发行的债券一般都可以在资金市场上迅速出售，流动性好。

（2）债券投资的缺点

第一，购买力风险较大。债券一般是固定收益证券，其本金和利息收入的购买力容易受到通货膨胀的侵蚀，其购买力风险比普通股等变动收益证券大。

第二，没有经营管理权。债券持有者是债券发行单位的债权人，无权参与债券发行单位的经营管理，无法对发行单位施加影响和控制。

第三，投资收益较低。与股票投资相比，债券投资的投资收益较低。

（二）股票投资

1.股票投资的目的

股票投资主要分为两种：普通股投资和优先股投资。普通股投资的股利收入不稳定，优先股投资一般可以获得稳定的股息收入，普通股股票的价格与优先股、债券相比波动要大，也就是说，与债券、优先股投资相比，投资于普通股的风险大，但收益可能要高。

企业进行股票投资的目的主要有两种：一是获利，即作为一般证券投资获取股利收入及股票买卖差价（资本损益）；二是控股，即通过购买某一公司的大量股票达到控制和影响该公司生产经营的目的。第一种情况下，企业不应将大量资金投资于某一公司的股票上，否则风险太大；第二种情况下，企业必须集中资金投资于被控制或被影响的公司的股票上，以便能够长期控制和影响对方的经营。

2.股票投资的收益

股票投资的收益由股利股息和转让价差（资本损益）两部分组成。它主要取决于被投资公司的经营业绩、股利政策和股票的市场价格变化，但与投资者的投资经验和技巧也有一定关系。衡量股票投资收益水平的指标为股票收益率，按是否考虑资金时间价值，可以分为静态收益率和预期收益率。

（1）静态收益率，是指在一定时期内所得投资收益（股利股息、资本损益）与本期股票价格的比率。本期股票价格指证券市场上该股票的市价。其包括本期收益率和持有期收益率等指标：

$$\text{本期收益率}=\frac{\text{年现金股利}}{\text{本期股票价格}}\times 100\% \qquad (8.1.3\text{式})$$

$$\text{持有期收益率}=\frac{\text{持有期间分得的现金股利}+\left(\text{股票出售价}-\text{股票买入价}\right)}{\text{股票买入价}}\times 100\% \qquad (8.1.4\text{式})$$

持有期年均收益率=持有期收益率÷持有年限

（2）预期收益率，是使股票未来现金流量折现值等于目前购买价格时的折现率，即净现值等于0时的折现率，也就是股票投资项目的内含报酬率（即可望获得的实际利率）。股票的预期报酬率高于或等于投资者要求的投资报酬率时，投资者才可以投资，否则投资者不会投资。

在投资者不打算长期持有股票，若干年后要将股票转让出去的情况下：

$$NPV=\sum_{t=1}^{n}\frac{D_t}{(1+K)^t}+\frac{P_n}{(1+K)^n}-P_0=0 \qquad (8.1.5\text{式})$$

式中：D_t为第t年的股利；

P_n为股票转让价格；

P_0为股票的购买价格；

K为股票投资的预期收益率。

【例8-2】福元公司于20×3年7月1日投资510万元购买某公司股票100万股，预计在20×4年、20×5年和20×6年的6月30日每股各可以分得现金股利0.5元、0.6元和0.8元，并预计于20×6年的7月2日以每股6元的价格将股票全部售出，试计算该股票投资的预期投资报酬率。

根据内含报酬率计算的原理，使投资项目净现值等于0的折现率就是其内含报酬率。

$$510=\frac{0.5\times 100}{(1+K)^1}+\frac{0.6\times 100}{(1+K)^2}+\frac{0.8\times 100}{(1+K)^3}+\frac{6\times 100}{(1+K)^3}$$

采用逐次测试法测算净现值见表8-1。

所以K处于16%~18%，再采用内插法计算如下：

K=16%　　NPV=13.56

K=?　　NPV=0

K=18%　　NPV=-10.45

$$K=16\%+\frac{13.56-0}{13.56-(-10.45)}\times(18\%-16\%)=17.13\%$$

表 8-1　　采用逐次测试法测算的净现值结果

时间	现金流量（万元）	测试16%		测试18%		测试20%	
		系数	现值	系数	现值	系数	现值
20×4年	50	0.862	43.10	0.847	42.35	0.833	41.65
20×5年	60	0.743	44.58	0.718	43.08	0.694	41.64
20×6年	680	0.641	435.88	0.609	414.12	0.579	393.72
合计	—	—	523.56	—	499.55	—	477.01
净现值			13.56		-10.45		-32.99

即该股票投资的预期投资报酬率为17.13%。

在投资者打算长期持有股票，股利有一个固定增长率时，则有：

$$K = \frac{D_1}{P_0} + g$$

式中：D_1为预计投资后第一年收到的股利。

如果投资者投资的是优先股，股息固定不变的情况下，则有：

$$K = D / P_0$$

3.股票投资的优缺点

与债券投资相比，股票投资的风险要大，收益则可能要高。

（1）股票投资的优点

第一，可能获得较高的投资收益。虽然股利和股票买卖差价等投资收益都不稳定，但投资股票能够期望获得比投资债券更高的投资收益。

第二，能适当降低购买力风险。与固定收益证券相比，普通股作为变动收益证券，其收益能随通货膨胀或紧缩的变动而变动，因此能有效地降低证券投资的购买力风险。

第三，拥有经营管理权。股票投资者作为被投资企业的所有者，依法对被投资企业享有资本收益权、重大经营管理决策权和选择管理者的权利。

（2）股票投资的缺点

股票投资的主要缺点是投资风险大。原因有三个方面：

一是股东对被投资公司资产和净利的求偿权均居于后列。

二是股票的价格除了受制于被投资公司的经营和财务状况之外，还受经济、政治、社会甚至人为诸多因素的影响，处于不断变化的状态中，大起大落的现象也时有发生。股票价格不稳定带来资本利得收益的不稳定。

三是普通股股东的股利收入很不确定。

因此，股票投资的风险大于债券等固定收益证券。

【头脑风暴】 证券市场上影响公司股价涨跌的因素有哪些？

（三）基金投资

投资基金，是一种组合投资、专业管理、利益共享、风险共担的集合投资方式，即通过发行基金份额或受益凭证等有价证券聚集众多的不确定投资者的出资，交由专业投资机构经营运作，以规避投资风险并谋取投资收益的证券投资工具。

基金最突出的特点是集中资金进行分散投资，即聚集零散资金，通过专业化运作，组合投资，分散风险，为投资者获取最大收益。投资基金由基金的发起人设计和组织，通过向社会发行基金受益凭证或基金份额，将社会上众多投资者的零散资金聚集成一定规模的数额，设立基金，交由专业公司投资运作。基金的份额用“基金单位”表示，它是确定投资者在某一投资基金中所持份额的尺度。一个基金投资单位与股份公司一股的含义基本相同。投资基金应当进行组合投资，即其投资运作应当按照资产组合的方式进行。针对证券投资基金，我国《证券投资基金法》限定了其投资方向，即证券投资基金资产只能投资于上市交易的股票与债券，以及国务院证券监督管理机构规定的其他证券及其衍生品种。

投资基金按存续期间投资者是否可以追加申购或赎回，可分为封闭式基金、开放式基金和其他方式基金。按投资对象的不同，可分为股票基金、债券基金、货币基金、期货基金、期权基金、认股权证基金、专门基金等。按投资目标的不同，可分为成长型基金、收入型基金、平衡型基金。按组织形态的不同，可分为契约型基金、公司型基金、有限合伙型基金。按资金募集方式的不同，可分为公募基金和私募基金。

除上述三种外，证券投资还有衍生金融资产投资。衍生金融资产，又称为衍生证券。它们的价格取决于或者衍生于其他证券的价格。金融期货合约和期权合约都是衍生证券，认股权证、优先认股权和可转换债券等是具有期权特征的证券。

拓展阅读1

基金投资和衍生金融资产投资

拓展阅读2

有效市场假说和证券市场

随堂测1

第二节　证券投资决策

企业是否投资证券，应投资于何种证券（或组合），只有对证券投资（组合）的预期风险与预期收益作出预测分析后才能做出决策。

一、证券投资的风险

与对内投资和对外直接投资相比，证券投资的风险要大而且要复杂得多，因此企业将资金投放于证券，不仅要取得收益，更重要的是要保证投资的安全。短期的证券投资管理，就是要在侧重其流动性，确保投资安全的条件下，争取一定的收益。而对长期的证券投资，更需要在预期风险与预期收益（可望达到的实际投资收益）之间作出权衡，以进行科学的投资决策。

证券投资的风险是指证券投资收益的不确定性，尤其指在证券投资过程中达不到投资者期望收益的可能性。一项证券投资，到期日越长，投资人遭受的不确定性因素就越多，承担的风险也就越大。

（一）非系统性风险和系统性风险

证券投资的风险分为两大类：非系统性风险和系统性风险。

1.非系统性风险

证券投资的非系统性风险，是指由于被投资公司特定经营环境或特定事件变化等因素引起的对单个证券的投资收益造成的不确定性。它源于被投资公司自身特有的生产经营活动和财务活动而给被投资公司带来的经营风险和财务风险，与某个具体的证券相关联，同整个证券市场无关。由于这种风险可以通过多元化证券投资来分散，又被称为可分散风险。非系统性风险是被投资公司的特有风险，主要表现形式是被投资公司的经营风险和财务风险，但站在公司外部证券市场的投资者角度考察，无法区分被投资公司的经营风险和财务风险特征，因此被投资公司的公司特有风险是以以下风险形式在证券投资者面前表现出来的：

（1）违约风险，指证券发行人无法按期支付证券投资者投资收益和偿还本金的风险。一般而言，违约风险主要是投资于固定收益型证券的投资者所要面临的风险，多发生于债券投资中。造成违约风险的原因可能是经济环境发生重大变动或发生自然灾害等，也可能是被投资公司经营不善，在市场竞争中失败，流失主要客户，或财务管理失误，导致不能清偿到期债务，甚至引发破产清算。

（2）流动性风险，也称变现风险，是指在证券投资者想出售有价证券获取现金时，无法在市场上短时间内出售或以正常价格平仓出货，从而导致丧失新的投资机会或面临降价出售造成损失的风险。在同一证券市场上，各种有价证券的变现力是不同的，能在短时间内按满意的市价出售的证券，是流动性较高的证券，流动性风险较小；反之，证券的流动性风险较大。一般而言，政府债券、实力强大的公司发行的股票与债券，由于信用好，变现能力强，所以流动性风险小。

2.系统性风险

系统性风险，又称市场风险，指的是由于诸如战争、通货膨胀或紧缩、经济波动、利率调整、投资者心理预期变化等宏观因素的变化给证券市场上所有公司证券带来投资收益不稳定的可能性。这类风险影响到证券市场上所有的证券，虽然影响程度大小有所不同，但投资者无法通过证券多元化组合投资来分散掉，因此又称为不可分散风险。具体地说，系统性风险主要包括以下几个方面：

（1）利率风险，指由于证券市场平均利率变动而引起证券价值变动并进而引起证券价格变动，而造成投资者证券投资收益（主要是资本利得）波动的风险。系统性风险波及所有证券市场上的证券，最终会反映在证券市场平均利率的提高上（因为投资者要求的投资报酬率提高了），从这个角度而言，所有的系统性风险几乎都可以归结为利率风险。证券投资的决策标准是其投资价值应高于或等于投资的价格，证券的投资价值是其未来的现金流入按投资者要求的报酬率折算的现值，作为投资者投资证券要求的投资报酬率的市场平均利率上升，证券的投资价值就要下降，投资者就更不易达到投资价值高于或等于投资价格了，从而导致投资者对证券投资的减少，证券求小于供，证券价格下降。所以，证券的价格会随证券市场平均利率的变动而变动，而且呈负相关的关系，即在其他条件既定的前提下，市场平均利率下降，证券价格上升；市场平均利率上升，则证券价格下跌。从银行等金融机构的存贷款利率角度考察，对证券价格的影响也是如此。存款利率上升，投资者部分资金被存款吸引，造成证券市场投资资金减少，证券价格下跌；而存款利率下降，则证券价格上升。银行等金融机构贷款利率上升，企业借款的资金成本上升，转而更多地向证券市场筹资，证券发行加大，证券增多，价格下降，而从已经发行证券的公司而言，其借款资金成本上升后，盈利下降，从而导致其已发行的证券价格下降；反之，贷款利率下降，证券价格上升。不同期限的证券，利率风险不一样，期限越长，利率风险越大，投资者要求的到期风险报酬率就越高。当投资者投资某种外币证券时，还会发生汇率风险。

（2）购买力风险，是指通货膨胀或紧缩而使证券到期或出售时所获得的货币资金的购买力变动而造成证券投资实际收益变动的可能性。在通货膨胀或紧缩时期，购买力风险对证券投资者有重要影响，它使证券投资的名义收益率和实际收益率发生偏差，导致实际收益率下降或上升。一般而言，随着通货膨胀或紧缩的发生，变动收益证券比固定收益证券的购买力风险要小。因此，普通股股票被认为比公司债券和其他固定收益证券能更好地避免购买力风险。

（3）投资者心理预期风险，是指影响证券价格和收益的各种因素变化导致投资者心理预期变化对证券价格所产生的影响。投资者根据自身素质，借助于所掌握的各种信息，作出对市场变化乐观和悲观的判断（尤其是一些小散户投资者还有羊群效应的作用），并据以决策，从而导致证券的价格和投资收益发生变化。因此，投资者心理预期风险是各种环境因素变化的综合体现。

可分散风险（非系统性风险）随着投资组合中证券品种数量的增加而逐渐抵消。只要投资组合中证券的数量足够多，则大部分可分散风险都能被消除。经验数据表明，证券组合中不同行业的证券个数达到20~40个时，绝大多数非系统性风险已被消除，如图8-1所示。因此只有不可分散风险（系统性风险）才是投资者进行证券投资时必须考虑的真正风险。正确计量不可分散风险对证券投资决策具有重要的意义。

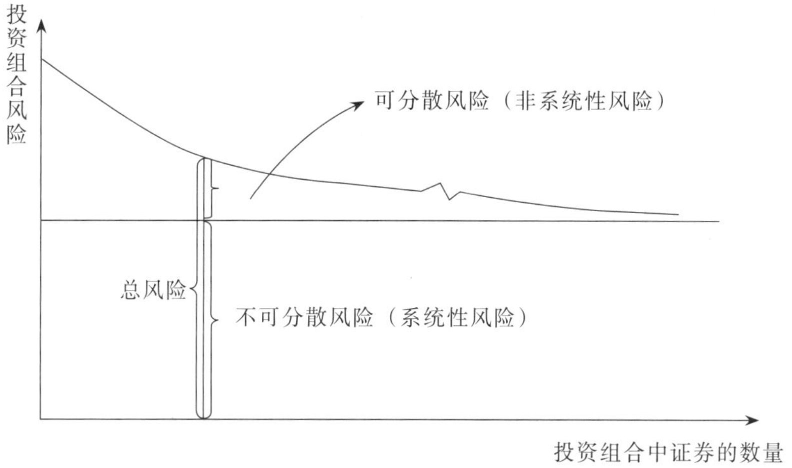

图8-1　证券投资风险的构成

（二）证券投资风险的衡量标准

1.β 系数

企业在进行证券投资时，真正要考虑的是系统性风险（不可分散风险）。引起系统性风险的各个因素的变化，对系统内（整个证券市场）全部证券都会产生影响，但不同的证券受每一种因素变化的影响程度是有差别的。因此，不同的证券在相同的证券市场环境中，其系统性风险也高低有别。在证券市场上，对不同证券系统性风险的大小程度通常用β系数来衡量，因此β系数也叫系统性风险系数。

β系数就是衡量证券市场所有证券平均收益率变动对个别证券收益率变动影响程度的指数。换句话说，β系数是相对于整个证券市场组合的平均风险而言，单个证券所含的系统性风险的大小。某种证券的β系数用公式表示如下：

β=某种证券的预期风险报酬率÷证券市场上所有证券的平均预期风险报酬率　(8.2.1式)

或：β=（某种证券的预期投资报酬率－无风险报酬率）÷（证券市场上所有证券的平均预期报酬率－无风险报酬率）

在实际中，要想利用上述定义式去计算证券β系数是非常困难的。β系数的计算常常需要利用预期投资报酬率的历史数据，采用线性回归（回归直线法）等方法求得。其实在实务中，并不需要企业财务人员或投资者自己去计算证券的β系数，一些证券咨询机构会定期公布大量交易过的证券的β系数。我国也有一些证券咨询机构开始尝试定期计算和编制各上市公司的β系数，人们可以通过中国证券市场数据库等查询。

不同公司的β系数有所不同，即便是同一家公司，在不同时期，其β系数也会或多或少地有所差异。

2.β系数的意义

作为整体的证券市场的β系数为1。如果某种证券的β系数等于1，说明这种证券的风险程度与证券市场上的全部证券的平均风险程度相同；如果某种证券的β系数小于1，说明该种证券的风险程度低于证券市场上全部证券的平均风险程度；如果某种证券的β系数大于1，说明这种证券的风险程度高于证券市场上全部证券的平均风险程度。在证券市场上，绝大多数证券的β系数是大于0的，大都介于0.5和2之间。

二、证券投资的收益

（一）资本资产定价模型（CAPM）与必要投资报酬率的估算

根据风险与收益的一般关系，投资者进行某项投资要求的投资报酬率（也称必要投资报酬率或期望投资报酬率）是由无风险报酬率和投资该项目要求的风险报酬率决定的。即必要投资报酬率=无风险报酬率+必要风险报酬率。

投资者进行证券投资的必要投资报酬率可以用资本资产定价模型（简称CAPM模型）来进行估算。表达式如下：

$$K=R_f+\beta\times(R_m-R_f) \qquad (8.2.2式)$$

式中：K表示投资者投资某证券的必要报酬率（期望报酬率）；

β表示该证券的系统性风险系数；

R_f表示无风险报酬率，通常可以用短期国债的利率来近似替代；

R_m表示证券市场平均投资报酬率，通常用股票价格指数报酬率的平均值或所有股票的平均报酬率来替代。

这是资本资产定价模型的核心关系式。

公式中，（R_m-R_f）称为证券市场平均风险报酬率，它是证券投资者由于承担了市场平均风险而要求获得的超过无风险报酬率的那部分额外报酬，是市场作为整体对风险的平均“容忍”程度。市场对风险越是厌恶和回避，要求的补偿就越高，因此，市场平均风险报酬率（R_m-R_f）的数值就越大。反之，如果市场的抗风险能力强，则对风险的厌恶和回避就不是很强烈，要求的补偿就越低，所以（R_m-R_f）的数值就越小。不难看出，投资者投资某项证券所要求的风险报酬率是市场平均风险报酬率与该证券的系统性风险系数β的乘积，即：

必要风险报酬率=β×（R_m–R_f）　　　　（8.2.3式）

资本资产定价模型用图形表示，叫证券市场线（SML）。如果把资本资产定价模型公式中的β看作自变量（横坐标），必要投资报酬率K作为因变量（纵坐标），无风险报酬率（R_f）和市场平均风险报酬率（R_m–R_f）作为已知数，那么K=R_f +β×（R_m–R_f）这个关系式就是一个直线方程，即证券市场线。将证券市场线描绘在平面上，这条直线的截距是无风险报酬率R_f，其斜率是市场平均风险报酬率（R_m–R_f），如图8–2所示。市场平均风险报酬率（R_m–R_f）越大，证券市场线的斜率就越大，证券市场线就会较陡，这时一项证券投资的系统性风险水平稍有变化，就会导致该证券的必要投资报酬率较大幅度的变化；相反，如果多数市场参与者对风险的关注程度较小，证券市场线就会变得平缓一些，这时证券投资的必要投资报酬率受其系统性风险的影响程度较小。

拓展阅读3

资本资产定价模型

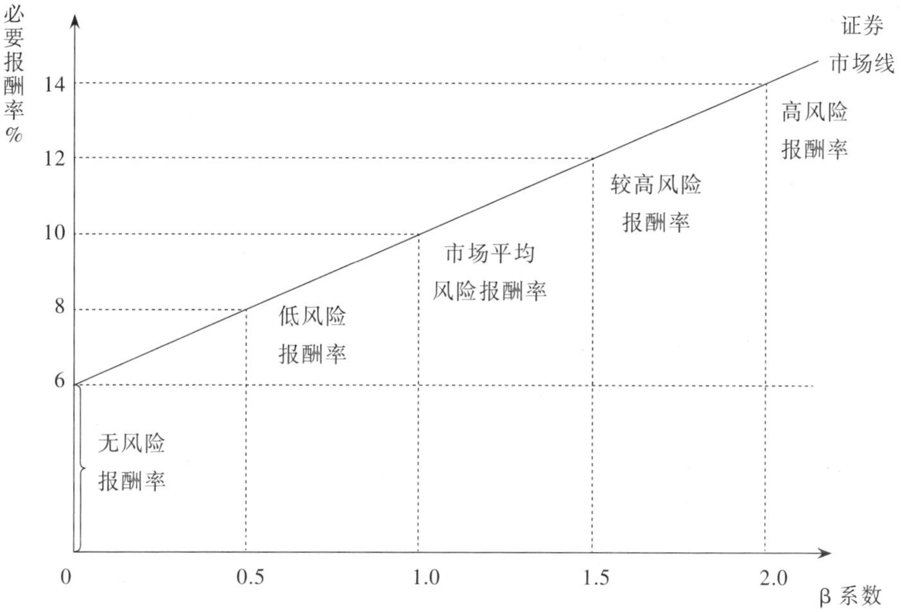

图8–2　证券市场线：证券必要投资报酬率与β系数的关系

例如，证券市场平均报酬率为10%，无风险报酬率为6%，即证券市场平均风险报酬率为4%。如果证券的β系数分别为0.5、1、1.5、2时，其要求的风险报酬率分别为2%、4%、6%和8%。作出的证券市场线如图8–2所示。

证券市场线对任何公司、证券以及证券投资组合的必要投资报酬率的计算都是适用的。只要将该公司证券或证券组合的β系数代入这个直线方程，就能得到其各自的必要投资报酬率。证券市场上任意一项证券或证券组合的β系数和必要报酬率都可以在证券市场线上找到对应的一点。在证券市场线关系式K=R_f +β×（R_m–R_f）中的等号右侧，唯一与单项证券（或证券组合）相关的就是系统性风险系数β，所以证券市场线一个重要的暗示就是“只有系统性风险才有资格要求补偿”。

【例8–3】现行国库券的投资报酬率为12%，股票市场平均必要投资报酬率为16%。若某股票的β系数为1.5，则：

市场平均风险报酬率=16%–12%=4%

该股票的必要风险报酬率=4%×1.5=6%

该股票的必要投资报酬率（K）=12%+1.5×（16%-12%）=18%

（二）证券市场线与市场均衡

资本资产定价模型认为，证券市场线是一条市场均衡线。证券市场在均衡的状态下，所有证券投资后可望实现的实际报酬率（预期投资报酬率）都应该落在这条线上。也就是说，在均衡状态下，每项证券投资后可望实现的实际报酬率（即预期投资报酬率）应该等于其必要投资报酬率，其大小由证券市场线的核心公式 $K=R_f+\beta\times(R_m-R_f)$ 来决定。

如果某项证券的预期投资报酬率高于证券市场线，即其预期投资报酬率高于其必要投资报酬率，说明该项证券投资预计可望实现的实际报酬率将高于其投资者所要求的投资报酬率，这将造成市场参与者对这一证券的青睐，从而使该证券的价格升高，价格升高的结果会使未来的预期投资报酬率下降，一直降到证券市场线上来，使得其预期投资报酬率等于其必要投资报酬率；相反，如果某项证券投资的预期投资报酬率低于证券市场线，说明这一证券的预期投资报酬率低于其投资者要求的必要报酬率，这将会使这一证券少人问津，因而其价格将会降低，降价的结果导致其未来预期报酬率升高，也会使其预期投资报酬率回到证券市场线上来。

在资本资产定价模型的理论框架下，假设市场是均衡的，所以资本资产定价模型还可以描述为：

预期投资报酬率=必要投资报酬率=$R_f+\beta\times(R_m-R_f)$

（三）证券投资的预期投资报酬率

证券投资的预期投资报酬率就是投资者投资证券后预计未来可望实现的实际报酬率，也就是证券投资项目的内含报酬率（IRR）。

证券投资的预期投资报酬率的测算可见本章【例 8-1】和【例 8-2】，其中，【例 8-2】是股票投资的预期报酬率（内含报酬率）的测算例子，【例 8-1】是债券投资预期报酬率（内含报酬率）的测算例子。

证券投资决策时，当该证券投资的预期投资报酬率高于或等于投资者要求的投资报酬率（必要投资报酬率或期望投资报酬率）时，可以投资，否则不能投资。

三、证券投资价值的估价和决策

任何投资决策的作出，都要以其投资对象的内在价值的估价为前提。在财务管理中，对一项资产的内在价值估价一般都是将该项资产未来能带来的现金流入以投资者要求的投资报酬率（必要投资报酬率、期望投资报酬率）进行折现而得。投资者要求的投资报酬率越高，估价出来的投资对象的内在价值就越低。如果估价出来的投资对象的内在价值高于或等于投资对象的购买价格，投资者就会决定投资（购入），因为只有这样投资者投资后可望获得的预期投资报酬率（内含报酬率）才能超过或达到自己要求的投资报酬率；否则，投资者就会放弃投资，因为这项投资的预期投资报酬率无法达到其要求的投资报酬率。证券投资的决策也不例外。

视频微课

债券和股票投资如何决策？

通过资本资产定价模型的核心公式 $K=R_f+\beta\times(R_m-R_f)$，投资者已经可以估算出投资于某一证券所要求的投资报酬率应为多少，接下来的工作便是用这个必要投资报酬率作为折现率，对所要投资的证券进行估价并进行投资决策了。

（一）债券投资价值的估价和决策

债券投资未来的现金流入主要包括两个方面：一是利息收入；二是债券到期收回的本金或未能持有至到期而出售的售价收入。用投资者要求的投资报酬率（必要投资报酬率）对这两个方面的现金流入进行折现所得的现值，就是债券的内在价值。只有债券的价值高于或等于其购买价格时，才值得购买，因为只有这样，债券投资的预期投资报酬率才能高于或等于其要求的投资报酬率。因此债券价值是债券投资决策时使用的主要指标。

1.债券价值估价的一般模型

债券价值估价的一般模型是指对典型债券所使用的估价模型。此处所称的典型债券是指票面利率固定，每年计算并支付当年利息，到期偿还本金的债券。这种情况下，可对要投资的债券的价值用如下基本模型评定：

$$V=\sum_{t=1}^{n}\frac{I}{(1+K)^{t}}+\frac{F}{(1+K)^{n}} \qquad \text{(8.2.4式)}$$

因为每年获得的利息收入为普通年金，所以上式也可以写成：

V=I×（P/A，K，n）+F×（P/F，K，n）

式中：V为债券价值；

I为债券每年利息（I=票面金额×票面利率i）；

F为债券面值，即还本金额；

K为投资人要求的必要收益率；

n为付息总期数。

【例8-4】福惠公司于20×3年2月1日欲购买一张面额为1 000元的债券，其票面利率为8%，每年2月1日计算并付息一次，并于5年后的1月31日到期。当时的市场利率为10%，债券的市价是920元。假设福惠公司要求的必要投资报酬率为市场利率。请问该公司是否应购买该债券？

债券价值（V）=80×（P/A，10%，5）+1 000（P/F，10%，5）

=80×3.791+1 000×0.621=924.28（元）

由于债券的价值大于市价，购买该债券是合算的，因为它可获得大于10%的投资报酬率，符合投资者的要求。

2.一次还本付息且不计复利的债券估价模型

有些公司发行的债券为一次还本付息且不计复利、平价发行的债券。一些政府债券和政府代理机构发行的债券也是如此，这类债券属于利随本清的存单式债券。

一次还本付息且不计复利的债券的价值估价计算公式为：

$$V=\frac{F+F\times i\times n}{(1+K)^{n}}=(F+F\times i\times n)\times(P/F,K,n) \qquad \text{(8.2.5式)}$$

【例8-5】福敏公司拟购买另一家公司发行的利随本清的公司债券，该债券面值为1 000元，期限3年，票面利率为10%，不计复利，当前市场利率为8%。假设福敏公司要求的必要投资报酬率为市场利率。请问该债券发行价格为多少时，福敏公司才能购买？

根据上述公式计算可得：

$$V=\frac{1\,000+1\,000\times10\%\times3}{(1+8\%)^3}=1\,032\text{（元）}$$

即债券价格低于1 032元时，该企业才能购买。否则，投资后达不到该企业要求的投资报酬率8%。

3.折现发行时债券的估价模型

有些债券以折现方式发行，没有票面利率，到期按面值偿还。这类债券的估价模型为：

$$V=\frac{F}{(1+K)^n}=F\times(P/F,\ K,\ n) \qquad \text{(8.2.6式)}$$

【例8-6】某债券面值为1 000元，期限为5年，以折现方式发行，期内不计利息，到期按面值偿还，当时市场利率为10%。假设投资者要求的必要投资报酬率为市场利率。请问该债券价格为多少时，该投资者才能购买？

根据上述公式计算可得：

$$V=1\,000\times(P/F,\ 10\%,\ 5)=1\,000\times0.621=621\text{（元）}$$

该债券的价格只有低于621元时，该投资者才能购买。否则，该投资者投资后可望实现的投资报酬率将达不到自己要求的投资报酬率10%。

（二）股票投资价值的估价和决策

股票给持有者带来的未来现金流入包括两部分：各期的股利收入和出售时的售价收入。股票的投资价值就是将其预期的未来现金流入按投资者要求的投资报酬率折算的现值，也称为“股票的内在价值”。投资者只有将股票的内在价值估价出来后和股票发行价或市价比较，视其低于、等于或高于发行价、市价，才能决定是否投资。

1.股票估价的基本模型

股票估价的基本模型适用于投资者短期持有、未来准备出售的股票的估价。

$$V=\sum_{t=1}^{n}\frac{d_t}{(1+K)^t}+\frac{V_n}{(1+K)^n} \qquad \text{(8.2.7式)}$$

式中：V为股票内在价值；

V_n为未来出售时预计的股票售价；

K投资者要求的必要投资报酬率；

d_t为第t期的预期股利；

n为预计持有股票的期数。

2.长期持有股票情况下股票的估价模型

$$V=\sum_{t=1}^{\infty}\frac{d_t}{(1+K)^t} \qquad \text{(8.2.8式)}$$

由于股票的股利往往不固定，因此要预测其未来现金流入十分困难。因此这里只能介绍两种简化情况下长期持有股票的估价模型。

（1）长期持有股票，股利稳定不变的股票估价模型

在这种情况下，由于投资者长期持有股票，因此该股票没有出售价，只能获得稳定不变的股利，这是一个永续年金。因此这种股票的估价模型可简化为：

$$V=d/K \qquad \text{(8.2.9式)}$$

式中：d为每年固定的股利。

优先股的情况与上式相似，因此优先股投资价值估价也可以采用8.2.9式。

【例8-7】福绍公司股票每年分配股利2元，股东要求的最低报酬率为16%，则该股票的价值为：

V=2÷16%=12.5（元）

（2）长期持有股票，股利固定增长的股票估价模型

设上年股利为d_0，每年股利的增长率为g，d_1为预计的下一年的股利。则：

$$V=\frac{d_0\times(1+g)}{K-g}=\frac{d_1}{K-g} \qquad (8.2.10式)$$

【例8-8】福著公司准备投资购买东方股份公司的股票，该股票上年每股股利为1.2元，预计以后每年以5%的增长率增长，经分析后福著公司认为必须得到10%的报酬率才能符合投资要求。请问这种股票对福著公司而言的内在价值为多少？

该股票的内在价值为：

$$V=\frac{1.2\times(1+5\%)}{10\%-5\%}=25.2（元）$$

即东方公司该股票的价格在25.2元以下时，福著公司才能投资购买。否则，达不到该公司要求的投资报酬率10%。

（三）股票市场价格合理性的评价

在股票市场上，投资者还要对各种股票市场价格的合理性进行分析和评价，然后才能决定其投资行为。对股票市场价格进行评价的主要方法有以下几种：

1.每股净值法

每股净值也叫每股净资产或每股账面价值。许多稳健的投资者，在进行股票投资时，常分析股票的每股净值，即分析每一股股票所代表的公司的净资产有多少。股票的每股净值通常是用被投资公司的资产总额减去公司的负债总额，得到净资产总额，再除以普通股股数计算出来的。

为了充分衡量股价的合理性，一般还可以用每股净值的倍数（市净率）作为衡量的指标。计算公式为：

$$市净率（倍数）=\frac{每股市价}{每股净资产} \qquad (8.2.11式)$$

这个公式表明某股票的市价与其净资产的比率。市净率越高，该股票风险越人，其投资价值越低；市净率越低，则表示股票风险越小，其投资价值越高。同时，投资者也可以计算上市股票的平均市净率，对各个不同时间的平均市净率进行比较，以判断现今股票市场的价格是处于较高或较低的水平，从而决定是买进还是卖出所持股票。因此，平均市净率是股票市场股价水平的重要指标。而某种股票的市净率则能反映此种股票投资价值的高低。

2.市盈率分析法

前述的股票内在价值的估价方法，理论上比较健全，计算的结果使用起来也很方便，但未来股利的预计很复杂且要求很高，一般投资者往往很难办到。而市盈率分析易于掌握，被许多投资者使用。

（1）用市盈率估计股价高低

市盈率是股票每股市价与每股利润的比率。它可以粗略反映股价的高低和股票风险的大小，表明投资人愿意用每股利润的多少倍的资金来购买这种股票，是市场对该股票的评价。一般来说，市盈率高，说明投资者对该公司的发展前景看好，愿意出较高的价格购买该公司的股票。但如果市盈率过高，也意味着这种股票具有较高的投资风险。

【例8-9】 福祺公司股票每股利润为0.5元，市盈率为20倍，则其每股价格为多少？

每股价格=0.5×20=10（元）

股票价值=行业标准市盈率×该股票每股利润　　（8.2.12式）

行业标准市盈率可以使用同行业股票历史平均市盈率。

【例8-10】 若【例8-9】中该股票行业历史平均市盈率为28倍，则该股票价格为多少时股票才具有投资价值？

股票价值=0.5×28=14（元）

在该股票价格低于14元的情况下其才具有投资价值。

（2）用市盈率估计股票投资风险

一般来说，市盈率高，说明投资者对该公司的发展前景看好，愿意出较高的价格购买该公司的股票。但当股市受到不正常因素干扰时，某些股票的市价被哄抬到不应有的高度，市盈率过高，也意味着这种股票具有较高的投资风险。按国际市场惯例，通常认为超过30的市盈率是高风险的。过高或过低的市盈率都不是好兆头。市盈率在5～30之间是比较正常的。当然市盈率的高低的合适与否还与股票所属行业有关，传统行业一般较低些，高科技行业一般高些。

随堂测2

第三节　证券投资组合

一、证券投资组合理论

证券投资组合又叫证券组合，是指在进行证券投资时，不是将所有的资金都投向单一的某种证券，而是有选择地投向一组证券。这种同时投资多种证券的做法便叫证券的投资组合。证券投资组合是证券投资的重要武器，它扩大了投资者的选择范围，增加了投资者的投资机会，而且通过有效地进行证券投资组合，可以消减证券投资风险，达到稳定收益的目的。当投资的证券种类足够多时，几乎能把所有的非系统性风险分散掉。因此，证券市场上有这样一句名言："不要把全部鸡蛋放在同一只篮子里"。

现代证券投资组合理论的发展可追溯至1952年。美国著名财务经济学家马可维茨（Harry M. Markowitz）在当年发表的《资产组合选择——投资的有效分散化》一文中，利用均值方差的分析方法将投资收益和风险数量化，建立最佳投资组合基本模型，揭示了如何运用组合理论以确定一条可供投资者选择的有效边界，使得边界上的每个点（即有效组合）都符合在给定风险水平下具有最大收益的特点（即资本市场线，CML）。夏普（William F. Sharpe）对这一方法进行了改进，于1963年提出了一种简化的处理方法——单指数模型，使投资组合理论更具实践意义。此后，随着计算机技术的快速发展，现代投资组合理论在实际经济生活中真正得到了广泛运用。

拓展阅读4

证券投资组合理论

二、证券投资组合的策略和方法

（一）证券投资组合的策略

在证券投资组合理论的发展过程中，形成了各种各样的派别，从而也形成了不同的证券投资组合策略。最常见的有以下三种：

1.保守型策略

这种策略认为，最佳证券投资组合策略是要尽量模拟市场现状，将尽可能多的证券包括进来，以便分散掉全部非系统性风险，得到与市场所有证券的平均收益同样的收益。这种策略的好处是：能分散掉全部可分散风险；不需要高深的证券投资专业知识；投资的证券稳定，管理费比较低。但这种组合获得的收益不会高于证券市场上所有证券的平均收益。因此，这种策略属于收益不高、风险不大的策略，故称之为保守型策略。

2.冒险型策略

这种策略认为，与市场完全一样的组合不是最佳组合，只要投资组合做得好，就能超越市场，取得远高于证券市场平均水平的收益。在这种组合中，一些成长型的股票比较多，而那些低风险低收益的证券不多。另外，其组合的随意性强，变动频繁。这种策略的收益高、风险大，因此称为冒险型策略。

3.适中型策略

这种策略认为，证券的价格，特别是股票的价格，是由特定公司的经营业绩来决定的。市场上股票价格的一时沉浮并不重要，只要公司经营业绩好，股票一定会升到其本来的价值水平。采用这种策略的人，一般都善于对证券进行行业、公司业绩和财务方面的分析，从而选择高质量的股票和债券，组成投资组合。这种组合投资策略风险不太大，收益却比较高，所以是一种最常见的证券组合策略。各种金融机构、投资基金和企业单位在进行证券投资时一般都采用此种策略。

（二）证券投资组合的方法

进行证券投资组合的方法有很多，但最常见的方法通常是：

1.随机选择足够数量的证券进行组合

这是一种最简单的证券投资组合方法。随着证券数量级的增加，非系统性风险会逐步减少，当数量足够时，大部分非系统性风险都能被分散掉。据国外投资专家估计，为了有效地分散风险，每个投资者拥有的股票最好不少于14种，一般来说当证券组合中证券种类增加到20种时，证券组合的风险几乎降低到了只包含系统性风险的水平。根据这个观点，我国上市股票已经不少，同时投资于15～20种股票，就能达到分散风险的目的了。

2.把各1/3风险大、风险中等、风险小的证券放在一起进行组合

这种投资组合方法又称1/3法，是一种进可攻、退可守的组合法，虽然不会获得太高的收益，但也不会承担巨大的风险，是一种常见的组合方法。

3.把投资收益呈负相关的证券放在一起进行组合

一种股票的收益上升和另一种股票的收益下降联系在一起的两种股票，称为负相关股票。如企业同时持有一家汽车制造公司的股票和一家石油公司的股票，油价上涨时这两种股票的收益便呈负相关，因为油价上涨，石油公司收益增长，股价上涨，但会影响汽车销量，使汽车公司收益降低，股价下跌。只要选择得当，这样的组合对降低风险有重要意义。

三、证券投资组合的风险与必要投资报酬率

证券投资组合的系统性风险一般仍用β系数表示。证券投资组合的β系数是单个证券β系数的加权平均数，权数为各种证券在证券组合中所占的资金比重。其计算公式是：

$$\beta_p=\sum_{i=1}^{n}x_i\beta_i \tag{8.3.1式}$$

式中：β_P为证券投资组合的β系数；

β_i为第i种证券的β系数；

x_i为第i种证券在投资组合中的资金比重。

根据资本资产定价模型，证券组合的必要报酬率（K_i）的计算公式为：

$$K_i=R_f+\beta_P\times(R_m-R_f) \tag{8.3.2式}$$

【例8-11】福延公司持有由甲、乙、丙三种股票构成的证券组合，它们的β系数分别是2.0、1.0和0.5，它们在证券组合中所占的比重分别为50%、30%和20%，股票的市场平均投资报酬率为14%，无风险报酬率为10%。要求确定这种证券组合的必要风险报酬率和必要投资报酬率。

（1）计算确定该证券组合的β系数

$\beta_P=50\%\times2.0+30\%\times1.0+20\%\times0.5=1.4$

（2）计算该证券组合的必要风险报酬率

$R_p=\beta_p\times(R_m-R_f)=1.4\times(14\%-10\%)=5.6\%$

（3）计算该证券组合的必要投资报酬率

$K_i=R_f+\beta_p\times(R_m-R_f)=10\%+1.4\times(14\%-10\%)=15.6\%$

调整风险不同的各种证券在证券组合中的比重，可改变证券组合的风险、必要风险报酬率和必要投资报酬率。

【例8-12】若【例8-11】中，该公司为降低风险，售出部分甲股票，买进部分丙股票，甲、乙、丙三种股票在证券组合中所占的比重调整为20%、30%和50%。试计算此时的必要风险报酬率和必要投资报酬率。

此时，该证券组合的β系数为：

$\beta_P=20\%\times2.0+30\%\times1.0+50\%\times0.5=0.95$

那么，此时该证券组合的必要风险报酬率为：

随堂测3

$R_p=\beta_p\times(R_m-R_f)=0.95\times(14\%-10\%)=3.8\%$

此时该证券组合的必要投资报酬率为：

$K_i=R_f+\beta_p\times(R_m-R_f)=10\%+0.95\times(14\%-10\%)=13.8\%$

【头脑风暴】假如你手中有10万元资金，你打算如何在股票市场中投资？

【分组任务】

情景模拟：不同人群的投资倾向分析

知识点：债券、股票的估价

素质能力目标：结合风险、收益等因素，分析不同人群的投资观念

活动内容：

（1）课前准备：检索不同投资方式的收益率情况（如国债、定期存款、基金、股票、余额宝等）。

拓展阅读5

套期定价理论

注意：不同投资方式的收益率不同，但是风险与收益率是相匹配的，同时要注意到报酬与流动性之间的关系。

（2）课上活动：学生分为两组，分别模拟青年人和老年人，针对市场上现有的投资方式进行选择或组合，作出投资决策，充分考虑各方面因素并深入分析原因。

本章测评

相关假设：青年人处于个人成长的上升期，收入呈现出增加态势，风险承受能力较强；老年人依靠退休金生活，由于身体状况不可预见等方面因素，风险承受能力较弱。

计算分析题

【素养提升】

党的二十大报告指出，要"健全资本市场功能，提高直接融资比重"，"依法规范和引导资本健康发展"。从本章的学习我们知道，企业从事证券投资虽然有各种不同的目的，但企业对外证券投资相比于对内经营资产的投资而言，收益可能较高，投资风险也较高。好的投资理念是投资者在投资市场上的生存之道。投资市场，瞬息万变，一些方式方法可能会在市场上不完全适用或不适用，但是正确的投资理念（投资价值观）是永久受益的。投资价值观是投资者的底线。请问企业从事证券投资的正确投资理念主要有哪些？为什么说这些理念是正确的？

本章小结

企业短期证券投资的根本目的是将其作为现金的替代品。证券投资的风险分为两大类：非系统性风险，又称公司特别风险、可分散风险，主要包括违约风险、流动性风险等；系统性风险，又叫市场风险、不可分散风险，主要包括利率风险、购买力风险、投资者心理预期风险等。对不同证券系统性风险的大小程度通常用β系数来衡量。投资者进行证券投资的必要投资报酬率可以用资本资产定价模型（CAPM模型）来进行估算。最常见的证券组合策略有保守型策略、冒险型策略和适中型策略。证券投资内在价值估价一般都是将该项证券未来能带来的现金流入以投资者要求的投资报酬率（必要投资报酬率）作为折现率进行折现而得。如果估价出来的证券内在价值高于或等于其市场价格，投资者就会决定投资（购入）。

思考题

1.简述债券投资和股票投资的优缺点。

2.试述证券投资的风险。

3.证券投资组合的策略和方法有哪些？

4.如何进行证券投资价值的估算和决策？

第九章

利润分配管理

学习目标：1. 掌握四种基本股利政策的做法及其优缺点；
2. 熟悉利润分配的原则和一般程序；
3. 熟悉影响股利分配的有关因素；
4. 熟悉股利支付的方式；
5. 了解利润的构成；
6. 了解股利无关论和股利相关论等股利分配理论；
7. 了解股利支付的程序。

导入案例

中国工商银行八年派现七千多亿元

一般来说，上市公司当年有盈利就可以分红。盈利多的公司分红就多，盈利少的公司分红就少。2016—2020年这五年，哪家上市公司分红最大方？

这五年中分红总额最多的前十位包括：工商银行4 354亿元、建设银行3 673亿元、农业银行2 919亿元、中国银行2 632亿元、中国石化1 948亿元、中国平安1 346亿元、中国神华1 261亿元、中国石油1 128亿元、招商银行1 113亿元、交通银行1 072亿元。

分红总金额排在前四位的“工、建、农、中”四大行，同时也是这五年累计分红超过2 000亿元的“唯四”上市公司。

以工商银行为例，其这五年分红派现5次，平均每股派息0.24元（税前），累计分红达4 354亿元。工商银行2016—2020年所实施的5次分红派现分别对应2015—2019年度，每股税前派息0.233元、0.234元、0.241元、0.251元和0.263元，现金分红金额分别为831亿元、835亿元、858亿元、893亿元和937亿元。对应净利润来看，工商银行2015—2019年分别实现归母净利润2 771亿元、2 782亿元、2 860亿元、2 977亿元和3 122亿元，各年现金分红占归母净利润的比例分别为29.99%、30.01%、30.00%、30.00%和30.01%。从这五年的数据来看，工商银行的现金分红占归母净利润的比例基本稳定在30%左右。

工商银行2021—2023年又分红派现3次，分别对应2020—2022年度，每股税前派息0.266元、0.293元、0.304元。2021年度和2022年度连续两年分红均超1 000亿元，分别达到1 045.34亿元和1 081.69亿元，股息率分别达到6.12%和6.23%。

自2007年以来的17年中，工商银行一直以“真金白银”的方式回报股东，现金分红力度随着业绩增长不断提升。

资料来源：肖玮，李云琦．上市公司分红谁大方？工行近五年派现四千亿，7家公司分红超十次［N］．新京报，2021-3-25.

史健．明起，国有六大行4 000亿现金分红要来了［N］．上海证券报，2023-07-11.

案例详细资料和提示

要求：

1.股利分配形式有几种？

2.你认为中国工商银行近八年派现七千多亿元的主要原因是什么？

利润作为企业最终的经营成果（息税前利润）和财务成果（净利润），是企业生存和可持续发展的源泉，是衡量企业经营管理水平的重要综合性指标，是企业利益相关者进行利益分配的基础。获取利润是企业生产经营的出发点和归宿。企业在存续期内，在缴纳所得税后，其净利润的一部分要分配给所有者作为其资本收益，另一部分要留在企业作为所有者对企业的追加投资。利润分配政策的合理与否，直接关系到所有者当期到手的投资收益和对企业投资的信心，也与企业内部筹资和下一步再投资数量密切相关，同时还会影响到与企业有利害关系的各方的利益。因此正确地组织利润分配，兼顾不同方面的利益，处理好投资者近期利益与企业长远发展之间的关系，确保利润分配政策与筹资、投资策略相互协调，建立利润分配的激励约束机制，是企业财务管理的一项重要内容，也是企业成长与发展的重要财务基础之一。

第一节　利润分配概述

一、利润的构成和利润的分配

（一）利润的构成

从会计的角度来看，利润是指企业在一定会计期间生产经营活动所实现的财务成果，是企业一定会计期间所取得的全部收入抵补当期全部成本费用及税金后的余额。利润可以反映企业在一定会计期间的经营业绩和获利能力，反映企业的投入产出效率和经济效益。

根据企业会计制度的规定，在企业利润表中，企业利润包括营业利润、利润总额、净利润、每股收益（即每股利润）四个层面：

（1）营业利润

营业利润=营业收入-营业成本-税金及附加-销售费用-管理费用-研发费用-财务费用+其他收益+投资收益（-投资损失）+净敞口套期收益（-净敞口套期损失）+公允价值变动收益（-公允价值变动损失）-信用减值损失-资产减值损失+资产处置收益（-资产处置损失）

（2）利润总额

利润总额=营业利润+营业外收入-营业外支出

（3）净利润

净利润=利润总额-所得税费用

（4）每股收益（每股利润）

$$\text{每股收益}=\frac{\text{净利润}-\text{优先股股利}}{\text{发行在外的普通股加权平均股数}}$$

$$\text{发行在外的普通股加权平均数}=\text{期初发行在外的普通股股数}+\frac{\text{当期新发行普通股股数}\times\text{已发行时间}}{\text{报告期时间}}-\frac{\text{当期回购普通股股数}\times\text{已回购时间}}{\text{报告期时间}}$$

在企业财务管理中，利润根据其构成不同，可表述为以下两个层次：息税前利润、净利润（包括每股利润）。

（1）息税前利润（EBIT）

息税前利润是指企业支付利息和缴纳所得税之前的利润，其计算公式可以分别从其形成和分配两个方面反映。从形成方面看，息税前利润=营业收入-变动成本-固定成本=边际贡献-固定成本（变动成本和固定成本中都不包括财务费用）；从分配方面看，息税前利润=净利润+所得税+利息支出。

可见，息税前利润是对应于企业总资产的利润，与企业总资产配合形成总资产息税前利润率（ROA）指标，其中净利润和所得税分别归属于投资人（所有者）和政府，利息支出归属于债权人。息税前利润体现不同企业间的不同采购成本、生产制造成本、销量、销售单价以及管理费用、销售费用、流转税税率等因素的影响，反映了企业经营效果和企业总资产经营盈利水平，可以据此较准确地对生产经营管理水平进行评价。在计算经营杠杆系数，控制和考核企业利润中心、投资中心业绩，进行本量利分析以及经营决策和企业盈利能力、偿债能力分析时都要用到息税前利润。

（2）净利润

净利润（Net Profit）即税后利润（Earnings after Tax，EAT）（从会计角度看两者并无区别，但财务管理中的EAT，往往指归属于普通股的净利润，即净利润-优先股股利，因为发行优先股的公司很少，所以常常将两者等同），它是与所有者权益资金相对应，归属于企业所有者所有的利润，与所有者权益配合形成权益资金税后利润率指标（净资产收益率，ROE）。其计算公式为：净利润=息税前利润-利息支出-所得税=税前利润-所得税。它不仅受决定企业息税前利润（经营成果）的生产经营诸因素的影响，还受企业资本结构、所得税税率等财务经营因素的影响，是企业最终的财务成果，在确立财务管理目标、计算财务杠杆系数、考核企业投资中心和整个企业的业绩、实施利润分配、进行盈利能力分析和财务综合分析等方面都要用到它，是企业中最综合的一项财务指标。

每股收益（也称每股利润或每股盈余，EPS）是每股普通股的净利润，是净利润的相对数指标，包括基本每股收益和稀释每股收益。稀释每股收益是以基本每股收益为基础，假设企业所有发行在外的稀释性潜在普通股均已转换为普通股，从而分别调整归属于普通股股东的当期净利润以及发行在外普通股的加权平均数计算而得的每股收益。潜在普通股主要包括：可转换公司债券、认股权证和股份期权等。

（二）利润的分配

从分配范围来看，财务管理中的利润分配包括息税前利润分配、税前利润分配和税后利润分配。与此相对应的分配程序是息税前利润在利息和税前利润之间的分配，按契约的规定，向债权人支付利息；税前利润在所得税和净利润之间的分配，即按税法的规定，向政府缴纳所得税；净利润在企业留存收益与股利（股息）红利之间的分配，即根据企业发展对资金的需求、盈利能力、现金支付能力和流量状况，以及投资者对收益偏好（当期收益还是长远资本利得）等因素，确定对外分配股利红利和对内留存收益的比例。

财务管理中一般意义上的利润分配是指企业净利润的分配。所以，利润分配，是将企业实现的净利润，按照国家财务制度规定的分配形式和分配顺序，在企业和投资者之间进行的分配。

二、利润分配的原则

党的二十大报告指出：“分配制度是促进共同富裕的基础性制度”。为合理组织企业财务活动和正确处理与投资者之间的财务关系，企业在进行利润分配时，应遵循以下原则：

（一）合乎法规原则

企业利润分配的对象是企业缴纳所得税后的净利润，这些利润是企业的权益，企业有权自主分配。为了规范企业利润分配行为，确保所有者的利益，促进企业健康发展，我国制定和颁布了一系列法规制度。如在《公司法》中，对公司制企业的利润分配作出了具体规定。证监会对上市公司的股利政策更是经常出台具体新规范。在每个公司的公司章程中，对利润分配的原则、方法、决策程序等内容有更具体明确的规定。因此，企业在进行利润分配时，必须根据有关法规和公司章程的规定，合法分配，不得违反。

（二）利益兼顾原则

利润分配政策的合理与否，直接影响企业所有者与企业之间、企业所有者与债权人之间、所有者与所有者之间的经济利益。因此，企业利润分配要协调好近期利益与长远利益、整体利益和局部利益的关系，合理确定留存收益和分配给投资者的利润的比例。首先，在分配中不能侵蚀资本。一般情况下如果存在尚未弥补的亏损，企业应首先弥补亏损，再进行其他分配。其次，保护好债权人的利益。按照风险承担的顺序及合同契约的规定，企业必须在利润分配之前清偿所有债权人到期的债务，否则不能进行利润分配。同时，在利润分配之后，企业还应保持一定的偿债能力，以免产生财务危机，危及企业生存。此外，企业在与债权人签订某些长期债务契约的情况下，其利润分配政策还应征得债权人的同意或审核方能执行。

（三）积累优先原则

企业在进行利润分配时，应正确处理长远利益和近期利益的关系，多考虑未来可持续发展的需要，增强企业发展后劲，尽可能适当留存部分利润作为积累。尤其是企业处在扩张期的时候。这样既为企业扩大再生产筹措了资金，也增强了企业抵抗风险的能力，提高了企业经营的安全系数和稳定性，有利于增加投资人的长期回报，使利润分配真正成为促进企业发展的有效手段。

（四）公平公正原则

利益机制是制约机制的核心，而利润分配的合理与否是利益机制最终能否持续发挥作用的关键。在分配利润时，应当体现“谁投资谁收益”、收益大小与投资比例相适应的原则，股利（利润）的分配应以各股东（投资者）持有股份（投资额）的数额为依据，即投资与收益对等原则，每一股东（投资者）取得的股利（分得的利润）与其持有的股份数（投资额）成正比。坚持公开、公平、公正，实行同股同利，保证不同投资主体在企业中都能按其持股比例享有合法权益，不偏袒某一方投资者而损害其他投资者的利益。

（五）均衡分配的原则

企业在分配利润时，应充分考虑到不同时期利润波动的可能性，做到量入为出，以丰补歉，均衡分配，并尽可能地保持稳定的利润分配政策，在企业获得稳定增长的利润后应增加利润分配的数额或百分比，使投资人从企业稳定的投资回报中，树立起对企业的信心，改善企业形象，提升企业价值。

拓展阅读1

国企红利上缴历程

三、利润分配的一般程序

按照我国《公司法》等法律法规的规定，公司当年实现的利润总额，应当按照税法规定做相应调整后，依法缴纳所得税，然后按照下列顺序进行分配：

（一）弥补以前年度亏损（计算可供分配的利润）

企业发生的年度亏损，可以用下一年度的税前利润等弥补，下一年度利润不足以弥补的，可以在5年内延续弥补。5年内不足以弥补的，可以用企业的税后利润等弥补，即将本年净利润（或亏损）与年初未分配利润（或亏损）合并，计算出可供分配的利润。如果可供分配的利润为负数（即亏损），则不能进行后续分配；如果可供分配利润为正数（即本年累计盈利），则进行后续分配。

（二）提取法定盈余公积

法定盈余公积按公司当年净利润弥补年初累计亏损后的余额的10%的比例提取，当其累计额达到公司注册资本的50%时，公司可不再继续提取。法定盈余公积可用于弥补公司亏损、扩大公司生产经营或转为增加公司注册资本，但企业用盈余公积转增注册资本后，法定盈余公积的余额不得低于转增前公司注册资本的25%。

（三）提取任意盈余公积

公司从税后利润中提取法定盈余公积后，根据需要经股东（大）会决议后还可以从税后利润中提取任意盈余公积。如确因需要，公司经股东（大）会同意后，盈余公积也可用于分配。

（四）向股东（投资人）支付股利（利润）

根据《公司法》的规定，公司弥补亏损和提取公积金后所余税后利润（企业以前年度未分配的利润，可以并入本年度分配），可以向股东（投资人）分配股利（利润），其中有限责任公司股东按照实缴的出资比例分取红利，全体股东约定不按照出资比例分取红利的除外；股份有限公司按照股东所持有的股份比例分配利润，但公司章程规定不按持股比例分配的除外。公司持有的本公司股份不得分配利润。对于公司当年可供分配的利润，经股东（大）会决议可以全部分配，也可以部分分配或不分配。公司违反《公司法》规定向股东分配利润的，股东应当将违反规定分配的利润退还公司；给公司造成损失的，股东及负有责任的董事、监事、高管人员应当承担赔偿责任。

随堂测1

如果企业是股份有限公司，在提取法定盈余公积以后，可以按照下列顺序分配利润：

（1）支付优先股股利。

（2）提取任意盈余公积。

（3）支付普通股股利。

第二节　股利政策

一、股利政策相关理论

股利政策是指股份公司如何确定分配给股东的股利占净利润的比率（即股利支付比率），以及选择和确定股利分派的时间、方式、程序等方面的方针和对策。其核心是股利支付比率的确定。

公司的股利分配方案取决于公司的股利政策，而股利政策又取决于决策者对股利分配的理解与认识，即股利分配理论。股利分配理论是指人们对股利分配的客观规律的科学认识与总结，其核心问题是股利政策与公司价值的关系问题。在市场经济条件下，股利分配要符合财务管理目标，实现公司价值最大化。长期以来，财务学界就股利分配与公司价值（股票市价）的关系等展开了一系列的讨论，由此形成和发展了不同的股利政策理论。

（一）股利无关论

1961年，莫迪格利安尼（Franco Modigliani）和米勒（Merton Miller）在他们的著名论文《股利政策、增长与股票价格》中，在关于资本结构与企业价值关系的MM理论的基础上经过大量实证研究得出了“股利无关论”。这一理论认为，在一定的假设条件限定下，公司的股利政策不会对公司的市场价值（股票价格）或其资金成本产生任何影响。公司价值或其股票价格完全由公司投资决策所决定的获利能力和风险组合决定，而非取决于公司的利润分配方式即股利政策。也就是说，股利政策并不重要。

股利无关论建立在如下一些假设基础上：

（1）不存在个人与公司所得税，即股利与资本利得之间没有所得税差异；

（2）不存在股票发行与交易费用（即不存在股票筹资费用）；

（3）公司的投资决策与其股利政策是彼此独立的（即公司股利政策不影响投资决策）；

（4）资本市场强式有效，投资者与公司管理层之间没有信息不对称，不存在代理成本，可同等地获得关于未来投资机会的信息，没有任何一个股东的实力足以影响股票价格。

上述假设描述的是一种完美资本市场，因此股利无关论又被称为完美市场理论。

基于上述假设，股利无关论得出如下结论：

（1）股东对股利收入和资本增值之间并无偏好，因此不会关心公司的股利政策，股利分派的多少不会影响投资者对公司的态度，因而不会对公司的价值产生影响，公司的股票价格与股利政策无关。原因如下：当公司保留较多盈余用于投资，并且有好的投资效益时，公司股价将会上涨，这时如果股利较低，需要现金的股东可将所持股票出售变现并取得资本收益；如果公司发放较多现金股利，股东可以用现金股利再购买一些股票以扩大投资而获利。这种投资者通过买卖公司股票以调整公司股利政策对自身影响的做法就是自制股利政策。这意味着对于不适合公司股利政策的股东完全可以通过自制股利政策使之更适合自己，因为投资者可以通过复制公司的任一股利系列来自制股利政策，所以投资者对股利和资本利得并无明显偏好。

（2）当有较好的投资机会，而又要支付较高的现金股利时，公司可通过发行新股等方式筹集资金，新投资者会认可公司的投资机会，不会要求更高的投资报酬率，因此公司的资金成本不会受到影响。

根据这一理论，公司股利政策完全由投资计划所需要的留用利润来决定，发放股利的数额应该是满足投资需要后所剩余的利润。

（二）股利相关论

股利相关论认为，股利政策会影响公司的股票价格和公司价值。这一理论认为现实世界存在着市场不完美和税收，如果放宽股利无关论对完美资本市场的一系列假设条件，股利政策就会显现出对公司价值（或股票价格）产生的较大影响。

股利相关理论中，有如下较具代表性的流派：

1.“一鸟在手”论

在MM的股利无关论问世以前，股利政策的研究以规范研究为主。当时流行的观点是由财务学家戈登（Myron Gordon）、林特纳（John Lintner）、杜兰德（D.Durand）等人根据对投资者风险厌恶心理状态的分析而得出的“一鸟在手”论（又称股利重要论）。该理论认为，公司留用利润进行再投资而促使未来股价上涨给股东带来的资本利得在很大程度上是不确定的。从收益的确定性或低风险性考虑，投资者宁愿以较高的价格购买现在就支付较多现金股利的股票（喻为“一鸟在手”），而不愿购买因收益留存在公司内部而将来才可能上涨形成资本利得的股票（喻为“双鸟在林”）。总之，“双鸟在林，不如一鸟在手”，现在发放现金股利会刺激股价上涨。因此该理论认为公司的股利政策与公司的股票价格密切相关，即当公司支付较高的现金股利时，公司的股票价格会随之上升，从而使公司价值得以提高，所以公司应保持较高水平的股利支付政策。

然而这一理论对股利政策的解释存在一定疑问。因为从长期来看，不论是现金股利还是资本利得，都需要公司的实际业绩支撑才能真正实现。如果公司能长期保持良好的盈利业绩，尽管因近期少发现金股利而使市场在一段时间可能未能充分估计公司股票的价值而导致其价格被低估，但从长远来看，公司的实际价值一定会在股票价格上表现出来，因此，不存在现金股利的风险一定低于资本利得的风险的结论，现金股利也就不一定优于资本利得。

2.信息传递理论

米勒（Merton Miller）和洛克（Kevin Rock）于1985年提出了信息传递理论。该理论认为，在信息不对称的情况下，公司可以通过股利政策向市场传递有关公司未来获利能力的信息，从而会影响公司的股价。虽然公司的财务报告可以反映盈利状况，但报表往往可以在一定程度上被巧妙调整和修饰，给人假象，令人不敢相信。从长远来看，能增强和提高投资者对公司信心的，则是实际发放的股利。公司的股利发放是以实际盈利能力和现金流量为基础的，难以作假。股利能将公司的经营状况和盈利能力信息传递给投资者。公司的经营状况和盈利能力决定了股票市价。一般而言，保持股利的稳定，并根据收益状况增加股利发放，可使投资者增强对公司的信任，有利于提高公司的财务形象，刺激股价的上涨。投资者一般根据股价的变动来判断是否应当对公司进行投资，因而股价的升降会对公司产生重大影响，股利政策实际上将影响公司价值。

3.纳税差异理论

纳税差异理论（也称差别税收理论）认为，税负差异效应会成为影响股利政策相当重要的因素，因为投资者取得股利所适用的所得税税率要高于取得资本利得所适用的所得税税率，因此投资者喜欢公司少支付股利而将较多收益留存下来作为再投资以获得资本利得。另外，资本利得税要递延到股票真正出售时才发生，因此即使股利和资本利得的所得税税率相同，实际上资本利得的税收也比股利收入的税收要低。所以公司采取低股利支付率的政策，能让投资者感到更划算而使其更喜欢，从而使公司资本成本达到最小和公司价值达到最大。

纳税差异理论的进一步发展，还形成了客户效应理论。该理论认为，投资者不仅因为税收差异对资本利得和股利收益有偏好，而且处于不同边际税率等级的投资者对公司股利政策的偏好也不相同。收入高的投资者因其适用较高的税率而偏好低股利支付率的股票，而收入低的投资者以及享受税收优惠的养老基金投资者更偏好高股利支付率的股票，这种投资者依据自身边际税率而显示出的对不同股利政策的选择偏好现象被称为“客户效应”。所以，公司在制定或调整股利政策时不能忽视“客户效应”的影响。

4.代理理论

代理理论认为，公司股利政策是协调股东与公司管理层之间代理关系、减少代理冲突的一种约束机制，股利的支付能够有效地降低代理成本。首先，股利的支付减少了公司管理层对自由现金流量的支配权，在一定程度上可以抑制管理层的过度投资或在职消费行为，从而保护了投资者的利益；其次，较多的现金股利发放减少了公司内部融资，使公司只能更多地进入资本市场寻求外部融资，导致公司将接受资本市场更多更严的监督，从而减少了代理成本，但同时也因此增加了外部融资成本，所以，理想的股利政策应当使这两种成本之和最小。

股利分配理论的研究还在不断深化。公司的股利分配应充分考虑各种因素，既考虑公司再投资对资金的需要，又要考虑股东的愿望，还要考虑股票市场情况以及经济环境变化等因素。大多数文献与教材都认为股利相关论比较贴近现实，股利政策关系到公司在市场上、在投资者中的形象，成功的股利政策有利于提高公司的市场价值。

二、影响股利政策的因素

（一）法律因素

为维护债权人和股东的利益，有关法律法规会对公司的股利分配，作出许多限制规范。

1.资本保全约束

资本保全要求公司的股利发放不得侵蚀资本。企业不得用募集的生产经营资金，发放现金股利。用于分配现金股利的资金，只能是公司的当期净利润或以前的未分配利润。这样的限制，是为了防止公司任意减少资本结构中的所有者权益的比例，以保护债权人的利益。

2.资本积累约束

公司本年度的利润，在弥补以往年份的亏损以后，如果还有盈余，还必须先提取一定比例的盈余公积，然后才可以考虑现金股利分配。这一限制的目的，是为了保证公司有稳定持续的发展。

3.偿债能力约束

现金股利的发放，不能影响公司的偿债能力和负债能力。公司分配股利必须考虑到公司的现金是否充足，如果因支付现金股利而影响了公司的偿债能力或正常的经营资金周转，则股利分配就必须受到限制。这是为了保护债权人的利益和维护公司信用。

4.超额累积利润约束

因为资本利得和股利收入的税率不一致，公司通过保留利润来提高其股票价格，则可使股东避税。因此美国等国家的法律禁止公司过度地保留盈余，对大大超过公司目前和未来投资需要的过度盈余保留要加征惩罚性额外税款。我国法律目前尚未对此做出规定。

（二）公司因素

公司出于长期发展和短期经营的需要，需要考虑以下因素来确定股利政策：

1.现金流量

保证公司正常经营活动对现金的需求是确定股利政策最重要的限制因素。公司在进行股利分配时，必须充分考虑自身的现金流量，而不仅仅是企业的净利润。

2.投资机会

公司的投资机会也是影响股利政策的一个非常重要的因素。在公司有较多的良好投资机会时，应当考虑少发现金股利，增加留存收益，用于再投资，加速公司的发展，增加公司和股东的未来收益。如果公司投资机会较少，则可能倾向于较高的股利支付水平。

3.筹资能力

公司股利政策受其筹资能力的限制。如果一个公司筹资能力较强，随时能够筹措到所需要的资金，那么公司具有较强的股利支付能力。反之，筹资能力较弱的公司，往往采取较为保守的分配政策，留存较多的盈余。

4.资产流动性

企业现金股利的支付能力，在很大程度上受其资产变现能力的限制。较多地支付现金股利会减少公司的现金持有量，使资产的流动性降低，而保持一定的资产流动性是企业正常运转的基础和必备条件。如果一个公司的资产有较强的变现能力，现金的来源较充裕，则它的现金股利支付能力也较强。

5.盈利的稳定性

一般来说，一个公司的盈利越稳定，则其股利支付越有可能维持较稳定的水平。

6.资金成本

资金成本是公司选择筹资方式的基本依据。留存收益是公司内部筹资的主要方式，与发行新股或举债相比，它没有外显资金成本，具有成本低的优点。因此，很多企业在确定股利政策时，往往将留存收益作为首选的筹资渠道，特别是在负债较多、资金结构欠佳的时期。

7.股利政策的惯性

公司在确定股利政策时，应当充分考虑股利政策调整有可能对公司形象、股票价格、负债能力、信用信誉等方面带来的负面影响。另外，依赖股利生活和消费的小股东更不愿意投资于股利波动频繁且不可捉摸的股票。

8.其他因素

公司所处行业、所处生命周期不同对股利政策也有较大影响。另外，有时公司可能有意多发股利使股价上升，使已发行的可转换债券尽快地实现转换，从而达到调整资本结构的目的或利用股利政策达到兼并、反收购等特殊目的。

（三）股东因素

股利政策必须经过股东大会决议才能实施，所以股东对公司股利政策具有举足轻重的影响。一般说来，股东主要考虑以下因素：

1.控制权

大股东持股比例较高，对公司拥有一定的控制权，他们出于对公司控制权可能被稀释的担心，往往要求公司少分配现金股利，多留存利润。如果公司发放了较多的现金股利，就可能造成未来项目投资和经营资金的短缺，不得不筹集新的资金。举借新债除要付出资金成本外，还会加大公司的财务风险；如果增募股本，可能会有新的股东加入公司，打破已经形成的控制格局，老股东就会倾向于较低的股利支付水平，以便从内部留存收益中获得所需资金。

2.稳定的收入

有些股东，主要是小股东，是依靠现金股利来维持生活和消费的，他们要求公司支付稳定的股利，反对公司留存过多的利润。另外，有些股东认为留用利润使公司股价上升而获得的资本利得具有很大的不确定性，还是取得现实的股利比较可靠，因此也会倾向于公司多发股利。

3.避税

一般来说，股利收入的税率要高于资本利得的税率，因此很多股东出于对税赋因素的考虑会偏好于低股利支付水平，尤其是一些高股利收入的股东。

（四）其他因素

1.通货膨胀或通货紧缩

通货膨胀会使公司的购买力下降，资金成本增加，从而导致实际收益下降，此时公司会考虑多利用留存收益来弥补购买力下降而造成的资金缺口，股利发放就会减少；通货紧缩带来的经济衰退可能会造成公司的投资机会减少、销售不畅、利润下降，从而也会使股利发放减少。

2.债务契约

一般来说，股利支付水平越高，留存收益越少，公司的财务风险越大，就越可能损害到债权人的利益。因此，为了保证自己的利益不受损害，债权人通常会在各种债务契约，特别是长期债务合同中加入有关借款公司股利政策的限制条款，以限制借款公司现金股利的支付。通常包括：

（1）未来股利只能用贷款协议签订后的新的收益发放，不能以过去的留存收益来发放；

（2）营运资金低于一定标准时，不得支付股利；

（3）将利润的一部分以偿债基金的形式留存下来；

（4）利息保障倍数低于一定标准时，不得支付股利等。

随堂测2

【分组任务】

主题：全杯汽车上市以来未分红，分析可能的原因。

活动内容：请四组学生分别事先（上课前）准备，其中三组各推选一名同学作介绍，介绍时间各5分钟，第四组推选三名同学作点评，点评时间各5分钟。

三、常用的股利政策类型

股利政策，不仅直接涉及不同股东的利益问题，而且关系到公司投资、筹资以及公司形象、股票价格和公司价值等各个方面。因此，股利政策的制定问题是财务管理的重要内容。股利政策的核心问题是确定股利支付比率，即分与不分、分多分少的问题。在实务中，不同的公司可能采取不同的股利分配政策。即使是同一公司，在不同时期也可能采取不同的分配政策。在实际工作中，通常有下列几种股利政策可供选择：

（一）剩余股利政策

1.剩余股利政策的内容

剩余股利政策，是指公司在分配净利润，确定股利支付比率时，首先考虑良好投资机会的资金需要，根据目标资金结构的要求，将可供分配的净利润优先考虑用于满足投资机会所需的权益资金需要，若还有剩余，才将剩余的净利润用于发放股利；若无剩余，就不发股利。剩余股利政策的理论依据是股利无关论。在这种股利政策下，当公司面临良好的投资机会时，在目标资金结构的约束下，可以最大限度地使用留存收益来满足投资项目所需的自有资金数额。

2.采用剩余股利政策的步骤

（1）设定目标资金结构，即确定权益资金与负债资金的最佳比例，在此资金结构下加权平均资金成本最低。

（2）确定目标资金结构下投资机会所需的权益资金数额。

（3）最大限度地使用留存收益来满足投资项目所需的权益资金。

（4）在投资项目所需的权益资金得到满足后如还有剩余的净利润，将其作为股利发放给股东。

【例9-1】福发公司20×3年可供分配的净利润为1 000万元，20×4年项目投资计划所需资金为1 500万元，公司的目标资本结构为权益资金占60%、债务资金占40%。公司采用剩余股利政策，则该公司20×3年度股利分配情况如下：

该公司20×4年投资计划所需的权益资金数额=1 500×60%=900（万元）

该公司20×3年度可向投资者分配股利的数额=1 000-900=100（万元）

3.剩余股利政策的优缺点

这种股利政策的主要优点是，可以将净利润直接用于再投资，在有好的投资机会时，可以节省资金成本、筹资时间与花费在筹资方面的精力。剩余股利政策将股利的支付作为新的投资机会的因变量，其根本目的是在保持最佳资金结构的前提下，降低公司的资金成本。这既有利于满足公司发展对资金的需求，促进公司发展，又有利于提高公司价值。

这种股利政策的缺点主要是股利支付的多少取决于公司的盈利情况和公司未来投资机会的情况，从而造成了股利支付的不确定性，不利于投资者安排收入与支出，也不利于公司树立良好的形象。

如果公司将可供分配的净利润用于再投资后所能得到的报酬率，高于股东自行投资的预期报酬率，那么大多数股东宁愿少发或不发股利，将净利润保留下来用于公司再投资。相反，若公司的投资项目所能获得的报酬率低于股东自行投资的预期报酬率，则大多数股东都愿意公司发放现金股利，而反对采用剩余股利政策。

一般来说，剩余股利政策适用于公司的初创阶段和扩张阶段。剩余股利政策还能用于公司资本结构的调整。

（二）固定股利或稳定增长的股利政策

1.固定股利或稳定增长股利政策的内容

固定股利政策，是指在较长时期内，不管公司盈利情况如何，公司每年发放的每股股利不变，只有当公司对未来利润持续增长有确实把握且不会发生逆转时，才提高每股股利。

在通货膨胀期间，投资者要求的投资报酬率也会相应提高，这时公司就采用稳定增长的股利政策，即根据通货膨胀贴补率制定一个目标股利增长率，并努力使股利按这个幅度增长。如果扣除通货膨胀的影响，这时执行的基本仍是固定股利政策。所以在通货膨胀条件下，稳定增长的股利政策才是真正的固定股利政策，否则维持名义固定股利不变，反而成为递减的股利政策了。

2.固定股利或稳定增长股利政策的优缺点

采用这种股利政策的优点是：

（1）稳定的股利向市场传递着公司正常发展的信息，有利于树立公司良好的形象，增强投资者对公司的信心，稳定股票价格。

（2）稳定的股利额有利于投资者安排股利收入和支出，特别是那些对股利有着很高依赖性的股东更是如此。而股利忽高忽低的股票，则不会受这些股东的欢迎，股票价格会因此而下降。

该股利政策的主要缺点表现为：

（1）公司股利支付与公司盈利情况相脱节，造成投资风险与投资收益的不对称。

（2）公司盈利较低时仍要支付固定的或按一定比率（通胀率）增长的股利，因此容易引起公司资金短缺，导致财务状况恶化，甚至侵蚀公司以前的留存收益和公司资本。

因此，采用固定股利或稳定增长的股利政策，要求公司对未来的盈利和支付能力做出较准确的判断。一般来说，公司确定的固定股利额不应太高，要留有余地，以免使公司陷入无力支付的局面。一般来说，固定股利或稳定增长的股利政策适用于经营比较稳定或正处于成长期、信誉一般的公司，但该政策很难被长期采用。

（三）固定股利支付率政策

1.固定股利支付率政策的内容

固定股利支付率政策，是公司确定一个股利占可分配净利润的固定支付比率，每年按此固定比率从可分配净利润中支付股利，使公司的股利支付与盈利状况保持固定的比例关系。在这种股利政策下，只要公司的可分配净利润计算确定，所派发的股利就相应确定了，因此公司每年发放的股利额会随着公司经营业绩的好坏而上下波动。

2.固定股利支付率政策的优缺点

这种股利政策的优点是：

（1）能使股利分配与企业盈余紧密地结合，以体现多盈多分、少盈少分、无盈不分的分配原则，体现了投资风险与收益的对等关系，真正公平地对待每一位股东。

（2）公司的盈利能力在年度间是经常变动的，保持股利与可分配净利润间的一定比例关系，可以使股利发放具有一定的弹性，使公司在这方面没有固定的财务负担和支付压力。

固定股利支付率政策的不足之处是：每年的股利随着公司收益的变动而变动，波动较大，容易使外界产生公司经营不稳定、投资风险较大的不良印象，不利于树立公司的市场形象，因而不利于股票价格的稳定与上涨。

一般来说，固定股利支付率政策只适用于业绩稳定发展的公司和公司财务状况较稳定的阶段。

（四）低正常股利加额外股利政策

1.低正常股利加额外股利政策的内容

低正常股利加额外股利政策，是公司在一般情况下，每年固定支付数额较低的正常股利，当公司可用于支付股利的可分配净利润较多时，再根据实际情况（如现金丰沛与否），向股东增发一定金额的额外股利。

2.低正常股利加额外股利政策的优缺点

这种股利政策的优点是：

（1）这种股利政策具有较大的灵活性。当公司利润较少或者投资机会需要较多资金时，可维持设定的较低的正常股利水平，股东不会有股利跌落感；而当盈余有较大幅度增加、现金也足够时，则可适度增发股利，把经济繁荣和收益增加的部分利益分配给股东，使他们增强对公司的信心，这有利于稳定股票的价格，提升公司价值。

（2）这种股利政策既可以在一定程度上维持股利的稳定性，又比较有利于企业维持目标资本结构，使灵活性与稳定性较好地相结合，因而为许多公司所采用。

（3）这种股利政策可使那些对股利依赖度较高的股东每年至少可以得到虽然较低，但比较稳定的股利收入，从而吸引住这部分股东。

低正常股利加额外股利政策的缺点是：

（1）股利派发仍然缺乏稳定性，额外股利随盈利的变化和现金充足与否而变化，时有时无，给人飘浮不定的印象。

（2）如果公司较长时期一直发放额外股利，股东就会误认为这是正常股利，一旦取消，极易造成公司财务状况逆转的负面影响，股价下跌在所难免。

以上各种股利政策各有所长也各有所短。其中，固定股利政策和低正常股利加额外股利政策是被公司普遍采用，并为广大投资者所认可的两种基本政策。一般企业在进行利润分配时，可以比照上述四种股利政策的思路和特点，结合本企业的实际，制定合适的净利润分配政策。

视频微课

谈谈常用的股利政策类型

【素养提升】

党的十九届五中全会对扎实推动共同富裕作出重大战略部署。2021年5月20日，中共中央、国务院发布《关于支持浙江高质量发展建设共同富裕示范区的意见》。共同富裕是全体人民的富裕，是人民群众物质生活和精神生活都富裕，不是少数人的富裕，也不是整齐划一的平均主义。要建立科学的公共政策体系，形成人人享有的合理分配格局，要正确处理效率和公平的关系，构建初次分配、再分配、三次分配协调配

随堂测3

套的基础性制度安排，要整顿收入分配秩序，鼓励高收入人群和企业更多地回报社会。请同学们思考和回答：（1）公司利润分配与促进共同富裕有关吗？是怎样的关系？（2）公司如何实施利润分配政策能更好地促进共同富裕？

【头脑风暴】如果一个企业的股利政策是稳定增长的，你对该企业是什么印象？

四、股利支付的方式和程序

（一）股利支付的方式

1.现金股利

现金股利是指股份公司分配股利时向股东分派现金，使股东获得直接的现金收入。它是股利支付最常见的方式。现金股利的最大优点在于操作简单。但公司选择支付现金股利时，除了要有足够的可供分配的净利润外，还要有足够的现金。这往往会成为公司发放现金股利的主要制约因素。

2.股票股利

股票股利是股份公司以增发股票的方式无偿向股东支付股利的方式。实务中也称其为“红股”。由于所送红股是按股东所持股票的比例分派的，因此每位股东所持公司的股票份额比例（其在公司的权益比例）不会发生变化，同时，这种股利支付方式只是使公司账面上的留存收益转化为股本和资本公积，公司的股东权益总额、总资产及负债并未受到影响。

发放股票股利的优点在于：

（1）不会因为分派股利增加公司的现金流出量，也不会导致公司财产的减少，但可以在心理上给股东以从公司取得投资回报的感觉。在公司再投资机会较多或者公司现金紧张，而又面临市场或者股东要求分派股利的压力时，股票股利不失为一种好的选择。

（2）会降低公司股票的市场价格，可以促进股票的交易和流通。如果日后公司将要以发行股票方式筹资的话，则可以降低发行价格，有利于吸引更多的投资者，从而促进股权的进一步分散，可以有效防止公司被恶意控制。

（3）可以传递公司未来发展前景良好的信息，增强投资者的信心。

股票股利虽然不会影响公司现金流出量，不改变所有者权益总额，但由于增加了股本数额和流通在外的股票数量，会引起所有者权益构成项目数额的变化，对公司股票的每股利润以及公司股价都会带来一定影响。下面以一个简单的例子说明公司发放股票股利前后股东权益的变化情况。

【例9-2】表9-1为福方公司发放股票股利前股东权益的构成情况。

表9-1 **发放股票股利前的股东权益构成** 单位：元

普通股（面额1元，已发行500万股）	5 000 000
资本公积	400 000
盈余公积	200 000
未分配利润	15 000 000
股东权益	20 600 000

假设该公司宣布发放股票股利，每10股送1股，公司股票市价为22元。公司将发放50万股普通股股票股利，每股1元，共计50万元，资本公积因股票溢价将增加1 050万元（50万股×21元）。该公司股东权益的变化情况见表9-2。

表9-2　　**股东权益的变化情况**　　单位：元

普通股（面额1元，已发行550万股）	5 500 000
资本公积	10 900 000
盈余公积	200 000
未分配利润	4 000 000
股东权益	20 600 000

该公司发放股票股利后，流通在外的普通股股票和总股本增加，在净利润总额不变的情况下，每股利润将减少，每股市价也将因此而下降，但由于发放股票股利传递的利好信息和股票流通性的增强，每股市价下降的幅度一般会低于每股利润下降的幅度，甚至不降反升，因此公司的总市值和每位股东持有的股票市值可能会有所上升，从而有利于公司价值和股东财富的增长。

3.财产股利

财产股利是公司以现金以外的其他资产支付的股利，主要是以公司所拥有的其他公司的有价证券，如公司债券、股票等，作为股利发放给股东。

4.负债股利

负债股利是公司以负债方式支付的股利，通常以公司的应付票据支付给股东，有时也以发行公司债券的方式支付股利。

财产股利和负债股利实际上是现金股利的替代方式，但这两种股利支付方式目前在我国公司实务中极少使用，但并非法律所禁止。

在现实经济生活中，还有不少公司结合筹资以及调整股票流动性的需要等目的而采取诸如增资配股、股票回购、股票分割、股票合并等多种方式。这些方式，从性质上看，并不属于股利分配范畴，但从其作用的结果上看，则往往起到了与股利分配类似的效应，故可称之为“类股利”支付或分配方式。

拓展阅读2

几类股利分配方式

【头脑风暴】股票股利和转赠股有哪些相同点和不同点？

（二）股利支付的程序

公司在选择了股利政策、确定了股利支付方式和股利支付比率后，应当进行股利的发放。公司股利的发放必须遵守相关要求的程序和日程安排来进行。

1.预案公布日

上市公司分派股利时，首先由董事会提出分配预案，包括本次分红的数量、方式，股东大会召开的时间、地点及表决方式等，以上内容由公司董事会向社会公开发布。

2.股利宣告日

董事会制定的分红预案提交股东大会审议，股东大会决议通过后，由董事会向股东和社会宣布发放股利的方案。公司董事会将正式分红方案（如每股股利等）及实施的时间（包括股权登记日、除权除息日和股利支付日）予以公告的日期，叫作股利宣告日。

3.股权登记日

股权登记日是指有权领取本次股利的股东的资格登记截止日期。从公司宣布发放股利到实际支付股东的股利还有一定的时间间隔。在这段时间内，由于公司的股票可以在股市上自由交易，因此公司股东经常变换。为明确股利的归属，公司在宣告发放股利时，往往规定股权登记日。只有在股权登记日收盘前取得公司股票，成为公司在册股东的投资者，才有权享受公司本次分派的股利。

4.除息（除权）日

除息日是指领取现金股利的权利与股票相分离的日期。在除息日前，股利权利从属于股票，持有股票者即享有领取股利的权利；而在除息日当天或以后，股利权与股票相分离，此时再购买股票的股东就不能领取本次股利了。除息日一般为股权登记日的下一个交易日。如发放的是股票股利，那么这个时间就称为除权日，即除去本次股票股利领取权利的日子。

公司之所以规定除息（除权）日，是由于股票从委托成交到交割过户需要一段时间，为了使公司有一定时间办理过户手续和改写股东名册，也为了使投资者有充裕的时间过户，需要在股权登记日之前进行除息除权处理。除息（除权）日之后的理论股价将会下跌，如发放现金股利理论下跌的幅度约等于分派的股息，因为这时股价中不再包含应得的现金股利收入和股票股利。

$$除息价=股权登记日收盘价-每股所派现金$$

$$送股除权价=\frac{股权登记日收盘价}{1+送股比例}$$

5.股利支付日

股利支付日即公司按照公布的分红方案向股权登记日在册的股东实际支付股利的日期。

【例 9-3】假定福培公司董事会在20×4年4月10日发布公告：“本公司在20×4年4月9日在东海市召开的股东大会上通过了董事会关于发放普通股每股0.20元现金股利的20×3年度股利分配方案。股权登记日为20×4年4月25日，除息日为20×4年4月26日，股东可在20×4年5月10日至25日之间通过深圳证券交易所按交易方式领取股利。特此公告。”

本例中，20×4年4月10日为福培公司的股利宣告日；20×4年4月25日为其股权登记日；20×4年4月26日为其除息日；20×4年5月10日至5月25日为其股利支付期间。

本章测评

教学案例

贵州茅台和五粮液的股利分配比较案例

【分组任务】

辩题：半强制分红好不好

活动内容：课前将同学分为两组，辩论半强制分红好不好，好在哪里，不好在哪里。确定正方与反方，要求各自收集相关辩论资料。课上由老师组织，依次进行辩论，大家共同评出最佳辩手和最优小组，给予适当奖励。

本章小结

利润分配，是指企业将所实现的净利润，如何在投资者获得股利红利和留存收益用于再投资之间进行分配。在进行利润分配时，应贯彻合乎法规、利益兼顾、积累优先、公平公正和均衡分配等原则。利润分配的基本程序是弥补以前年度亏损、提取法定盈余公积和任意盈余公积、向所有者支付股利红利。

股利政策，是指股份公司如何确定分配给股东的股利占净利润的比率（即股利支付比率），以及选择和确定股利分派的时间、方式、程序等方面的方针和对策。长期以来，西方财务学界就股利分配与公司价值（股票市价）的关系等展开了一系列的争论，形成了股利无关论和股利相关论等股利分配理论。

公司在制定股利政策时，应考虑法律因素、公司因素、股东因素和其他因素。

股利政策的核心是股利支付比率，股份公司常用的股利政策包括剩余股利政策、固定股利或稳定增长股利政策、固定股利支付率政策和低正常股利加额外股利政策等四种类型。这些股利政策都有各自的优缺点和适用范围。

股利支付的方式有现金股利、股票股利、财产股利、负债股利等。股利分派的程序包括股权登记日、除权（除息）日、股利支付日等重要日期。

思考题

1.利润分配的基本原则是什么?

2.股利相关论有哪些代表性观点?

3.影响公司股利分配的因素有哪些?

4.什么是股利政策?公司为什么要制定股利政策?

5.公司股利政策主要有哪几类?各有什么特点?

参考文献

[1] 中国注册会计师协会. 财务成本管理 [M]. 北京：中国财政经济出版社，2024.

[2] 财政部会计资格评价中心. 财务管理 [M]. 北京：中国财政经济出版社，2024.

[3] 张惠忠，费爱华，李郁明. 企业财务管理 [M]. 2版. 大连：东北财经大学出版社，2018.

[4] 李正明，张惠忠. 财务报表分析 [M]. 大连：东北财经大学出版社，2022.

[5] 荆新，王化成，刘俊彦. 财务管理学 [M]. 9版. 北京：中国人民大学出版社，2015.

[6] 张惠忠，裘益政，胡素华. 财务报告分析 [M]. 北京：科学出版社，2011.

[7] 张先治. 财务学概论（精要版）[M]. 大连：东北财经大学出版社，2011.

[8] 裘益政，柴斌锋. 财务管理案例 [M]. 4版. 大连：东北财经大学出版社，2022.

[9] 彭韶兵. 财务管理概论 [M]. 北京：高等教育出版社，2011.

[10] 汪平，张涛，邹颖. 财务原理 [M]. 上海：格致出版社，2010.

[11] 徐璟，付春，郑小平. 财务管理实务 [M]. 北京：北京理工大学出版社，2010.

[12] 杨丹. 中级财务管理 [M]. 5版. 大连：东北财经大学出版社，2021.

[13] 张先治，牛彦秀. 财务学 [M]. 3版. 大连：东北财经大学出版社，2017.

[14] 陆宇建. 财务管理 [M]. 大连：东北财经大学出版社，2010.

[15] 王满. 公司理财学 [M]. 2版. 大连：东北财经大学出版社，2013.

[16] 胡玉明. 公司理财 [M]. 2版. 大连：东北财经大学出版社，2009.

[17] 宋献中，吴思明. 中级财务管理 [M]. 4版. 大连：东北财经大学出版社，2021.

[18] 陈小林. 财务管理 [M]. 4版. 大连：东北财经大学出版社，2018.

[19] 谷祺，刘淑莲. 财务管理 [M]. 大连：东北财经大学出版社，2007.

[20] 刘淑莲，牛彦秀. 企业财务管理 [M]. 大连：东北财经大学出版社，2007.

[21] 胡旭微，张惠忠. 财务管理 [M]. 杭州：浙江大学出版社，2007.

[22] 张惠忠. 公司财务管理基础 [M]. 上海：上海财经大学出版社，2007.

［23］张惠忠．论财务管理理论体系、学科体系和专业课程体系［J］．财会月刊（理论版），2007（6）．

［24］徐光华．现代企业财务管理［M］．北京：清华大学出版社，2006．

［25］张惠忠．正确处理财务管理和会计的关系［J］．嘉兴学院学报，2005（4）．

［26］陆正飞．财务管理［M］．大连：东北财经大学出版社，2005．

［27］竺素娥．财务管理学［M］．上海：立信会计出版社，2005．

［28］张延波．高级财务管理［M］．北京：中央广播电视大学出版社，2004．

［29］周宝源．中小企业理财策略［M］．天津：天津人民出版社，2003．

［30］张惠忠．现代企业财会审机构设置构想［J］．审计与经济研究，2003（4）．

［31］汪平．财务理论［M］．北京：经济管理出版社，2003．

［32］首都经贸大学会计学院．财务理论与实践研究（第一辑）［M］．上海：立信会计出版社，2003．

［33］张惠忠．刍论财务管理的分类问题［J］．商业研究，2000（12）．

［34］王庆成，郭复初．财务管理学［M］．北京：高等教育出版社，2000．

［35］冯建．财务学原理［M］．北京：高等教育出版社，上海社科院出版社，2000．

［36］汤谷良．企业财务管理［M］．杭州：浙江人民出版社，2000．

［37］张惠忠．财务、财务管理和理财辨析［J］．福建财会，1999（12）．

［38］乔世震．财务案例［M］．北京：中国财政经济出版社，1999．

［39］陈铁峰．财务管理［M］．杭州：浙江大学出版社，1998．

附录一

财会专业思想和职业道德案例

弘扬奋斗精神，做优秀财会专业人才

一、课程思政目标

以“红船精神”内核为引领，聚焦于培养学生的责任感和使命感，通过积极的创新和奋斗，做一个有品格、善专业、重追求、能奉献的人。利用案例中吕忠丽和潘功胜的事业经历所体现的强烈奋斗精神，引导学习“财务管理学”课程的学生思考财会专业工作和学习中需要严谨和创新，让学生受到纯正财会职业道德的熏陶，在“财务管理学”课程教学中对学生进行社会主义核心价值观和专业伦理思政教育，从而实现学财务、爱财务，将学生塑造成为优秀的财会专业人才的目的。

教学内容结合本课程对财会专业思想和职业道德的教学和教育，培养学生热爱专业、敢于创新、无私奉献、不懈奋斗的意识和爱岗敬业、诚实守信、廉洁自律、客观公正、坚持准则的职业道德。

二、教学效果目标

（1）给予学生心灵的触动与启发，有效转化吸收，凸显思政功能，达到思政教育和专业知识教学相融合的目的；

（2）增加了课堂思政的趣味性，提高了学生学习的主动性与参与性，课堂互动性良好；

（3）提高学生对专业思想教育和职业道德教育的掌握度，将相关知识点化繁为简，更通俗易懂；

（4）提高学生对专业学习和做一个优秀财会人才的决心和信心；

（5）用本专业杰出人物鲜活的事迹案例进行教育，使“红船精神”的思想精髓有亲切感和现实感，更容易从思想上被接受和入脑入心。

三、教学方法

（1）老师布置、启发、引导；

（2）学生分析研究（课外）；

（3）小组讨论（课外）汇报（部分课内）；

（4）写出学习报告（课外）；

（5）老师总结提高；

（6）课后由老师收集学生学习成果数据，不断反思并改进课程教学。

四、案例材料

案例材料 1

铿锵玫瑰，傲然挺立

简介：本案例讲述了优秀财会专业人才吕忠丽在学校志向远大、刻苦学习，在工作后严守道德、为国奉献、讲求方法、奋力拼搏、敢为人先、改革创新、不断进取、成就事业的事迹。体现了“红船精神”中的首创、奋斗和奉献精神，对母校和老师的深厚感情又体现了她对后辈的爱和勉励；在工作中碰到重大新问题时稳健而开放的处理风格，体现了唯物辩证法和事物发展规律。

吕忠丽，1945年8月出生于江苏省江宁（现南京市）。1961—1964年在建德冶金工业学校（嘉兴学院前身之一）企业管理专业学习。曾长期担任TCL集团财务总监、董事、高级副总裁。

“成功的花，人们只惊羡她现时的明艳！然而当初她的芽儿，浸透了奋斗的泪泉，洒遍了牺牲的血雨。”用冰心的这段话来描述吕忠丽是再恰当不过了。当初吕忠丽报考建德冶校时填的第一、第二志愿是采矿和冶金专业，这对于一个女孩子来说几乎是不可思议的。她表示，那个时代的学生就想着“吃苦在前，享乐在后”，越艰苦的地方就越要去，但最后招生老师把她调剂到了企业管理专业，为此她还掉过眼泪。

1964年，她被分配到武汉钢铁厂。组织上本来有意安排她去干部科，但生性好强的她主动要求到工作最前线去，一年里她先后做过炉前工、电工、看皮带工、铸铁送样工等，炼铁厂从最艰苦的工种到比较轻松的工种，她基本上都做过。一年后，组织上正式把她调到会计科。在那里，她把科内的出纳、工资会计、材料会计、专用基金会计、固定资产会计、成本会计等岗位都做了个遍。凡是别人不愿干的或者比较难的，她都去做。由此，为其做好整个企业的财会工作打下了扎实基础，且逐步形成了自己的优势：别人不懂的她懂，别人不会的她会。

然而正当她业务上加速成长、人际关系日益和谐的时候，命运之神又对她开了一个不小的玩笑。1970年10月干部劳动的一天，吕忠丽在高炉旁干活，突然一块铁板掉了下来，猛地砸在她的右腿上，小腿肌肉被压得稀烂，骨头呈粉碎性骨折。但她以顽强的意志，经过近两年痛苦的治疗和锻炼，终于得以恢复行走。

当我国开始实行会计师资格考试制时，全武钢组织了一次有1 000多名会计人员参加的内部统考，她凭借着在学校里学到的扎实的理论功底和实践岗位的全面锻炼，在与不少名牌大学高学历生的竞争中，考了唯一一个满分——120分。1981年，她领到了中国第一批的会计师资格证书。

20世纪80年代后期，改革开放推向高潮。经过24年潜心积累和蓄势待发的吕忠丽，虽年已40有余，而内心仍满腔热血。放眼世界，她越来越感受到祖国母亲同发达国家之间的差距，越来越想要到改革开放的第一线一试身手。一天，她从《羊城晚报》上看到一则招聘工业会计师的广告，吕忠丽立即写信自荐，一周后就应邀赴惠州惠信精密部件有限公司面试。这是一家日方控股的、正在筹建的日、港、中合资的公司，英文简称SPG，吕忠丽被顺利录取为“会计主任”。这次南下，她遇到了原单位的种种软硬“阻拦”，但是她当机立断，举家迁至惠州，执着地去追求事业。

1988年7月，吕忠丽进了这家合资企业。日方董事长给的第一个任务，是要在半年之内把成本核算到每一个零部件。机械制造行业的成本核算特别复杂，她发扬一贯的好强、拼搏、创新精神，一个月就搞定了，不但搞到每一个零部件，而且搞到每个零部件的每一种资金形态的每一个成本项目，并指导一个中山大学数学系毕业生，将其编制成了电脑软件。日方专门请了东京植松会计事务所来审计这一成果，结论是“清清楚楚，一分钱都不差”。

吕忠丽又针对当时惠州工业管理基础差、人才少的实际，凭借自己全面的企业管理理论和实践基础，为公司基层管理人员讲课培训，并设计了各项规章制度，取得了明显成效。与此同时，她也努力学习日文，掌握了必要的语言交流工具。她出色的工作表现和成绩使她在企业中得到了更多的重视，到了年底，她领到的工资已是A级总经理的待遇了，也就是说，其在半年内晋升了九级。几个月后，其又先后被聘任为财务部长和管理本部长，赢得了日方的极大尊重。

四年半后，吕忠丽完全熟练地掌握了日本公司的经营管理方法，于是她放弃"高官厚禄"，一头扎进了正在艰苦创业的国有企业TCL，但TCL是从诞生的第一天起就一头闯进市场经济的汪洋大海的企业，因此TCL的老总李东生需要一名从合资企业过来的高级人才做其理财的帮手，担任财务部长。吕忠丽上任后马上对原国有企业存在的不合理的分配制度进行了改革，极大地促进了全体员工多做贡献的积极性。作为整个集团的财务大臣，吕忠丽在分管的资财工作中，积极协助总裁，出谋划策，勇于创新，倡议并组织建立了TCL财务结算中心和投资管理部等机构，实施了对整个财务系统的有效管理和监控，极大地提高了资金的利用率，为企业的高速发展保驾护航，为TCL集团的腾飞作出了重要贡献。

吕忠丽对母校和老师怀着深厚的感情，多次访问母校，为学校建立TCL报告厅捐献资金。吕忠丽说自己能取得现在这样的成就和当初老师的引导是分不开的，她认为人在社会上的立足之本，一个是诚信，另一个就是拼搏，诚信是"做人"，而拼搏则是"做事"。

吕忠丽勉励在校的大学生：大学是人生中最美好最重要的阶段，希望各位同学在享受青春时光的同时，充分利用好宝贵的学习机会，为一生的发展打好基础。不但要注重理论知识的学习，更要注重全面素质的提高，从学生时代开始培育自己正直、坚强、开放的品格。希望同学们将来能够很快地融入社会，能够很快建立起自己的事业，创造更美好的未来。

（资料来源：作者根据嘉兴学院《校友风采》（第一辑）《一位成功的女企业家》（俞彬撰稿）等资料改编）

案例材料2

宝剑锋从磨砺出　梅花香自苦寒来

简介：本案例讲述了优秀财会专业人才潘功胜在学校刻苦学习，在工作后志存高远、奋力进取、不断深造、勇攀高峰，在不同的工作岗位上爱岗敬业、讲求方法、改革创新、成就事业的事迹，体现了"红船精神"中的首创、奋斗和奉献精神。其强烈的事业心、工作责任感和卓越的经营管理、领导以及研究、分析和解决问题的能力，几十年如一日秉持稳健而开放的风格，奋发图强，体现了高尚的职业道德。

潘功胜，1963年出生于安徽省安庆市，自小勤奋刻苦。在财务会计专业学习的三年中，他充分利用图书馆的丰富馆藏，博览群书，系统地掌握了会计学、财务管理学及其他经济管理学科的知识。

1983年7月，刚满20岁的他以优异的学习成绩毕业留校担任经济系教师，参与了本校劳动经济专业的创建工作。1987年，他凭借顽强的毅力以优异成绩考入中国人民大学，攻读人力资源硕士研究生，1993年7月以优异成绩获得西方经济学专业博士学位。

再次走出校门的他顺利地进入此时正在四处延揽高级人才的中国工商银行总行，出任住房信贷部副处长，一干就是4年。

1997年10月，潘功胜第三次踏进了大学校门，到剑桥大学担任博士后研究员，其间还在英国渣打银行接受了为期8个月的在职培训。

尽管出国学习不到两年后就匆匆而回的潘功胜遇到了很多充满诱惑力的机会，但他仍然回到工商银行总行。经过几个月的短暂过渡，他在离开会计领域12年后，被调入总行计划财务部担任处长，之后又升迁至总行人事部任副总经理。在3年多的人事管理岗位上，他参与了被称为“跨世纪难题”的工行机构人员重组，为工行后来的顺利发展奠定了良好基础。

2004年6月，潘功胜被派往深圳分行担任副行长。一年以后，经过基层业务磨练的他出任总行计划财务部总经理，开始推动工商银行财务体系再造工作。

2005年，他被任命为中国工商银行董事会秘书、股份制改革办公室主任，2007年1月兼任战略管理与投资者关系部总经理。作为全球第一大银行的董秘，他在国际、国内有着广泛的接触面，2007年被评选为“中国最优秀、最受尊敬董秘”。

2008年4月，潘功胜担任中国农业银行副行长，负责农业银行股改上市工作这一巨大的系统工程。2012年6月，他出任中国人民银行副行长，2016年1月担任中国人民银行副行长、国家外汇管理局局长。2017年10月，潘功胜当选为中央候补委员。2023年7月后担任中国人民银行党委书记、行长。

在繁忙的管理工作之外，他还进行了大量经济、金融理论与政策研究，硕果累累，做到了理论与实践相结合。其在中国人民大学担任经济学博士研究生导师。

潘功胜对母校和老师怀着深厚的感情，多次莅临母校，为学校的发展献计献策，为母校师生作报告。

他具有强烈的事业心、工作责任感和卓越的经营管理、领导以及研究、分析和解决问题的能力，几十年如一日秉持稳健而开放的风格，奋发图强。回顾潘功胜的事业发展历程，他的每一次成就，都留下了辛勤耕耘的脚步；他的每一分收获，都浸透了奋勇拼搏的汗水。

（资料来源：作者根据嘉兴学院《校友风采》（第一辑）《宝剑锋从磨砺出　梅花香自苦寒来》等资料改编）

五、思考题

1. 马克思主义方法论如何在财会专业的学习和以后的工作中加以体现？

2. “红船精神”中的首创奉献奋斗精神能在我们的学习和以后的工作中发挥怎样的作用？

3. 财会人员的职业道德主要有哪些内容，我们应该如何做到？

4. 你从吕忠丽和潘功胜的事迹中主要学到了什么？

5. 我们如何做一个德才兼备的优秀的财会专业人才？

附录二

复利终值系数表

N\i（%）	1	2	3	4	5	6	7
1	1.010	1.020	1.030	1.040	1.050	1.060	1.070
2	1.020	1.040	1.061	1.082	1.103	1.124	1.145
3	1.030	1.061	1.093	1.125	1.158	1.191	1.225
4	1.041	1.082	1.126	1.170	1.216	1.262	1.311
5	1.051	1.104	1.159	1.217	1.276	1.338	1.403
6	1.062	1.126	1.194	1.265	1.340	1.419	1.501
7	1.072	1.149	1.230	1.316	1.407	1.504	1.606
8	1.083	1.172	1.267	1.369	1.477	1.594	1.718
9	1.094	1.195	1.305	1.423	1.551	1.689	1.838
10	1.105	1.219	1.344	1.480	1.629	1.791	1.967
11	1.116	1.243	1.384	1.539	1.710	1.898	2.105
12	1.127	1.268	1.426	1.601	1.796	2.012	2.252
13	1.138	1.294	1.469	1.665	1.886	2.133	2.410
14	1.149	1.319	1.513	1.732	1.980	2.261	2.579
15	1.161	1.346	1.558	1.801	2.079	2.397	2.759
16	1.173	1.373	1.605	1.873	2.183	2.540	2.952
17	1.184	1.400	1.653	1.948	2.292	2.693	3.159
18	1.196	1.428	1.702	2.026	2.407	2.854	3.380
19	1.208	1.457	1.754	2.107	2.527	3.026	3.617
20	1.220	1.486	1.806	2.191	2.653	3.207	3.870
25	1.282	1.641	2.094	2.666	3.386	4.292	5.427
30	1.348	1.811	2.427	3.243	4.322	5.743	7.612
40	1.489	2.208	3.262	4.801	7.040	10.286	14.974
50	1.645	2.692	4.384	7.107	11.467	18.420	29.457

续表

N\i（%）	8	9	10	11	12	13	14
1	1.080	1.090	1.100	1.110	1.120	1.130	1.140
2	1.166	1.188	1.210	1.232	1.254	1.277	1.300
3	1.260	1.295	1.331	1.368	1.405	1.443	1.482
4	1.360	1.412	1.464	1.518	1.574	1.630	1.689
5	1.469	1.539	1.611	1.685	1.762	1.842	1.925
6	1.587	1.677	1.772	1.870	1.974	2.082	2.195
7	1.714	1.828	1.949	2.076	2.211	2.353	2.502
8	1.851	1.993	2.144	2.305	2.476	2.658	2.853
9	1.999	2.172	2.358	2.558	2.773	3.004	3.252
10	2.159	2.367	2.594	2.839	3.106	3.395	3.707
11	2.332	2.580	2.853	3.152	3.479	3.836	4.226
12	2.518	2.813	3.138	3.498	3.896	4.335	4.818
13	2.720	3.066	3.452	3.883	4.363	4.898	5.492
14	2.937	3.342	3.797	4.310	4.887	5.535	6.261
15	3.172	3.642	4.177	4.785	5.474	6.254	7.138
16	3.426	3.970	4.595	5.311	6.130	7.067	8.137
17	3.700	4.328	5.054	5.895	6.866	7.986	9.276
18	3.996	4.717	5.560	6.544	7.690	9.024	10.575
19	4.316	5.142	6.116	7.263	8.613	10.197	12.056
20	4.661	5.604	6.727	8.062	9.646	11.523	13.743
25	6.848	8.623	10.835	13.585	17.000	21.231	26.462
30	10.063	13.268	17.449	22.892	29.960	39.116	50.950
40	21.725	31.409	45.259	65.001	93.051	132.782	188.884
50	46.902	74.358	117.391	184.565	289.002	450.736	700.233

续表

N\i（%）	15	16	17	18	19	20	25	30
1	1.150	1.160	1.170	1.180	1.190	1.200	1.250	1.300
2	1.323	1.346	1.369	1.392	1.416	1.440	1.563	1.690
3	1.521	1.561	1.602	1.643	1.685	1.728	1.953	2.197
4	1.749	1.811	1.874	1.939	2.005	2.074	2.441	2.856
5	2.011	2.100	2.192	2.288	2.386	2.488	3.052	3.713
6	2.313	2.436	2.565	2.700	2.840	2.986	3.815	4.827
7	2.660	2.826	3.001	3.185	3.379	3.583	4.768	6.275
8	3.059	3.278	3.511	3.759	4.021	4.300	5.960	8.157
9	3.518	3.803	4.108	4.435	4.785	5.160	7.451	10.604
10	4.046	4.411	4.807	5.234	5.695	6.192	9.313	13.786
11	4.652	5.117	5.624	6.176	6.777	7.430	11.642	17.922
12	5.350	5.936	6.580	7.288	8.064	8.916	14.552	23.298
13	6.153	6.886	7.699	8.599	9.596	10.699	18.190	30.288
14	7.076	7.988	9.007	10.147	11.420	12.839	22.737	39.374
15	8.137	9.266	10.539	11.974	13.590	15.407	28.422	51.186
16	9.358	10.748	12.330	14.129	16.172	18.488	35.527	66.542
17	10.761	12.468	14.426	16.672	19.244	22.186	44.409	86.504
18	12.375	14.463	16.879	19.673	22.901	26.623	55.511	112.455
19	14.232	16.777	19.748	23.214	27.252	31.948	69.389	146.192
20	16.367	19.461	23.106	27.393	32.429	38.338	86.736	190.050
25	32.919	40.874	50.658	62.669	77.388	95.396	264.698	705.641
30	66.212	85.850	111.065	143.371	184.675	237.376	807.794	2 619.996
40	267.864	378.721	533.869	750.378	1 051.668	1 469.772	7 523.164	36 119
50	1 083.657	1 670.704	2 566.215	3 927.357	5 988.914	9 100.438	70 065	497 929

附录三

复利现值系数表

N\i (%)	1	2	3	4	5	6	7	8	9
1	0.990	0.980	0.971	0.962	0.952	0.943	0.935	0.926	0.917
2	0.980	0.961	0.943	0.925	0.907	0.890	0.873	0.857	0.842
3	0.971	0.942	0.915	0.889	0.864	0.840	0.816	0.794	0.772
4	0.961	0.924	0.888	0.855	0.823	0.792	0.763	0.735	0.708
5	0.951	0.906	0.863	0.822	0.784	0.747	0.713	0.681	0.650
6	0.942	0.888	0.837	0.790	0.746	0.705	0.666	0.630	0.596
7	0.933	0.871	0.813	0.760	0.711	0.665	0.623	0.583	0.547
8	0.923	0.853	0.789	0.731	0.677	0.627	0.582	0.540	0.502
9	0.914	0.837	0.766	0.703	0.645	0.592	0.544	0.500	0.460
10	0.905	0.820	0.744	0.676	0.614	0.558	0.508	0.463	0.422
11	0.896	0.804	0.722	0.650	0.585	0.527	0.475	0.429	0.388
12	0.887	0.788	0.701	0.625	0.557	0.497	0.444	0.397	0.356
13	0.879	0.773	0.681	0.601	0.530	0.469	0.415	0.368	0.326
14	0.870	0.758	0.661	0.577	0.505	0.442	0.388	0.340	0.299
15	0.861	0.743	0.642	0.555	0.481	0.417	0.362	0.315	0.275
16	0.853	0.728	0.623	0.534	0.458	0.394	0.339	0.292	0.252
17	0.844	0.714	0.605	0.513	0.436	0.371	0.317	0.270	0.231
18	0.836	0.700	0.587	0.494	0.416	0.350	0.296	0.250	0.212
19	0.828	0.686	0.570	0.475	0.396	0.331	0.277	0.232	0.194
20	0.820	0.673	0.554	0.456	0.377	0.312	0.258	0.215	0.178
25	0.780	0.610	0.478	0.375	0.295	0.233	0.184	0.146	0.116
30	0.742	0.552	0.412	0.308	0.231	0.174	0.131	0.099	0.075
40	0.672	0.453	0.307	0.208	0.142	0.097	0.067	0.046	0.032
50	0.608	0.372	0.228	0.141	0.087	0.054	0.034	0.021	0.013

续表

N\i (%)	10	11	12	13	14	15	16	17	18
1	0.909	0.901	0.893	0.885	0.877	0.870	0.862	0.855	0.847
2	0.826	0.812	0.797	0.783	0.769	0.756	0.743	0.731	0.718
3	0.751	0.731	0.712	0.693	0.675	0.658	0.641	0.624	0.609
4	0.683	0.659	0.636	0.613	0.592	0.572	0.552	0.534	0.516
5	0.621	0.593	0.567	0.543	0.519	0.497	0.476	0.456	0.437
6	0.564	0.535	0.507	0.480	0.456	0.432	0.410	0.390	0.370
7	0.513	0.482	0.452	0.425	0.400	0.376	0.354	0.333	0.314
8	0.467	0.434	0.404	0.376	0.351	0.327	0.305	0.285	0.266
9	0.424	0.391	0.361	0.333	0.308	0.284	0.263	0.243	0.225
10	0.386	0.352	0.322	0.295	0.270	0.247	0.227	0.208	0.191
11	0.350	0.317	0.287	0.261	0.237	0.215	0.195	0.178	0.162
12	0.319	0.286	0.257	0.231	0.208	0.187	0.168	0.152	0.137
13	0.290	0.258	0.229	0.204	0.182	0.163	0.145	0.130	0.116
14	0.263	0.232	0.205	0.181	0.160	0.141	0.125	0.111	0.099
15	0.239	0.209	0.183	0.160	0.140	0.123	0.108	0.095	0.084
16	0.218	0.188	0.163	0.141	0.123	0.107	0.093	0.081	0.071
17	0.198	0.170	0.146	0.125	0.108	0.093	0.080	0.069	0.060
18	0.180	0.153	0.130	0.111	0.095	0.081	0.069	0.059	0.051
19	0.164	0.138	0.116	0.098	0.083	0.070	0.060	0.051	0.043
20	0.149	0.124	0.104	0.087	0.073	0.061	0.051	0.043	0.037
25	0.092	0.074	0.059	0.047	0.038	0.030	0.024	0.020	0.016
30	0.057	0.044	0.033	0.026	0.020	0.015	0.012	0.009	0.007
40	0.022	0.015	0.011	0.008	0.005	0.004	0.003	0.002	0.001
50	0.009	0.005	0.003	0.002	0.001	0.001	0.001	0	0

续表

N\i（%）	19	20	25	30	35	40	50
1	0.840	0.833	0.800	0.769	0.741	0.714	0.667
2	0.706	0.694	0.640	0.592	0.549	0.510	0.444
3	0.593	0.579	0.512	0.455	0.406	0.364	0.296
4	0.499	0.482	0.410	0.350	0.301	0.260	0.198
5	0.419	0.402	0.328	0.269	0.223	0.186	0.132
6	0.352	0.335	0.262	0.207	0.165	0.133	0.088
7	0.296	0.279	0.210	0.159	0.122	0.095	0.059
8	0.249	0.233	0.168	0.123	0.091	0.068	0.039
9	0.209	0.194	0.134	0.094	0.067	0.048	0.026
10	0.176	0.162	0.107	0.073	0.050	0.035	0.017
11	0.148	0.135	0.086	0.056	0.037	0.025	0.012
12	0.124	0.112	0.069	0.043	0.027	0.018	0.008
13	0.104	0.093	0.055	0.033	0.020	0.013	0.005
14	0.088	0.078	0.044	0.025	0.015	0.009	0.003
15	0.074	0.065	0.035	0.020	0.011	0.006	0.002
16	0.062	0.054	0.028	0.015	0.008	0.005	0.002
17	0.052	0.045	0.023	0.012	0.006	0.003	0.001
18	0.044	0.038	0.018	0.009	0.005	0.002	0.001
19	0.037	0.031	0.014	0.007	0.003	0.002	0
20	0.031	0.026	0.012	0.005	0.002	0.001	0
25	0.013	0.010	0.004	0.001	0.001	0	0
30	0.005	0.004	0.001	0	0	0	0
40	0.001	0.001	0	0	0	0	0
50	0	0	0	0	0	0	0

附录四

年金终值系数表

N\i (%)	1	2	3	4	5	6	7
1	1.000	1.000	1.000	1.000	1.000	1.000	1.000
2	2.010	2.020	2.030	2.040	2.050	2.060	2.070
3	3.030	3.060	3.091	3.122	3.153	3.184	3.215
4	4.060	4.122	4.184	4.246	4.310	4.375	4.440
5	5.101	5.204	5.309	5.416	5.526	5.637	5.751
6	6.152	6.308	6.468	6.633	6.802	6.975	7.153
7	7.214	7.434	7.662	7.898	8.142	8.394	8.654
8	8.286	8.583	8.892	9.214	9.549	9.897	10.260
9	9.369	9.755	10.159	10.583	11.027	11.491	11.978
10	10.462	10.950	11.464	12.006	12.578	13.181	13.816
11	11.567	12.169	12.808	13.486	14.207	14.972	15.784
12	12.683	13.412	14.192	15.026	15.917	16.870	17.888
13	13.809	14.680	15.618	16.627	17.713	18.882	20.141
14	14.947	15.974	17.086	18.292	19.599	21.015	22.550
15	16.097	17.293	18.599	20.024	21.579	23.276	25.129
16	17.258	18.639	20.157	21.825	23.657	25.673	27.888
17	18.430	20.012	21.762	23.698	25.840	28.213	30.840
18	19.615	21.412	23.414	25.645	28.132	30.906	33.999
19	20.811	22.841	25.117	27.671	30.539	33.760	37.379
20	22.019	24.297	26.870	29.778	33.066	36.786	40.995
25	28.243	32.030	36.459	41.646	47.727	54.865	63.249
30	34.785	40.568	47.575	56.085	66.439	79.058	94.461
40	48.886	60.402	75.401	95.026	120.800	154.762	199.635
50	64.463	84.579	112.797	152.667	209.348	290.336	406.529

续表

N\i（%）	8	9	10	11	12	13	14	15
1	1.000	1.000	1.000	1.000	1.000	1.000	1.000	1.000
2	2.080	2.090	2.100	2.110	2.120	2.130	2.140	2.150
3	3.246	3.278	3.310	3.342	3.374	3.407	3.440	3.473
4	4.506	4.573	4.641	4.710	4.779	4.850	4.921	4.993
5	5.867	5.985	6.105	6.228	6.353	6.480	6.610	6.742
6	7.336	7.523	7.716	7.913	8.115	8.323	8.536	8.754
7	8.923	9.200	9.487	9.783	10.089	10.405	10.730	11.067
8	10.637	11.028	11.436	11.859	12.300	12.757	13.233	13.727
9	12.488	13.021	13.579	14.164	14.776	15.416	16.085	16.786
10	14.487	15.193	15.937	16.722	17.549	18.420	19.337	20.304
11	16.645	17.560	18.531	19.561	20.655	21.814	23.045	24.349
12	18.977	20.141	21.384	22.713	24.133	25.650	27.271	29.002
13	21.495	22.953	24.523	26.212	28.029	29.985	32.089	34.352
14	24.215	26.019	27.975	30.095	32.393	34.883	37.581	40.505
15	27.152	29.361	31.772	34.405	37.280	40.417	43.842	47.580
16	30.324	33.003	35.950	39.190	42.753	46.672	50.980	55.717
17	33.750	36.974	40.545	44.501	48.884	53.739	59.118	65.075
18	37.450	41.301	45.599	50.396	55.750	61.725	68.394	75.836
19	41.446	46.018	51.159	56.939	63.440	70.749	78.969	88.212
20	45.762	51.160	57.275	64.203	72.052	80.947	91.025	102.444
25	73.106	84.701	98.347	114.413	133.334	155.620	181.871	212.793
30	113.283	136.308	164.494	199.021	241.333	293.199	356.787	434.745
40	259.057	337.882	442.593	581.826	767.091	1 013.704	1 342.025	1 779.090
50	573.770	815.084	1 163.909	1 668.771	2 400.018	3 459.507	4 994.521	7 217.716

续表

N\i (%)	16	17	18	19	20	25	30
1	1.000	1.000	1.000	1.000	1.000	1.000	1.000
2	2.160	2.170	2.180	2.190	2.200	2.250	2.300
3	3.506	3.539	3.572	3.606	3.640	3.813	3.990
4	5.066	5.141	5.215	5.291	5.368	5.766	6.187
5	6.877	7.014	7.154	7.297	7.442	8.207	9.043
6	8.977	9.207	9.442	9.683	9.930	11.259	12.756
7	11.414	11.772	12.142	12.523	12.916	15.073	17.583
8	14.240	14.773	15.327	15.902	16.499	19.842	23.858
9	17.519	18.285	19.086	19.923	20.799	25.802	32.015
10	21.321	22.393	23.521	24.709	25.959	33.253	42.619
11	25.733	27.200	28.755	30.404	32.150	42.566	56.405
12	30.850	32.824	34.931	37.180	39.581	54.208	74.327
13	36.786	39.404	42.219	45.244	48.497	68.760	97.625
14	43.672	47.103	50.818	54.841	59.196	86.949	127.913
15	51.660	56.110	60.965	66.261	72.035	109.687	167.286
16	60.925	66.649	72.939	79.850	87.442	138.109	218.472
17	71.673	78.979	87.068	96.022	105.931	173.636	285.014
18	84.141	93.406	103.740	115.266	128.117	218.045	371.518
19	98.603	110.285	123.414	138.166	154.740	273.556	483.973
20	115.380	130.033	146.628	165.418	186.688	342.945	630.165
25	249.214	292.105	342.603	402.042	471.981	1 054.791	2 348.803
30	530.312	647.439	790.948	966.712	1 181.882	3 227.174	8 729.985
40	2 360.757	3 134.522	4 163.213	5 529.829	7 343.858	30 088.655	120 392.883
50	10 435.649	15 089.502	21 813.094	31 515.336	45 497.191	280 256	1 659 760

附录五

年金现值系数表

年金现值系数表

N\i (%)	1	2	3	4	5	6	7	8	9
1	0.990	0.980	0.971	0.962	0.952	0.943	0.935	0.926	0.917
2	1.970	1.942	1.913	1.886	1.859	1.833	1.808	1.783	1.759
3	2.941	2.884	2.829	2.775	2.723	2.673	2.624	2.577	2.531
4	3.902	3.808	3.717	3.630	3.546	3.465	3.387	3.312	3.240
5	4.853	4.713	4.580	4.452	4.329	4.212	4.100	3.993	3.890
6	5.795	5.601	5.417	5.242	5.076	4.917	4.767	4.623	4.486
7	6.728	6.472	6.230	6.002	5.786	5.582	5.389	5.206	5.033
8	7.652	7.325	7.020	6.733	6.463	6.210	5.971	5.747	5.535
9	8.566	8.162	7.786	7.435	7.108	6.802	6.515	6.247	5.995
10	9.471	8.983	8.530	8.111	7.722	7.360	7.024	6.710	6.418
11	10.368	9.787	9.253	8.760	8.306	7.887	7.499	7.139	6.805
12	11.255	10.575	9.954	9.385	8.863	8.384	7.943	7.536	7.161
13	12.134	11.348	10.635	9.986	9.394	8.853	8.358	7.904	7.487
14	13.004	12.106	11.296	10.563	9.899	9.295	8.745	8.244	7.786
15	13.865	12.849	11.938	11.118	10.380	9.712	9.108	8.559	8.061
16	14.718	13.578	12.561	11.652	10.838	10.106	9.447	8.851	8.313
17	15.562	14.292	13.166	12.166	11.274	10.477	9.763	9.122	8.544
18	16.398	14.992	13.754	12.659	11.690	10.828	10.059	9.372	8.756
19	17.226	15.678	14.324	13.134	12.085	11.158	10.336	9.604	8.950
20	18.046	16.351	14.877	13.590	12.462	11.470	10.594	9.818	9.129
25	22.023	19.523	17.413	15.622	14.094	12.783	11.654	10.675	9.823
30	25.808	22.396	19.600	17.292	15.372	13.765	12.409	11.258	10.274
40	32.835	27.355	23.115	19.793	17.159	15.046	13.332	11.925	10.757
50	39.196	31.424	25.730	21.482	18.256	15.762	13.801	12.233	10.962

续表

N\i (%)	10	11	12	13	14	15	16	17	18
1	0.909	0.901	0.893	0.885	0.877	0.870	0.862	0.855	0.847
2	1.736	1.713	1.690	1.668	1.647	1.626	1.605	1.585	1.566
3	2.487	2.444	2.402	2.361	2.322	2.283	2.246	2.210	2.174
4	3.170	3.102	3.037	2.974	2.914	2.855	2.798	2.743	2.690
5	3.791	3.696	3.605	3.517	3.433	3.352	3.274	3.199	3.127
6	4.355	4.231	4.111	3.998	3.889	3.784	3.685	3.589	3.498
7	4.868	4.712	4.564	4.423	4.288	4.160	4.039	3.922	3.812
8	5.335	5.146	4.968	4.799	4.639	4.487	4.344	4.207	4.078
9	5.759	5.537	5.328	5.132	4.946	4.772	4.607	4.451	4.303
10	6.145	5.889	5.650	5.426	5.216	5.019	4.833	4.659	4.494
11	6.495	6.207	5.938	5.687	5.453	5.234	5.029	4.836	4.656
12	6.814	6.492	6.194	5.918	5.660	5.421	5.197	4.988	4.793
13	7.103	6.750	6.424	6.122	5.842	5.583	5.342	5.118	4.910
14	7.367	6.982	6.628	6.302	6.002	5.724	5.468	5.229	5.008
15	7.606	7.191	6.811	6.462	6.142	5.847	5.575	5.324	5.092
16	7.824	7.379	6.974	6.604	6.265	5.954	5.668	5.405	5.162
17	8.022	7.549	7.120	6.729	6.373	6.047	5.749	5.475	5.222
18	8.201	7.702	7.250	6.840	6.467	6.128	5.818	5.534	5.273
19	8.365	7.839	7.366	6.938	6.550	6.198	5.877	5.584	5.316
20	8.514	7.963	7.469	7.025	6.623	6.259	5.929	5.628	5.353
25	9.077	8.422	7.843	7.330	6.873	6.464	6.097	5.766	5.467
30	9.427	8.694	8.055	7.496	7.003	6.566	6.177	5.829	5.517
40	9.779	8.951	8.244	7.634	7.105	6.642	6.233	5.871	5.548
50	9.915	9.042	8.304	7.675	7.133	6.661	6.246	5.880	5.554

续表

N\i (%)	19	20	25	30	35	40	50
1	0.840	0.833	0.800	0.769	0.741	0.714	0.667
2	1.547	1.528	1.440	1.361	1.289	1.224	1.111
3	2.140	2.106	1.952	1.816	1.696	1.589	1.407
4	2.639	2.589	2.362	2.166	1.997	1.849	1.605
5	3.058	2.991	2.689	2.436	2.220	2.035	1.737
6	3.410	3.326	2.951	2.643	2.385	2.168	1.824
7	3.706	3.605	3.161	2.802	2.508	2.263	1.883
8	3.954	3.837	3.329	2.925	2.598	2.331	1.922
9	4.163	4.031	3.463	3.019	2.665	2.379	1.948
10	4.339	4.192	3.571	3.092	2.715	2.414	1.965
11	4.486	4.327	3.656	3.147	2.752	2.438	1.977
12	4.611	4.439	3.725	3.190	2.779	2.456	1.985
13	4.715	4.533	3.780	3.223	2.799	2.469	1.990
14	4.802	4.611	3.824	3.249	2.814	2.478	1.993
15	4.876	4.675	3.859	3.268	2.825	2.484	1.995
16	4.938	4.730	3.887	3.283	2.834	2.489	1.997
17	4.990	4.775	3.910	3.295	2.840	2.492	1.998
18	5.033	4.812	3.928	3.304	2.844	2.494	1.999
19	5.070	4.843	3.942	3.311	2.848	2.496	1.999
20	5.101	4.870	3.954	3.316	2.850	2.497	1.999
25	5.195	4.948	3.985	3.329	2.856	2.499	2.000
30	5.235	4.979	3.995	3.332	2.857	2.500	2.000
40	5.258	4.997	3.999	3.333	2.857	2.500	2.000
50	5.262	4.999	4.000	3.333	2.857	2.500	2.000